PERFFORMIO

Perfformio

Stori'r perfformiwr ar lwyfan y theatr Gymraeg

gan

Emyr Edwards

Argraffiad cyntaf: 2013

ⓗ testun: Emyr Edwards

Cyhoeddwyd gan Wasg Carreg Gwalch,
12 Iard yr Orsaf, Llanrwst, Conwy, LL26 0EH.
Ffôn: 01492 642031 Ffacs: 01492 641502
e-bost: llyfrau@carreg-gwalch.com
lle ar y we: www.carreg-gwalch.com

Rhif rhyngwladol: 978-1-84527-463-4

Mae'r cyhoeddwr yn cydnabod cefnogaeth ariannol
Cyngor Llyfrau Cymru

Llun clawr: Eleri Owen, Pwllheli

Lluniwyd y Mynegai gan: William Howells

Cyflwyniad

'Yntau, Gwydion, oedd y chwedleuwr gorau yn y byd. A'r noson honno diddanodd y llys ag ymddiddanion dymunol a chwedlau hyd onid oedd yn hoff gan bawb o'r llys ac yn ddifyr gan Bryderi i sgwrsio ag ef.'

Y Mabinogion

Y Gennad: Tewch â'ch siarad a gwrandewch,
                      does neb i wneud unrhyw sŵn,
                      yn wir chwi gewch eich amharchu
                      gan eich bod wedi eich rhybuddio.

Y Tri Brenin o Gwlên

Wel, dyma ni'n dwad
gyfeillion diniwad
i mofyn am gennad – i ganu.

Y Fari Lwyd

'Ond cyn fy mod yn ddeuddeg oed, fe gododd saith o lanciau Nantglyn i chwareu interliwd, a hwy a'm cymerasant innau gyda hwynt, i chwareu part merch; oblegid yr oedd gennyf lais canu a'r goreu ag oedd yn y gymdogaeth.'

Twm o'r Nant (1805)

'Nis gallwn gefnogi na chymeradwyo un math o actio. Ond o bob math o chwareu, yr un crefyddol a beiblaidd yw y mwyaf niweidiol.'

William Roberts (Nefydd) (1853)

'Fy amcan ar y pryd oedd dangos fod yn bosibl i bob plwyf godi parti actio pethau syml, i dreulio eu horiau hamddenol i bwrpas, ac i gael elw at achosion da.'

J. M. Edwards, Treffynnon (1920)

'Rhyw actio o'u brestiau i fyny a wna'r Cymry, a gadael i weddill eu cyrff ymdaro rywsut. Cofiant ormod am eu lleisiau a mynegiant yr wyneb, gan anghofio'u traed a'u dwylo.'

Kate Roberts (1938)

'Rhaid yw bod yn hollol wrthrychol a chydnabod mai'r theatr broffesiynol yn unig yw'r modd i wir saernïo drama ac i gyrraedd y safonau uchaf o berfformio.'

Meredith Edwards (1969)

'Nid gwasanaeth ymarferol fel rhedeg bysiau, neu lyfrgell, neu ysbyty yw'r wir theatr. Mae iddi amcan uwch sy'n perthyn i bethau dyrchafedig ysbryd dyn. Mae'n lle i fynegi meddyliau a theimladau yn gelfydd gan berfformwyr effeithiol gerbron tystion byw sydd eu hunain yn rhan o'r synthesis sy'n creu'r profiad unigryw.'

Wilbert Lloyd Roberts (1979)

'Heb theatr i ysgogi, adlewyrchu, cwestiynu, diddanu, mae'r genedl ar ei cholled yn ddirfawr.'

Sharon Morgan (1998)

'Dylai cynulleidfa sy'n dod i theatr gamu i fyd arall, sy'n eu herio, ysgogi, cyffroi, a'u gwylltio gan ddefnyddio pob techneg sy' wrth law y dramodydd a'r cyfarwyddwr – gan gynnwys iaith sy'n gyfoes ond hefyd yn gyhyrog.'

Iwan Llwyd (2003)

Cynnwys

Rhagarweiniad — 10

Nodyn — 12

1. Y perfformiwr yn ei ddefodau — 14

2. Y perfformiwr yn ei gaer — 19

3. Y perfformiwr yn ei grefydd — 24

4. Y perfformiwr â'i arferion gwerinol — 37

5. Y perfformiwr ar ei gambo — 51

6. Y perfformiwr yn chwilio am lwyfan — 64

7. Y perfformiwr yn ei bulpud — 68

8. Y perfformiwr ar lwyfan hanes — 89

9. Y perfformiwr yn wynebu realiti — 96

10. Y perfformiwr yn lledu ei sgôp — 106

11. Y perfformiwr amatur yn datblygu — 117

12. Y perfformiwr ar lwyfan gŵyl — 133

13. Y perfformiwr a her naturiolaeth — 145

14. Y perfformiwr ym mhair arloeswyr — 168

15. Y perfformiwr ar orwel proffesiynoldeb — 204

16. Y perfformiwr mewn oes aur — 231

17. Y perfformiwr yn addasu — 280

18. Y perfformiwr mewn argyfwng — 305

Ôl Nodyn — 346

Llyfryddiaeth — 348

Mynegai — 360

Rhagarweiniad

Bwriad y gyfrol hon yw rhoi cipolwg ar stori'r theatr Gymraeg fel yr ymddangosodd yn nwylo'r sawl a fynnodd lwyfan i berfformio. Rhoddaf ystyriaeth, yn sylfaenol, i elfennau perfformio a ffurfiau llwyfannu, a'r hyn a dyfodd o'r ysfa i fynegi'n ddramatig.

Yn ychwanegol at hynny, mae'r maes yn cwmpasu'r holl sgiliau sydd wrth wraidd unrhyw fath o theatr, sef cyfraniad yr actor, y technegwyr o bob math, y cynhyrchydd (cyfarwyddwr), y critig ac, wrth gwrs, y dramodydd. Cyplysir sgiliau'r dramodydd, yn y cyswllt hwn, er mwyn ei ryddhau o'r hen arfer o'i osod yn rhigol drama fel cyfrwng llenyddol. Yng ngwaith y dramodydd, hefyd, fe adlewyrchir llawer iawn o arferion a chonfensiynau a gweithgareddau sy'n bod yn y theatr fel yr ymddangosodd o dro i dro.

Y bwriad yw gwneud y darllenydd yn ymwybodol fod yna elfennau yn nhreigl y theatr Gymraeg, o ddefodau cyntefig a'r adloniant gwerinol sylfaenol hyd at yr ymdrechion i sefydlu theatr mwy soffistigedig, sy'n adlewyrchu ymdrechion ysbeidiol i adlonni a diwyllio cynulleidfaoedd trwy gampau'r llwyfan. Rwy'n ymwybodol, trwy gydol y sylwadau hyn, o'r amgylchiadau daearyddol, cymdeithasol, gwleidyddol, diwylliannol a chrefyddol a fu'n gefndir, ac yn aml yn llyffethair, i awydd y Cymry i fynegi eu hunain ar ffurf theatr. Mae James Kitchener Davies, tua chanol yr ugeinfed ganrif, wrth iddo ddisgwyl am y ddrama fawr Gymraeg, yn gwneud y sylw hwn: 'Mewn prifddinas mae'r bobl a dâl am ddrama (ysgrifenedig). Yno, gall llys brenhinol noddi'r chwaraedy; gall cynffonwyr swyddi cyhoeddus ennill bri trwy gefnogi drama; gall cwmnïoedd drama wrth eu crefft gyflogi dramawyr swyddogol. Ni ellir dim o'r fath yn y

Gymraeg, oherwydd bod y bywyd Cymreig yn wasgaredig, yn ddi-ganolfan, yn "answyddogol", heb unoliaeth dinas na chenedl, nac arian canolog i'w gefnogi.'

Gellir dweud bod hyn yn wir wrth edrych yn ôl dros y canrifoedd. Gellir dweud yr un pryd bod nifer o'r ffactorau hynny, bellach, wedi eu lled wireddu.

Emyr Edwards

Nodyn

Gellir diffinio theatr fel yr hyn sy'n digwydd pan fydd perfformwyr yn ymddangos gerbron gwylwyr, a'r gwylwyr hwythau yn dyst i 'sbectacl'. Yn ei gyfrol *The Empty Space*, mae Peter Brook yn nodi y gall 'gweithred' theatraidd olygu yn syml actor yn cerdded ar draws llwyfan. Ond rhaid bod rhywun yn dyst i hyn. Rhaid bod gwyliwr yn dyst o'r 'weithred'.

Er mwyn lleoli'r 'weithred' hon o theatr mae angen, felly, ofod i'r perfformwyr a gofod i'r gwylwyr. Yn y theatr gyntefig un gofod oedd i'r ddau. Gydag amser hawliodd y perfformwyr eu gofod ar wahân. Tyfodd y llwyfan o hyn, y llwyfan sydd wedi ei neilltuo ar gyfer y perfformwyr yn rhan helaeth o stori theatrau'r byd. Ymhen amser, chwiliodd y perfformwyr a'r gwylwyr am loches dan do, ond ar y cychwyn yn yr awyr agored y digwyddai'r weithred theatraidd. Yn y man, daethpwyd i alw'r llwyfan dan do yn theatr.

Yng Nghymru gwelwyd perfformwyr yn eu tro yn gosod eu llwyfan mewn llecyn, ar lawr neuadd castell, ar sgwâr pentref, mewn cae, mewn ysgubor, ar fuarth, ar gambo, mewn pulpud a sêt fawr, mewn festri ac mewn neuadd, ar lawnt neu mewn coedwig, ac mewn adeiladau soffistigedig, pwrpasol.

Ble bynnag y byddai'r perfformwyr yn chwarae eu drama, roeddynt yno i greu adloniant i wylwyr, ac yr oedd y gwylwyr yno yn barod i'w hadlonni. Ac o'r gyfathrach rhwng y ddau y tyfodd y profiad theatrig. Mae rhai'n mynnu mai dihangfa yw theatr, dihangfa rhag problemau'r byd, ond mae'r theatr wedi dangos erioed ei bod nid yn unig yn gallu adlonni ond hefyd yn gallu addysgu a bod yn gyfrwng i ddyrchafu ysbryd dyn.

Er mai theatr amatur fu'r theatr Gymraeg am y rhan

helaethaf o'i hanes, teg yw cadw mewn golwg yr hyn a ddywedodd Cynan: 'Nid yw'r gair amatur ynddo'i hun yn unrhyw gondemniad ar fudiad drama Cymru – dim ond i'n cariad at y gelfyddyd hon hefyd fod yn ddigon cywir ac angerddol i hawlio'r safon aruchel ganddo ag a hawliwn gan ein barddoniaeth.'

Cyn i'r cyfryngau torfol fedru recordio perfformiadau drama, peth dros dro, profiad y funud oedd y profiad o theatr. Yr unig ffordd y gellid blasu perfformiad theatr, oni ellid bod yno ar y pryd, fyddai gwrando ar y sawl a fu'n llygad dystion neu i ddarllen adroddiad neu adolygiad mewn cylchgrawn neu bapur newydd. Byddai hynny'n brofiad eildwym, yn brofiad cyfyng, yn brofiad personol ac ar brydiau yn brofiad arwynebol. Bu cryn lawer o gwyno yn ystod y blynyddoedd diwethaf hyn, yn enwedig gyda thwf ein theatr broffesiynol, am ddiffyg adolygu deallus ac ystyrlon o gynnyrch y theatr. Ac wrth edrych yn ôl dros y canrifoedd, dyna un o'r problemau, felly, wrth geisio rhoi rhyw fath o sylwedd i stori'r theatr Gymraeg; mor anodd yw hi i ddarganfod tystion dilys a chynhwysfawr i gampau'r perfformiwr ar lwyfan.

1. Y perfformiwr yn ei ddefodau

DEFODAU DRAMATIG CYNTEFIG

O'i gwreiddiau mae pob theatr yn tarddu o ryw fath o ddefod. Roedd gwraidd theatr Groeg mewn defodau cyntefig. Mewn defod y mae gwraidd bron pob theatr ddwyreiniol neu orllewinol, ac mewn gwareiddiadau cyntefig y mae'r ddefod yn tyfu'n arfer sy'n cadarnhau elfennau o ddiwylliant y llwyth neu'r teulu. Ynghlwm wrth y ddefod y mae gorchwyl y ddawns, y llafarganu, y perfformio a'r sbectacl, heb sôn am elfennau ysbrydol ac arallfydol. Y mae'r ddefod yn magu sicrwydd a hyder i wynebu bywyd a'i helbulon. Roedd y ddefod i'r cyntefigion yn ffordd o geisio deall pethau dyrys a'u hymgysylltu â'u daear a'u ffurfafen. Asiodd y Groegiaid eu storïau mytholegol wrth y ddefod. Wrth y ddefod asiodd eglwys yr Oesoedd Canol y storïau am y cread, y geni a'r atgyfodiad. I'w defodau y cysylltodd pob llwyth dan haul eu mytholeg, ac o hynny y tyfodd eu llwyfannau perfformio.

Fe gysylltir y Derwyddon â'r diwylliant cyntefig Celtaidd, ond nid yw ein gwybodaeth amdanynt yn glir o gwbl. Mae'r wybodaeth sydd gennym yn ail law, wedi ei chloriannu gan sylwebyddion ymhen blynyddoedd wedi i'r Derwyddon ddiflannu o'r tir. Ceir atsain o'u diwylliant yn y fytholeg a dyfodd dros y canrifoedd a'u holynodd hwy. Roeddent yn ymwneud, yn ôl Cesar, â materion dwyfol. Eu tasg hwy oedd perfformio mewn aberthau cyhoeddus a phreifat. Roedd hyfforddiant yn ganolog i'w defodau, a chynhalient eu seremonïau mewn cymundeb â byd natur. Câi dynion ifanc eu hyfforddi er mwyn sicrhau y traddodid cyfrinachau'r diwylliant derwyddol i'r dyfodol. Roedd hwn yn amser pwysig i'r dynion ifanc, yn gyfnod o flodeuo ac aeddfedu.

Roedd megis ail enedigaeth. Rhaid oedd traddodi cyfrinachau'r diwylliant o genhedlaeth i genhedlaeth, ac fe ddefnyddid elfennau symbolig yn nefodau'r traddodiad hwnnw.

Yn ddiweddarach yn yr ail ganrif OC roedd mwy o bwyslais ar gyfrinachedd y Derwyddon, a'u neilltuolrwydd. Ceir sôn am eu cyfarfodydd cudd mewn ogofâu a llennyrch mewn coedwigoedd. Erbyn hynny roedd elfennau mytholegol yn cael eu gweu i fyd y Derwyddon. Tyfodd gradd o ffantasi o gylch eu gweithrediadau, ac roeddynt i golli eu statws uchel mewn cymdeithas gyntefig. Dywedodd Chadwick, wrth gyfeirio at y Derwyddon ar Ynys Môn, fod eu seremonïau yn ddefodau barbaraidd ac yn ffurf waharddedig ar addoli. Y Rhufeiniaid, wedi iddynt goncro Ynys Prydain, a benderfynodd wahardd y seremonïau barbaraidd hynny. Wrth i ddylanwad y Rhufeiniaid ymledu yr oedd yn anorfod y byddai dylanwad y Derwyddon yn diflannu. Byddai gweithgareddau traddodiadol y Derwyddon, eu barddoniaeth lafar, eu haddysg a'u hathroniaeth yn gwegian dan gyfundrefnau'r Rhufeiniaid. Unwaith y câi'r Derwyddon eu herlid gan y Rhufeiniaid, fe gollent eu hurddas a'u dylanwad. Mae Chadwick yn awgrymu eu bod, o ganlyniad, wedi dianc i'r coedwigoedd a'r ogofâu fel ffoaduriaid, ac yno o'r neilltu y byddent yn cynnal eu defodau cyntefig.

Yr oedd safle'r Derwydd yn y gymdeithas Geltaidd yn cyfateb i'r 'shaman' mewn gwareiddiadau cyntefig eraill. Mae'r 'shaman' yn geidwad i fytholeg ei hil. Ef yw'r datguddiwr.

Os oedd gan y Derwyddon, o fewn cwmpas y gwareiddiad Celtaidd, eu defodau, eu seremonïau, a hwyrach eu swyddogaeth shamanistaidd, nid oedd y tir, fel petai, yn ffrwythlon ar gyfer datblygu unrhyw fath o berfformio a datblygiad dramatig. O droi at wareiddiad cynnar y Groegiaid, gwelir bod ganddynt hwythau ddefodau a gynhalient yn achlysurol i ddathlu gwahanol elfennau yn eu bywydau. I gychwyn cynhaliai llwythau eu defodau fel uned gymdeithasol, â phawb yn cymryd rhan yn y dathlu. Ymhen

1. Lithograff gan N. Whittock o seremoni dderwyddol ddychmygol yn Stonehenge. Nid ymddangosodd unrhyw fath o ddrama theatrig o'r seremonïau hyn, naill ai yn Lloegr nac yng Nghymru ychwaith. Seremonïau cudd a chyfrin oeddynt heb y posibiliadau na'r bwriad i asio mytholeg gyntefig wrthynt na datblygu arwyddocâd dinesig.

amser aeth rhai yn berfformwyr ac eraill yn wylwyr. Er mwyn rhoi arwyddocâd neilltuol i'r dathlu a'r perfformio gwëwyd storïau mytholegol eu diwylliant i gynnwys y defodau. Ac felly, tyfodd defodau'r 'comus' yn theatr gynnar Groeg yn ffurfiau cynnar ar gomedi. Tyfodd y 'tragos' yn yr un theatr yn rhagflaenydd i drasiedi. Ond yr oedd amgylchiadau'n darparu cyfle yn nhwf gwareiddiad Groeg i'r elfennau hyn flodeuo trwy berfformio mewn theatr. Yn y pen draw, seciwlareiddio'r 'comus' a'r 'tragos' fel perfformiadau cymunedol a hybodd dwf y theatr Roegaidd. Yr oedd twf y gyfundrefn ddinesig yn gefn i hyn. Ond yn y byd Celtaidd, nid oedd y ffurfiau hynny ar gymdeithas yn bod.

Ac yn gyson yr oedd presenoldeb y Rhufeiniaid yn fygythiad

o'u cwmpas. Meddai John Davies: 'Yr hyn na ddatblygasai'r Celtiaid oedd disgyblaeth trefn ddinesig a'r gallu i gynnal gwladwriaeth ganolog gydlynol.' Ni ddatblygodd defodau na seremonïau'r Derwyddon yn amgenach na defod a seremoni gyntefig. Meddai'r un hanesydd eto: 'Y Rhufeiniaid a sefydlodd y cyfundrefnau hyn yn sgil concwest wedi'r cyfnod hwn. Yn sgil hynny fe ddatblygodd y gelfyddyd o adlonni ac o berfformio nid yn unig ddefodau ond hefyd ffurfiau ar ddrama trwy gyfrwng sefydlu theatrau a chanolfannau adloniant.'

Rhamanteiddiwyd byd a bywyd y Derwyddon gan sylwebyddion dros y canrifoedd i fod yn rhyw fyd a bywyd ffantasïol yn llawn cyfrinachedd. Iolo Morganwg oedd un o'r sylwebyddion hynny a ddefnyddiodd ac a drawsnewidiodd nifer o arferion derwyddol yn seremonïau hollol gamarweiniol a ffuglennol, gan gynnwys seremonïau'r Orsedd yn yr Eisteddfod Genedlaethol fodern. Yr oedd yn frwd dros seremonïau. Lluniodd rai defodau arbennig ac arwyddair unigryw gan ddychmygu prif nodweddion cadair Morgannwg, cadair Tir Iarll, cadair y Deheubarth, cadair Gwynedd a chadair Powys. Llwyddodd i roi undod i'r cyfan trwy ddarlunio'r Eisteddfod, neu'r Orsedd, fel sefydliad cenedlaethol hynafol. Yng ngeiriau Piggott (1968): 'And in the ceremonies of the Gorsedd and at the Stonehenge Summer Solstice, corporate Druidry could be a rallying point for nationalistic fervour or for shared vagaries of minority beliefs, and an opportunity, in a world starved of ceremonial, for dressing-up and putting on an act.'

Ym meddwl a dychymyg Iolo Morganwg gwelir penllanw traddodiad derwyddol mytholegol. Ffugiodd lawysgrifau i geisio profi hynny. Dychmygodd seremonïau derwyddol yn yr awyr agored, yn wyneb haul a llygad goleuni, rhwng cylchoedd o gerrig, gan drosglwyddo graddau i feirdd. Daeth y maen llog i fod, y nod cyfrin pelydrol yn cynrychioli Cariad a Chyfiawnder a Gwirionedd. Lluniodd urddwisgoedd derwyddol yn ei ddychymyg. Penllanw hyn oedd cynnal yr Orsedd gyntaf ar Fryn y Briallu yn Llundain ar 21 Mehefin 1792. Dyma ddechrau elfennau theatrig a dramatig yr Orsedd fodern, y gyfundrefn dderwyddol a geir yn yr Eisteddfod heddiw. Dyma ddechrau'r hyn y cyfeirir ato bellach fel 'sblash yr orsedd sy'n plesio'. Tyfodd yn rhan o adloniant seremonïol ein Gŵyl Genedlaethol. Nid oes amau nad yw'n cynnwys elfennau dramatig a theatrig.

Pan ystyriwn, felly, yr holl elfennau a oedd yn perthyn i amryfal orchwylion y Derwyddon, eu seremonïau a'u defodau, eu swyddogaeth fel ceidwaid diwylliant a chrefydd, traddodiadau, barddoniaeth a'r straeon am arwyr y llwyth, eu gorchwylion fel 'offeiriaid' yn datgloi mysterïau natur, ac fel beirdd a llefarwyr, eu mannau perfformio mewn llennyrch, eu gwisgoedd hynod, eu hoffter o'r uchelwydd a'r cryman, yr aberth, ac yna'r wledd, fe gawn bictiwr gweddol ddramatig o'r perfformio cyntefig a ddigwyddai o fewn cwmpas eu diwylliant. Ni chafodd y Derwyddon y cyfle i ddatblygu eu ffurfiau defodol yn rhywbeth mwy nag arferion cyntefig am nifer o resymau, yn bennaf am nad oedd y gwareiddiad yr oeddynt yn rhan ohono yn wareiddiad dinesig, datblygedig – crwydriaid oeddynt ar y cyfan. Yn ail, daeth y Rhufeiniaid i'w dinistrio am eu bod yn bŵer chwyldroadol trwy diroedd Ewrop, gan gynnwys Cymru, a Môn yn arbennig. Trigolion yr ymylon oeddynt.

2. Y perfformiwr yn ei gaer

Ni allwn ond dychmygu awyrgylch rhyw achlysur arbennig yn un o gestyll tywysogion Cymru'r ddeuddegfed ganrif. Gallasai'r achlysur fod yn ddathlu priodas, yn fuddugoliaeth, yn ben-blwydd, yn enedigaeth neu'n gyfaddawd gwleidyddol. Beth bynnag, wedi'r gwledda, byddai'n amser cael ychydig o adloniant. Byddai'r perfformiwr wedi cyrraedd ymhell cyn y wledd, ar alwad comisiwn neilltuol i adlonni. Y mae cyfeiriadau ym *Mrut y Tywysogion* at dywysogion Cymreig yn adeiladu cestyll wedi eu modelu ar gestyll Normanaidd. Canolbwynt cymdeithasol y castell oedd y neuadd fawr. Yno y cynhalient wleddau ac adloniant. Yno byddai'r perfformiwr yn cyflwyno ei fonolog ddramatig. Yno byddai holl elfennau theatr gan gynnwys y perfformiwr, y stori ddramatig, y gynulleidfa a'r awyrgylch disgwylgar a thrydanol. Gellid cyffelybu'r sefyllfa, hwyrach, i'r awyrgylch a geir yn un o sesiynau Dario Fo, yr Eidalwr o ddramodydd-ddiddanwr athrylithgar yn y theatr fodern, pan fyddai'n traddodi un o'i fonologau gerbron cynulleidfa swnllyd ac eiddgar.

Yr enw a roddwyd ar storïwr yn y gymdeithas Gymraeg yn yr Oesoedd Canol oedd, y cyfarwydd. Dim ond enw un ohonynt sy'n hysbys i ni bellach o'r cyfnod hwnnw, sef Bledri ap Cydifor. Ychydig a wyddom am grefft y cyfarwydd a'i berfformio yn yr Oesoedd Canol. Ceir ychydig sôn amdano ym Mhedair Cainc y Mabinogion. Yng nghainc Math fab Mathonwy, cawn flas, yn rhai o'r cyfeiriadau canlynol, ar ddawn y cyfarwydd wedi'r wledd mewn llys:

'Ie', ebe Pryderi, 'y mae'n dda gennym ni gael chwedl gan rai o'r gwŷr ieuainc acw'.

'Y mae'n arferiad gennym ni, arglwydd,' ebe Gwydion, 'y nos gyntaf y deuir at ŵr mawr, i'r pencerdd ddatgan. Fe ddywedaf i chwedl yn llawen.'

'Yntau, Gwydion, oedd y chwedleuwr gorau yn y byd. A'r noson honno diddanodd y llys ag ymddiddanion dymunol a chwedlau hyd onid oedd yn hoff gan bawb o'r llys ac yn ddifyr gan Bryderi sgwrsio ag ef.'

2. *Datgeiniad yn adlonni'r uchelwyr, trwy ganu ei gân, gyda thelynor yn cyfeilio, mewn llys Canol Oesol yn Iwerddon, sydd yn cyfateb i gyfarwydd yn dweud ei stori ddramatig yn llysoedd Cymru yn yr un cyfnod.*
(Amgueddfa Werin Sain Ffagan
John Derricke, Image of Ireland, 1581)

Yn nes ymlaen yn yr un chwedl mae Gwydion a Lleu Llaw Gyffes yn gwisgo ac yn ymddangos fel dau ŵr ifanc wrth borth Caer Arianrhod. Mae Arianrhod yn eu croesawu, ac yna: 'Paratowyd y neuadd ac aed i fwyta. Wedi gorffen bwyta ymddiddanodd hi a Gwydion am chwedlau a storïau. Yr oedd yntau, Wydion, yn chwedleuwr da.'

Dywedodd J. E. Caerwyn Williams am draddodiad y storïwr yn y gymdeithas Gymraeg: 'Gallwn fod yn sicr mai dyna un o ffyrdd traddodiadol y Gymdeithas Gymreig o'i diddanu ei hun – ffordd yr oedd wedi ei dilyn ers canrifoedd, a ffordd yr oedd i'w dilyn am ganrifoedd eto.'

Straeon i'w hadrodd a'u clywed oedd y straeon gwreiddiol sy'n sail i'r Mabinogion. Nid oedd gan yr Oesoedd Canol ddim diddordeb mewn chwedlau onid oeddynt yn chwedlau rhyfeddod. Mae'r Mabinogion yn symud o un rhyfeddod i'r llall, am eu bod yn fodd i wneud y straeon yn ddramatig. Cofier, er enghraifft, am farch Rhiannon yn cerdded yn ei flaen yn araf a meirch cyflymaf Dyfed yn carlamu ar ei ôl, ac yn methu'n lân â'i ddal; cardotyn â chod ganddo yn ceisio llond honno o fwyd yn gardod a gwledd gyfan yn diflannu iddi heb chwyddo dim arni; Brenin Dyfed yn mynd allan i hela ac yn ei gael ei hun yn Frenin Annwn yn yr hwyr. Pethau felly oedd chwedlau rhyfeddod. Ychwaneger y gair 'llafar', ac fe geir disgrifiad clir o ddeunydd y cyfarwyddiaid, sef chwedlau rhyfeddod llafar. Prif nod y cyfarwydd fyddai adlonni cynulleidfa, ac yr oedd digon yn digwydd yn y fytholeg gynnar hon i syfrdanu a pheri rhyfeddu, heb sôn am ddofi gwrandawyr swnllyd.

Yr oedd ar y cyfarwydd llwyddiannus, megis yr actor mewn canrifoedd diweddarach, angen cof aruthrol, cryfder corff eithriadol a synnwyr dramatig sicr. Mae'n siŵr y byddai, er mwyn lliwio a dramateiddio'i ddeunydd, yn actio'r cymeriadau a'r sefyllfaoedd. Gwelir yn strwythur y chwedlau fod yna sgôp i hyn oll. Yn yr un modd, os sylwn ar sgriptiau monologau modern gan ddramodwyr fel Dario Fo, Willy Russell, Steve Berkoff, Samuel Beckett, Alan Bennett a Carla Lane, a gwrando ar actorion yn eu cyflwyno, fe geir ganddynt yr un mathau o effeithiau dramatig ag a geir yn yr hen chwedlau. Ni ellir, felly, ond dychmygu natur ac ansawdd cyflwyno'r cyfarwyddiaid, a'r effaith a gaent ar eu cynulleidfaoedd, trwy ymgodymu â holl grynswth y math o chwedlau a geir yn y Mabinogion. A rhaid cofio, wrth gwrs, nad yw deunydd crai'r cyfarwyddiaid yn bod i ni bellach; nid oes gennym heddiw ond adlewyrchiad llenyddol ohono fel yr ymddengys yn y Mabinogion. Dychmyger, er enghraifft, y dreth ar ddychymyg a llais ac ystumiau'r cyfarwydd wrth iddo bortreadu angerdd a syfrdandod golygfeydd y Pair Dadeni yn chwedl Branwen.

Yr hyn sy'n bwysig wrth ystyried crefft y cyfarwydd fel 'perfformiwr' deinamig wrthi'n dadlennu'r anturiaethau a'r gwahanol gymeriadau ar ei ben ei hun ar ffurf monolog ddramatig, yw fod yn rhaid iddo 'werthu' ei ddeunydd. Felly, roedd yn rhaid iddo feddu ar gof da, llais ystwyth a bywiog, dychymyg lliwgar, a 'charisma' actor wrth draddodi. Rydym yn sôn felly am y cyfarwydd fel actor o flaen cynulleidfa ac yn sôn am gymeriadu, am adlonni ac am gyfathrebu â chynulleidfa.

Gellir cymharu'r cyfarwydd yng Nghymru'r Oesoedd Canol â'i gymar, sef y 'shanachi', y storïwr Gwyddelig o'r un cyfnod. Chwedlau gwerin arwrol oedd hoffter mwyaf y storïwyr Gwyddelig a'u cynulleidfaoedd. Pasiwyd doniau'r 'shanachi' ymlaen o gyfnod i gyfnod ac o oes i oes yn Iwerddon, oherwydd mae tystiolaeth gan awdur y gyfrol hon o'r 'shanachi', yn ei wisg hynod o debyg i ddewin, yn adlonni plant yn yr iaith Wyddeleg ar un o ynysoedd yr Aran, ger Galway, mor ddiweddar â saith degau'r ganrif ddiwethaf. Yr oedd y perfformiad yn wefreiddiol, yn llawn ystumiau lleisiol a chorfforol, a'r gynulleidfa ifanc wedi eu hudo a'u swyno'n llwyr. Er bod y stori a berfformiwyd gan y 'shanachi' hwnnw'n arwrol, yr oedd ymateb cyson i hiwmor y cynnwys. Ni ellir ond dyfalu bod gwedd ddigri i'r arwriaeth yn rhai o'r chwedlau gwreiddiol a bod hynny'n ychwanegu at flas perfformiadau'r cyfarwyddiaid cynnar hynny yng Nghymru gynt.

3. Y perfformiwr yn ei grefydd

Dros y ffin yn Lloegr, o'r drydedd ganrif ar ddeg hyd at ddechrau'r unfed ganrif ar bymtheg, ymddangosodd cynnyrch sylweddol o ddramâu crefyddol a seiliwyd yn eu hanfod ar storïau'r Beibl. Tyfodd y rhain yn wreiddiol o ddefodau eglwysig y 'quem quaeritis' a'u 'perfformio' gan offeiriaid fel rhan o wasanaethau o fewn yr eglwys ei hun. Ymddangosent mewn mannau fel Caer ac Efrog, Wakefield a Coventry. Tyfasant yn boblogaidd ac fe ychwanegwyd atynt hyd nes iddynt dyfu'n rhy fawr i geidwaid yr eglwysi ymgodymu â nhw. Rhoddwyd hwy i ofal urddau o grefftwyr a masnachwyr lleyg y trefi. Yr oedd gan yr urddau hynny yr arian, yr adnoddau a'r bobl i wneud cyfiawnder â'r dramâu crefyddol hyn. Yn y man ysgrifennwyd a pherfformiwyd y dramâu gan aelodau o'r urddau fel dilyniant, neu gylchoedd fel y gelwid hwy. Digwyddai'r perfformiadau adeg y Sulgwyn, ac ymhen amser daethant mor boblogaidd nes i'r urddau orfod eu perfformio ar wagenni lliwgar ar hyd strydoedd y trefi a'r dinasoedd. Y mae nifer o sgriptiau'r cylchoedd hyn o ddramâu crefyddol, neu 'mysterïau' (o'r gair *ministerium*) ar gael heddiw.

Perfformir hwy hyd heddiw ar adegau yn y trefi a'r dinasoedd a nodwyd yn Lloegr. Y mae gennym dair enghraifft o'r dramâu hyn yn y Gymraeg. Yn ôl y Dr Gwenan Jones, a wnaeth astudiaeth ohonynt, ymddengys mai gŵr o ardal yng Nghlwyd a'u hysgrifennodd. Mae eu natur a'u harddull gyffredinol yn adlewyrchu'r dramâu a gyfansoddwyd ac a berfformiwyd dros y ffin yn Lloegr, a'r tebycaf iddynt yw'r dramâu a gysylltir â chanolfannau fel Caer a Coventry. Y rhain oedd y canolfannau agosaf at gartref yr awdur, os gellir cymryd ei fod yn hanu o ogledd-ddwyrain Cymru. Fe fyddai'r awdur wedi gallu teithio dros y ffin i weld perfformio'r dramâu crefyddol hynny yn eu cynefin ac yn eu hysblander cynhenid. Mae'r Dr Gwenan Jones yn ei chyfrol *A Study of Three Welsh Religious Plays*, yn crybwyll bod yna fynd a dod dros y ffin rhwng Cymru a Lloegr, wrth i'r pasiantau crefyddol hyn ddenu pobl i'w gwylio. Mae hi'n sôn am chwaraewyr o Wrecsam yn 1540, er enghraifft, yn cael gwin yn ddiolch am chwarae dramâu cylch. Ai ymuno â'r perfformiadau dros y ffin a wnaent, ynteu adleisio'r cylchoedd gynt yn Wrecsam? Tystiolaeth fyddai'n ateb i'r cwestiwn.

Y tair drama sydd dan ystyriaeth yw *Y Tri Brenin o Gwlên*, *Pasiwn Atgyfodiad Crist* a'r *Ymddiddan rhwng yr Enaid a'r Corff*. Er nad yw'r tair drama Gymraeg hyn ond yn adlewyrchiad o'r gweithiau Saesneg gwreiddiol, ac er nad oes modd gwybod a fuasent ar lwyfan yn eu dydd, mae'n sicr eu bod yn dangos ôl cyfansoddwr a oedd yn weddol graff wrth fynd ati i geisio cyfansoddi dramâu crefyddol tebyg yn y Gymraeg. Mae cynnwys y deialogau hyn yn awgrymu mai bardd a fu wrthi'n cyfansoddi a bardd a ddefnyddiai ar brydiau elfennau o dafodiaith Clwyd. Mae'r cynnwys hefyd yn awgrymu bod yr awdur wedi sylwi'n fanwl ar dechnegau dramatig a dulliau llwyfannu'r dramâu hyn, yn enwedig o safbwynt yr hyn fyddai'n plesio'r gynulleidfa. Er enghraifft, un o'r nodweddion unigryw yn *Y Tri Brenin o Gwlên* yw hoffter yr awdur o olygfeydd sy'n cynnwys Porthor caer Herod. Mae'n amlwg ei fod yn hoff o ddefnyddio'r Porthor at wahanol bwrpasau dramatig.

Nid yw'r golygfeydd hyn yn angenrheidiol i ddigwyddiadau'r stori, sef stori'r Geni. Mae Dr Gwenan Jones yn awgrymu bod yr awdur Cymraeg yn ymwybodol o bwysigrwydd y porth fel mynediad i drefi caerog y gororau. Mae hi'n tynnu sylw hefyd at draddodiad porth y gaer mewn llenyddiaeth Gymraeg gynnar, gan gynnwys y Mabinogion. Mae'r defnydd a wneir o Herod a'i gynghorydd yn unigryw i'r fersiwn Gymraeg hon hefyd. Yn hytrach na Herod traddodiadol y ddrama litwrgaidd sy'n taranu pan glyw am y Brenhinoedd, gan daflu llyfrau at yr ysgrifenyddion a bygwth hunanladdiad wrth glywed bod y Brenhinoedd wedi dianc, cawn Herod sy'n gyfrwys ac yn hynaws. O safbwynt yr actor mae'r cyfan o'r ddrama, *Y Tri Brenin o Gwlên* mewn englynion gair cyrch, a'r ffurf yn ddigon ystwyth i hybu mynegiant llithrig a thrawiadol. Mae geiriau'r Gennad ar ddechrau'r ddrama yn rhagdybio bod cynulleidfa, a honno efallai'n un swnllyd. (Diweddarwyd yr orgraff isod.)

Y Gennad: Tewch â'ch siarad a gwrandewch,
               does neb i wneud unrhyw sŵn,
               yn wir chwi gewch eich amharchu
               gan eich bod wedi eich rhybuddio.

Yna, fe anogir y tri Brenin i deithio i Fethlehem. Awgrymir yn syth ddefnydd mimetig o'r llwyfan, oherwydd cychwynnant ar eu taith.

Y Brenin Cyntaf: i gael cyngor a dysg llawn
                    fe awn i Gaersalem.

Mewn safle arall ar y llwyfan maent yn dod ar draws Porthor y ddinas.

Yr Ail Frenin: Y porthor wrth byrth y ddinas
                  agor y pyrth i ni gael dod mewn.

Mae Negesydd y Porthor yn mynd at Herod, ac ar ôl iddo ddychwelyd, mae'r tri Brenin yn cael galwad i bresenoldeb Herod Frenin.

Gwelwn yn glir eisoes, batrwm y strwythur llwyfannol, gan

gynnwys y defnydd o ofod actio agored, ffurf ac arddull fydryddol y ddeialog ac elfen fimetig i'r chwarae. Rhwng rhai o benillion y ddeialog mae'n hollol bosib felly fod symud mimetig ar draws y llwyfan i gynrychioli naill ai teithio o fan i fan neu gyfle i sefydlu golygfa newydd. Yn ogystal â hynny, gallasai fod cyfle i estyn dychymyg y chwaraewyr a'r gynulleidfa wrth lunio'r amgylchfyd. Wrth i'r Brenhinoedd, er enghraifft, fynd ar eu taith, mae un Brenin yn dweud:

Brenin: ni bydd gennym broblem
yn wir dacw'r seren.

Y mae'r hyn sy'n dilyn yn awgrymu bod yr actorion yn teithio o gylch y llwyfan i gyfleu taith tua'r preseb hyd nes iddynt gyrraedd Bethlehem ddychmygol a'r grŵp Sanctaidd, oherwydd y mae'r Brenin Cyntaf, yn y pennill nesaf, yn awgrymu eu bod wedi cyrraedd:

Y Brenin Cyntaf: Henffych well, brenin nefoedd
a brenin y brenhinoedd
ag aur rw i'n d'anrhegu,
cyfoeth a gallu da oedd.

Yn yr un modd, wedi i'r Angel rybuddio'r Brenhinoedd i beidio â dychwelyd at Herod, mae'n amlwg eu bod yn diflannu o'r llwyfan, ynghyd â'r Angel, wrth i Herod a'r Frenhines gymryd eu lle ar gyfer yr olygfa nesaf.

Mae'r elfennau dramatig yn datblygu mewn golygfeydd byrion, gan awgrymu cyfleoedd i lenwi bylchau wrth fynd a dod, teithio a gweithredu. Mae'r awdur wedi gweu ychydig o hiwmor i'r ddrama, yn arbennig trwy gymeriadau'r Gennad, sy'n tywys ei gynulleidfa trwy'r digwyddiadau, y Porthor a Gwas y Porthor. Mae hyn yn adlewyrchu'r elfen o hiwmor a gysylltir â chymeriadau gwerinol cyffelyb yng nghylchoedd y Mysterïau Saesneg. Mae'n cyfeirio hefyd at gymeriadau a fyddai'n weddol hysbys i gynulleidfaoedd yr Oesoedd Canol, wrth iddynt deithio i mewn ac allan o drefi caerog. Ond yn bennaf, efallai, yr oedd y cymeriadau gwerinol hyn mewn golygfeydd ysbeidiol yn fodd i ddal diddordeb y gynulleidfa ac i dynnu sylw unigolion swnllyd yn eu plith. Gellir dychmygu naws gellwerus a direidus y Gennad wrth iddo ymateb i alwad Herod yn y geiriau canlynol:

Y Gennad: Ymaith mi af, hai how
              naill ai yn fyw neu yn farw
              mi af at frenin Herod
              am ei fod yn fy ngalw.

Mae grym a chyffro corfforol yr elfen gomig yn ymddangos wrth i'r Gennad geisio deffro'r Porthora Gwas y Porthor, a hwnnw'n amddiffyn ei feistr:

Gwas y Porthor: Nid yw meistr yn gwrando
                  rw i'n erfyn arnat i ddihuno,
                  hwde ddyrnod ar dy ben
                  a dos i'th wlad i gwyno.

Y Gennad: Hei, hwryn, lleidir
                  gwaetha ei stranc na gŵr o'r tir,
                  cyfod i fyny yn ebrwydd
                  er onestrwydd i'th feistr.

Awgrymir bod yma wrthdaro corfforol, sy'n sicr yn nhraddodiad y gomedi boblogaidd Roegaidd a'r 'mimws' Rhufeinig gynt, a'r 'Commedia' a'r pantomeim ymhen canrifoedd wedyn, a roddai gyfle i adlonni cynulleidfa a'u cadw ar ddi-hun.

Ni wyddom a oes rhannau o'r ddrama hon, *Y Tri Brenin o*

Gwlên, ar goll ai peidio, ond ceir ambell naid go sylweddol yn nigwyddiadau'r sgript. Er enghraifft, wedi i Herod droi at ei Frenhines a dweud wrthi ei fod am fynd i ladd plant Jwdea, yn dilyn hyn yn syth ceir pennill sy'n cynnwys gorchymyn i'r negesydd ddod â'r cyrff ger ei fron. Yn y fan yma, wrth gwrs, ceir digon o sgôp i'r chwarae droi'n fimetig, gan bortreadu'r gweithredoedd sydd eisoes wedi'u hawgrymu. Ceir bylchau a neidio cyffelyb yn y cylchoedd dramâu crefyddol yn Lloegr yn ystod y cyfnod hwn, ffaith sy'n awgrymu mai dyna oedd arddull yr ysgrifennu a'r chwarae bryd hynny.

3. *Ail-luniad o wagen basiant a ymddangosai yng nghylchoedd y Mysterïau yng Nghaer yn y bedwaredd ganrif ar ddeg. Dyma'r math o berfformiadau y gallasai awdur* Y Tri Brenin o Gwlên, Pasiant Atgyfodiad Crist *a'r* Ymddiddan rhwng yr Enaid a'r Corff *eu gweld dros y ffin yn ystod y bedwaredd ganrif ar ddeg.*

Ar derfyn y ddrama mae'r 'Kythrel' yn ymddangos i gloi'r chwarae'n drawiadol o felodramatig:

Y Kythrel: Ha ha mi a chwryw ddawns
ac a neidia yn ymgriawns
mi wela'r brenin erod
yn barod yn i vensiawns.

Nid oes amheuaeth, yn ôl yr arfer yng nghylchoedd yr Oesoedd Canol yn Lloegr ac yn Ewrop, nad yw'r 'Kythrel' yn gymeriad poblogaidd, i'w fwynhau a'i ddilorni yr un pryd gan gynulleidfaoedd. Ef oedd y llechgi, y dyn drwg, y cymeriad oedd, yn y pen draw, i'w ofni. Mae'n ymddangos ei fod yn gymeriad symbolig a oedd yn angenrheidiol yn storïau'r cylchoedd crefyddol, ac yn ddiau fe ychwanegai at gyffro dramatig y perfformiadau. Nid yw Herod ei hun ymhell ar ei hôl hi yn rhestr cas-gymeriadau cynulleidfa'r Cylchoedd. Yr oedd ei farw yntau, mewn ambell ddehongliad yn y Cylchoedd Saesneg, yn uchafbwynt grymus i'r chwarae. Ar derfyn y sgript yn y fersiwn Cymraeg yma mae'n ymddangos ei fod yn perfformio dawns, gweithred a fyddai, hwyrach, yn ychwanegu at ei natur ddieflig ac at ei gyfrwystra a'i ddawn fel cynllwyniwr.

Y mae'r ddrama *Y Dioddefaint* yn yr un categori, ac mae'n adrodd hanes y Croeshoelio a'r Atgyfodiad ynghyd â'r disgyniad i Uffern. Mae'r chwarae rhwng cymeriadau yn digwydd, ar y cyfan, rhwng dau gymeriad, ond bod yr awdur yn ychwanegu ambell gyffyrddiad dramatig personol megis ymffrost pedwar marchog pan fydd Syr Peilad yn rhoi siars iddynt i wylio'r bedd yn ofalus. Yn y drydedd ddrama, sef *Ymddiddan rhwng yr Enaid a'r Corff*, y bwriad yw defnyddio deialog i ddysgu gwers foesol. Mae'n dechrau â dadl rhwng yr Enaid a'r Corff, y naill yn cyhuddo'r llall o bechu. Wedi i'r ddau adael y llwyfan, mae'r Enaid yn cael ei gipio gan y Cythraul. Daw Mihangel i ymryson amdano, ond mae'n methu ei ddwyn oddi ar y Cythraul. Yn y diwedd daw Mair a'i Mab i achub yr Enaid. Cyffelyb i'r 'Ymddiddan' hwn yw'r ddrama fach, 'Y Gŵr Cadarn'. Yn wir, y mae hon yn rhagdybio, o safbwynt elfennau thematig, driniaeth Twm o'r Nant, ryw ddwy ganrif wedyn, o gampau'r Cybydd a'r Ffŵl. Mae Offeiriad a'i was yn ymddiddan ar lwyfan. Daw gŵr bonheddig trwsiadus i mewn. Mae'r Offeiriad yn darganfod taw gwas Mistar Mwndws ydyw ac mai i hwnnw mae ei ddiolch am ei foethusrwydd a'i gyfoeth. Mae'r Offeiriad yn gweld bod gwas Mistar Mwndws yn llawn balchder bydol. Y mae'r Gŵr Cadarn yn cyhuddo'r Offeiriad o bechodau lu, megis chwant cnawdol, cybydd-dod, ac atal elusen rhag y tlawd. Daw Angau i'r llwyfan. Mae'r Gŵr Cadarn yn edifar ac mae'n ceisio cymodi â'r Offeiriad. Ond mae ef yn marw. Mae ei was yn llwyddo i briodi gweddw'r Gŵr Cadarn ac mae'n gwario ei holl arian ar oferedd.

Yn nwylo'r awdur anhysbys, er bod y digwydd yn dibynnu'n bennaf ar ddeialogau rhwng dau, eto i gyd y mae yma blot digon bywiog a chymeriadau digon grymus sy'n symud i mewn ac allan o'r chwarae, i gynnal rhediad y foeswers ac i ddal dychymyg cynulleidfa.

Y peth sy'n ddiddorol o safbwynt y dramodigau moesol hyn yw eu bod yn adlewyrchiad digon effeithiol yn eu cyfnod o ddiddordeb awduron anhysbys yng Nghymru mewn gweithgareddau theatrig a oedd yn digwydd dros y ffin yn Lloegr. Yr oedd ganddynt ddigon o ddychymyg i fedru adlewyrchu'r gweithiau dramatig hynny ar gyfer eu perfformio gerbron cyhoedd. Nid ydym yn gwybod bellach beth oedd eu cymhellion. Yr unig dystiolaeth denau sydd gennym yw cynnyrch eu dychymyg mewn pedair sgript ddramatig.

Pont rhwng Drama a Theatr yr Oesoedd Canol: Cyfnod Elisabeth yn Lloegr a'r Anterliwt yng Nghymru

Un o brif bwrpasau theatr grefyddol yr Oesoedd Canol oedd i

argyhoeddi'r bobl o rinweddau'r neges a'r foesoldeb yn storïau'r Beibl trwy eu perfformio. Yn y dramodigau hynny yr oedd tuedd, fel y gwelsom, i gynnwys yn y pen draw gymeriadau realistig ymhlith y rhai symbolaidd. Fe welsom filwyr a cheidwaid pyrth a bugeiliaid yn ymddangos ymhlith angylion a Satan a Duw. Yr oedd y cymeriadau 'cig a gwaed' hyn yn adnabyddus i'r gynulleidfa a fynychai'r perfformiadau. Yr oedd celfyddyd y theatr, felly, yn dod â'r byd ysbrydol yn nes at y dyn cyffredin ond ar yr un pryd yn gwthio'r ddrama ymlaen at weledigaeth realistig cyfnod diweddarach pan fyddai cymeriadau a sefyllfaoedd y byd naturiol yn ymddangos mewn anterliwtiau ac yna mewn comedïau a thrasiedïau a dramâu hanes y cyfnod Elisabethaidd yn Lloegr.

Byddai'r anterliwt yng Nghymru yn ymddangos yn ddiweddarach fyth, wedi i'r ddrama a'r theatr Elisabethaidd yn Lloegr hen ddiflannu. Trodd y weledigaeth ysbrydol, trwy fynegiant theatraidd, yn ymdriniaeth seciwlar yn Lloegr yn nwylo Shakespeare a Marlowe a'u cyfoedion. Nid oedd y blodeuo hwn i ddigwydd yng Nghymru am nifer o resymau hanesyddol a chymdeithasol, economaidd a daearyddol.

Cymdeithas wledig oedd Cymru'n bennaf. Byddai'n rhaid aros tipyn cyn gweld trefi'n tyfu a fyddai'n bwerdai economaidd. Fe ddeuai hynny gyda thwf y chwyldro diwydiannol ymhen canrifoedd. A phan ddaeth nid oedd traddodiadau celfyddydol dwfn a chadarn yn bod i feithrin unrhyw fath o strwythur theatraidd parhaol.

Mae un ddrama, sef *Troilus a Chresyd*, a ysgrifennwyd gan awdur anhysbys, yn sefyll ar ei phen ei hun ar derfyn neu ar droad yr unfed ganrif ar bymtheg. Ni ellir dweud beth a ddigwyddodd o safbwynt cyfansoddi dramâu ar gyfer eu perfformio, rhwng pegynau'r ddrama grefyddol a dyfodiad yr anterliwt. Nid oes sicrwydd ychwaith fod y dramâu crefyddol, na *Troilus a Chresyd*, wedi eu perfformio o gwbl. Fe all mai ymarferion llenyddol oeddynt, ymdrech i gael yn y Gymraeg rywbeth a gyfatebai i'r dramâu a ysgrifennwyd a'u perfformio yn Lloegr yn y cyfnodau hynny. Nid oes olyniaeth uniongyrchol rhwng y dramâu crefyddol a'r anterliwtiau, er bod ambell elfen olynol i'w gweld o'r naill i'r llall.

Nid oes sicrwydd am darddiad yr anterliwt ei hun fel y mae'n ymddangos yn niwedd yr ail ganrif ar bymtheg er bod yna rai elfennau sy'n gyffredin i'r dramâu moes a'r anterliwtiau.

Yng nghyfnod y Dadeni roedd yna gryn lawer o deithio rhwng Cymru a Lloegr ac i'r cyfandir, a deuai'r teithwyr i gysylltiad ag elfennau o ddiwylliant gwledydd y tu allan i Gymru, eu drama ysgrifenedig a'u theatrau sefydlog. Nid oes le i amau nad oeddynt hefyd yn teithio i'r canolfannau hyn ac ymhellach, yn ystod ac wedi'r Dadeni, ac iddynt weld yr 'Interlude' Saesneg a chyfandirol yn portreadu natur ddychanol, seciwlar a miniog, sef yr hyn a geir yn ddiweddarach yng Nghymru yng nghynnwys yr anterliwtiau Cymraeg. Cawn dystiolaeth hefyd, yng nghynnwys dramâu 'Interlude', er enghraifft, y dramâu hynny a berfformiwyd ar lwyfannau dros dro i werin yr Iseldiroedd yn ystod y bymthegfed ganrif a'r unfed ganrif ar bymtheg, o'r modd y caent eu cyflwyno a'r tebygrwydd i gyflwyno dirodres yr anterliwtiau Cymraeg yn ddiweddarach.

Erbyn yr ail ganrif ar bymtheg y mae'r cyfnewidiadau, sydd yn gwahaniaethu'r anterliwt oddi wrth y chwarae moes, eisoes wedi digwydd. Mae'n bosibl nodi rhai o'r cyfnewidiadau, sef cyfnewid pynciau crefyddol a moesol am bynciau bydol, cyfnewid dramâu wedi eu seilio ar storïau'r Beibl am ddramâu'n ymwneud â stori fydol, neu yng nghyswllt yr anterliwt yn ei haeddfedrwydd, llai o stori a mwy o wrthdaro rhwng ffactorau personol a chymdeithasol, a chyfnewid cymeriadau symbolaidd crefyddol a moesegol am gymysgedd o gymeriadau real a chymeriadau haniaethol.

Y ddrama *Argoelws a Simonias* yw'r testun hynaf sydd ar gael yn y Gymraeg sy'n cynnwys y Ffŵl ymhlith ei chymeriadau.

Tyfodd y Ffŵl, disgynnydd hwyrach i'r cymeriad coll sy'n cyfateb i'r 'Vice', gwas y Diafol, yn un o'r cymeriadau digrifaf yn y dramâu moes yn Lloegr.

Wrth ddatblygu thema draddodiadol priodas y Cybydd yn ei anterliwt, 'Sherlyn Benchwiban', y mae Lodwick William yn dangos yr anlladrwydd llawen a'r iaith fras a ddaeth yn nodweddiadol o'r anterliwtwyr.

Troilus a Chresyd

Ysgrifennwyd y ddrama *Troilus a Chresyd* gan ddramodydd anhysbys o'r unfed neu'r ail ganrif ar bymtheg. Mae ei chefndir yn ymwneud â'r rhyfeloedd rhwng y Groegiaid a Chaerdroea. Trasiedi yw hi, sef un o ffurfiau pennaf mynegiant y Dadeni.

Tybir mai at ddiben ei pherfformio yn neuaddau bonheddig yr unfed a'r ail ganrif ar bymtheg, yr ysgrifennwyd hi. Nid oes tystiolaeth iddi gael ei pherfformio yng Nghymru'r pryd hynny. Heblaw llwyfannau preifat ym mhlastai'r bonedd yn ystod y cyfnod hwnnw, nid oedd y fath beth â theatr mewn na phentref na thref yng Nghymru. Yn wir roedd llefydd adloniant o'r fath yn ffenomenon newydd hyd yn oed ar gychwyn cyfnod Shakespeare. Chwaraedy cyntaf Llundain oedd hwnnw a godwyd yn y Llew Coch yn Whitechapel yn 1567.

Nid oes hanes am gyflwyno *Troilus a Chresyd* hyd nes yr atgyfodwyd hi ganol yr ugeinfed ganrif. O ganlyniad i ymchwil yr Athro Gwyn Williams, Trefenter, diweddarwyd y testun gwreiddiol, a'i addasiad ef oedd ar gael ar ddechrau'r pum degau. Perfformiwyd hi yn Eisteddfod Genedlaethol Ystradgynlais yn 1954 gan Gwmni Theatr y Deau, dan gyfarwyddyd Herbert Davies. Penderfynodd Herbert Davies ei lleoli a'i gwisgo yn yr ugeinfed ganrif. Er nad oedd y cyffyrddiadau 'modern' i leoliad y ddrama yn plesio beirniad drama'r *Cymro* (13 Awst 1954), gwelodd fod yma gyfarwyddwr a gafodd fflach o weledigaeth wreiddiol wrth ymgymryd â llwyfannu'r ddrama golledig hon.

Meddai: 'Dyma'r cynhyrchu mwyaf ystyriol a gofalus ac arwyddocaol a welais erioed ar lwyfan yng Nghymru yn Gymraeg. Roedd yma rhythm-rhuthro sydyn cynhyrfus ac ysbeidiau o ddistawrwydd yr un mor gynhyrfus. Roedd yna newid darlun aml a hynny heb fod yn aflonydd, a'r darlun yn ddi-feth yn plesio llygaid. Nid yn fuan yr anghofir cofleidio hir Troelus a Chresyd, a lladd Pandar, a Chresyd hithau wedi ei charcharu rhwng meini a duwiau, yn sefyll mor ddisymud ac yna'n disgyn yn sypyn diymadferth. Bu'r cynhyrchydd yn ffodus i gael actorion â'r grefft a'r ddawn ganddynt i ddehongli ei weledigaeth ef. A gweledigaeth yw'r gair iawn. Os byth y bydd gan Gymru yn ein cenhedlaeth ni ganolfan ddrama, bydd yn rhaid i Mr Herbert Davies fod yno.'

Perfformiwyd hi gan fyfyrwyr Coleg Addysg y Barri yn 1955, dan gyfarwyddyd Norah Isaac, a'i dilladu'n Roegaidd, a thrachefn gan Adran Ddrama Coleg y Brifysgol, Aberystwyth, dan gyfarwyddyd Emily Davies. Mae nifer o elfennau ac awgrymiadau yng nghorff y ddrama i beri credu bod yr awdur yn hyddysg ym mhrofiad y theatr; er enghraifft, sonnir am yr 'ystaeds'.

Dychmygwn lwyfan priodol mewn neuadd rwysgfawr uchelwr o fri yng Nghymru, a'r 'Rhagddoedydd' (Y Prolog) yn cyflwyno'r hanes i'r gynulleidfa syber. Gwyddom ddigon am bensaernïaeth neuaddau o'r fath yn y cyfnod hwnnw a gwyddom hefyd am berfformiadau mewn neuaddau bonheddig tebyg yn Lloegr yng nghyfnod Shakespeare.

Mae'r 'Rhagddoedydd' yn cychwyn y chwarae trwy ddweud:

Chwychwi rasusol gwmpeini, yr achos o'n dyfodiad yma
Ydyw i ddangos prudd-der mab Brenin Troya.

O'i hysgrifennu ar femrwn yr ail ganrif ar bymtheg hyd at ei llefaru ar lwyfan yr ugeinfed ganrif ni newidiwyd nemor ddim arni, oddieithr mân gywiriadau orgraff gan yr Athro Gwyn Williams. Collid ei rhythmau naturiol fydryddol fel cerdd ddramatig, yn ôl Gwyn Williams, pe treisid ei phatrwm a'i rhediad rhythmig cysefin. Seilir ei stori ar chwedl ramantaidd yn ymwneud â rhyfel Caerdroea, sydd â'i gwraidd yn rhamantau'r Oesoedd Canol.

Roedd yr awdur Cymraeg gwreiddiol yn gartrefol ym myd clasurol hanes a chwedloniaeth. Dywedwyd amdano: 'he also certainly had been to the theatre in London and seen one of the Trojan plays which were popular between 1595 and 1610' (*The Times*, 21 Mehefin, 1954). Ond nid yw'n ymddangos ei fod yn ddyledus i ddrama Shakespeare. Mae'n eithaf tebyg bod ei ddrama wedi ei haddasu i'r Gymraeg cyn ymddangosiad drama Shakespeare ar y pwnc (1603). Er ei haddasu, mae darnau'n aros sydd yn rhannol ar ffurf drama ac yn rhannol yn gerdd hanes. Mae'n bosib ystyried felly ei bod yn waith gwreiddiol yr awdur.

4. Y perfformiwr â'i arferion gwerinol

ARFERION DRAMATIG GWERINOL

Wrth i ddarnau o ddramâu ysgrifenedig ymddangos yn ysbeidiol yn ystod yr Oesoedd Canol yng Nghymru, nid oes tystiolaeth i unrhyw un o'r rheiny gael eu perfformio ar lwyfan. Ar y llaw arall, yr oedd digon o gyffro yn yr un cyfnod yn theatr oes Shakespeare yn Lloegr a'r Dadeni ar y Cyfandir. Y bwrlwm yma fu'n sylfaen i ddatblygiad drama a theatr yng ngwledydd Ewrop o hyn ymlaen.

Ynghlwm wrth ddiwylliant trefi a dinasoedd y tyfodd y canolfannau theatraidd amlycaf. Yr unedau hyn oedd canolbwynt masnach, ac ynddynt y trigai'r unigolion a'r teuluoedd cyfoethog â'r awydd i gefnogi cwmnïau perfformio proffesiynol. Yn sylfaen i'r byd cymdeithasol soffistigedig hwn hefyd y ffynnai uchelwriaeth a brenhiniaeth, hwythau'n gefnogol i ddiwylliant drama a theatr. Lle roedd cefnogwyr yr oedd arian a lle roedd arian yr oedd nawdd a'r ysbryd i feithrin y dramodydd, y llwyfan a'r perfformiwr.

Nid oedd y fath amgylchfyd cymdeithasegol yn bod yng Nghymru hyd nes i'r chwyldro diwydiannol gyffwrdd â chanolfannau poblog ar derfyn y bedwaredd ganrif ar bymtheg.

Yr oedd byd y Cymry Cymraeg, ar y cyfan, ynghlwm wrth bentref a bro, a hyd a lled eu hadloniant yn gyfyngedig i gynnyrch ysbeidiol dathlu hen ddefodau a chwarae hen arferion. Gellir crybwyll bod gan y defodau a'r chwaraeon hyn angen eu llwyfan, eu hactorion a'u cynulleidfa.

'Theatre is play,' meddai Hunningher (*The Origins of the Theater*, 1961). Mae haneswyr theatr yn weddol gytûn â'r gosodiad hwn. Un o brif nodweddion chwarae yw defod. Ceir bod elfen o feim, er enghraifft, mewn gêmau neu ddefodau hela llwythi cyntefig. Byddai'r heliwr yn chwarae'r hela trwy wisgo yng nghroen ei ysglyfaeth. Byddai hefyd, yn ôl tystiolaeth anthropolegol, yn gwisgo croen ei ysglyfaeth er mwyn ei ddenu, gan ddefnyddio sgiliau dawnsiwr ac actor. Mae dynwared anifeiliaid yn hysbys ymhlith llwythau cyntefig ymhob rhan o'r byd ac mae olion y dawnsfeydd anifail hyn yn ymddangos mewn defodau gwerin. Fe'u ceir mewn defodau fel y Fari Lwyd yng Nghymru. Yn y meimiau a'r dawnsfeydd cyntefig gwreiddiol yr oedd y llwyth i gyd yn ymuno yn y gweithgareddau. Wrth i'r defodau ddatblygu a chymhlethu, byddai rhai o'r llwyth, sef yr hen, y methedig a'r ifanc, yn sefyll y tu allan i'r ddefod, gan symud yn rhythmig a gwylio fel cynulleidfa. Dyna ddigwyddodd yn hanes defodau'r comos a'r dithyramb cynnar yn nharddiad theatr gwlad Groeg. Yr oedd un o'r defodau mwyaf cyntefig ymhlith llwythau cynnar ledled Ewrop ynghlwm wrth farw'r flwyddyn yn y gaeaf, ac aileni bywyd a thyfiant yn y gwanwyn. Ceir olion o'r defodau hynny yn nifer o arferion gwerin Cymru.

Deuai aelodau o'r gymdeithas leol, bentrefol allan yn achlysurol i berfformio'r defodau a gysylltwyd â'r tymhorau. Nid oedd prinder sioeau bydol o wahanol fathau. Cynhwysent ddefodau a chwaraeon Calan Mai a Chalan Gaeaf, a'u gwreiddiau'n deillio o'r byd paganaidd. Yr oeddynt yn lled berthyn i fyd drama, ac yn sicr i fyd perfformio ac adlonni. Gwahoddent bobl i ymgasglu er mwyn cymryd rhan ynddynt, a thrwy berfformio ceid rhywfaint o ffugio a smalio. Gosododd Tecwyn Vaughan Jones (*Barn*, 407–8, Ion. 1997) arferion gwerinol, dramatig yn eu cyd-destun cymdeithasegol a hanesyddol pan ddywedodd: 'Mae arfer a defod wrth gwrs yn angenrheidiol i ddynoliaeth. Dyma ran anhepgor o fframwaith pob diwylliant. Mae "arfer" yn rym treiddgar sydd wedi ei wau i'n bywyd beunyddiol.'

Y mae llawer o'r arferion hyn, os oeddynt o darddiad paganaidd, ynteu wedi eu mabwysiadu a'u haddasu at arferion a defodau Cristnogol, neu yn y pen draw wedi eu llygru a'u dadwreiddio gydag amser, yn dangos nifer o elfennau sy'n ymwneud â difyrion, adloniant ac arddangos ar lefel werinol a gwledig. Yr oedd llawer o'r arferion a'r defodau hyn yng Nghymru yn adlewyrchu elfennau tebyg mewn gwareiddiadau eraill ar wahanol adegau yn hanes dyn. Y mae Gordon Frazer yn ei glasur, *The Golden Bough*, wedi rhoi cynnig ar astudiaeth gymharol o'r traddodiadau hyn.

I'r sawl sy'n ymddiddori yn hanes y theatr, y mae'r ffenomenâu gwerinol hyn yn bwysig i'w hystyried, oherwydd y maent yn adlewyrchiad o'r un ysfa am swydd a sicrwydd defod ac arferiad ag a geir yn ffynonellau'r ddrama gyntefig Roegaidd, a drama'r Oesoedd Canol yn Ewrop.

Yn yr arferion a'r defodau gwerinol hyn fe geir elfennau sy'n gysylltiedig â theatr a drama, gan gynnwys cymeriadu, gwisgo i fyny, coluro, defnyddio offer symbolaidd a realistig, deialogu trwy lefaru a chanu, gwrthdaro, a chyfathrebu â chynulleidfa. Ceir hefyd elfennau sy'n cysylltu'r 'perfformio' gwerinol yma â ffrwd theatr y stryd trwy'r oesoedd.

Mae tarddiad a nodweddion yr arferion a'r chwaraeon gwerin ynghlwm wrth wyliau a dyddiadau'r calendr blynyddol, yn ogystal â phrif ddigwyddiadau bywyd beunyddiol cefn gwlad. Yr oedd i'r arferion gwerin fel y Fari Lwyd a'r wylmabsant ffynonellau crefyddol cyn-Gristnogol hefyd.

Daeth newid i'w natur a'u ffurf mewn dwy ffordd o leiaf. Un oedd y ffaith fod yr arferion hyn yn wreiddiol wedi tyfu mewn cylchoedd bychain o fewn ardaloedd a broydd hunangynhaliol. Fel y tyfai ac y lledaenai cymdeithas, mae'n bosib i'r arferion newid eu natur a'u ffurf. Er enghraifft, pan ledaenodd Cristnogaeth fe fabwysiadwyd yr hen arferion a'u haddasu at y grefydd newydd, a chollwyd cyfran o'r bwriad crefyddol cyntefig

4. Perfformwyr y Fari Lwyd yn agosáu at ddrws bwthyn yn ardal Llangynwyd yn gynnar yn yr ugeinfed ganrif. Dyma enghraifft o gadw arfer tymhorol dramatig yn fyw am ganrifoedd, yn rhannol er mwyn adlonni cynulleidfa werinol.
(*Amgueddfa Werin Sain Ffagan*)

o ansawdd yr arferion hynny. Datblygodd hefyd yr elfen o hwyl a chyffro 'chwarae', elfen a gynyddodd yn raddol dros y canrifoedd.

Dylanwadodd hynny ar natur a bwriad 'crefyddol' cyntefig yr arferion hynny. Yr oedd elfen grefyddol baganaidd y gwreiddiol yn cael ei thrawsnewid yn gellwair ac yn ffwlbri, neu'n chwarae difrifol a rhodresgar sifalri.

O'r ddeunawfed ganrif ymlaen fe ddylanwadodd y mudiad Methodistaidd ar fywyd gwerin gwlad, ac fe leisiai pregethwyr crwydrol y neges Gristnogol fel canolbwynt ar gyfer bywyd union a chyflawn, gan ddilorni dylanwad yr arferion a'r gemau cyntefig traddodiadol. Yr oedd yr arferion hynny yn anathema i fywyd yr ysbryd, ac yn fygythiad dieflig. Yn ei astudiaeth o arfer y Fari Lwyd ym Morgannwg a Gwent, rhybuddiodd y Parchedig William Roberts mewn geiriau llym yn ei gyfrol, *Crefydd yr Oesoedd Tywyll neu Hynafiaethau defodol, Chwareuol a Choelgrefyddol* (1852):

> I hope therefore that nobody will be so foolish and ungodly in Wales after understanding the origin and descent of these practices as to give the least support to a mixture of old Pagan and Popish ceremonies which have come down to us from the darkest ages in learning, behaviour and religion, and which have in all probability existed since Adam's day. I wish this folly (Mari Lwyd), and all similar follies, that they find no place anywhere apart from the museum of the historian and antiquary.

Yn draddodiadol, un o arferion Gwyliau'r Nadolig yw'r Fari Lwyd – y cyfnod rhwng noswyl Nadolig a'r Ystwyll pan geid seibiant canol gaeaf o waith beunyddiol yn y Gymru gyn-ddiwydiannol, a chyfle i fwynhau hwyl a sbri nifer o hen arferion a defodau.

Ers yn gynnar iawn bu dathlu yn y cyfnod hwn, ac i'n cyndeidiau yr oedd gweld y dydd yn dechrau ymestyn yn destun dathlu gobaith fod yr haul yn ymgryfhau, yn graddol symud i'r entrych, ac yn sgil hynny y deuai gwres a goleuni i ennyn tyfiant. Mae rhai cofnodwyr yn ceisio tadogi arfer y Fari Lwyd, fel nifer o hen arferion eraill, ar hen ddefodau ffrwythlondeb rhyw gyfnod niwlog nad oes modd bellach i ni ei ddirnad. Penglog ceffyl yw'r Fari Lwyd ac yn draddodiadol fe'i cedwid mewn pridd a chalch (fel na fyddai'n pydru) o flwyddyn i flwyddyn i ymddangos mewn pentref neu blwyf ar ddydd neu ddyddiau penodol yn ystod y Gwyliau. Gosodid polyn yn y benglog, ac fe'i gorchuddid â chynfas wen. Cludid y Fari gan un gŵr a gydiai yn y polyn o dan y gynfas, a gweithiai hwnnw safn y creadur bygythiol gan geisio, a llwyddo ers talwm, yn ôl y sôn beth bynnag, i beri ofn a dychryn i fforddolion diniwed ar ffyrdd dioleuni. Addurnid y benglog â rhubanau lliwgar, rhoddid llygaid gwydr i'r bwystfil a gwnïo clustiau duon iddo. Rhoddid ffrwyn am ben y 'ceffyl' ac fe'i tywysid o gwmpas y fro ar awenau gan arweinydd y grŵp. Byddai'r arweinydd, â chanddo bren i guro'r drysau, yn arwain y Fari o gwmpas, a hebryngid hi i dai a thyddynnod gyda'r bwriad o gael mynediad i rannu bwyd a diod gyda'r teulu. Safai'r Fari ar y trothwy, y drws ynghlo a'r trigolion yn ymddangos yn gyndyn i'w gadael i mewn. Byddai ymddiddan rhwng y ddwy garfan trwy gyfrwng rhigymau, a gyfansoddwyd o'r frest fel rheol, a phe byddai ffraethineb criw y Fari yn hudo'r trigolion, caent fynediad i yfed gwin a rhannu lluniaeth cyn dymuno'n dda a symud ymlaen i'r fangre nesaf. Mae manylion cynnal yr arfer yn amrywio o fan i fan ond dyna'i hanfod. Erbyn y bedwaredd ganrif ar bymtheg roedd perfformio'r Fari yn gyfyngedig i Forgannwg, er yn ôl rhai haneswyr, y mae tystiolaeth ar gael sy'n dangos bod yr arfer yn perthyn i Gymru benbaladr ar un adeg.

Ym Morgannwg yr oedd y grŵp o ddiddanwyr hyn yn cynnwys yr Arweinydd, Sergeant, Merryman a Pwnsh a Shwan. Byddai Merryman yn arfer chwarae'r ffidil, tra byddai Pwnsh a Shwan wedi eu gwisgo mewn cadachau a'u hwynebau wedi eu duo. Yr oedd pob un o'r grŵp wedi ei addurno â rhubanau, ac weithiau, â gwregys lydan am y canol.

Pan fyddai'r perfformwyr yn cyrraedd drws tyddyn, byddai'r arweinydd yn curo'r drws a'r grŵp yn canu'r rhigymau traddodiadol. Byddai grŵp y Fari Lwyd am y gorau'n ceisio cael ateb gan y trigolion oddi fewn, a'r trigolion hwythau'n canu penillion i'w hateb yn yr un modd. Dyma enghraifft o'r gofyn a'r ateb ar ffurf deialog ar gân:

MARI LWYD (y cwestiwn)
Wel, dyma ni'n dŵad
Gyfeillion diniwad
I mofyn am gennad – i ganu.

Chwech o wŷr hawddgar
Rhai gorau ar y ddaear,
I ganu mewn gwir – am gwrw.

POBL Y TYDDYN (yr ateb)
Rhowch glywed, wŷr doethion,
Pa faint ŷch o ddynion
A pheth yn wych union – yw'ch enwau?

Rhowch glywed, wŷr difrad,
O ble r'ŷch chwi'n dŵad
A pheth yw'ch gofyniad –gaf enwi?

Âi'r ddeialog yn ei blaen wrth i'r perfformwyr a'r
gwrandawyr godi hwyl a herio'i gilydd:

O tapiwch y faril
Gollyngwch yn rhugil
Na fyddwch ry gynnil – i ganwyr.

Mae Mari Lwyd lawen
Am ddod i'ch tŷ'n rhonden,
A chanu yw ei diben – mi dybiaf.

Mae Jenkins y 'Ffeirad,
Yn dyfon, ad fenad
Gwna fe i chwi fynad – o fannedd.

43

Ar hynny, byddai'r Fari Lwyd yn camu ymlaen, a'i harwain wrth ei ffrwyn, ond cyn mynd i mewn i'r tyddyn, fe genid y penillion canlynol:

> Mae'n gaseg lwysgedd wisgi
> Mae miloedd yn ei moli,
> Ei phen hi'n gnotiog enwog iawn,
> O foddion llawn difaeddu.

> Daw'r Sergeant gwych a'i gwmni,
> Yn wrol i'n blaenori,
> At y gwaith, mae eto i'w gael
> Wych wastad gorp'ral gwisgi.

> Daw'r osler gyda'i gaseg
> A ledia hon yn landeg
> A'i ffrwyn a'i gyfrwy gydag e'
> I rodio'r lle dan redeg.

> Daw hefyd Bwnsh a Shwan
> Ar unwaith o'r un anian
> Dau filain draw'r un lliw â'r drwg
> Neu'r annedd fwg ei hunan.

> Yn awr 'rwy'n darfod canu,
> Rhowch i mi i ymborthi
> Blwyddyn newydd dda i chwi i gyd
> A phawb o'r byd, serch hynny.

Ar hynny dyma'r Fari Lwyd yn mynd i mewn i'r tyddyn gan roi sylw arbennig i'r gwragedd – eu gwthio, chwythu arnynt, gweryru a'u cnoi, heblaw clebran. Deuai Merryman â'i ffidil i mewn a chyflawni pob mathau o driciau. Ar ei ôl, deuai Shwan â brwsh yn ei llaw ar gyfer glanhau'r aelwyd. Ymddangosai Pwnsh, a thaflu Shwan ar lawr a rhedeg o gwmpas i gusanu'r gwragedd, ac yna Shwan yn rhedeg ar ei ôl gyda'i brwsh. Ar ôl iddynt ganu a dawnsio, eisteddai'r grŵp i fwyta ac yfed. Wrth iddynt baratoi i adael, canent y canlynol:

> Dymunwn ich lawenydd
> I gynnal blwyddyn newydd
> Tra paro'r gŵr i dibcian cloch
> Well, well y boch chwi beunydd.

Mae'r gloch yn cyfeirio at y gloch a wisgai Pwnsh ymhlith ei addurniadau. Awgrymodd Dr Iorwerth Peate fod yr enw Mari, ynghlwm wrth naill ai'r gair Saesneg 'mare' (nightmare) neu'r enw Mary, ond credai ef mai ag arfer defodau i Fair y gellid ei gysylltu. Cafwyd y defodau hynny mewn caneuon Wassail a gysylltwyd â'r arfer o ddwyn diod i Ŵyl y Forwyn Fair. Dynodai'r ddiod adfywiad y gwanwyn a phuro Mair. Yr oedd perfformio'r Fari Lwyd, felly, yn atsain o draddodiadau hŷn o lawer, a'r rheiny'n gysylltiedig ag elfennau crefyddol ar y naill law, a defodau paganaidd ar y llall. Gwëwyd arfer ceffylog cyntefig i ddefodau'r Wassail, yn ogystal ag elfennau fel y 'Merryman' a'r 'Sergeant' o ddramâu Miragl yr Oesoedd Canol. Gallwn yn rhwydd weld bod elfennau dramatig ym mherfformiad y Fari Lwyd. Yr oedd y Fari megis pyped anferth, y gŵr a gydiai ynddi fel pypedwr, y benglog megis mwgwd dieflig bygythiol. Yr oedd y gŵr a arweiniai'r Fari megis cyflwynydd, y grŵp a ddilynai'r Fari yn actorion neu'n gorws, y penillion rhwng y Fari a'r tyddynnwr yn ddeialog fyrfyfyr, y tyddynwyr yn gynulleidfa, y bygythiadau ymosodol yn wrthdaro dramatig, a'r cyfan yn theatr stryd werinol.

Yr oedd yr arfer o 'wisgo fyny' i smalio cymeriad, gan yrru ofn ar gymdogion, yn boblogaidd mewn rhannau o Gymru gynt. Chwarae gwrachod oedd yr enw a roddid ar yr arfer hwn.

Y bwriad, yn ystod deg noson Calan Gaeaf, oedd mynnu anrhegion wrth fynd o dŷ i dŷ. Byddai'r ysmalwyr yn gweiddi: 'Cnau ac afalau!' ac yn adrodd rhigymau o darddiad hynafol. Wrth chwarae eu rhan yn y ddefod, byddai'r cymdogion yn disgwyl dyfodiad yr hyn a alwent yn 'wrachod'. Yng nghanolbarth Cymru byddent yn gwisgo crwyn defaid a hen garpiau ac yn gosod mwgwd dros eu hwynebau. Y mae gyrru ofn ynghlwm wrth elfennau o bleser adloniadol yn rhan o hanes cyffredinol y theatr.

Yn nefod y Cadi Ha, byddai dau gymeriad yn mynd o gwmpas gyda'r dawnswyr Morus. Digwyddai hyn gan mwyaf yng ngogledd Cymru, ac un o'r bwriadau oedd creu anhrefn. Yr oedd hyn i gyd yn nhraddodiad 'the Lord of Misrule'. Arferid trawswisgo, sef dynion yn gwisgo fel merched. Byddai un yn duo'i wyneb a llefarent rigwm y Cadi Ha.

Prif gymeriad defod y Cadi Ha a berfformid ym mis Mai oedd y Cadi, a oedd yn rhyw gyfuniad o areithiwr, byffŵn, marsial a chasglwr arian. Awgrymai'r disgrifiad ohono mai Ffŵl ydoedd hefyd, a'i wisg yn rhannol wrywaidd ac yn rhannol fenywaidd. Gwisgai gôt a gwasgod ar ran uchaf ei gorff, a pheisiau ar y rhan isaf. Gwisgai fasg hyll iawn hefyd, neu fe dduwyd ei wyneb, a lliwiwyd ei wefusau, ei fochau, a chloriau ei lygaid yn goch.

Ymhlith ei gyd-ddawnswyr yr oedd ceidwad y garlant, a deuddeg o ddawnswyr wedi eu gwisgo'n ddestlus iawn mewn dillad newydd, sgertiau gwynion, britshys melfed du, sanau gwyrdd golau, a hetiau yn llawn blodau a rhubanau. Byddai pob dawnsiwr yn cario hances wen yn ei law dde.

Ar fore Calan Mai byddai'r orymdaith yn cychwyn o'r dafarn, yn sŵn clychau'r eglwys. Y Cadi a'i harweiniai at ffermdy. I gyfeiliant ffidil byddai'r dawnswyr yn perfformio gerbron y ffermdy, a'r dawnswyr yn codi eu hancesi gwynion ar anterth y ddawns. Yn ystod hyn byddai'r Cadi yn clownio ac yn galw am arian gan deulu'r ffermdy. Casglai'r arian mewn cwpan ag iddo ddolen hir. Ymlaen â hwy i ffermdy arall i gyflawni'r un ddefod.

Un esboniad arbenigol i'r arfer hwn yw ei fod yn ffurf Gymreig ar ddefod dathlu neu addoli atgyfodiad Ysbryd Natur yn anterth y gwanwyn. Yr oedd y cymeriad hanner dyn, hanner menyw yn symboleiddio'r undeb rhwng y tad (y nefoedd a'r glaw) a'r fam (y ddaear), a arweiniai at ffrwythloni'r pridd, a thyfiant y meysydd.

Perfformiwyd dramâu mud-chwarae yn Ninbych-y-pysgod yn sir Benfro, ac yn Llangynwyd yn sir Forgannwg. Yn y dramâu mud-chwarae byddai tri pherfformiwr yn cymryd rhan, gan gynrychioli yn eu tro Siôn Corn, sant Siôr a Marchog Twrcaidd, Doctor, Oliver Cromwell a Beelzebub. Roedd perfformio'r defodau blynyddol hyn yn gyfran o hwyl ac adloniant y werin wledig ac yn ddiau edrychai'r gymdeithas ymlaen at yr achlysuron hyn fel cyfraniad bywiog a dramatig i'w bywydau arferol.

Roedd y Gaseg Fedi, hithau, yn addurn a wnaethpwyd o dwfft olaf y gwenith adeg y cynhaeaf. Byddai'r twfft olaf yn cael ei adael i sefyll hyd nes i was mawr y fferm benlinio, ei wahanu'n dair rhan ac yna ei blethu'n ofalus. Dyna oedd y 'gaseg'. Byddai'r medelwyr yn sefyll nid nepell i ffwrdd ac yn taflu eu crymanau at y 'gaseg'. Os oedd y 'gaseg' yn sefyll wedi i'r medelwyr fethu â'i 'lladd', yna fe fyddai'r prif was yn ei thorri ac fe ddilynai'r ddeialog fach ganlynol ar ffurf rhigwm (yn fersiwn sir Benfro o'r ddefod):

Gwas Mawr:	Bore y codais hi,
	Hwyr y dilynais hi,
	Mi ces hi, mi ces hi.
Y Gweision:	Beth gest ti?
Gwas Mawr:	Gwrach ...
Pawb:	Gwrach, gwrach, gwrach!

Byddent wedyn yn cario'r 'gaseg' i'r ffermdy, a mawr oedd y rhialtwch a'r adloniant wedi hyn. Byddai'r gwragedd yn paratoi gwledd ymlaen llaw, ac yn ei gwneud hi'n anodd i'r medelwyr ddod â'r 'gaseg' i'r tŷ. Y dasg i'r medelwyr oedd ceisio cadw'r 'gaseg' mor sych ag oedd modd, a'i hongian o drawst yn y gegin. Tasg y gwragedd, gyda'u bwcedi llawn dŵr, oedd ceisio gwlychu'r 'gaseg'. Byddai'r medelwr a fu'n llwyddiannus yn torri'r 'gaseg' â'i gryman, ac yn cuddio'r twfft o wenith dan ei gôt i osgoi'r gwragedd. Eu tasg hwy oedd ceisio dod o hyd i'r twfft. Petai'r medelwr llwyddiannus yn cadw'r 'gaseg' yn sych a'i hongian i fyny, câi gymaint o gwrw a fynnai am weddill y dydd. Mewn ambell le câi swllt gan feistr y tŷ a lle anrhydeddus i eistedd wrth ben y bwrdd ar gyfer y wledd. Pe na bai'n llwyddiannus, câi eistedd ar waelod y bwrdd a byddai'n destun dirmyg am weddill yr achlysur. Cedwid y twfft, neu'r 'gaseg', yn hongian yn y fferm am weddill y flwyddyn er mwyn dangos bod y cynhaeaf yn llwyddiannus.

Y CYFNOD RHWNG Y DRAMÂU CREFYDDOL A'R ANTERLIWT

Rhwng y bymthegfed ganrif a'r ail ganrif ar bymtheg pan ymddangosodd yr anterliwt, y mae bwlch pryd nad oes fawr ddim tystiolaeth o weithgareddau ymarferol yn digwydd ym maes perfformio yn y Gymraeg. Gwir bod rhai arferion dramatig gwerinol, fel y gwelwyd, yn ffynnu yng nghefn gwlad.

Byddai cwmnïau teithiol yn mentro dros y ffin o Loegr i berfformio mewn trefi marchnad yng Nghymru. Ond yn bennaf am nad oedd yna ddiwylliant trefol a dinesig yn bod, ni sefydlwyd y theatr fel y cyfryw, ac o ganlyniad ni bu ysgrifennu ar gyfer y theatr am nad oedd galw amdano.

Yn Lloegr yn y cyfnod hwn, blodeuodd y theatr Elisabethaidd gynnar. Ymsefydlodd nifer o gwmnïau o actorion o gylch dinas Llundain, gan sicrhau nawdd bonheddig a brenhinol i'w theatrau. Yn ei gyfrol *Hanes Cymru*, mae John Davies yn cyfeirio at y

Cymry masnachol, amaethyddol a'u teithiau mynych dros y gororau i Loegr. Dichon fod hynny'n ehangu eu gorwelion diwylliannol, gan gynnwys ymweliadau â theatrau Llundain.

Teithiai ysgolheigion a chlerigwyr i'r Cyfandir, lle roedd datblygiadau sylweddol mewn drama a theatr yn ystod cyfnod y Dadeni. Blodeuodd y *commedia dell'arte* yn yr Eidal, ac ymddangosodd y *comédie-française* ym Mharis. Ond er y teithio yma a'r cyfle i unigolion flasu o ffrwyth diwylliant theatraidd y gwledydd, yr unig ddrama hyd y gwyddys a ymddangosodd ar lwyfannau Cymru oedd honno a welwyd yn theatrau dros dro y cwmnïau crwydrol o Loegr, a hynny drwy'r iaith Saesneg.

Rhaid cofio bod y boblogaeth yn graddol dyfu'n ddwyieithog yng Nghymru yn y cyfnod hwn, a rhôi hynny gyfle nid yn unig i'r sawl a deithiai dros y ffin i brofi o ffrwyth y theatr yn Lloegr, ond hefyd i'r brodorion na chawsent gyfle i deithio i brofi o gynnyrch pytiog ac amrywiol y cwmnïau a berfformiai adeg y ffeiriau a'r gwyliau. Cyfeiriodd Twm o'r Nant yn nes ymlaen, hwyrach yn eiddigeddus, at y theatr Saesneg yng Nghlwyd, a'r modd y llwyddai honno i ddenu cynulleidfaeodd.

ARGOELWS A SIMONIAS

Y ddrama hynaf yn Gymraeg sy'n cynnwys y Ffŵl ymhlith ei chymeriadau yw *Argoelws a Simonias*. Mae'r Ffŵl yn disgyn, hwyrach, o'r cymeriad coll sy'n cyfateb i'r 'Vice', gwas y diafol, a ddaethai'n gymeriad digrif yn y dramâu moes olaf yn Lloegr. Darn byr sydd ar gael erbyn hyn o'r anterliwt gynnar hon. Nid oes tystiolaeth iddi gael ei pherfformio, ond y mae'r cynnwys yn ddiddorol o safbwynt ymddangosiad cyntaf y Ffŵl yn hanes yr anterliwt, cymeriad a ddeuai'n rhan hanfodol o adloniant a dychan y ffurf honno ar ddrama. Yn 'Argoelws a Simonias' mae'r Ffŵl yn ymddangos yn greadur ymffrostgar, dichellgar, diofal a gorhoff o gwrw. Ni cheir yma ei wamalu â ffaligrwydd gair ac osgo fel y ceir yn yr anterliwtiau cyflawn yn nwylo Twm ac eraill.

Byddai'r Ffŵl yn tyfu'n rhan bwysig iawn, yn y man, o wead yr anterliwtiau, yn gymeriad a fyddai'n llanw'r llwyfan â'i antics a'i barabl masweddus. Mae'n sicr y byddai'r gwylwyr yn dotio ar ei ymddangosiad a'i ymddygiad heintus, heriol. Ond yr oedd ei wreiddiau a'i swyddogaeth yn hŷn o lawer ac yn tarddu o ddefodau a seremonïau cyntefig oedd yn ymwneud â hyrwyddo adfywiad a ffrwythlondeb a goresgyn pwerau oedd yn elyniaethus i fywyd a thyfiant. Gallasai adnewyddu olygu ymryson rhwng cymeriadau'n cynrychioli yr hen a'r newydd, a'r newydd yn trechu; a gallasai ffrwythlondeb olygu dynwared cenhedlu. Ynghlwm wrth yr elfennau hyn byddai dawnsio a chanu, llefaru, gwisgo a dynwared, a byddai'r nodweddion hyn yn glynu wrth y cymeriadau a ymgorfforai'r elfennau hynny. Byddai un ohonynt yn ymddangos yn y man ym mherson y Ffŵl.

5. Y perfformiwr ar ei gambo

YR ANTERLIWT

Yr oedd y Cymry yn gyfarwydd â'r gair anterliwt mor gynnar â'r unfed a'r ail ganrif ar bymtheg. Ond perthyn i'r ddeunawfed ganrif y mae'r pedair anterliwt a deugain sydd wedi goroesi, ac ar lwyfan y cyfnod hwnnw y perfformid crynswth y dramâu hynny. Cysylltir y ffurf yn bennaf â gwaith Thomas Edwards, sef Twm o'r Nant, ond y mae gwaith anterliwtwyr fel Huw Jones Llangwm, William Roberts Llannor, Elis y Cowper o Landdoged a Siôn Cadwaladr o'r Bala, Lodwick William a Jonathan Hughes o Langollen yr un mor bwysig i'r cyfnod.

Mae cyfeiriad at yr anterliwt yng nghyfrol Ellis Wynne, *Gweledigaethau y Bardd Cwsg*, mor gynnar ag 1703. Fe'i gosodwyd yn Stryd y Dywysoges Pleser: 'Hyd y Stryd allan gwelit chwareuon Interlud, fiwglaeth a phob castieu hud, pob rhyw gerdd faswedd dafod a thant, canu baledeu, a phob digrifwch; a phob rhyw lendid o feibion a merched yn canu ac yn dawnsio, a llawer o Stryd Balchder yn dyfod yma i gael eu moli a'u haddoli.' Mae'r cymeriadau a osodir yn y tair gweledigaeth, er enghraifft, ustusiaid, cyfreithwyr, boneddigion, barnwyr, eglwyswyr, pabyddion, y Pab, rhagrithwyr, ymffrostwyr, twrneiod, beilïaid, gwenieithwyr a chybyddion i gyd i ymddangos yn ddiweddarach ar lwyfan ac o dan lach yr anterliwtwyr, yn enwedig yng ngwaith Twm.

Y gwahaniaeth rhwng y ddwy ymdriniaeth yw bod Ellis Wynne yn gosod y cymeriadau hyn o fewn strwythur y tair gweledigaeth, sef strwythur y freuddwyd, tra bydd Twm yn ymosod arnynt yn uniongyrchol o enau ei gymeriadau cig a gwaed ar lwyfan y ddeunawfed ganrif, a gerbron cynulleidfaoedd byw. Yn y sefyllfa theatrig honno ymddangosodd yr ymosodiad yn llawer mwy beiddgar. Parhad o hen gelfyddyd y storïwr oedd yr anterliwt. Mewn ymddiddan a pharodi, dawns a chân, fe ddifyrrid y gynulleidfa trwy bortreadu cymysgedd o gymeriadau realistig a symbolaidd. Fe ddefnyddid yr anterliwt fel cyfrwng cellwair a maswedd, pregeth a dychan. Nid dod i glywed barddoniaeth a wnâi gwerinwyr ond dod i fwynhau difyrrwch a thrwstaneiddiwch y ddrama. Yr oedd rhai anterliwtiau yn gyfansoddiadau digon garw ac aflednais, a hawdd deall pam nad oedd gan glasurwyr yr oes ddim ond dirmyg iddynt. 'Anterliwts bryntion' oedd barn William Morris amdanynt, a honnai selogion y grefydd Fethodistaidd hwythau fod iaith yr anterliwt yn rhy fras a'i chynnwys yn gwbl ddichwaeth. Bu llawer o ddadlau chwerw iawn rhwng canlynwyr yr anterliwtiau a hyrwyddwyr y 'grefydd newydd'.

Yng nghyfrol Ab Owen (1909) *Gwaith Twm o'r Nant*, mae sôn bod Twm wedi ysgrifennu dau lyfr 'interliwd' cyn ei fod yn naw oed. Cyn ei fod yn ddeuddeg oed, 'fe gododd saith o lanciau Nantglyn i chwarae interliwd, a hwy a'm cymerasant innau gyda hwynt, rhwng bodd ac anfodd i'm tad a'm mam, i chwarae part merch, oblegid yr oedd gennyf lais canu o'r goreu ag oedd yn y gymdogaeth.' Yn yr un hunangofiant mae'n sôn am ysgrifennu anterliwtiau a'u hactio o gylch pentrefi Clwyd, a'r modd y telid ef, yn aml, â glasied o gwrw. Mae'n cyfeirio hefyd at y pynciau a ddewisai i'w trin, gan gynnwys testunau o'r Beibl, o lyfrau fel *Priodas Ysbrydol [Dull Priodas Mab y Brenin Alpha; Dull Priodas Ysbrydol rhwng Siloh a Seion*; Merthyr Tudful, 1809] gan John Bunyan, a *Gweledigaethau y Bardd Cwsg* gan Ellis Wynne, ac o sefyllfaoedd drygionus y dydd. Mae'n amlwg, o ddarllen ei hunangofiant, ei fod yn ŵr hyderus a beiddgar, yn ŵr a oedd bron yn fodlon mentro'i fywyd er mwyn mynegi ei farn ar ddrygau ac anghyfiawnder ei ddydd, a'i fod yn ogystal yn actor dawnus.

Adwaith ymwelydd o Sais, a fynychodd berfformiadau o anterliwtiau tua diwedd y ddeunawfed ganrif, oedd rhyfeddu wrth glywed y Brenin Dafydd a Solomon yn siarad Cymraeg ar lwyfan. Bu'n bresennol hefyd fel 'un o gynulleidfa luosog' yn mwynhau drama yn yr awyr agored yn Llangollen yn 1788, ac yna ymhlith torf o dri chant yn mynychu un arall yn Nolgellau.

Ceir tystiolaeth o chwarae anterliwtiau mewn ysgubor, ac weithiau ar lwyfan neuadd, fel pan gyflwynodd Twm o'r Nant rai o'i anterliwtiau yn neuadd y dref ar ddiwedd Eisteddfod fawr y Bala yn 1789, ac yntau ar awr anterth ei lwyddiant. Theatr awyr agored gan mwyaf oedd theatr yr anterliwtwyr, a throl oedd eu llwyfan. Perthynent i hen draddodiad arall, traddodiad y ffeiriau a'r chwarae gwledig a oedd wedi dal ei afael ar gefn gwlad hyd yn oed pan ddiddymwyd theatrau mawr Llundain gan biwritaniaid oes Cromwell.

Lle i gynulleidfa sefyll o gwmpas safle dyrchafedig a wasanaethai fel llwyfan, oedd man perfformio anterliwt. Gallai fod yn ystyllod ar gasgenni ar fuarth tafarn, neu wagen, neu godiad tir wrth dalcen eglwys. Telid ceiniog am wylio a byddai rhai'n osgoi talu. Y mae prawf o hynny yn y sgwrs rhwng y Ffŵl a'r Prolog ar ddechrau *Y Ddau Gyfawd* gan Ellis Roberts.

P. Wel beth yw dy orchwyl gwag i benglog?
FF. chwarae Enterliwt am geiniog.
P. oni weli di rai yn mynd i lechu.
Ff. mae'n hwy'n feilchion i beidio a thalu.

Yn ddeuddeg oed, yr oedd Twm nid yn unig yn ysgrifennu anterliwtiau ond hefyd yn mynd â hwy o gwmpas ffermydd, tafarndai a marchnadoedd yn sir Ddinbych. 'Chwarae anterliwt' oedd ffon fara Twm tan iddo briodi yn bedair ar hugain oed.

Am gyfnod wedi iddo briodi, taflodd ymaith het y Ffŵl, sef symbol ei grefft, gan mai ef fyddai fel arfer yn chwarae'r cymeriad hwnnw. Ar ôl troi i ddilyn gyrfaoedd 'rispectabl' yn y gogledd a'r de, ailddechreuodd ysgrifennu anterliwtiau. Fe'u hysgrifennodd, eu dysgu, eu perfformio, eu hargraffu a'u gwerthu.

Mae'n amlwg, yn ôl tystiolaeth Twm, fod yna nifer o gwmnïau yn perfformio yn ei ardal pan oedd yn ifanc, oherwydd mae'n cyfeirio at gwmnïau o 'lanciau' yn Nantglyn, Llannefydd, Llanbedr Dyffryn Clwyd a Llansannan. Cyfeiria'n neilltuol at y ffaith fod yna bedwar dyn yn actio ei ddrama *Cain ac Abel* yng nghwmni Llansannan, a'u bod wedi perfformio honno am flwyddyn gyfan. Pedwar o actorion a actiodd ei anterliwt *Gweledigaeth Cwrs y Byd* yn sir y Fflint. Dau a actiodd ei anterliwt *Ynghylch Cyfoeth a Thlodi* a berfformiwyd ganddynt am dros flwyddyn ac a enillodd iddynt lawer o arian. Yn sgil hyn, fe gyfansoddodd a pherfformio rhagor o anterliwtiau, eu hargraffu a'u gwerthu. Yr oedd ei gynulleidfa'n awchus i flasu'r cynnyrch mewn print oherwydd, yn ôl Twm, fe werthwyd cryn nifer.

Aeth ymlaen i argraffu *Pedwar Pennaeth; sef Brenin, Ustus, Esgob a Hwsmon* yn Aberhonddu. Gwnaeth ddigon o elw i ariannu anterliwtiau eraill, sef *Pleser a Gofid* a *Tri Chryfion Byd*.

Yn ôl y manylion am ei deithiau, ei orchwylion, ei yrfaoedd a'i helyntion, yr oedd rhai elfennau yn sylfaen i'w lwyddiant fel anterliwtiwr. Cawsai brofiad da o'r byd, yn bobl ac yn sefyllfaoedd. Adwaenai fasnachwyr a swyddogion llysoedd barn, yr oedd yn gyfarwydd â thrin a thrafod y byd a'r betws mewn tafarndai, a rhwng popeth yr oedd ganddo groestoriad cyfoethog o brofiadau yn sylfaen i'w gymeriadu. Yr oedd y ffaith ei fod yn wagenwr tan gamp yn rhoi iddo'r cyfle i fynd â'i lwyfan symudol gydag ef ar gyfer perfformio ymhob twll a chornel ar draws gwlad.

Mae gwaith Twm yn rhoi inni ddarlun da o brif nodweddion yr anterliwt. Defnyddiai'r ystrywiau, megis llanciau yn chwarae rhannau merched, a gwnâi'n fawr o gymeriadau stoc, megis y Ffŵl a'r Cybydd. Fe bersonolai rinweddau a drygioni, a chyfuno hwyl a dychan a gwatwar yn y gwead. Heblaw ysgrifennu'r anterliwtiau ei hun byddai'n actio ynddynt a'u cynhyrchu. Yn ei ddwylo ef yr oedd yr anterliwt yn gyfrwng ffraethineb a sylwadaeth fwy craff na'r cyffredin ar wendidau'r oes.

Yn y cyfnod hwn, yr oedd arfer defodau fel y Fari Lwyd, Hela'r Dryw, codi pawl haf a dawnsio haf yn cydredeg â'r anterliwt, ac yr oedd elfennau yn debyg i'w gilydd ynddynt. Un o'r rhain oedd presenoldeb y Ffŵl, yntau'n un o brif gymeriadau'r anterliwt. Ar ddydd Llun yr Aradr, sef y Llun ar ôl yr Ystwyll, 6 Ionawr, byddai gweithwyr fferm yn addurno aradr a'i thynnu o gwmpas y fro cyn dechrau aredig. Byddai'r Ffŵl, ymysg eraill, yn hebrwng yr aradr, wedi ei wisgo mewn crwyn neu'n gwisgo cap ffwr a chynffon, gan ddynwared ymddangosiad anifail. Byddai'r Ffŵl hefyd yn dawnsio o gwmpas yr aradr gan ei fod yn ymwybodol o'i nod wrth aredig y tir.

Ceir yn y Ffŵl gymeriad yn fwy na pherson doniol; mae'n peri bod cenhedlaeth newydd o blant yn codi, sef bod y ddaear yn ffrwythloni. Dyma felly ychwanegu arwyddocâd pwysig i Ffŵl yr anterliwt. Un o'i swyddogaethau yn yr anterliwt gynnar oedd cynrychioli elfen ffalig, ond yn ddiweddarach yn hanes yr anterliwt nid oedd lle mor amlwg i hynny.

Ceisio cael y merched i ffrwythloni oedd bwriad siarad bras a dawnsio awgrymog y Ffŵl. Gwisgai gap am ei ben a hwnnw wedi'i addurno â chlustiau hirion, yn arwydd o rywioldeb. Ceir cyfeiriadau hefyd at glychau ar wisg sydd eto'n draddodiadol yn awgrymu rhywioldeb. Yr oedd y Ffŵl yn cario ffon ag arni ffalws. Ni welai'r dyrfa ddim allan o'i le mewn gwylio perfformiadau y byddid yn ddiweddarach yn hanes Cymru yn eu galw'n ddi-chwaeth, aflednais a chywilyddus. Byddai'r Ffŵl hefyd yn dilorni'r merched yn y gynulleidfa ac yn canu cân o gyngor iddynt, megis y gân gan Twm o'r Nant yn yr anterliwt *Pedair Colofn Gwladwriaeth.*

Yr oedd gan Twm syniadau pendant ynglŷn â godineb, fel y mae'n esbonio yn *Tri Chryfion Byd* lle mae'r Ffŵl, sef Syr

55

Tom Tell Truth, yn mynd i hwyl wrth ganu cân ar y testun. Dywed fod naturiaeth, dilyn greddf a byw yn ôl ffansi'r funud, yn broblem oesol.

Y Cybydd oedd un arall o gymeriadau sylfaenol yr anterliwt. Fe'i ceir ymhob achos yn gyff gwawd, yn groes i'r ffordd y dymunai'r Cybydd weld ei hun, sef yn rhywun i'w barchu a'i efelychu. Hen ŵr annymunol, trachwantus a checrus yw ef yn ddieithriad, gŵr a ddaeth i'w gyfoeth drwy dorcyfraith a gormes. Mae'n ennill ei gyfoeth trwy ladrata.Yr oedd yn gyfuniad o ddau gymeriad tebyg a fu'n llywodraethu ar lwyfan y *commedia dell'arte* yn yr Eidal, sef Pantalone a Pulchinella.

Daw tro ar fyd yn hanes y Cybydd unwaith y mae'r Ffŵl ac yntau'n croesi llwybrau. Y Ffŵl sy'n ei yrru i dlodi. Darostwng y Cybydd yw un o hoff themâu Twm, ac y mae Gwraig y Cybydd yn cael ei sathru yn sgil ei dwyllo ef. Fe'i cyhuddir hi yng nghlust ei gŵr o ddau bechod sylfaenol, sef diogi ac afradlonedd. Wrth geisio cael gwared â hi, y bwriad oedd priodi'r Cybydd â gwraig ofer, wastraffus er mwyn dysgu gwers iddo.

Mae yna nifer o nodweddion sy'n dod i'r amlwg wrth sylwi ar ffrwyth y math hwn o theatr werinol. Yr oedd amrywiaeth mynegiant o fewn strwythur y sgriptiau, gan gynnwys deialog, monolog, dawns, cân a miwsig ffidil a chrwth a gyfoethogai'r perfformiad. Yn ôl y galw yr oedd y cymeriadau yn gymysgedd o gymeriadau bydol a chymeriadau alegorïaidd. Mae sylw cyson i'r gynulleidfa yn y monologau a'r deialogau, a phob dim yn cael ei ddarparu er mwyn iddynt gael difyrrwch a'u haddysgu yr un pryd am wendidau a drygau dynoliaeth. Cynulleidfa awyr agored neu dafarn oeddynt, yn amlwg yn swnllyd, yn ddrygionus, ac yn gellweirus, yn ymateb i bob dim ac yn dilorni cymeriadau ar brydiau, fel y bu rhan pob cynulleidfa theatr boblogaidd y stryd erioed. Rhybuddir hwy yn y ddeialog, 'byddwch ddistaw; ymdawelwch; gwrandewch!'. Ar ddechrau *Pedair Colofn Gwladwriaeth* daw'r Ffŵl, sef Syr Rhys y geiriau Duon, i mewn fel cyflwynydd i'r chwarae, ac yn ôl yr arfer byddai'r gwylwyr gwerinol yn llawn cyffro disgwylgar am yr hyn oedd i ddod, a dyma Syr Rhys yn ceisio gostegu'r dyrfa swnllyd:

Gostegwch bawb, gostegwch,
Os ydych am wrando, rowndiwch.

Mae'n gwahodd y cerddor i daro tant er mwyn boddio'r gwylwyr. Ac o hyn ymlaen mae'r perfformiad yn blodeuo, wrth i'r naill gymeriad gyflwyno'r llall a'r gwrthdaro droi'n ddawns neu'n gân, a'r ddeialog droi'n fonolog gellweirus neu fasweddus. Byddai amgylchiadau'r llwyfannu yn newid yn ôl y lleoliad, boed yn fuarth, yn dafarn, neu'r awyr agored. Gallai'r ystafell wisgo fod o'r neilltu mewn ysgubor. Yr oedd angen gambo fel llwyfan, a hwnnw'n symudol, ag arno ddigon o le i gario gwisgoedd ac offer, a cheffyl i dynnu'r cyfan. Rhan o grefft yr actorion oedd y gallu i dawelu'r gynulleidfa ag antics a rhybuddion, ynghyd â'r ddawn i'w boddio'n gyson. Byddai'r actorion, gan gynnwys Twm o'r Nant ei hun, yn defnyddio llais, ystum a symudiad yn sgilgar, heb sôn am y ddawn i newid o'r naill gymeriad i'r llall yn ôl gofynion y sgript. Roedd galw arnynt i actio pob mathau o gymeriadau, yn hen ac ifanc, yn real ac yn symbolaidd, yn werinol ac yn fonheddig, yn Gymry ac yn Saeson, yn ferched ac yn ddynion. Roedd angen newid cymeriad a gwisgoedd yn gyflym yn nhraddodiad artistiaid 'quick change' y theatr. Caent dâl am eu gwaith, ac o ganlyniad bychan fyddai eu nifer er mwyn sicrhau mwy o elw yr un. Teithient o gwmpas, ac yn sicr yn eu bro eu hunain y byddent yn adnabod llawer o'u cynulleidfa. Dioddefent ergydion geiriol eu cynulleidfa ynghyd â'r tywydd ei hun.

Argreffid anterliwtiau ac fe'u gwerthid hwy wedi'r perfformiadau. Gallai'r gynulleidfa bori trwyddynt wedi'r achlysur, fel y gwnaent trwy faledi'r dydd. Byddai gwisg arbennig ar gyfer pob cymeriad unigol, ac fe'u hadwaenid hwy'n syth wrth iddynt gyrraedd y llwyfan. Derbyniai'r gynulleidfa yn ddigwestiwn gonfensiwn actor yn cymryd mwy nag un rhan mewn anterliwt. Fel y dengys y sgriptiau, wrth i'r actorion ymddangos cyflwynent eu cymeriadau eu hunain. Er mwyn sefydlu pwy oeddynt, gwnaethpwyd hyn drachefn wrth iddynt ailymddangos. Trwy'r ddeialog hefyd y sefydlid lleoliad ac amser y chwarae.

Ni ddefnyddiwyd cefnlen na set fel y cyfryw. Awgrymwyd hynny yn y ddeialog a thrwy fân offer, a'i adael i ddychymyg y gynulleidfa. Yr oedd hyn yn wahanol i dechneg fwy soffistigedig perfformwyr y *commedia dell'arte* yn Ewrop ddwy ganrif ynghynt, pryd y byddent yn hongian cefnlenni y tu ôl i'w llwyfan. Trwy'r ddeialog y byddai'r anterliwtwyr yn newid lleoliad golygfa. O ganlyniad, nid oedd angen rhannu'r anterliwt yn olygfeydd nac yn actau ffurfiol. Sicrheid apêl weledol i'r perfformiad gan wisgoedd ac offer y Ffŵl a'r Cybydd ac ambell gymeriad arall, a gellir mentro y byddai'r ystumio a'r dawnsio'n ychwanegu at y sbectacl.

Ceir tystiolaeth yn yr anterliwtiau o'r hyn a wisgwyd gan yr actorion wrth gyflwyno'u cymeriadau. Awgrymodd Jac Glan-y-Gors yn *Seren tan Gwmwl*, fod gan y chwaraewyr ddillad i'r pwrpas, ac mae Twm o'r Nant ei hun, mewn pwl o edifeirwch, yn taflu 'y cap cybydd ... i afon Gonwy'.

Yr oedd yr anterliwtiau'n frith o gymeriadau, ond, oherwydd strwythur y digwydd a chynllun y chwarae, yr oedd hi'n bosibl cyflwyno'r cymeriadau hynny gan ddau neu dri actor, a phedwar fan bellaf. Mae wyth cymeriad yn *Tri Chryfion Byd* (Twm o'r Nant), ond nid oedd angen mwy na thri i'w hactio. Gallai tri actor chwarae'r tri chymeriad ar hugain a geir yn *Y Dywysoges Genefetha* (Jonathan Hughes), ac yn *Y Farddoneg Fabilonaidd* dywedodd Twm o'r Nant y gallai pedwar ei hactio er bod ynddi un ar hugain o gymeriadau.

Yr oedd y gynulleidfa wledig ar y cyfan yn anllythrennog, ac yn dibynnu ar yr anterliwt gyfredol am eu hadloniant a'u dysg. Y mae rhai arbenigwyr yn awgrymu bod y gynulleidfa a ymgasglai i weld perfformio anterliwtiau yn ymwybodol o draddodiad beirdd y carolau yn y ddeunawfed ganrif, am fod y caneuon a genid o lwyfan Twm a'i gyfoedion yn adlewychu rhythmau a strwythur y carolau hynny.

Yr oedd yr iaith a glywai'r gynulleidfa o lwyfan yr anterliwt, er mor aml yn cyfateb i strwythur yr hoff fesur triban, yn iaith gyfarwydd i'w clust ac yn frith o eiriau ac ymadroddion tafodieithol. Roedd hi'n iaith gyhyrog ac idiomatig, ac yn frith o eiriau ac ymadroddion Seisnig, fel 'sergeants a'r corporals', 'biscuits', 'wine', 'warrant', 'grand', a 'players'. Mae'n sicr fod y gymysgedd ieithyddol hon yn adlewyrchu eu llafar hwy. Yn y pen draw, yr oedd yr anterliwt yn gyfrwng i feithrin agwedd at fywyd, i fynegi cwyn y werin, ac i gael blas ar fyw.

Yn nes ymlaen, wrth i'r Diwygiad gael gafael ar eu meddyliau, hwyrach yr ofnai'r gwylwyr iddynt gael eu dal yn mynychu perfformiad, a mynd i afael y diafol am dderbyn neges anterliwt.

Amatur o anterliwtiwr proffesiynol oedd Twm o'r Nant, amatur yn yr ystyr ei fod ar y naill law'n ddihyfforddiant, a phroffesiynol yn yr ystyr mai actio anterliwtiau'n ysbeidiol oedd ei fara menyn.

Ar ôl gofyn beth yw anterliwt dda, mae Glyn Ashton, mewn astudiaeth o'r maes, yn ateb ei gwestiwn ei hun â nifer o sylwadau cryno. 'Rhaid cofio,' meddai, 'mai rhywbeth i wrando arni, nid ei ddarllen yn ddistaw, yw anterliwt. Cyffyrddir mewn modd neilltuol â'r gwrandawr o weld a chlywed perfformiad da. Trawsnewidir y cyfansoddiad. Nid yw moelni'r llwyfan a chyntefigrwydd yr amgylchiadau yn yr awyr agored neu dan do yn mennu dim ar y cyffro. I'r gwrthwyneb. Y geiriau yw popeth bellach. Y mae patrymau'r seiniau a'r odlau'n amlwg ddigon, a chaiff y glust bleser a boddhad neilltuol wrth i'r geiriau syrthio'n anorfod i'w lle. Gwyddai Twm yn well nag odid neb yn ei ddydd sut i greu melyster i'r glust, ac o'r glust i'r galon.'

DIFLANIAD YR ANTERLIWT

Y mae'n ddigon posibl mai'r Diwygiad Methodistaidd laddodd yr adloniannau hyn, fel y ceisiodd dagu ffurfiau llenyddol eraill megis y ddrama a'r nofel, cyn iddynt ddechrau tyfu. Diwylliant ar gyfer y cof oedd diwylliant yr anterliwt a'r noson lawen. Wedi dysgu darllen ac ysgrifennu, fe gafodd y werin ddiwylliant o fath arall, a chan y pregethwyr fe gawsant rywfaint o ddawn actio'r hen anterliwtwyr. Beirniadwyd yr anterliwt ar y dechrau am fod yn ddim ond difyrrwch yn unig. Ond wedyn fe droes yr hwyl yn bropaganda, ac yn sylwadaeth gymdeithasol, a daeth elfen feirniadol i'r amlwg. Er bod cyfeiriadau mynych at broblemau'r dydd yn britho sgwrs y cymeriadau, roedd Twm o'r Nant yn ddigon o artist i ddangos bod y problemau cyfoes yn oesol eu harwyddocâd yn ogystal. Mae Syr Tom Tell Truth, y Ffŵl, yn cyhoeddi gwirioneddau am Rheinallt Gybydd, ond maent yn wirioneddau sy'r un mor addas i'w hanelu at broblemau pawb ymhob oes. Llwyddodd anterliwtwyr y ddeunawfed ganrif i ddeffro cydwybod y werin trwy eu math hwy o theatr.

Bu farw Twm o'r Nant yn 1810. Gyda'i farwolaeth aeth yr anterliwt i'w thranc. Dywedodd E. G. Millward 'na chafwyd olyniaeth greadigol cydrhwng anterliwtiau Twm o'r Nant a dramodwyr y bedwaredd ganrif ar bymtheg'. Y mae traddodiad theatr Twm o'r Nant, felly, yn gwywo dan ddylanwad y byd Methodistaidd a oedd i hyrwyddo darllen a chyhoeddi llyfrau crefyddol, gan ladd ar ddraddodiadau llafar ac adloniant theatrig yr anterliwt. O hyn ymlaen nid actorion a fyddai'n teithio trwy'r wlad ond pregethwyr a gwerthwyr Beiblau. Byddai 'actio' yn ymddangos bellach ym 'mherfformiadau' gweinidogion a chrefyddwyr, o fewn i gyfundrefn foesol, union y bregeth a'r seiat.

Yn y cyswllt hwn dylid ystyried gosodiad Hunningher yn ei gyfrol, *The Origins of the Theater*: 'How many thunderous interdictions has the Church not hurled at the theater down the ages, and how often has an angry and scornful anticlericalism not responded from the stage?' Yr oedd Twm a'i gyfoeswyr eisoes wedi gwneud hynny yn eu hanterliwtiau ymhell cyn y diwedd, ond wedi hynny daeth crafanc Methodistiaeth i'w tagu am byth.

Yn y cyfamser, er bod lleisiau'r piwritaniaid yn taranu o bulpudau'r wlad ac o gyfeiriad y wladwriaeth, yr oedd yr atgof am lwyfan yr anterliwt a beiddgarwch Twm yn dal i fudlosgi yng nghof y werin ac yng ngweithgareddau rhai rebelwyr.

Roedd y sefydliad Methodistaidd yn dal i gofio, ymhell ar ôl diflaniad Twm, fod yr anterliwt yn cael ei pherfformio mewn mannau ar y Sul, ei bod yn cael ei defnyddio i ddychanu crefyddwyr, a'i bod yn cystadlu â phregethwyr Ymneilltuol am 'sylw'r werin'. Dywedodd Pedr Mostyn, mor ddiweddar ag 1872, fod yr anterliwt yn 'llygredig', yn 'aflan' ac yn 'wenwynllyd'. Eto i gyd, roedd y werin yn dal i ddarllen gweithiau Twm, eu darllen fel tractau baledol, er ei bod hi'n hawdd tybio eu bod yn cael eu perfformio ar lwyfan y meddwl, lle roedd eu negeseuon yr un mor drydanol. Gellir dod i gasgliad o'r fath o gofio bod Isaac Foulkes wedi ailgyhoeddi gwaith Twm yn 1874.

Roedd John Elias, yn 1802, wedi rhwystro perfformio anterliwt yn Llanrhuddlad trwy bregethu 'ofn barn a cholledigaeth' yn erbyn y cwmni a fentrodd ar lwyfan gyda'r fath ddeunydd damniol. Yn eironig iawn, yr oedd y gyfraith yn gefn iddo oherwydd yn 1787 yr oedd y Brenin Siôr III wedi galw ar ynadon heddwch i weithredu yn erbyn ffurfiau ar anfoesoldeb cyhoeddus, gan gynnwys anterliwtiau a sioeau didrwydded mewn mannau cyhoeddus: 'all unlicensed public shows, interludes and places of entertainment'. Llanciau Llanrhuddlad, Môn, a geisiodd atgyfodi'r anterliwt yn 1802 ar gyfer ei hactio ar ddydd Llun y Pasg. Yr anterliwt oedd *Jacob ac Esau*. Roedd yr actorion ifanc yn fechgyn crefyddol. Aethant i'r capel ar fore Sul y Pasg i wrando ar y Parchedig John Elias. Yn lle pregeth ar atgyfodiad Crist, pregethodd yn chwyrn yn erbyn eu hymgais bechadurus i atgyfodi'r anterliwt ym Môn. Dychrynodd y llanciau am eu bywyd a rhedeg adref o'r capel a llosgi pob copi o'r anterliwt. Dyna, mae'n debyg, yr ymgais olaf i lwyfannu anterliwt ym Môn.

Y flwyddyn y taranodd John Elias yn erbyn yr anterliwt ym Môn oedd y flwyddyn y sefydlwyd y 'Society for the Suppression of Vice' yn Lloegr. Ar ôl marw Twm o'r Nant, ni fu fawr o ysgrifennu a pherfformio anterliwtiau wedyn.

PERFFORMIO'R ANTERLIWT YN Y THEATR FODERN

Yn 1936 perfformiwyd *Tri Chryfion Byd* yn Llanfair-pwll, Niwbwrch a Llannerch-y-medd gan fyfyrwyr dosbarthiadau allanol Cynan, ar ôl iddynt ei hastudio mewn cwrs drama. Yn ddiweddarach fe'i perfformiwyd yng Ngholeg y Brifysgol, Bangor, 'heb rwysg na rhodres, yn syml o flaen llenni, gyda llwyfan uwch na'r meidrolion yn y ddrama i'r tri chymeriad alegorïaidd Tlodi, Angau a Chariad'. Cyflawnodd Cynan yr un gamp yn 1940 gyda dosbarth tiwtorial ym Mynytho, a 'chael yr un ymateb afiaethus [*sic*] gan actorion a chynulleidfa'. Cynan hefyd a baratodd y rhaglen ar Twm o'r Nant, sef 'Meistr y Chwarae', a actiwyd gan Gwmni Theatr Cymru yn 1969 gerbron disgyblion ysgolion uwchradd.

Bu'r anterliwt yn boblogaidd yng nghyrsiau ymarferol actio Coleg Addysg y Barri a Choleg y Drindod, Caerfyrddin, lle bu Norah Isaac yn defnyddio'r ffurf fel rhan o gwrs hyfforddi myfyrwyr drama. Cyfoeswyd un o anterliwtiau enwocaf Twm o'r Nant, sef *Tri Chryfion Byd*, gan Gwmni Drama Llwyndyrys ar gyfer Eisteddfod Genedlaethol Llanrwst, 1989. Diweddarwyd yr un anterliwt gan Emlyn Roberts, sef *Pres Mawr, Pennau Bach*, ar gyfer Cwmni Theatr Gwynedd yn 1998. Ac fe gyfansoddwyd anterliwt wleidyddol ar gyfer Sioe Glybiau Bara Caws, menter a ystyrid gan Gwyneth Glyn (*Barn*, Atodiad Theatr, 1997) fel modd i lwyfannu drama gymunedol heb arian cyhoeddus, a drama oedd â ffin fregus rhwng celfyddyd a phropaganda.

6. Y perfformiwr yn chwilio am lwyfan

Ar derfyn cyfnod yr anterliwt yr unig weithgareddau theatrig oedd yn parhau yng Nghymru oedd ymweliadau cwmnïau teithiol o Loegr. Ymddangosent mewn trefi lle roedd cyfle iddynt ymgartrefu dros dro mewn adeiladau sefydlog, neu ffeiriau achlysurol, neu drwy wahoddiad boneddigion lle roedd cyfleusterau perfformio ar eu stadau.

Yr oedd gelyniaeth crefyddwyr a phiwritaniaid Cymru tuag at theatr a'i phobl yn dal mewn grym. Serch hynny yr oedd awydd ymhlith rheolwyr ac actorion y cwmnïau crwydrol i ledaenu cylchdeithiau rheolaidd a llwyddiannus. Byddai cefnogwyr yn gosod rhyw ffurf ar theatr dros dro o fewn ysgubor wag neu babell mewn ffair, mewn ystafell mewn gwesty neu yn neuadd y dref am gyfnod y perfformio. Weithiau llwyddwyd i godi theatr bwrpasol, megis y theatr fach a luniwyd yn Abertawe rhwng 1775 ac 1786. Ond codai'r datblygiadau hyn i gyd o ddylanwad y theatr Seisnig yng Nghymru ac nid o'r gymdeithas Gymraeg. Tyrrai'r cwmnïau crwydrol o Loegr i Gymru yn rhannol am fod angen meysydd newydd ac yn rhannol am na fedrent gystadlu â chwmnïau mwy sefydlog a llwyddiannus yn Lloegr. Deuent i'r ffeiriau yn nhrefi'r gororau a'r arfordir yn ystod wythnosau rasus ceffylau gan ddibynnu'n aml ar nawdd y sgweiar a'i fath a chan anelu eu hapêl at y cefnog a'r bydol.

Yn ddiau byddai Cymry Cymraeg ar hyd a lled y wlad yn mynychu'r perfformiadau hyn, a hwyrach yn mwynhau campau seciwlar yr estron. Rhannol a lleol oedd llwyddiant y Diwygiad, a thueddai i gadarnhau'r gagendor rhwng bywyd Cymry cefn gwlad ac adloniant a diwylliant Seisnig y trefi. Saesneg oedd iaith y cwmnïau crwydrol, a chyflwynent yr un gymysgedd o hen ffefrynnau, yn gomedïau ac yn drasiedïau, yn gerddi ysgafn ac yn ganeuon poblogaidd y dydd, a apeliai at drigolion trefi Lloegr.

Yr oedd yr awydd yn gryf ymhlith rhai boneddigion yng Nghymru i noddi ac i gefnogi theatr. Yn ei blasty bob gaeaf byddai Syr Watkin Williams Wynn o Wynnstay, o 1770 hyd 1787, yn cynhyrchu ac yn llwyfannu dramâu yn Saesneg gyda'i actorion ei hun. Cwmni amatur oedd hwnnw, ac fe gymerai Syr Watkin ei hun ran, ynghyd ag amryw o'i gyfeillion a'i westeion, yn feibion a merched cymdogion, yn ogystal â rhai o weision y plas. Cododd theatr yn Wynnstay, un a addaswyd i ddechrau ar gynllun pensaer o fewn hen gegin fawr. Ond o 1782 ymlaen, adeiladwyd theatr yn unswydd ar gyfer perfformio, gan geisio efelychu'r theatr a godwyd ym mhlasty Ecclesford, Mansfield Park, yn Lloegr.

Yn dilyn Deddf y Theatrau yn 1843 daeth teithiau gan gwmnïau o Loegr trwy Gymru yn boblogaidd. Treiddient i fannau mor bell i'r gorllewin â Doc Penfro a Chaerfyrddin, ac i Aberystwyth deuai cwmni Fenton a chwmni Hannan a'i wraig. Er bod rhai cwmnïau yn aros mewn ffeiriau am wythnos neu ddwy, roedd eraill yn aros am gyfnodau hir yn y trefi hynny. Gan fod y boblogaeth leol, gan gynnwys Cymry Cymraeg a di-Gymraeg, yn mynychu'r perfformiadau, mawr oedd y condemnio arnynt o gyfeiriad y pulpud. Mae'n sicr i'r perfformiadau hyn, gan gynnwys golygfeydd o waith Shakespeare, o felodrama, o ddawnsio a chanu a sgetsys dychanllyd, lanw i rai brodorion o'r ardaloedd gwledig y bwlch a grëwyd gyda cholled yr anterliwt. Cynhwysai rhai o'r perfformiadau bortreadau o blant amddifad, merched syrthiedig a theuluoedd dedwydd, ynghyd â golygfeydd dirwestol, ac yn wir dyma oedd rhai o hoff bynciau beirdd y cyfnod yng Nghymru. Pwy a ŵyr nad ysgogodd y perfformiadau hyn ysfa yng nghalonnau'r Cymry Cymraeg, am ddrama a theatr yn eu hiaith eu hunain?

Erbyn ail hanner y bedwaredd ganrif ar bymtheg, er yr holl wrthwynebiad o gyfeiriad y pulpud, cryfhawyd yr ewyllys ymhlith y Cymry Cymraeg i fynnu eu llwyfannau eu hunain.

Gellir awgrymu i foesoldeb swyddogol oes Fictoria ac amodau bywyd yr oes honno rwystro'r anterliwt rhag cael ei mabwysiadu yn gynsail lenyddol-ddramatig ac felly mae'n rhaid chwilio i gyfeiriadau eraill am y datblygiadau a barodd ymddangosiad cynnar y ddrama Gymraeg, a sefydlu theatr fel cyfrwng adloniant yn ail hanner y ganrif honno.

LLWYFANNAU'R BEDWAREDD GANRIF AR BYMTHEG

Amrywiai llwyfannau'r ganrif hon yn ôl natur yr adloniant yr oedd teithi'r gymdeithas yn barod i'w dderbyn. Yr oedd y pulpud yn llwyfan cyfleus i histrioneg y pregethwyr, a sêt fawr y capel a'r festri yn blatfform i grwpiau'n traddodi'r ymddiddanion a'r cantatas dramatig. Yn y man daeth llwyfan yr eisteddfodau a neuaddau trefol a phentrefol yn llefydd lle perfformiwyd dramâu Cymraeg eu hiaith. Pan dorrodd cwmnïau lleol hualau'r crefyddwyr, a phan fentrai dewrion cwmnïau pentrefol unigol fel Cwmni Trefriw ar daith i berfformio dramâu 'cymdeithasol', fel addasiad o *Rhys Lewis* (Daniel Owen), mewn festrïoedd capeli ac mewn neuaddau lleol y deuent o hyd i'w llwyfannau. Nid oedd y festrïoedd na'r neuaddau hyn yn adeiladau addas ar gyfer sefydlu unrhyw fath o theatr soffistigedig.

Mae'n sicr i lawer o'r cwmnïau mentrus hyn gael benthyg eu dodrefn a'u hoffer, eu setiau a'u heffeithiau goleuo a sain, ble bynnag y perfformient. Mae'n sicr hefyd i awch cynulleidfaoedd am weld dramâu yn y Gymraeg ar lwyfan gynyddu, er mor gryf oedd banllef y gwrthwynebiad o gyfeiriad y sefydliad crefyddol.

Yn raddol, gyda threigl y ganrif, tyfodd elfennau seciwlar yng nghynnwys yr ymdrechion cynnar i adlonni yn y festri a'r neuadd, a gwelwyd bod y cantatas a'r ymddiddanion, ac yn nes ymlaen addasiadau o nofelau a'r dramâu cerdd, yn diosg eu cyswllt yn raddol â hualau crefyddol. Pan drodd ystyriaethau'r awduron at broblemau'r teulu a'r gymdeithas, a bywyd cymeriadau nodweddiadol Gymreig ardal a bro, tyfodd yr awydd ynddynt i ganoli'r *mise en scène* mewn cegin a mans, mewn carchar a swyddfa heddlu, mewn ysgubor ac mewn llys barn. O hyn ymlaen hoeliwyd sylw eiddgar cynulleidfaoedd fwyfwy ar yr 'ystafell' fel darlun o fywyd, a dyma'r 'box-set' yn ymddangos ar lwyfannau bychain y festrïoedd a'r neuaddau pentref. O hyn ymlaen, seiliwyd realiti drama ar yr hyn a ddigwyddai o fewn microcosm y bocsys bach yr oedd aelodau'r gynulleidfa yn byw ynddynt yn feunyddiol.

7. Y perfformiwr yn ei bulpud

Ar ôl tranc y perfformiwr ar lwyfan y gambo a'r ysgubor, a diflannu o arlwy gyffrous a chyllellog yr anterliwtwyr, beth bellach oedd i ddenu'r werin wledig Gymraeg a chynnig llwyfan i'w hadlonni? Yn eironig, ymddangosodd nodweddion y llwyfan a doniau'r actor yng nghampau'r pregethwr yn ei bulpud. Mae Llew Owain yn ei gyfrol *Hanes y Ddrama yng Nghymru* yn cyfeirio at ddoniau Robert Roberts, Clynnog, wrth iddo bregethu ar lethrau Mynydd Llanllyfni yn Arfon mor bell yn ôl â throad y ddeunawfed ganrif. Pregethai hwnnw ar Frwydr Fawr Pen Calfaria, ac yn ôl pob tebyg, syfrdanwyd y dorf a'u cyfareddu gan ei ddychymyg, a 'grym ei ddawn yn ysgubol'. Robert Roberts oedd awdur y bregeth a'i 'phlot', a hefyd ei fframwaith dramatig, gan gynnwys anterth y chwarae. Dyma awdur o bregethwr a lefarai ddeialog i dri chymeriad yn ei ddrama-bregeth, sef Crist, Satan a'r storïwr-bregethwr ei hun. Ymddangosai'r achlysur megis perfformiad sioe-un-dyn. Wrth ddisgrifio'r frwydr, fel y datblygai drwy'r ddeialog rymus, ac wrth gyrraedd penllanw'r gyflafan, dyma'r gynulleidfa yn y capel yn gweiddi ac yn gorfoleddu, wrth iddynt gael eu tynnu'n emosiynol i grombil y stori.

Y mae Llew Owain hefyd yn cyfeirio at ddawn ddramatig John Elias o Fôn a Christmas Evans, John Jones Tal-y-sarn a Matthews Ewenni yn yr un cyfnod. Yr oedd y pregethwyr-actorion hyn yn ysgubol eu doniau corfforol a'u gallu i lefaru. Cafwyd tystiolaeth iddynt fedru defnyddio holl adnoddau lleisiol yr actor, gan gynnwys pwyslais a thyndra, ysbaid a thaflu llais, ynghyd â holl adnoddau corfforol y perfformiwr, gan gynnwys ystum ac osgo, lleoliad a llonyddwch. Ond yn ychwanegol at y doniau hynny, yr oedd y gwŷr hyn yn gyfuniad o'r actor a'r

6. *John Elias yn pregethu yn y Gymanfa ar ddechrau'r bedwaredd ganrif ar bymtheg. Sylwer ar uchder ei lwyfan uwchlaw'r gynulleidfa eang, y gorfodwyd iddi ymgynnull oherwydd ei maint yn yr awyr agored. Yr oedd angen i bregethwr ddefnyddio llais ac ystumiau actor mewn theatr fawr, er mwyn dal a chynnal cynifer o wrandawyr.*
(Amgueddfa Werin Sain Ffagan)

dramodydd. Yn y disgrifiadau a gafwyd mewn cofiannau am bregethwyr y cyfnod, yn ddiau yr oedd elfennau a ymdebygai i dechneg actio theatr Felodrama'r bedwaredd ganrif ar bymtheg.

Cafwyd cyfeiriadau at effaith hollol ysgubol y pregethwyr ar gynulleidfaoedd, gan gynnwys torf yn rhoi un llef fawr fel pe baen nhw wedi eu taro gan fellten, 'rhai yn gweiddi, eraill yn wylo, ac eraill yn gorfoleddu'. Meddai'r Dr Cynddylan Jones am Matthews Ewenni: 'rhagorasai fel tragedian pe wedi dewis y chwaraedy fel bywoliaeth yn hytrach na'r pulpud', ac am Dr Owen Thomas: 'gwelsom ef yn dramydda darnau mwyaf aruchel ei bregeth gydag effeithiau trydanol'. Mae Cynddylan Jones yn cyfeirio at gerddor a ddotiodd ar lais y pregethwr Dr Owen Thomas: 'the most dramatic preacher that I ever heard. He was a first class elocutionist, with a perfect control over his voice. He could speak as slow as Henry Irving, and he could go higher than Wilson Barrett.' Yr oedd Charles Dickens yn gwrando ar Dr Owen Thomas yn Sasiwn Bangor yn 1852, ac meddai'r nofelydd: 'No other living actor could keep together such a vast concourse of people on such a boiling hot day as that Welsh preacher.' Doedd Dickens ddim yn deall yr iaith ond hoeliwyd ef i'r fan hyd ddiwedd y bregeth gan gyfaredd y pregethwr.

Byddai John Elias yn cymryd gofal wrth baratoi'n ymarferol at ei oedfa er mwyn creu effaith ddramatig yn ei bregethau. Crybwyllodd T. Gwynn Jones yn *Beirniadaeth a Myfyrdod*: 'Nid annheg nac amharchus fyddai dywedyd fod y pulpud yng Nghymru yn porthi llawer ar y diddordeb a fodlonid mewn gwledydd eraill gan y llwyfan. Nid yn unig byddai'r pregethwr yn peintio'r olygfa, yn dychmygu ymddiddanion, yn amrywio llais ac yn actio, ond byddid mewn rhai lleoedd yn gwneuthur peth tebyg iawn i ryw ddirywiad o'r hen ware miragl gynt.'

Manteisiodd y pregethwyr hyn ar y 'llwyfan' parod oedd yn eu meddiant, yr awditoriwm oddi fewn ac oddi allan i ffiniau'r capeli, a'r gynulleidfa oedd wrth eu traed i wrando ar gynnwys eu 'drama'. Meddai Howard de Walden yn ddiweddarach o lawer, sef yn 1913, mewn beirniadaeth ar gystadleuaeth ysgrifennu drama: 'Hitherto, there has been no purely dramatic expression in Wales, because the pulpit supplied all the drama that was necessary.' Doedd hyn ddim yn hollol wir, wrth gwrs, er i'w bwynt fod yn un arwyddocaol.

Roedd areithio dramatig, felly, yn rhan o brofiad unrhyw gynulleidfa a fynychai oedfaon rhai o bregethwyr mawr y cyfnod, gwŷr fel John Jones, Tal-y-sarn a John Williams, Brynsiencyn. Roedd eu pregethu'n apelio at yr emosiynau, ac roedd yr ymateb yr un mor emosiynol. Roedd y perfformiad, yr elfen ddramatig, yn adleisio cynnwys a tharddiad y testun, a hynny ran amlaf o'r Beibl. Rhoddodd y testunau a'r storïau Beiblaidd, a hyd yn oed yr iaith y mynegwyd hwy ynddi yn y gwreiddiol, rym i bregeth ac i ddehongliad dramatig. Ysgrifennwyd cryn lawer o gynnwys y Beibl mewn iaith rythmig canu rhydd, hithau'n llawn egni ac effaith farddonol. Yr oedd grym dramatig yn y math yma o iaith farddonol – gallai gyffwrdd â theimladau gwrandawyr. Yn aml fe grwydrai dehongliad y pregethwr 'mawr' i fyd llafarganu ac i lefel llafar ecstatig. Diddorol cofio mai mewn cyd-destun barddonol y tyfodd traddodiad gwrandawyr yn y theatr Roegaidd gynt, yn theatr oes Shakespeare ac ym mherfformiadau'r anterliwtwyr.

Byddai'r geiriau nid yn unig yn cyfleu ystyr ond yr un pryd yn hudo'r gwrandawyr i fyd synhwyrus ac ysbrydol y ddrama drwy effaith emosiynol y farddoniaeth. Yr oedd pregethwyr mawr cyfnod y Diwygiad Methodistaidd yn ymwybodol o'u deunydd ac o'u dawn fel cyfathrebwyr y Gair, i swyno, i hudo ac i ysbrydoli'r werin bobl.

Pan nad oedd hi bob amser yn bosib cynnal gwasanaethau o fewn muriau capel oherwydd maint y dyrfa, cynhelid yr oedfaon y tu allan yn yr awyr agored. Dewisai'r pregethwr fan cymwys i ddal sylw'r dyrfa, boed hynny ar fryncyn, mewn pant, ar glawdd neu ar garreg fedd. Yr oedd angen llais cryf a chyrhaeddgar ar y pregethwr i fedru taflu ei bregeth hyd at eithafion y dyrfa. Yr oedd angen iddo hefyd ddefnyddio osgo ac ystum addas ar gyfer cynnwys dramatig ei bregeth. Yn wir, gwelwyd y nodweddion corfforol theatrig hyn yn rhan o dechneg gyffredinol actorion ar lwyfannau eang y bedwaredd ganrif ar bymtheg, yn enwedig wrth gyflwyno holl gyffro dramâu clasurol, dramâu Shakespearaidd a'r felodrama a berfformiwyd arnynt.

Taranodd hoelion wyth y Diwygiad Methodistaidd yn erbyn mathau o adloniant a chwarae ac oferedd gwerinol, yn ogystal â'r ddrama. Yn ôl *Rheolau Dysgyblaethol o Gyffes Ffydd* (argraffiad cyntaf, 1824) disgwylid i aelodau o'r Methodistiaid Calfinaidd lynu wrth reolau, gan gynnwys: 'VI. ymadael a gorwagedd y byd a'i arferion llygredig; megis cymdeithasu oferwag, gwylmabsantau, dawnsiau, chwareyddiaethau, gloddest, cyfeddach, diotta, a'r cyffelyb.'

Ond yn yr un cyfnod ymddangosodd cyfieithiadau o waith Shakespeare a Sophocles yn *Y Traethodydd*. Ymarferion llenyddol oeddynt ac ni fwriadwyd hwy, yn ôl pob golwg, ar gyfer eu perfformio ar lwyfan. Dechreuwyd derbyn dramâu, ond iddynt fod yn fydryddol. Cyhoeddodd Eben Fardd ei ddrama fydryddol, *Y Cleopiaid*, yn *Y Traethodydd* yn 1847. Yn sicr, nid oedd cwmnïau drama yn y gymdeithas Gymraeg ar y pryd a fentrai neu a fedrai lwyfannu'r fath weithiau aruchel. Yr oedd gwrthwynebiad y crefyddwyr yn weddol elyniaethus a chyson i unrhyw fath o ffurf ar y ddrama neu berfformio. Ysgrifennodd Morris Davies, Bangor, ysgrif ar 'Chwaraeon Crefyddol' yn 1853. Cyfeiriodd at arfer rhai crefyddwyr yr oes i ddysgu'r Beibl trwy droi ei hanesion yn ddramâu i'w hactio. Meddai:

> Ai tybed y rhaid i rai Cristnogion yn ein dyddiau ni gael gwyrth-chwaraeon cyn y gallant gredu yn y gwir Feseia? Mae troi pethau cysegredig yn ddefnydd difyrrwch i'r anystyriol a'r gwamal yn eu darostwng i'r un sefyllfa a

phethau cyffredin ac yn tueddu i'w gwneud yn aneffeithiol i'w diben priodol. Mae'r arferion hyn yn paratoi ieuenctid ein gwlad yn ebyrth i'r chwareudai. Heblaw hyn nid oes rwymedigaeth ar Eglwys Grist i ddarparu difyrrwch anianol i'r bobl ieuanc a'r gwrandawyr annychweledig.

Yn 1898 haerodd R. Williams, Ffestiniog, yn y *Lladmerydd*: 'Am y chwareufa yn gyffredinol barn y rhai uniawngred o'r eglwys am dani ydyw ymhob oes ei bod yn un o'r sefydliadau mwyaf niweidiol i grefydd a moesoldeb o bob sefydliad.'

Am y chwaraedy dywedodd y Parchedig J. Angell James: 'Hon mewn modd neilltuol ac mewn ffordd o ragoriaeth ar bob drwg arall yw y ffordd lydan a'r porth eang sydd yn arwain i ddistryw.'

Yr agwedd ddiamynedd a gwrthwynebus eithafol hon sy'n esbonio penderfyniad Sasiwn Corwen, yn Ebrill 1887, i annog eglwysi'r Cyfundeb Methodistaidd i anghymeradwyo gwaith cwmni oedd yn teithio'r wlad ar y pryd i chwarae drama. Ar y llaw arall yr oedd enwadau yn y tir a gymerai agwedd lawer mwy cadarnhaol tuag at y ddrama. Mudiad yr elfennau gwrthdoriaidd ymysg Ymneilltuwyr Cymru yn y ganrif honno oedd y mudiad drama, pobl grefyddol a welai yn y ffurf, yn union fel y gwelodd Twm o'r Nant, ffyrdd i wella buchedd a moes, a phobl oedd, yr un pryd ac eto'n union fel Twm, yn wrthryfelwyr cymdeithasol.

YMLEDU'R THEATR SEISNIG SYMUDOL YNG NGHYMRU

Tyfodd y theatr Seisnig symudol yng Nghymru ar ôl Deddf y Theatrau yn 1843. Ymwelai'r 'portables' yn gyson â threfi pwysicaf Cymru yn ail hanner y ganrif. Aethant mor bell â Doc Penfro, Llanelli, Castell-nedd, Caerfyrddin, Llanidloes a'r Drenewydd. Daeth y theatr yn rhan boblogaidd o lawer ffair. Gallai ymweliad y theatrau hyn barhau hyd at hanner blwyddyn mewn ambell fan, gan dyfu'n nodwedd Seisnig o fywyd diwylliannol rhai trefi. Dychwelai ambell actor-reolwr a'i gwmni am flynyddoedd lawer. Cafwyd gwrthwynebiad chwyrn i'r ymweliadau hyn gan gapeli ac ynadon heddwch efengylaidd eu hysbryd. Yr oedd y math yma ar adloniant theatrig yn llenwi'r bwlch i'r Cymry Cymraeg a adawyd gyda diflaniad yr anterliwt. Meddai Cecil Price am ansawdd a gofynion y gynulleidfa, yn ei gyfrol *Portable Theatres in Wales 1843–1914*: 'Their audiences were unsophisticated and liked broad jokes, rude wit, a violent action. They liked a programme of the older sort, consisting of shortened tragedy or melodrama, a farce, some songs, recitations and dances.'

Dadleuai'r rheolwyr fod y math yma ar adloniant yn cadw'r werin allan o'r tafarndai, a'u bod yn ddylanwad llesol. Yr oedd gwaith Shakespeare yn rhan amlwg o'u rhaglen, a melodramâu dirwestol yn boblogaidd. Y mae E. G. Millward yn dadlau nad oedd hollt rhwng 'y gweithgarwch bywiog hwn a chynnyrch y beirdd a'r llenorion Cymraeg'. Byd y plant amddifad, y ferch syrthiedig a'r teulu dedwydd oedd byd y dramodwyr Saesneg yn eu melodramâu. 'Dyma rai o hoff bynciau'r prydyddion Cymraeg.' Diddorol sylwi i Daniel Owen yntau ymhen rhai blynyddoedd gyfieithu detholiad o felodrama ddirwestol boblogaidd Saesneg y cyfnod, sef *Ten Nights in a Bar Room*, W. W. Pratt, a'i gyhoeddi yn y cylchgrawn *Charles o'r Bala* ar gyfer yr Ysgol Sul. Lluniodd Mynyddog yntau drosiad o un o'r caneuon mwyaf poblogaidd o'r felodrama honno, sef 'Little Mary's Song', dan y teitl, 'Dewch Adref fy Nhad'.

Roedd y theatr yng Nghaerfyrddin yn 1872 yn llawn pan gyflwynwyd *Llewelyn, the Last Prince of Wales* (J. C. Livsey), testun a oedd wrth fodd calon rhai awduron Cymraeg, beirdd y pryddestau arwrol a'r cerddi gwladgarol, heb sôn am y dramodydd Beriah Gwynfe Evans. Ceisiai Evans ei hun geisio gwneud marc fel dramodydd yn y ddwy iaith.

Yr oedd y gweithgarwch yma, yn enwedig y perfformiadau ar

bynciau hanesyddol Cymreig, yn awgrymu bod Cymry gwlad a thref yn galw am sefydlu theatrau. Poblogeiddiwyd y theatr gan chwistrelliad cwmnïau Saesneg a dueddai i 'bontio'r gagendor rhwng y ddwy iaith trwy gyflwyno dramâu ar bynciau a oedd eisoes yn gyfarwydd i'r Cymry Cymraeg' (E. G. Millward). Tyfodd awydd ymhlith y Cymry Cymraeg, felly, i gael dramâu ac i brofi theatr yn eu hiaith eu hunain fel y cynyddodd y dylanwad o dros y ffin. Gellir tybio felly fod yr awydd am weld dramâu yn y Gymraeg ar lwyfan yn ystod ail hanner y bedwaredd ganrif ar bymtheg ynghlwm wrth y dylanwadau hyn, er gwaethaf gwrthwynebiad gan grefyddwyr a moesegwyr.

LLWYFAN YR YMDDIDDANION

Yn ystod y bedwaredd ganrif ar bymtheg, sleifiodd y ddrama'n gyfrwys drwy ddrws cefn crefydd anghydffurfiol ac ymddangos mewn capel a festri ar ffurf cyflwyno dadleuon ac ymddiddanion ysgrythurol. Seiliwyd y rhain ar yr Ysgrythur a daethant yn boblogaidd yn y cyfarfodydd llenyddol a'r ysgol Sul. Cyhoeddwyd nifer fawr ohonynt yn ogystal â'u perfformio gan aelodau capeli. Nid sgwrs yn unig rhwng dau oedd yr ymddiddanion neu'r dadleuon hyn. Defnyddiai'r pregethwyr y ffurf fel rhan o'u pregethau oedfaol. Perfformiai pobl y capel ymddiddanion mewn oedfa ac mewn cyfarfodydd crefyddol. Cymerai pregethwr a selogion, felly, agwedd perfformwyr trwy bortreadu cymeriadau o storïau'r Beibl, a chymeriadau a ymddangosai mewn sefyllfaoedd a seiliwyd ar foeswersi. Defnyddiwyd y pulpud, y sêt fawr a llawr y festri yn llwyfannau i gyflwyno'r ymddiddanion hynny. Lluniodd J. R. ddadl rhwng tri chymeriad mewn ymddiddan, ac yn y *Lloffyn Dadleuon* (1871) gan y Parchedig David Lewis (Dewi Medi) gwelwyd hyd at ddeg o gymeriadau.

Pan sefydlwyd y cylchgrawn teuluol *Cyfaill yr Aelwyd*, rhoddwyd lle i ymddiddanion ynddo, ac fe anogwyd datblygu'r dramâu bychain hyn o ran eu crefft a'u cynnwys, ar gyfer eu perfformio. Nodwyd gan y golygydd: 'Ychydig sydd o natur "chwareuaethau" teuluaidd, cymdeithasol, dyddanus a diniwed. Y casgliad goreu, yn ddiameu, hyd yma yw "Dadleuon Ysgrythyrol" J. R. Ond Ysgrythyrol yn unig yw y rhai hyn, ac felly yn anghymwys at ddybenion lluaws o'n cyfarfodydd adloniadol' (*Cyfaill yr Aelwyd*, Rhagfyr 1885).

Gwelwyd yn y man fod gwahaniaeth rhwng yr ymddiddanion crefyddol a'r rheiny a baratowyd i'w perfformio mewn 'cyfarfodydd adloniadol'. Y mae Beriah Gwynfe Evans yn cyfeirio at brofiad cynnar, sef perfformiad o 'Jonah', allan o *Ymddiddanion J. R.*, yng nghapel Cendl yn 1858. Mae'n cofio'r llwyfan wedi ei osod o flaen y pulpud, ac ar y llwyfan hwnnw fe gydiodd dau actor, a gymerai rannau morwyr, yn Jonah a'i fwrw i'r môr 'tros astell i'r pulpud'. Yr oedd y perfformiad yma, meddai, yn 'rhyfeddod crefyddol', ac nid 'drama plant y tywyllwch'.

Yn ei nofel *Wil Brydydd y Coed*, disgrifiodd David Owen (Brutus) berfformiad gan blant ysgol Sul mewn capel gerbron cynulleidfa. Y mae'r darlun cryno yma'n rhoi syniad lliwgar o amgylchiadau perfformio mewn capel:

> Am dri o'r gloch ymgynullwyd drachefn i'r capel i wrando ac i weled ysgol Capel Merari yn chwareu ac yn actio 'interlude' ar y llanciau yn cael eu taflu i'r ffwrn dân, a Daniel yn cael ei fwrw i ffau'r llewod! Un yn actio Nebuchodonosor, y llall yn actio un arall, ac felly yn y blaen hyd nes y coronwyd yr 'interlude' â'r cabledd ofnadwy o actio dull y pedwerydd! Actiwyd Daniel yn gweddio, ac actiwyd pob halogrwydd arswydus, nes yr oedd ofn ar rai i'r capel syrthio yn farnedigaethol ar eu pennau.

Mae'n debyg i'r *Ymddiddanion* lenwi bwlch ar wedd 'adloniant' crefyddol i werin a gofiai, lawer ohonynt, ddyddiau olaf yr anterliwt, ac a ddaliai i ddarllen ail argraffiadau o'r gweithiau hynny. Seiliwyd cryn lawer o'r ymddiddanion hyn i gychwyn ar destunau Beiblaidd a chrefyddol, ond gyda threigl y blynyddoedd ysgrifennwyd ymddiddanion ar destunau seciwlar.

Tyfodd yr ymddiddanion yn fodd i drafod pynciau'r dydd, yn union fel y bu'r baledi ar lafar cyn hyn. Ar lwyfan yr ymddiddanion ymddangosodd testunau crefyddol a chymdeithasol, gwleidyddol a gweithfaol. Hwyrach i lowyr y de a chwarelwyr y gogledd gael llawer awr o adloniant a phleser wrth actio'r deialogau hyn. Arferid perfformio ymddiddanion dirwestol o gapel i gapel mewn cyfarfodydd dirwest a 'Penny Readings'. Byddai llawer o wisgo fel cymeriadau yn y perfformiadau hyn a mawr oedd difyrrwch y cynulleidfaoedd. Mae Llew Owain yn disgrifio'r adwaith i'r ymddiddan 'Y Creadur Symudliw': 'Byddai'r tri chymeriad ar y llwyfan wedi ymwisgo'n wahanol iawn i'w gilydd. Un cymeriad wedi ymwisgo fel dyn yn byw ar ei arian, arall fel masnachwr, a'r trydydd, Morgan a dorrai'r ddadl rhwng y ddau gyntaf, fel pregethwr gyda het silc. Mawr y difyrrwch y pryd hynny, a rhoddid encore i ambell berfformiad.'

Ynghyd â'r ymddiddanion tyfodd y chwaraegerddi cysegredig, ac yn y man ymddangosodd y felodrama ddirwestol. Perfformiwyd y ddrama ddirwestol *Prawf Syr John Heidden* yn Ferndale yn 1882, a bu'n llwyddiannus trwy dde a gogledd Cymru. Yn yr argraffiad cyntaf o'r *Gwyddoniadur Cymreig* daeth yr arfer o actio darnau o'r Ysgrythur yn y cysegr dan lach William Roberts (Nefydd) yn ei erthygl ar Chwareuon Crefyddol: 'yr hyn nid yw nac yn addas i'r lle, na'r dydd, na'r hyn a adroddir. Y mae gormod o elfennau y Dirgelion ynddynt. Dylid gwylio rhag i'n meddyliau lithro yn ol i arferion yr oesoedd tywyll. Nis gallwn gefnogi na chymeradwyo un math o actio ... Ond o bob math o chwareu, yr un crefyddol a beiblaidd yw y mwyaf niweidiol.'

Yr oedd Morris Davies eisoes wedi llunio erthygl ar yr un testun yn *Y Traethodydd* (1853). Ynddi condemniodd bob agwedd ar y ddrama'n gwbl ddigymrodedd, yn enwedig dramâu crefyddol. Yn ôl Davies yr oedd gwreiddiau'r ddrama mewn paganiaeth a phabyddiaeth. Cafodd ddigon o dystiolaeth mewn anterliwtiau i waredu rhag y fath anfoesoldeb:

> Yr oedd chwareyddiaethau o'r fath yma yn cael eu harfer yng Nghymru hyd o fewn cof gan rai hen bobl. Adwaenem un a welsai interlude y brenin Dafydd yn cael ei chwareu, ac yn echrydus yn wir oedd y darluniad. Amcan proffesedig y chwareuaeth oedd dangos drwg y pechod y syrthiasai y brenin duwiol iddo; ond yr oedd ei thuedd drwyddi oll i danio nwydau mwyaf afreolaidd natur lygredig. Clywsom hynafgwr parchus yn darlunio yr un chwareuaeth mewn man arall, a darfod i flaenor y chwareuaeth gael ei argyhoeddi yn ddwys o bechadurusrwydd yr arferiad, ac iddo mewn canlyniad alw i fyny bob copi o'r interlude a fedrodd ei gael, i'r diben o'u llosgi. Ar brydnawn Sabboth yn cyffredin y cynnelid y chwareuon hyn, ond weithiau fe'u cyhoeddid yn y llanau yn union ar ol y gwasanaeth boreuol. Yr oedd Thomas Edwards, o'r Nant, yn hynod yn ei amser am yr oferedd hyn; yr oedd amryw o'i chwareu-gerddi ef ar destunau o'r Bibl; ond wedi eu gosod allan mewn ymadroddion isel, ac yn cynnwys yn fynych awgrymiadau tra anweddaidd. pethau llygredig felly oedd yn cymeryd gyda'r werin anwybodus ac ynfyd, ac wrth borthi y chwidredd hwnnw yr oedd y bardd yn myned yn boblogaidd, ond nid heb beth gofid oddiwrth ei gydwybod, fel yr addefa ef ei hun.

Ceir yma feirniadaeth hallt yn erbyn yr holl elfennau oedd yn gysylltiedig â'r ddrama, sef y defnydd o'r ffynonellau, y dramodwyr, y chwaraedai a'r gynulleidfa a ddenwyd i'r fath ffurf ar berfformio. Ond gwelodd Beriah Gwynfe Evans yr angen i ledaenu sgôp yr ymddiddan o'i gwreiddiau crefyddol i gwmpasu deunydd mwy seciwlar. Gwelodd fod ffurf yr ymddiddan yn boblogaidd iawn ymysg crefyddwyr fel modd i berfformio storïau, themâu ac ystyriaethau moesol. Gwthiodd Evans, drwy dudalennau *Cyfaill yr Aelwyd*, yr ymddiddanion seciwlar hyn, gan gynnwys storïau syml am fywyd ac wedi eu seilio ar chwedlau traddodiadol. Ei fwriad oedd cynhyrchu deunydd fyddai'n boblogaidd ymlith pobl ifanc oedd â'u hawydd i ffurfio cwmnïau perfformio.

Argraffwyd nifer fawr o ddeialogau o 1840 ymlaen, rhai'n grefyddol, eraill yn ddirwestol a hwythau'n cynnwys nodweddion llwyfannu o safbwynt lleoliad, cymeriadu, gwrthdaro ac ar brydiau awgrymiadau ar gyfer tipyn o hiwmor i ogleisio cynulleidfa. Yr oedd rhai yn blasu o fynegiant mydryddol yn nhraddodiad yr anterliwtiau, er enghraifft 'Cleopiaid' (Eben Fardd, 1847), lle mae dau gymeriad, Cleopas a Chydymaith, yn trafod atgyfodiad y Crist, a'r Crist hwnnw'n ymddangos heb yn wybod iddynt i holi am eu problem. Yn y ddeialog 'Hollti a Llusgo Llechau, neu Ffwlbri (Farce) Chwarelwyr Cymru' gan 'Ysbryd Twm o'r Nant', cafwyd cyfarwyddiadau llwyfan clir ynglŷn â'r cyfnod, lleoliad pob golygfa a'r cymeriadau a ymddangosai ynddynt. Trafod arian y mae'r cymeriadau i gyd ymhob golygfa o'r ddramodig hon, a gosodir y chwarae canolog mewn siop lle mae bargeinio am frethyn ac am siôl, a'r sgwrs rhwng cymeriadau yn ddigon materol.

Ar eu llwyfannau bwriadwyd i rai o'r deialogau hyn ddysgu gwers foesol neu draddodi stori Feiblaidd. Yr oeddynt yn bropaganda crefyddol i'w hactio gan aelodau'r capel yn y sêt fawr neu yn y festri. Mewn deialog gan Dr Pan Jones, yn 1862, y mae dau gymeriad, Babo a Diotrephus, yn holi Gwraig Tŷ'r Capel am natur y pamffledyn y mae'n ei ddarllen, ac yn ei rhybuddio mai drygioni sydd tu cefn iddo. Yn ogystal â'r elfennau propagandaidd, ymddangosodd mwy a mwy o gymeriadau realistig bob dydd yn dadlau ac yn gwrthdaro yn yr ymddiddanion, gan gynnwys elfennau o hiwmor yn y ddeialog, ac ambell foeswers yn y gwt. Ymddengys arian yn gyson yn y deialogau hyn, arian a fydd yn llygru ond hefyd yn gyfrwng cyfathrebu cymdeithasol. Yn nes ymlaen ymddangosodd mwy o'r hyn a elwid yn ddramâu'r festri a dramâu dirwestol. Yr oedd rhai o'r deialogau hyn, er yn cymryd y teitl drama'r festri, yn ymwneud â materion bydol fel gorthrwm ffermwyr cefnog, anghyfiawnder i'r tlodion, ac iawndal i wragedd â llond tŷ o blant truenus. Yn *Y Gynhadledd* (1878), y mae tafarnwr wedi talu paentiwr arwydd y dafarn yn ddigon tila am ei waith. Mae'r tafarnwr yn esbonio i deithiwr sychedig fod y dafarn yn elwa, er i'r paentiwr wneud ei waith am bris tila, oherwydd bod yr arwydd y tu allan yn denu ymwelwyr wrth y cannoedd. Yr oedd y teithiwr yn elwa hefyd am i'r tafarnwr fedru ei wasanaethu'n hael yn y gwesty. Â'u hawydd i berfformio, roedd y deialogau hyn yn fodd i gapelwyr, â'u golwg ar lwyfannu, gael tipyn o hwyl wrth eu hactio, ac yn raddol datblygent i fod yn ddramodigau propaganda ac yn ddeunydd seciwlar dan ymbarel crefydd. Yn y man bu'r dramodigau hyn yn sylfaen i awduron droi eu trem y tu allan i byrth y capeli a'r eglwysi, ac yn sgil hyn tyfodd adloniant dramatig seciwlar yn nwylo cwmnïau drama pentrefol a threfol.

Yn y cyfamser, datblygodd cyfuniad o gerddoriaeth a drama dan ymbarél crefydd a arweiniodd at gyfansoddi a llwyfannu'r gantawd mewn capeli ac eglwysi. Ysgrifennodd Tanymarian y gantawd 'Ystorm Tiberias' ac Ambrose Lloyd, 'Gweddi Habacuc'. Yn sgil y gweithgaredd dramatig yma ymddangosodd yr opera ddramatig yn nwylo cyfansoddwyr fel Joseph Parry (*Blodwen*) ac Eos Bradwen (*Owain Glyn Dŵr*). Er mai gweithiau dramatig oedd y rhain i'w perfformio ar lwyfannau, nid ystyrid hwy ar y pryd yn rhan o dwf drama na theatr. Yr oedd gormod o ragfarnau yn dal yn erbyn y gweithgareddau hynny. Cyffelybodd Morris Davies 'lygredigaethau' dramodwyr y gorffennol i weithiau Handel. Un o bennaf amcanion y 'treith-ganu' hyn, meddai, oedd 'paratoi ieuenctid ein gwlad yn ebyrth i'r chwareudai'. Y mae Daniel Rowlands, bywgraffydd Davies, yn awgrymu ei fod yn beirniadu pethau diniwed yn rhy hallt. Ond ni allai'r rhagfarn atal y brwdfrydedd i gyfansoddi a pherfformio'r ffurfiau newydd hyn ar gyfer eu llwyfannu mewn festri a neuadd a chapel.

DYLANWAD SHAKESPEARE

Yr oedd Shakespeare i'r Fictoriaid yn binacl diwylliant theatr a drama trwy'r oesoedd. Yr oedd y Cymry diwylliedig yr un mor frwd â'r Saeson hwythau ynghylch cyfraniad y bardd-ddramodydd, er i ŵr dysgedig fel T. Gwynn Jones gael ei rybuddio'n gynnar yn ei yrfa, 'na ryfygwn ar fy mherygl ddarllen Macbeth, na dim arall o waith Shakespeare'.

Gellir dweud yn weddol sicr fod unigolion goleuedig y cyfnod yn mynychu theatrau i weld perfformiadau melodramatig o olygfeydd o waith y dramodydd hwnnw, boed mewn perfformiadau gan gwmnïau crwydrol a ddeuai'n achlysurol dros y ffin i Gymru, neu'r ffodusion hynny a deithiai i ganolfannau fel Caer, Bryste, Caerfaddon a Llundain. Aeth rhai dros y dŵr i Ewrop er mwyn astudio mewn canolfannau dysg ym Mharis a Rhufain.

Blodeuodd dylanwad Shakespeare yn y lle cyntaf yng Nghymru nid yn gymaint trwy berfformiadau ar lwyfan ond trwy gyfieithu ac addasu golygfeydd unigol, yn ogystal â dramâu cyfan. Gwnaethpwyd hyn ar gyfer cystadlaethau mewn eisteddfodau taleithiol a chenedlaethol, ac argraffwyd hwy yng ngholofnau cylchgronau Cymraeg y dydd.

Yn Aberffraw yn 1849 gwobrwywyd cyfieithiad o *Henry IV*. Yn *Y Traethodydd* yn 1866 cyhoeddwyd cyfieithiad o *Julius Caesar*. Yn Eisteddfod Eryri 1879, gofynnwyd am 'y Chwareuaeth Gymreig oreu yn ôl dull Shakespeare'. Nid oes fawr o sôn am berfformio'r llif o gyfieithiadau hyn ar y pryd. Fel y crybwyllwyd eisoes, nid oedd y theatrau na'r cwmnïau actio na'r traddodiad perfformio nac unrhyw gyfundrefn theatraidd yn bod yn y gymdeithas Gymraeg ar y pryd i fedru dygymod â chyflwyno'r cyfieithiadau aruchel hyn.

Trwy sianeli cyfieithu ar gyfer cystadlaethau eisteddfodol y tyfodd Shakespeare a'r ddrama ramantaidd Saesneg yn batrwm i'r ddrama hanes am chwarter canrif. Fel y nodwyd eisoes, bu golygfeydd o ddramâu Shakespeare yn boblogaidd mewn perfformiadau ymhlith cwmnïau teithiol Saesneg trwy Gymru yn ystod y bedwaredd ganrif ar bymtheg.

Tasg lenyddol oedd cyfieithu dramâu a rhannau o ddramâu ar gyfer cystadlaethau cyfieithu mewn eisteddfodau ac nid ymgais i weld eu perfformio ar lwyfan. Enillodd David Griffiths am gyfieithiad o *Hamlet* yn Eisteddfod Genedlaethol Llandudno yn 1864, ac yn Eisteddfod Genedlaethol Lerpwl yn 1884 ymgeisiodd un ar ddeg ar drosiad o *King Lear* i'r Gymraeg. Cyfieithodd Lewis Edwards rannau helaeth o *Ffawst* Goethe, ond trin y ddrama honno fel pryddest foesol a wnaeth. Gwelyd twf yn yr eisteddfod mewn pryddestau dramatig neu ddramâu barddonol yn y cyfnod hwn. Cynhwyswyd cyfarwyddiadau llwyfan mewn ambell gyfansoddiad o'r math yma, ond yr oedd yn amhosib llwyfannu rhai o'r gweithiau.

Taniwyd yr awydd i ddarganfod 'Shakespeare Cymru'. Yn Eisteddfod Gadeiriol Eryri (1879) cynigiwyd gwobr o ddeg punt am ddrama Gymraeg ar linellau Shakespearaidd: 'y chwareuaeth Gymreig orau yn null Shakespeare'. Gobaith optimistaidd a sylweddol oedd hyn ym marn y beirniad. Y ddrama *Owain Glyndŵr* gan Beriah Gwynfe Evans a enillodd y wobr. Ffurfiwyd cwmni o bwyllgor yr eisteddfod i'w pherfformio, ac ymddangosodd ar lwyfan yn 1880. Aelod o'r cwmni hwnnw oedd Ap Glaslyn, un o actorion amlycaf y cyfnod. Yr oedd ef wedi sefyll arholiad ac ennill trwydded yn Lerpwl am actio ac adrodd. Mae'n debyg mai ymhlith y darnau prawf yn ei arholiad yn Lerpwl yr oedd areithiau o *Hamlet*, a'r melodramâu *The Raven* a *The Bells*. Wedi troad y ganrif, rhybuddiodd Elphin, yntau'n ddramodydd hanes buddugol yn ei dro, fod 'y ddrama Shakespearaidd wedi ei hysgrifennu. Afraid i neb geisio efelychu Shakespeare.'

Ond mae'n sicr i strwythur y ddrama Shakespearaidd ddylanwadu ar ymdrechion efelychwyr wrth iddynt gyfieithu dramâu ar gyfer cystadlaethau eisteddfodol, yn ogystal â'r sawl a gyfansoddai ddramâu cerdd hanesyddol a seiliwyd ar batrymau golygfaol a chymeriadol Shakespeare. Dylanwadodd ei ddramâu'n bennaf ar batrymau ieithyddol yr ymdrechion Cymraeg, yn arbennig wrth gyfosod golygfeydd barddonol a golygfeydd rhyddieithol, cymeriadau arwrol a chymeriadau gwerinol, a chyfosod golygfeydd urddasol a golygfeydd cras. Ymddangosodd y dylanwadau hyn yn weddol amlwg yn nramâu cerdd hanesyddol gwŷr fel Elphin a Beriah Gwynfe Evans.

Yn ddiau, i'r perfformwyr a gymerai ran yn y cynyrchiadau hynny ar lwyfannau'r eisteddfod yn ystod y blynyddoedd dilynol, bu'r cymeriadau amrywiol, yn arwyr ac yn daeogion a frithai olygfeydd y dramâu cerdd hanesyddol, yn sialens ac yn fodd i ymestyn technegau lleisiol a chorfforol eu crefft.

Y GANTAWD A'R CHWARAEGAN

Rhaid cyfeirio at y modd y dylanwadodd cyfansoddi a pherfformio'r gantawd a'r chwaraegan ar y dramâu hanesyddol cerddorol a ymddangosodd tua therfyn y bedwaredd ganrif ar bymtheg. Tyfodd perfformio'r gantawd yn wreiddiol o arbrofion cerddorol blynyddoedd cynnar yr unfed ganrif ar bymtheg. Cynhwysai lawer o adrannau gwrthgyferbyniol wrth ei chanu. Ymsefydlodd yn yr ail ganrif ar bymtheg fel patrwm o adrodd-ganu ac ariâu bob yn ail, a hynny ar destun serch ac ar ffurf naratif dramatig neu ymson, a'i gwneud yn addas at ddrama yn nes ymlaen. Yn llenyddol a cherddorol ymdebygai i olygfa allan o opera.

Cynlluniwyd y gantawd i'w pherfformio mewn ystafell heb olygfeydd llwyfan na gwisgoedd; cadwyd rhyw fath o wychder a choethder crefftwaith iddi a fyddai'n annerbyniol mewn opera. Oherwydd natur ei hagosatrwydd hefyd cynigiai fwy o gyfle nag opera i effeithiau cerddorol arbrofol. Arweiniodd ei ffurf ddatblygedig at ei natur dramatig, gan gynnwys ariâu a chorws, yn enwedig o'i chyswllt ag elfennau crefyddol yn nes ymlaen.

Mae Hywel Teifi Edwards yn ei gyfrol *Gŵyl Gwalia* yn olrhain twf a phoblogrwydd y gantawd fel ffurf berfformiadol mewn cystadlaethau eisteddfodol o ganol y bedwaredd ganrif ar bymtheg ymlaen. Daethpwyd i berfformio'r gantawd fuddugol yn ystod yr ŵyl.

Yn 1862 perfformiwyd y gantawd 'Tywysog Cymru' (Owain Alaw), i eiriau gan Ceiriog, geiriau a ddathlai enedigaeth 'Y Tywysog Cymru cyntaf', ynghyd â dyfodiad Albert Edward i'w oed; ef oedd Tywysog Cymru ar y pryd. Dywed Hywel Teifi Edwards fod y gantawd hon wedi agor llifddorau i eraill dros y blynyddoedd.

Asiwyd y ffurf yma at y ddrama hanesyddol Shakespearaidd a oedd i ymddangos trwy gyfrwng yr eisteddfod. Yr oedd symlrwydd y cantawdau dramatig cynnar yn addas at weithgareddau cwmnïau amatur lleol, ac yn gymwys i unigolion a chorau bychain. Yr oedd y profiad o fod mewn cantawd yn gymorth ardderchog i actorion ifanc y cyfnod, pe caent y cyfle ymhen amser i fod yn berfformwyr yn y dramâu hanesyddol cerddorol.

Yr oedd traddodiad cerddorol cyfoethog yng Nghapel y Garn, Bow Street, Ceredigion, ym mlynyddoedd olaf y bedwaredd ganrif ar bymtheg, ac fe berfformiwyd cantawdau yn flynyddol gan gôr y capel dan arweiniad J. T. Rees. Ar brydiau llogid cerddorfa o Fanceinion i gyfeilio i'r côr.

Datgelir, rhwng y ddeialog a'r monologau hirfaith yn nramâu cerdd Beriah Gwynfe Evans, elfennau sylweddol o waith cerddorol i unigolion ac i gorws. Yn ddiamau golygai hyn fod angen perfformwyr amatur a fedrai ganu yn ogystal ag actio ar lwyfan.

Yn y cyfnod hwn ni roddwyd fawr o gyfle i'r adroddwr yng nghystadlaethau'r eisteddfod. Byddai ambell gystadleuaeth areithio ar destun gosodedig, ond nid oedd lle i'r adroddwr. Awgryma Hywel Teifi Edwards o bosib fod y ffin rhwng adrodd ac actio'n rhy denau i'r parchusion, a ffieiddiai bopeth 'ffug', allu bod yn siŵr ohoni. Nid oedd lle i adrodd nac i ffugio (sef actio). Pan ddaeth adrodd i'w fri yn yr eisteddfod, ar ffurf histrionig y felodrama yr ymddangosodd ar lwyfan. Cyhoeddwyd llu o gyfrolau Saesneg yn y cyfnod a awgrymai'r modd i leisio, i sefyll ac i ystumio ar lwyfan. Adlewyrchodd llawer o'r awgrymiadau yn y cyfrolau hyn yr actio melodramatig a welwyd ar y pryd yn y theatr, sef yr actio afreal addas i lwyfannau ac awditoria morfilaidd y theatrau Fictoraidd.

Crynhodd D. W. Lewis ei syniadau ar natur a hyfforddi'r llais yn ei gyfrol *Llawlyfr y Llais* (1893) er mwyn galluogi perfformwyr ifanc ei ddydd i 'iawn ddefnyddio y llais mewn ymadrodd a chân'. Anelwyd y gyfrol yn bennaf at gantorion, ond yr oedd hi'n amlwg ei fod am gynnwys adroddwyr, a hwyrach actorion, yn ei gyfarwyddiadau manwl. Cynhwysai'r gyfrol ddisgrifiadau o elfennau corfforol y llais, gan gynnwys ymarferion ar gyfer anadlu a chynhyrchu llais, ymarfer llafariaid a chytseiniaid, 'gwrteithio'r llais', 'cadwraeth neu ddiogeliad y llais', areithyddiaeth, mynegiant a chwaeth. Yn y bennod ar 'wrteithiad y llais' ceir manylion am dechnegau i gynhyrchu llais siarad, llacrwydd y gewynnau, effaith arfer siarad yn isel, y modd i wybod pa lais i'w gynhyrchu, adnabod rhestri'r llais, a'r modd i gynhyrchu sain bur. Yr oedd y gyfrol hon yn frith o ddiagramau cymwys ac yn ddiamau'n gyfrol werthfawr i berfformwyr y cyfnod.

Mae'n sicr i berfformio ar lwyfan y *music hall* a'r felodrama yn Lloegr, a holl draddodiad arddull actio'r cwmnïau crwydrol, ddylanwadu ar lwyfannu'r Cymry. Y mae ôl y dylanwad hwnnw'n gryf ar gyfarwyddiadau llwyfan dramodwyr fel Beriah Gwynfe Evans. Cafwyd eisoes yng nghaneuon Joseph Parry rai o gymeriadau'r felodrama, cymeriadau fel 'Yr Eneth Ddall', 'Gweddi gwraig y Meddwyn', 'Y Gwallgofddyn', a'r ' Milwr'. Yr un pryd yr oedd teitlau ei ganeuon fel 'Dangos dy fod yn Gymro' a 'Hoff wlad fy ngenedigaeth' yn rhagdybio caneuon arwrol dramâu hanesyddol cerddorol Shakespearaidd Beriah Gwynfe Evans a'i gyfoeswyr. Nid oedd y 'chwareu-gan' yn deitl diystyr. Yr oedd Beriah Gwynfe Evans yn effro iawn i apêl canu mewn drama. Dyma un ffordd o oresgyn y rhagfarn yn erbyn y ddrama, trwy gymylu'r ffin rhyngddi a'r gantata. Yr oedd y melodramâu hwythau'n frith o ganeuon a dyfai o emosiynau cymeriad a chyffroadau plot. Mae'n sicr fod Beriah yn ymwybodol o gynnwys cerddorol melodramâu ei gyfnod.

Er mor ffyrnig oedd beirniadaeth lem y sefydliad crefyddol, aeth Beriah ati yn sgil y brwdfrydedd a ddangoswyd tuag at ei ddrama gyntaf ar lwyfan, i lunio ail ddrama hanesyddol yn seiliedig ar arwr Cymraeg, sef *Llewelyn ein Llyw Olaf.* Cyhoeddwyd y ddrama hon yn *Cyfaill yr Aelwyd* yn 1882–3, ac mewn cyfrol yn 1883. Perfformiwyd *Llewelyn* ar lwyfan am y tro cyntaf yn Sgiwen yn 1884. Bu'n boblogaidd yn y de yn ystod ugain mlynedd olaf y ganrif. Drama-gantawd mewn pedair act yw hi. Ar yr ochr gerddorol y rhoddodd Beriah y pwyslais mwyaf. Meddai: 'Prin mae eisiau dweud fod llwyddiant Drama-gantawd o natur hon yn ymddibynu i raddau helaeth ar y cantorion. Mae y ddrama wedi ei hysgrifennu a'i threfnu fel ag i wneud y rhanau adroddiadol yn iswasanaethgar, ac yn arwain i fyny at y rhannau cerddorol; ac y dylid perffeithio yr oll i gyd-weithio a chydbwyso yn briodol.' Mae Hywel Teifi Edwards yn awgrymu yn *Gŵyl Gwalia* mai dringo ar wagen poblogrwydd y gantata a wnaeth Beriah yn y ddrama hon.

CWMNÏAU'N BLODEUO
Yn Llanberis yng ngogledd Cymru yn 1880 y ffurfiwyd y gymdeithas ddrama gyntaf. Bu'r cwmni hwnnw'n perfformio am

flynyddoedd ar hyd a lled y gogledd. Yn 1885 dechreuodd Cwmni Barlwyd, Ffestiniog, ar yrfa o berfformio cyson. Ond yn 1886 sefydlwyd Cwmni Trefriw, oedd i dyfu'n gwmni adnabyddus iawn trwy Gymru. Un o'u llwyddiannau amlycaf oedd perfformio *Rhys Lewis* ledled y wlad, yn ogystal ag yn rhannau o Loegr. Dyma'r cwmni trwyddedig cyntaf, oherwydd wrth berfformio yn Lerpwl gorfodwyd iddynt gael trwydded gan ynad cyflogedig y ddinas honno. Dioddefodd y cwmni hwn pan oeddent yn teithio'r de, wrth i Sasiwn Corwen gondemnio eu gwaith theatraidd. Oherwydd hyn fe leihaodd nifer eu cynulleidfaoedd yn enbyd, a rhaid oedd i'r actorion wneud eu ffordd yn ôl i'r gogledd trwy gynnal cyngherddau a chyfarfodydd dirwestol. Er hynny, bu ymdrechion y cwmni hwn yn batrwm i lawer cwmni arall a'i dilynodd, ac yn ysbardun i gwmnïau frwydro i ymsefydlu mewn pentref a bro. Mae'n debyg mai un o'r rhesymau am lwyddiant Cwmni Trefriw oedd iddynt gymryd cryn amser i berffeithio'u hactio a'u llwyfannu cyn mentro mynd ar daith.

Tynnwyd sylw at ansawdd actio'r cwmni hwn gan feirniad yn y *Liverpool Mercury* wedi iddynt berfformio yn y ddinas honno. Meddai: 'the large audience appreciated in the highest degree the homely wit and satirical purpose of the piece' (*Rhys Lewis*). A barn y beirniad yn y *Liverpool Courier* oedd: 'the company were fully equal to the occasion. Wil Bryan may be aptly termed true to nature, his actions being natural throughout [hyn mewn cyfnod pan oedd bri yn dal ar actio melodramatig yn theatrau Lloegr]. Thomas Bartley was presented with ease and readiness, his sallies of wit keeping the audience in a continuous roar.'

Ar ôl i Gymdeithasfa'r Methodistiaid basio'r penderfyniad yn 1887 y dylai ei haelodau ymatal rhag actio *Rhys Lewis* o amgylch y wlad, sefydlwyd cwmni ym Mhwllheli i actio *Dr Ivor Pugh*. Prif actorion y cwmni hwnnw ar y pryd oedd Gwynfor, Arifog ac R. D. Owen, perfformwyr adnabyddus yn eu hardaloedd. O hyn ymlaen cynyddodd nifer y cwmnïau oedd yn ysu am berfformio dramâu.

O ganlyniad i ymweliad Cwmni Trefriw â'r de, taniwyd actorion y Rhondda tuag 1889 i sefydlu cwmni yn Nhonpentre, ac un arall yn Nhreorci.

Un ffenomen nodweddiadol o'r cyfnod hwn cyn troad y ganrif oedd y modd yr ysbrydolodd drama dda greu cwmnïau oedd yn awchus i berfformio. Ar ôl cyhoeddi *Y Bardd a'r Cerddor* gan Elphin yn 1895, symbylwyd nifer o gwmnïau i'w llwyfannu. Wedi i Beriah Gwynfe Evans ysgrifennu *Ystori'r Streic*, ffurfiwyd cwmnïau yn y de i'w pherfformio, a sefydlwyd cwmnïau yn y gogledd hefyd i lwyfannu'r ddrama ysgytwol hon. Yn Eisteddfod Genedlaethol Caerdydd yn 1899, cynigiwyd gwobr am ddrama yn ymwneud â bywyd Cymreig. Beriah Gwynfe Evans enillodd gyda'i ddrama *Owain Glyndŵr*. Yr un flwyddyn a chyda'r un ddrama, enillodd Beriah Gwynfe Evans y wobr am ddrama yn Eisteddfod Gadeiriol Eryri a pherfformiwyd hi yn Llanberis yn 1881. Aelodau o bwyllgor drama Eisteddfod Gadeiriol Eryri actiodd y ddrama, sef 'hogiau'r ddrama' fel y gelwid hwy.

Mewn Cymraeg safonol, llenyddol, nid mewn tafodiaith, yr ysgrifennodd awduron y dramâu cerdd hanesyddol ar gyfer y llwyfan. Eu bwriad oedd portreadu'r gorffennol yn ffurfiol ac yn rhamantaidd, ac nid ceisio portreadu'r presennol, a dehongli bywyd fel yr oedd ar y pryd yng Nghymru. Dyna paham, pan ymddangosodd *Ystori'r Streic* (Beriah Gwynfe Evans), y bu cymaint o frwdfrydedd ymhlith y cwmnïau lleol i'w llwyfannu, a rhoi'r cyfle i gynulleidfaoedd weld pobl a sefyllfaoedd cyfoes mewn drama.

8. Y perfformiwr ar lwyfan hanes

BERIAH GWYNFE EVANS A'I LWYFAN

Yn 1870 cyhoeddodd Beriah Gwynfe Evans nifer o ddramâu byrion i blant, ac fe'u hactiwyd hwy yng Ngwynfe ac yn Llansamlet. Dyma gychwyn gyrfa theatrig y gŵr hynod hwn.

Yr oedd mudiad ar gerdded ar derfyn y bedwaredd ganrif ar bymtheg y gellid ei alw'n 'ddrama hanesyddol'. Beriah Gwynfe Evans oedd un o brif gynrychiolwyr y mudiad hwnnw. Parhaodd y mudiad hyd at flynyddoedd cynnar yr ugeinfed ganrif. Yn wir, yn 1913, yn rhifyn cyntaf cylchgrawn *Y Beirniad*, mae W. J. Gruffydd yn edrych yn ôl ac yn adolygu cyfraniad Beriah Gwynfe Evans i'r mudiad.

Gellir tybio i Beriah wybod yn ei ieuenctid am weithgarwch cwmnïau drama Saesneg mewn mannau fel Nant-y-glo, Abersychan, Abergafenni, Tredegar, Bryn-mawr a Chasnewydd. Gellir tybio hefyd iddo wybod am yr ymdrechion eisoes i drosi dramâu Shakespeare i'r Gymraeg. Bu'r dylanwadau hyn yn fodd i finiocâu ei uchelgais i fod yn 'Shakespeare y Cymry'. Dangosodd yn gynnar na fwriadai aros yn ddramodydd yr aelwyd a'r cyfarfodydd adloniadol.

Yn y man, aeth Beriah ati i 'Shakespeareiddio' (chwedl Hywel Teifi Edwards) ddarnau o hanes Cymru trwy gyfrwng y ddrama gerddorol, a honno'n dderbyniol i gynulleidfa am flynyddoedd i ddod. Ei lwyddiant cyntaf, fel y nodwyd, oedd ennill yn Eisteddfod Gadeiriol Eryri, Llanberis yn 1879 ar ddrama'n ymwneud ag Owain Glyndŵr. Cyhoeddwyd hon fel 'chwareu-gân (yn null Shakespeare)' a pharatodd fersiwn Saesneg ohoni. Ei uchelgais o'r cyfnod cynnar hwn oedd ennill enwogrwydd fel llenor yn Lloegr ac fel llenor dwyieithog yng Nghymru. Perfformiwyd *Owain Glyndŵr* yn 1880 gan Gwmni Llanberis ac fe gawsant eu condemnio gan rai am eu rhyfyg. Gwyddai Beriah, a chyhoeddwyr y ddrama, eu bod yn herio'r farn sefydliadol, a bod llawer o'r Cymry 'yn mynwesu rhagfarn yn ei herbyn'. Yn ôl rhagymadrodd y cyhoeddwr: 'Rhaid inni addef fod cyfansoddiadau o'r natur hwn ym mysg y pethau mwyaf ffiaidd a drewedig, yn ngwterion y llenyddiaeth fwyaf llygredig. Ond ni ddylid ymwrthod â phob math o gyfansoddiadau o'r natur hwn, am fod rhai anheilwng yn eu plith.'

Ysgrifennodd *Llewelyn ein Llyw Olaf* yn 1882, a'i chyhoeddi yn *Cyfaill yr Aelwyd*. Arwyr hanesyddol Beriah oedd Llywelyn, Caradog a Glyndŵr. Trwyddynt cafodd gyfle yn ei ddramâu cerdd i agor fflodiart ei genedlaetholdeb rhamantaidd, i glodfori gorffennol arwrol ei genedl, ac i obeithio am ei dyfodol. Fel arwyr rhamantaidd yr ymddangosodd y cewri hyn yn y dramâu cerdd. Torrent allan i ganu bob hyn a hyn, nid yn unig pan oedd y sefyllfa'n galw, ond, hefyd, er mwyn rhoi cydbwysedd i gynllun y chwarae. Er yn frith o felodrama, gellid dychmygu'r effaith ar lwyfan, wrth ychwanegu gwisgoedd hardd a lliwgar, a cherddoriaeth addas yn gefndir. Roeddent yn sicr yn boblogaidd yn y cyfnod, yn enwedig i gynulleidfaoedd eisteddfodol a awchai am sbectacl.

Er cymaint y felodrama a gafwyd yn y dramâu cerdd hyn, eto i gyd roedd yna elfennau cynnes yn yr agosatrwydd a gafwyd mewn golygfeydd byrion rhwng cymeriadau brenhinol, eu gweision a'r gwerinwyr. Ceir triniaeth o'r math yma yn y ddrama-gerdd *Llewelyn* rhwng Llewelyn a Meredydd y telynor, a rhwng Elen Montfort a'i morwyn Gwen.

Cyhoeddwyd ei ddrama-gerdd hanesyddol *Caradog* yn 1904 ac ysgrifennodd fersiwn Saesneg o hon hefyd, i'w llwyfannu dan y teitl *Caractacus*. Roedd y fersiwn Saesneg i'w berfformio gan ddisgyblion Ysgol Sir Abergele yn 1904, ac yna ym Mae Colwyn.

Yn ôl Nell, un o ferched Beriah a gymerodd ran yn y cynhyrchiad, yr oedd y perfformiad yn ysgubol. I gydredeg â'r fersiwn Saesneg fe gyhoeddodd Beriah lyfr yn esbonio sut i gynhyrchu dramâu o'r math yma ar lwyfan, sef *The Welsh Historical Drama: How to produce a play* (W. Gwenlyn Evans, Caernarfon). Mae cynnwys y gyfrol yn olrhain y llwyfannu'n fanwl, trwy gyfweliadau gyda staff Ysgol Sir Abergele.

Bwriad y gyfrol oedd awgrymu sut y gallai ysgolion sir a chymdeithasau lleol fynd ati i rihyrsio drama, a sut y gellid dysgu miwsig a dawns ar gyfer perfformiad, a rhoddwyd awgrymiadau ymarferol yn y gyfrol ynglŷn â setiau, gwisgoedd a goruchwylio llwyfan. Y mae'r gyfrol yn frith o ddiagramau llwyfan a lluniau o'r cynhyrchiad gwreiddiol. Yn wir, dyma gyfrol werthfawr iawn o safbwynt datgelu'r modd yr aethpwyd ati i baratoi, i gynhyrchu ac i berfformio dramâu o'r mathau hyn ar lwyfannau'r cyfnod. Mae'n amlwg hefyd, o bori trwy argraffiadau a gweithgareddau staff yr ysgol, i'r profiad fod yn un ysgubol i'r disgyblion ac i'r cynulleidfaoedd.

Mae'r cyfarwyddiadau cyffredinol a geir yn y rhagymadrodd i'r gyfrol yn adlewyrchu amgylchiadau llwyfannu'r cyfnod. Awgrymodd yr awdur y dylai unrhyw gwmni oedd yn bwriadu perfformio'r ddrama hon gael copi o *The Welsh Historical Drama*, a ysgrifennwyd yn arbennig gan yr awdur er mwyn cynorthwyo cast a chynhyrchydd.

Pwysleisiodd y dylid gofalu bod y person a ddewiswyd i actio cymeriad, yn un a siwtiai'r cymeriad hwnnw neu honno. I Hafrena, awgrymodd actores dal, urddasol, yn gantores dda; i Gwladys, actores fechan, lawen, ysgafn droed. Roedd angen i'r actor a gymerai ran Caradog fod yn areithiwr huawdl ag ymddygiad urddasol. Awgrymodd y dylai'r actorion ddarllen y ddrama yn bwyllog i gael syniad o natur y cymeriadau a hefyd roi sylw i'r cyfarwyddiadau ar gyfer symudiadau, oedd i'w gweld ar waelod pob tudalen. Roedd angen ymarfer y symudiadau o'r cychwyn cyntaf, hyd yn oed pan oeddynt yn darllen y sgript wrth ddechrau dysgu geiriau. Gosodir y symudiadau mwyaf hanfodol yn y sgript; tyfai eraill o'r ymarferion. Awgrymai'r cyfarwyddiadau fod yr awdur yn deall i'r dim reolau llwyfannu'r cyfnod.

Rhybuddiodd am 'beidio troi cefn ar y gynulleidfa', a 'pheidio sefyll rhwng y gynulleidfa ag unrhyw gymeriad pwysig' a rhaid oedd gofalu am hynny o ddechrau cyfnod y 'rihyrsals'. Gosodwyd cyfarwyddiadau ychwanegol ar gyfer y dawnsio, am drefnu'r llwyfan ac am ansawdd y golygfeydd. Yn ddiau, yr oedd hon yn gyfrol werthfawr ar gyfer actorion a chynhyrchwyr y cyfnod. Yn 1904 cyhoeddodd Beriah *Ystori'r Streic*, sef drama'n arddangos 'Bywyd Gweithwyr Heddiw' (Swyddfa'r Herald, Caernarfon). Ysgrifennwyd hi rai blynyddoedd ynghynt: roedd sôn am ei phoblogrwydd yng nghymoedd y de ar derfyn y bedwaredd ganrif ar bymtheg, wrth iddi gael ei pherfformio gan wahanol gwmnïau. Ceir nodweddion melodramatig yn frith trwy gydol y digwydd ynddi, yn gymeriadau, yn sefyllfaoedd, yn ddeialog ac yn y strwythur emosiynol. Ychwanegwyd at statws arwrol neu lechwraidd y cymeriadau fesul golygfa, wrth i'w gweithredoedd dyfu'n fwy amlwg yn felodramatig.

Yn ei ragair nododd Beriah i'r ddrama hon gael ei hysgrifennu'n arbennig i gyfarfod ag anghenion cwmnïau lleol yng Nghymru. Awgrymodd mai cymharol fychan fyddai'r draul i gael gwisgoedd ac offer llwyfan pwrpasol i'w chwarae, gan 'ei bod hi'n darlunio bywyd Cymru fel y mae heddiw'.

Ymhen blynyddoedd byddai Beriah yn dychwelyd at Owain Glyndŵr pan ysgrifennodd waith ar gais Pwyllgor Difyrion Urddiad Tywysog Cymru yng Nghastell Caernarfon yn 1911. Cynlluniodd chwaraeawd hanesyddol mewn tair act, sef 'Gormes, Gwrthryfel a Rhyddid'. Ysgrifennwyd cerddoriaeth arbennig gan Robert Bryan, awdur casgliadau o alawon Cymreig a Chymraeg. Nid y bwriad oedd cyfansoddi 'drama gerddorol', neu opera ar y testun. Roedd y sgript ei hun, ynghyd â'r caneuon ynddi, yn llinach strwythur rhai o felodramâu'r cyfnod yn Lloegr. Defnyddiodd Bryan alawon Cymreig traddodiadol ar gyfer y cymeriadau unigol a thorfol, a hen alawon Ffrengig ar gyfer yr Arglwyddi Mortimer a Monnington estron, am mai diwylliant Ffrengig ac nid Seisnig oedd diwylliant urddasolion Lloegr yr oes honno.

Rhagflaenodd Beriah ei sgript â 'gair at y cyhoedd'. Pwysleisiodd fod yna wahanol fathau o ofynion i berfformio drama gerddorol hanesyddol mewn neuadd, mewn pafiliwn neu yn yr awyr agored. Ei fwriad oedd 'llunio drama y gellid ei pherfformio gan gwmni lleol gydag ychydig o ofal a disgyblaeth, ei chwarae, ac o'i chwarae, gyfleu i lygad a chlust y gynulleidfa bortread cywir o fywyd ac arferion a hanes ein cenedl yn nyddiau cynhyrfus Owain Glyndŵr. Cywirdeb, symledd a bywiogrwydd, yn hytrach na cheinder llenyddol, arucheledd areithyddol, neu fanylwch hanes, hyn wedi ei gyplysu â gofal fod yr oll yn glywadwy ac yn chwareuadwy.' Er mwyn cynorthwyo'r cynhyrchydd nododd Beriah gyfarwyddiadau llwyfan manwl iawn yn ymyl pob araith ar gyfer bron pob actor. Yn ei ragymadrodd i'r fersiwn a gyhoeddwyd paratodd Beriah 'plan o'r llwyfan'. Adlewyrchwyd yn y cynllun hwn yr arferion oedd yn bodoli ar y pryd yn theatrau Lloegr. Roedd hi'n amlwg, o'r manylder eithriadol a gafwyd yn y cyfarwyddiadau llwyfan, fod gan Beriah wybodaeth eang o arferion theatraidd ei ddydd. Mae'r manylder hwn yn ymestyn i ddau ddeg naw o brif gymeriadau yn y ddrama hon, heblaw'r llu o foneddigesau a milwyr oedd i ymddangos ar lwyfan.

Roedd Beriah yn ymwybodol mai gwlad o actorion amatur oedd Cymru ac felly yr oedd yn amlwg am eu cynorthwyo wrth lwyfannu'r fath waith uchelgeisiol. Meddai yn ei ragymadrodd: 'Gellir perfformio'r ddrama hon gyda unrhyw nifer o bersonau heb fod llai na dyweder ugain neu bedwar ar hugain. Wrth astudio'r gwaith yn fanwl gwelir y gall un person, drwy newid ychydig ar ei wisg a.y.b., lanw dau neu dri chymeriad gwahanol. Wrth gwrs, nid yw hyn yn ddymunol gyda'r prif gymeriadau.'

Roedd cyffro pasiantaidd a gwladgarol y gwaith yn amlwg yn y sgript, a threiddiai tinc cryf o sentiment ac emosiwn melodramatig drwy'r ddeialog. Tonnau o sentiment i foddio cynulleidfaoedd achlysurol 'brenhinol' ac eisteddfodol a gafwyd yng nghorff y ddrama hon.

Yn 1914 yr ymddangosodd ymdrech olaf Beriah fel dramodydd, pan gyflwynodd Cwmni'r Fenai 'Esther' yn neuadd y dref, Caernarfon, cwmni a ffurfiwyd yn arbennig i'w pherfformio. Dywedodd yr awdur yn Saesneg mai hon oedd y ddrama ysgrythurol gyntaf erioed i gael ei chyfansoddi yn y Gymraeg. O safbwynt theatr yr oedd y perfformiad 'yn sbloet lliwgar a chyffrous' i'r gynulleidfa yng Nghaernarfon. Meddai'r awdur, drachefn yn Saesneg, yn y rhaglen: 'the stage will, in its blaze of harmonious blending Oriental Colours, present the most beautiful and charming spectacular effects ever witnessed outside the best London Theatres.' Disgrifiwyd y cyfan yn y wasg fel 'thrilling episode', 'striking tableau', 'gorgeous spectacle' a 'a scene of great splendour'. Roedd gwaith Beriah Gwynfe Evans wedi cyrraedd pinacl ei allu fel awdur dramâu cerdd.

O safbwynt mesur cyfraniad Beriah, mae rhai elfennau yn ei waith sydd yn broblematig. Nid dramâu yn yr ystyr confensiynol oeddynt ond dramâu cerdd nodweddiadol o'r cyfnod. Yr oeddynt ar y cyfan yn weithiau a seiliwyd ar hanes Cymru ac eto'n drwch o ddylanwadau melodrama'r bedwaredd ganrif ar bymtheg yn Lloegr. Cyfuniad o'r pasiant, y gantawd, y ddrama hanesyddol Shakespearaidd a'r felodrama oedd y gweithiau hyn. Atebent alwad, fel comisiynau a gweithiau eisteddfodol, ac yn ddiau yr oeddynt yn boblogaidd ar achlysuron dathlu. Gwyddai Beriah am apêl canu i gynulleidfa yn y theatr.

Yr oedd cyfuno drama a cherddoriaeth a chanu yn fodd i leddfu'r rhagfarn yn erbyn y ddrama'n gyffredinol. Yn ei dyb ef ychwanegodd yr elfen o ganu at yr elfen basiantaidd yn ei waith. Cyfran o'r apêl, felly, oedd y canu a'r dawnsio. Gweithiodd yn galetach na neb yn ei gyfnod i hyfforddi'r Cymry yn y greft o actio a llwyfannu dramâu.Yn ddiamau, yr oedd yn arloeswr i'r ddrama Gymraeg yn ei gyfnod, ac fel arloeswr yr oedd y ddrama iddo'n basiant cyffrous i'r llygaid ac i'r glust. Yr oedd ei gyfarwyddiadau manwl ar flaen y dramâu a gyhoeddwyd ganddo, yn ogystal â'i gyfrol werthfawr *The Welsh Historical Drama: How to produce a play* yn dyst i hyn. Saif un o'i ddramâu, sef *Ystori'r Streic*, er yn felodramatig ei natur, ar wahân i'w ymdrechion 'Shakespearaidd'. Yn ei chymeriadau, ei sefyllfaoedd a'i phlot yr oedd yn y ddrama hon argoelion cynnar o'r ddrama gymdeithasol realistig a oedd i ymddangos ar orwelion y theatr Gymraeg cyn hir.

9. Y perfformiwr yn wynebu realiti

DANIEL OWEN A'R THEATR

Yn y cyfnod rhwng perfformio'r dramâu hanesyddol gwladgarol eisteddfodol a'r math o ddrama yn ei gwahanol ffurfiau realistig a oedd i ymddangos ar lwyfan ymhen ychydig flynyddoedd, cafwyd ymgais i ddramateiddio nofelau, yn arbennig nofelau Daniel Owen. Golygai hyn addasu sefyllfaoedd, cymeriadau a themâu'r nofelydd o'r dudalen i'r llwyfan. Roedd hyn i newid natur ac ansawdd yr hyn a welwyd ar lwyfan, o bortreadu cymeriadau a sefyllfaoedd hanesyddol, i gyflwyno cymeriadau, sefyllfaoedd a themâu cyfoes. Roedd yr addasiadau hyn, a gyflwynwyd mewn golygfeydd realistig, yn llawn Cymraeg sathredig. Trwy berfformio'r addasiadau hyn, a seiliwyd ar nofelau Daniel Owen, daeth ei waith yn hysbys i filoedd ledled Cymru ar droad y bedwaredd ganrif ar bymtheg, ac yn enwedig o 1903 ymlaen.

Addasodd Griffith Roberts *Rhys Lewis* ac fe'i perfformiwyd gan actorion y Trefriw Dramatic Company yn y Bala yn 1887. Codwyd cwmni yn Nhreffynnon yn 1910 i berffformio yn y dref drosiad J. M. Edwards o'r un nofel. Rhwng 1910 ac 1914 perfformiwyd *Rhys Lewis* o leiaf ddau gant ac ugain o weithiau, nid yn unig yng Nghymru, ond hefyd yn Lerpwl, ym Manceinion, yn Llundain ac yn yr Unol Daleithiau. Mae Tecwyn Lloyd yn awgrymu i ryw ddeugain a hanner o filoedd o bobl ei gweld ar lwyfan mewn cyfnod o wyth mlynedd ar hugain. Fe'i dilynwyd hi gan berfformiadau o *Enoc Huws*, *Y Dreflan* a *Gwen Tomos*.

Dengys cofrestr Hughes a'i Fab, a gyhoeddodd addasiad llwyfan J. M. Edwards o *Rhys Lewis*, i'r addaswr dderbyn cryn lawer mwy o arian am ei waith nag a gafodd Daniel Owen ei hun am ei nofelau, gymaint oedd y perfformio ar yr addasiad neilltuol hwnnw. Trwy berfformio trosiadau y daeth llaweroedd i adnabod cymeriadau Daniel Owen yng Nghymru. Yr oedd hyn yn awel ffres ar lwyfannau festrïoedd a neuaddau lleol, oherwydd cyn hyn prif ymborth dramatig y cyfnod oedd dramâu mydryddol gwŷr fel Beriah Gwynfe Evans, gweithiau a seiliwyd ar hen hanes rhamantaidd, yn adrodd yr hanes hwnnw mewn areithiau barddonol hirwyntog ac mewn caneuon gwladgarol clogyrnaidd. Yn awr deuai i'r llwyfan gymeriadau cig a gwaed, yn siarad mewn rhyddiaith y peth agosaf at ddeialog bob dydd, ac mewn sefyllfaoedd adnabyddus i'r gynulleidfa.

Yr oedd yr addasiadau hyn mewn print yn llawn cyfarwyddiadau llwyfan syml a deallus i actorion a chynhyrchwyr, yn dynodi disgrifiadau o gymeriadau, symudiadau a'r offer ar gyfer perfformiad. I'r cynhyrchydd, yr oedd y geiriau canlynol o'r *Dreflan* (addasiad J. M. Edwards) yn dderbyniol iawn: 'os na fydd amser i fynd drwy'r rhannau i gyd, gellir yn hawdd adael rhai allan. Pe defnyddid enwau lleol pan yn gyfleus, enynid mwy o ddiddordeb yn y cyfarfod. Gadawer rhyddid i arabedd ryw "frawd" roi ambell "air" i fewn fel y cynhyrfer ef.'

Yr oedd gan J. M. Edwards yntau gyfarwyddiadau i actorion ar sut i berfformio *Rhys Lewis* ar lwyfan. Y mae'r sylwadau hyn yn adlais o arddull actio ar lwyfan amatur y cyfnod cyn ac ar ôl troad y bedwaredd ganrif ar bymtheg. Meddai:

1. Cadwer y wyneb at y gynulleidfa wrth ddod ar, a phan yn gadael y llwyfan.
2. Byddwch gartrefol, – fel ar yr aelwyd – yn bwyllog a heb ffys.
3. Llefarer yn hyglyw, nid â'ch cyfaill ar y llwyfan yn unig, ond â'r bachgen sydd yn y gornel bellaf yn yr ystafell. Troer y wyneb, felly, hanner yn hanner at bob un.

97

4. Siarader yn araf, – pechod parod y dibrofiad yw siarad yn gyflym. Fel 'o'r frest', ac nid o lyfr.

5. Gofaler na bo un cymeriad yn sefyll yng nghysgod y llall ar y llwyfan.

6. Tra y byddo dau gymeriad yn siarad, cymered y gweddill sylw, neu ymgomiant yn ddistaw â'i gilydd.

7. Na safed neb fel dyn pren, neu un wedi ei weindio. Gwneler popeth yn true to nature, a phob symudiad yn naturiol.

8. Gofaled pawb am ei bethau ei hun, rhodder hwy'n gyfleus gyda'u gilydd; a bydded pawb barod i gynorthwyo fel na choller dim amser rhwng golygfeydd.

9. Gellir trefnu cân rhwng rhai o'r golygfeydd.

10. Na ddyweder un gair amheus, ac na wneler y cysegredig yn watwar.

11. Pobl lanwaith oedd yr hen Gymry – portreader hwy felly, ar y llwyfan. Pan yn gwneyd te – llian gwyn ar y bwrdd.

7. *Cwmni 'Rhys Lewis' Trefriw, 1879 – arloeswyr ym myd y theatr Gymraeg a deithiodd a pherfformio i gynulleidfaoedd niferus drwy Gymru benbaladr, gydag addasiad llwyfan 'answyddogol' o Rhys Lewis.*

Mae nifer fawr o'r cyfarwyddiadau hyn yn adleisio'r arddull actio realistig a dyfodd yn sgil arferion y theatr naturiolaidd trwy Ewrop. Mae pwynt naw uchod, ynglŷn â chynnig cân rhwng golygfeydd, yn adleisio'r arfer tebyg rhwng golygfeydd y felodrama, arfer a dyfodd yn y pen draw yn sylfaen i'r *music hall* yn Lloegr. O safbwynt pwynt deg uchod mae'n amlwg i'r addaswr gofio profiad Cwmni Trefriw ym Morgannwg pan gondemniwyd llwyfannu *Rhys Lewis* gan Sasiwn yr Hen Gorff yng Nghorwen.

Llwyfannwyd nofelau Daniel Owen 829 o weithiau rhwng 1902 ac 1937. Mae'n amlwg iddynt hwyluso ffordd i'r ddrama, neu y 'ddrama newydd', fel y gelwid hi. Prin y gellid galw'r addasiadau hyn o nofelau Daniel Owen yn ddramâu, oherwydd cyfres o olygfeydd o'r nofelau oeddynt. Er hynny, buont yn hynod boblogaidd, a'r rheswm pennaf am hynny efallai oedd y boddhad a gâi cynulleidfa o weld, mewn cig a gwaed ar lwyfan, y cymeriadau y mwynhawyd eu cyfarfod yn y nofelau. Profiad cynharaf T. Gwynn Jones yn y theatr Gymraeg oedd dramateiddiad o *Rhys Lewis* yn 1880. Meddai T. Gwynn Jones: 'Y mae gennyf gof hogyn am gwmpeini o Lanberis, mi gredaf, yn mynd o gwmpas i chwarae "Rhys Lewis". A dyna'r peth cyntaf y gwelais i erioed ei chwarae ar lwyfan.'

Yn nhrosiad J. M. Edwards o *Rhys Lewis*, ceir rhestr o'r gwrthrychau yr oedd eu hangen ar gyfer perfformio ar lwyfan, gan gynnwys: 'Dwy norob i'w hangio yn y Twmpath'; 'Cwningen a hen wn i James'; 'darn o facon a chiw iar hanner pluog ym mharsel Tomos Bartley i fynd i'r Bala', a 'map, blackboard, cloch (i daro 11 o'r gloch yng Ngolygfa 11, Act 1)'.

O'r pedair nofel a droswyd yn ddramâu, sef *Rhys Lewis*, *Enoc Huws*, *Y Dreflan* a *Gwen Tomos*, y gyntaf, fel y nododd D. Tecwyn Lloyd (*Llên Cymru*, 1968) oedd y fwyaf poblogaidd yn ystod y blynyddoedd rhwng 1880 ac 1936. Yn 'Cash Book' Cwmni Hughes a'i Fab cafwyd tystiolaeth o'r caniatâd a roddwyd gan y wasg honno i gwmnïau drama berfformio'r trosiadau.

Llwyfannwyd *Rhys Lewis*, er enghraifft, ddau gant ac un ar hugain o weithiau rhwng 1910 a 1914. Mae'n debyg i'r nofelau ar ffurf ddramatig gynorthwyo'n fwy na dim i orchfygu'r rhagfarnau yn erbyn perfformio, wrth i'r theatr amatur dyfu yn ei bri a dechrau diosg hualau rhagfarnllyd sefydliadau'r cyfnod. Troswyd *Enoc Huws* gan T. a J. Howells a pherffformiwyd hi gyntaf yn Aberdâr yn 1913. Troswyd *Y Dreflan* gan J. M. Edwards yn 1915 a'i llwyfannu gyntaf yn Llangollen. Ymddangosodd trosiad gan John M. Thomas, Trawsfynydd o *Gwen Tomos* a'i pherffformio ar lwyfan gan y trosydd a'i gwmni yn 1920.

Y mae'r 'Cash Book' yn datgelu'r adeiladau mwyaf poblogaidd a ddefnyddiwyd fel theatrau i berffformio'r trosiadau hyn ynddynt, gan gynnwys ysgolion cyngor, neuaddau dinesig, pafiliynau a festrïoedd capel. Roedd eironi yn y defnydd o festrïoedd o ystyried gwrthwynebiad ffyrnig rhai crefyddwyr i'r ddrama. O gofio poblogrwydd y trosiadau hyn mewn mannau poblog yn ogystal â diarffordd, teg yw gofyn beth oedd y bwriad y tu cefn i'r defnydd o festrïoedd capel. Awgryma D. Tecwyn Lloyd mai am 'eu bod yn gwybod gwerth cynnwys y nofelau ymlaen llaw yr oedd yr enwadau i gyd, ac yn enwedig yr Hen Gorff, mor barod i ganiatâu actio'r drama yn eu festrïau.' Ymhen amser daeth yn amlwg fod yna reswm llawer mwy bydol i hyn, sef y gallent gael cefnogaeth cynulleidfaoedd capelig oedd yn ysu am adloniant rhagor na brefiadau'r pulpud, a'u bod yn fodlon talu mynediad i ddrama er mwyn pwrcasu i'r achos organ neu addurniadau eraill.

Cyfeiria dogfen werthfawr 'Cash Book' Hughes a'i Fab hefyd at y ffaith i gannoedd o actorion a chynhyrchwyr a phobl dechnegol amatur weithio i lwyfannu'r trosiadau hyn o 1880 ymlaen hyd at flynyddoedd cynnar yr ugeinfed ganrif, ac i filoedd ar filoedd o wylwyr flasu cymeriadau a sefyllfaoedd Daniel Owen ar lwyfannau Cymru. Y mae'n sicr i'r ffrwd yma hybu twf y theatr amatur oedd i gynyddu yn ystod blynyddoedd cynnar yr ugeinfed ganrif, a dylanwadu ar feddwl ac ymdeimlad y werin at ddrama ac i'w profiad o theatr. Fel yr awgryma D. Tecwyn Lloyd: 'yr oeddynt i gyd [sef y pedwar trosiad] o ran cynnwys, perfformio a lleoliad, yn agos iawn at eu gwrandawyr ac i fesur mawr yn rhyw fath o ddrych o feddwl ac ysbryd a gwybodaeth y gwrandawyr hynny.'

Cafodd y dramodydd-addasydd J. M. Edwards gryn helynt gyda'i ymdrechion i berfformio'i waith gyda Chwmni Treffynnon yn ystod y blynyddoedd hyn. Gwnaeth ei orau i berfformio deunydd Daniel Owen er gwaethaf y rhwystrau o gyfeiriad y sefydliad capelyddol. Lledaenodd ei deithiau i bob cwr o'r wlad, yn enwedig trwy'r gogledd. Bu'r cwmni hyd yn oed yn perfformio yn y Royal Court yn Llundain. Yn ddiau, bu ymdrechion y gŵr arbennig hwn yn fodd i boblogeiddio'r theatr ymhlith y werin am flynyddoedd. Yn 1920, wrth edrych yn ôl ar y cyfnod, cyffesodd J. M. Edwards, Treffynnon: 'Fy amcan ar y pryd oedd dangos fod yn bosibl i bob plwyf godi parti i actio pethau syml, i dreulio eu horiau hamddenol i bwrpas, ac i gael elw at achosion da, gan fod y ddarlith a'r gyngerdd i raddau helaeth yn colli eu gallu atdyniadol.'

Y PERFFORMWYR AMATUR

Bellach cychwynnodd ffrwd o gwmnïau amatur lleol mewn gwahanol ardaloedd trwy Gymru. Ymhlith y rhain yr oedd Cwmni Drama Rhosllannerchrugog (un o'u cynyrchiadau enwocaf oedd *Aelwyd Angharad*), Cwmni Drama Aberdâr (â'u cynhyrchiad adnabyddus o *Rhys Lewis*), Cwmni Cefnmawr (gyda'u cynhyrchiad o *Moses*), Cwmni Drama Bwlchgwyn, yn perfformio *Y Bardd a'r Cerddor*, Cwmni Llanllechid gyda'r ddrama *Llys Helyg*, a Chwmni Penrhyndeudraeth a lwyfannodd *Dic Shôn Dafydd*. Ymddangosodd pob un o'r dramâu hyn yn gyson yn *repertoire* cwmnïau amatur lleol y cyfnod.

Sefydlwyd Cwmni'r Ddraig Goch yn 1902 gan Gymdeithas Gristnogol Gwŷr Ieuainc Caernarfon a bu'r cwmni'n perfformio'n achlysurol hyd at 1935. Yr actor Gwynfor oedd yn gyfrifol am

8. *Cwmni Drama Treffynnon yn actio* Rhys Lewis *ar derfyn
y bedwaredd ganrif ar bymtheg. Sylwer ar y cefnlen
paentiedig sydd yn nodwedd o arddull llwyfannu'r theatr
naturiolaidd amatur am flynyddoedd i ddod,
ac ar wisg werinol realistig y cyfnod.*
(Hanes y Ddrama yng Nghymru 1850-1943, *O. Llew Owain
Cyngor yr Eisteddfod Genedlaethol
Hugh Evans a'i Feibion Cyf
Gwasg y Brython, Lerpwl, 1946*)

sefydlu'r cwmni, ac fe ystyrid mai un o gampweithiau Gwynfor
oedd chwarae rhan Huw Bennett yn nrama W. J. Gruffydd,
Beddau'r Proffwydi. Yn 1903 perfformiodd y cwmni hwn ddrama
Beriah Gwynfe Evans, *Llewelyn Ein Llyw Olaf* yn y Guild Hall
yng Nghaernarfon. Aeth y cwmni ymlaen i berfformio'r un
ddrama ym Mhorthmadog, yn Llandudno ac ym Mhwllheli. Yn
1915 enillodd y cwmni'r brif wobr am berfformio yn Eisteddfod
Genedlaethol Bangor.

Roedd Gwynfor yn adnabyddus nid yn unig fel actor: roedd

hefyd yn feirniad drama, yn ddramodydd, yn ddynwaredwr ac yn gynhyrchydd dramâu. Dros y blynyddoedd tyfodd cewri amatur amlochrog fel Gwynfor ledled y wlad o fagwrfa'r theatr amatur. Pan berfformiodd Cwmni'r Ddraig Goch Caernarfon *Llewelyn ein Llyw Olaf* yn y dref honno yn 1903, Gwynfor ei hun gymerodd ran Llewelyn. Yn 1904 pan berfformiwyd drama am y tro cyntaf yn yr Eisteddfod Genedlaethol, gan nad oedd teilyngdod yng nghystadleuaeth y ddrama ar y testun 'Owain Lawgoch', gofynnwyd i Gwmni'r Ddraig Goch lwyfannu *Caradog*, gwaith Beriah Gwynfe Evans, a Gwynfor ei hun a gymerodd ran Caradog. Adeg cyflwyno'r ddrama yn yr ŵyl yn 1904, daliai rhagfarn yn gryf yn erbyn perfformio, fel yr adlewyrchwyd gan olygydd papur newydd: 'methwn a deall paham y ceisir llusgo y ddrama i'r Eisteddfod, troi prif ŵyl y genedl yn chwareudy am noswaith. Sut cadwodd Ymneilltuwyr mor ddistaw ynghylch bwriad pwyllgor Caernarfon?' Ond mae'n debyg i Gwmni'r Ddraig Goch fynd i'r llwyfan i berfformio gwaith Beriah i gynulleidfa 'eiddgar'.

Yn ystod y blynyddoedd hyn tyfodd dramâu Beriah Gwynfe Evans yn boblogaidd gyda chwmnïau gogledd a de Cymru. Yn Hirwaun yn 1907, er enghraifft, llwyfannwyd *Caradog* gan gwmni lleol yn y Victoria Hall. Ymddangosodd nifer o ddramâu'r cyfnod yn ddeunydd perfformio cyson, gan gynnwys dramâu fel *Rhys Lewis, Y Bardd a'r Cerddor, Aelwyd Angharad* ac *Owain Glyndŵr*. Cynyddodd nifer y cwmnïau drama'n sylweddol rhwng troad y ganrif a dechrau'r Rhyfel Byd Cyntaf. Gwelwyd cwmnïau'n codi mewn mannau fel Tylorstown a Llandegfan, Beddgelert a Bethesda, Blaenau Ffestiniog a Llithfaen. Yr un dramâu a berfformiwyd yn gyson, sef y rhai oedd yn boblogaidd ymhlith cwmnïau amatur ar y pryd, dramâu fel *Y Bardd a'r Cerddor, Gwenllian, Ystori'r Streic, Aelwyd Angharad, Rhys Lewis, Dafydd ap Gruffydd* ac *Enoc Huws*. Y mae Owain Owain, yn ei gyfrol *Hanes y Ddrama yng Nghymru 1850–1943*, yn cyfeirio at gynnydd cynulleidfaoedd, mor niferus ar brydiau fel nad oedd lle i gynnwys pawb mewn neuadd. Nodwyd yn *Y Brython* am berfformiad cwmni J. M. Edwards, Treffynnon o *Rhys Lewis* yn Neuadd y Penrhyn, Bangor, yn 1908, 'na bu y fath gynulliad yn y neuadd erioed. Yr oedd ugeiniau os nad cannoedd yn troi'n ôl.' Rhoddwyd ail berfformiad yr wythnos ddilynol i'r rhai a siomwyd. Cyfeiriwyd yn gyson at ailberfformio mewn mannau eraill. Ym mhentref Dinas, yn Llŷn, yn ystod haf 1910, gan mor niferus oedd y gynulleidfa a ddaeth i weld perfformiad o *Hirnos a Gwawr*, rhaid oedd i'r cwmni lwyfannu'r ddrama yn yr awyr agored am fod yr ysgol ddydd yn rhy fach i'w chynnal. Yn y pentrefi ar draws y wlad fe daniwyd yr awydd i ffurfio cwmni ac i berfformio drama ar lwyfan lleol. Ar y llaw arall, cyfeiriodd Emrys Cleaver at ei brofiad ei hun ym mlynyddoedd cynnar y ganrif: 'Y peth agosaf i ddrama ac actio ym Maesybont ym mlynyddoedd cynnar y ganrif [yr ugeinfed] oedd y pulpud a'r pregethwr (a chawsom aml i berfformiad gwych gan oreuon yr alwedigaeth honno, gan gewri fel Philip Jones ac eraill, a diau i hynny ein hysgogi'n ddiarwybod inni), y ddadl yn y cyfarfodydd amrywiaethol hefyd, ac ambell adroddiad fflamychol ddramatig mewn Eisteddfod' (*Llwyfan*, Haf 1974). Roedd llwyfan yr actor-bregethwr, felly, yn dal yn ddylanwadol, ac yn rhan o brofiad 'theatrig' i rai.

9. *Gwynfor fel y Tywysog Llewelyn yn y ddrama* Llewelyn ein
Llyw Olaf, *gan Beriah Gwynfe Evans, ym mherfformiad
Cwmni'r Ddraig Goch, Caernarfon yn 1903. Sylwer ar y
cefnlen paentiedig a gwisg ddamcaniaethol yr actor.*
(Hanes y Ddrama yng Nghymru 1850-1943, O. Llew Owain)

10. Y perfformiwr yn lledu ei sgôp

Y BRIFYSGOL A'R DDRAMA

Fel y datblygodd adrannau Cymraeg a chymdeithasau Cymraeg yng ngholegau Cymru ar drothwy'r ugeinfed ganrif, tyfodd yr awydd ymhlith myfyrwyr i ysgrifennu ac i berfformio dramâu. Cyflwynwyd testunau drama i'w hastudio mewn cyrsiau llenyddiaeth. Tyfodd y diddordeb mewn ysgrifennu a pherfformio dramâu o ganlyniad i ddylanwad darlithwyr goleuedig fel T. Gwynn Jones yn Aberystwyth a W. J. Gruffydd yng Nghaerdydd, hwythau'n ysgrifennu dramâu, yn cyfieithu o ieithoedd tramor, ac yn hybu perfformio fel rhan o fywyd diwylliedig y colegau.

Yn y man, ymddangosodd darpar ddramodwyr o'r sefydliadau hyn, gwŷr fel D. T. Davies a J. O. Francis. ac yna Idwal Jones ac R. G. Berry. Yr oedd rhai o'r darpar ddramodwyr ifanc yng ngholeg Aberystwyth, fel Idwal Jones a D. T. Davies, nid yn unig yn ysgrifennu dramâu un act, ond hefyd yn fodlon mentro eu llwyfannu i'w cyd-fyfyrwyr.

Daeth Ibseniaeth â blas y realaeth newydd a ledaenai trwy Ewrop ar y pryd i sylw'r sawl oedd yn ymwneud â chyrsiau llenyddiaeth, ac fe daniwyd yr awydd i ysgrifennu dramâu ag iddynt blotiau a chymeriadau, themâu a setiau realistig. Yng nghynnyrch y dramodwyr ifanc rhoddwyd lle i dafodiaith a'r iaith lafar. Roedd hyn, wrth gwrs, yn cydweddu â'r sefyllfaoedd a'r cymeriadau realistig yn eu dramâu. Rhoddent heibio'r ddeialog lenyddol, ffurfiol, a gafwyd yn nramâu hanesyddol y ganrif gynt. Bywyd cyfoes pobl bob dydd oedd eu consýrn hwy yn awr. Yr oedd hyn yn gosod y ddrama ar lwyfan yn agosach at glust ac amgyffred cynulleidfa'r dydd. O ymwybyddiaeth o weledigaeth realaidd dramodwyr Lloegr, gwŷr fel Shaw, Galsworthy a Pinero, tyfodd hyder ymhlith dramodwyr Cymraeg wrth drin realiti ar lwyfan.

Ni fuasai technegau'r dramodwyr blaenorol, gyda'u pentyrrau o olygfeydd melodramatig, o fynegiant arwrol, o ganeuon gwladgarol ac o sentiment rhamantaidd, yn briodol bellach ar gyfer trin bywyd bob dydd ar lwyfan. Cawn brawf o'r dylanwadau newydd mewn dramâu fel *Beddau'r Proffwydi* (W. J. Gruffydd), *Ble Ma' Fa?* (D. T. Davies) ac *Asgre Lân* (R. G. Berry), dramâu a dyfodd yn ffefrynnau i gynulleidfaoedd lle bynnag y perfformiwyd hwy. Yn y cyfnod hwn ar ôl troad y ganrif, aeth myfyrwyr â'u cenadwri ddiwylliannol allan i'r maes o goleg Aberystwyth i bob rhan o Gymru, gan gynnwys ymrwymiad i arloesi'r ddrama a'r theatr. Yn *Codi'r Llen* (Hywel Teifi Edwards, 1998), gwelwn i R. Lloyd Jones, brodor o'r Waunfawr, Caernarfon, fynd â'i ddiddordeb yn y ddrama gydag ef o'r coleg pan aeth yn ysgolfeistr i Bonterwyd yn 1896. Yn y gyfrol ceir llun ohono yn ei wisg lwyfan ymhlith ei gyd-actorion yng Nghwmni Drama Ponterwyd, cwmni a ffurfiwyd yn ystod degawd cyntaf y ganrif.

Ymddangosodd yn y ddrama 'newydd' ar lwyfan, olygfeydd domestig, setiau a gynhwysai ystafelloedd yn llawn dodrefn ac offer cartref a fyddai'n gyfarwydd i gynulleidfaoedd. Roedd y setiau realistig hyn yn estyniad o gartrefi a bywydau a phrofiadau'r cymeriadau a ymddangosai yn y dramâu.

Nododd Raymond Williams wrth edrych yn ôl dros gyfnod realaeth fodern yn y theatr yn 'Drama in a Dramatized Society', ei ddarlith agoriadol i'w swydd ym Mhrifysgol Rhydychen yn 1974, mai un o brif elfennau byd domestig y llwyfan naturiolaidd o ganol y bedwaredd ganrif ar bymtheg ymlaen oedd yr ystafell. Dyma darddiad yr ymadrodd 'box set' wrth i lwyfan y theatr adlewyrchu'r bocsys a oedd yn nodweddiadol o fywydau domestig cymeriadau'r dramâu. Ymddangosodd y 'box set' yn ffurf reolaidd o hyn ymlaen ar lwyfannau yng Nghymru, mewn dramâu fel *Beddau'r Proffwydi, Deufor Gyfarfod, Ar y Groesffordd, Ephraim Harris* ac yn y blaen.

Roedd cyfle yn ogystal i gynllunwyr llwyfan y theatr amatur gynnar droi eu sgiliau at olygfeydd awyr agored, megis yn *Ystori'r Streic, Y Potsiar* ac *Adar o'r Unlliw*, er mai dibynnu ar gefnlenni paentiedig a wnâi'r cwmnïau drama. Adlewyrchodd y mathau hyn o *mise en scène* ofynion dramodwyr cyfnod naturiolaidd yn y theatr ers ymddangosiad Ibsen a'i gyfoedwyr hanner canrif ynghynt. Yn sgil dylanwad y ddrama gymdeithasol naturiolaidd daeth yr alwad am grefftwyr brwdfrydig, hwythau ynghlwm wrth gwmnïau amatur ledled y wlad, i lunio setiau, offer, dodrefn, goleuo, gwisg a cholur, yn ateb i ofynion y ddrama realistig newydd. Yn ei gyfrol *Hanes y Ddrama Gymreig* y mae gan T. J. Williams dair tudalen gynhwysfawr ar ddefnydd cwmnïau o setiau, gwisgoedd a cholur yng nghystadleuaeth perfformio'r ddrama hir yn Eisteddfod Genedlaethol Bangor yn 1915, hyn yn benllanw ymdrechion cwmnïau drama amatur Cymru cyn i'r Rhyfel Byd Cyntaf dorri ar draws eu gweithgareddau. Mae ef yn sôn yn ei feirniadaeth am anawsterau'r cwmnïau wrth iddynt ddewis dramâu aml-set. Canmolodd artistiaid lleol, yn 'fechgyn Ysgol Sir', yn seiri coed, yn grefftwyr cyffredin, am lwyddo i greu golygfeydd effeithiol ar gyfer ambell gynhyrchiad. Ond yn anffodus dewisodd rhai cwmnïau yn y gystadleuaeth arbennig honno ddefnyddio'r un set ar gyfer lliaws o olygfeydd a ofynnai am newid amgylchfyd, o gegin i lyfrgell, o dŷ capel i swyddfa. Yr oedd diffyg goleuo priodol yn amlwg ar brydiau, yn bennaf oherwydd uchder y set, neu ddiffyg gofal i adlewyrchu nodweddion yr olygfa, a'r defnydd llachar annaturiol o oleuadau wrth droed y llwyfan, sef y 'footlights'. Canmolai'r gwisgoedd ar y cyfan, llawer yn hardd ac yn briodol, gyda gofal arbennig iawn, yn enwedig i'r 'wisg Gymreig', ond chwith oedd gweld ffermwr yn edrych fel siopwr, neu forwyn fferm fel merch y Plas. Mewn rhai o'r perfformiadau yr un wisg a welid ar gymeriad dros gyfnod maith o flynyddoedd. Gwelwyd yn gyson farf neu 'berwig' yn camffitio, hwythau'n rhoi argraff annaturiol ac yn tynnu sylw oddi ar yr actio. Tybiai T. J. Williams mai'r prif wendid oedd diffyg gofal wrth goluro am nad ystyriwyd treigl amser wrth drin cymeriadau.

YR AWYDD YN LLEDAENU

Yn sgil y cynnydd yn niddordeb perfformio dramâu yn y colegau, cafwyd sgŵp arbennig yng Nghaerdydd yn 1913 pan berfformiwyd *Beddau'r Proffwydi* gan W. J. Gruffydd, yntau'n Athro'r Gymraeg yno ar y pryd. Perfformiwyd y ddrama mewn theatr yn y ddinas ar 12 a 13 Mawrth o'r flwyddyn honno. Bendithiwyd yr achlysur, mae'n debyg, gan bresenoldeb nifer o weinidogion ymneilltuol y ddinas a hynny, yn ôl Alban yn *Y Brython*, yn peri 'teimladau da, nawdd, a thuedd y gynulleidfa, asbri neilltuol i'r chwaraewyr i goroni gwaith y noson â llwyddiant'. Bwriad Gruffydd wrth ysgrifennu'r ddrama, a gafodd ei chanmol gan rai ar y pryd a'i chondemnio gan eraill, oedd, yn ei eiriau ef ei hun yn y *Western Mail* tua 1914: 'something had to be written which could be produced by actors entirely untrained in acting for an audience entirely untrained in listening'.

Y SYNIAD O THEATR GENEDLAETHOL YN DANGOS EI BEN

Yn y cylchgrawn *Cymru* yn 1894 amlinellodd O. M. Edwards y posibilrwydd o greu theatr genedlaethol. Yn yr erthygl honno rhoddodd gyfrif o gostau a threfniadau damcaniaethol ar gyfer theatr o'i bath. Yn ei dyb ef theatr deithiol fyddai honno. Bu theatrau teithiol yn treiddio trwy Gymru ers canrifoedd, hwythau'n dod o dros y ffin gyda'u cynyrchiadau Seisnig i osod eu llwyfannau dros dro ar gyrion trefi, mewn ffeiriau ac ar achlysuron dathlu. Rhan o weledigaeth O. M. Edwards oedd gweld theatr deithiol gynhenid Gymraeg yn ymweld â phob ardal o Gymru. Yng nghanol y bwrlwm o waith theatr amatur a flodeuodd yn y cyfnod cyn y Rhyfel Mawr, adlewyrchodd geiriau O. M. Edwards yn 1914 frwdfrydedd tanbaid. Meddai Edwards: 'Y mae i ddod [y ddrama], yn ei brethyn cartref, yn siarad Cymraeg, yn ddrych o fywyd hygar Cymru. Drama'r werin ydyw, ac y mae i fod yn deilwng o lenyddiaeth y werin ac o bulpud y werin; yn wir cyfuniad yw o'r bardd a'r pregethwr – y ddau allu cryfaf ym mywyd Cymru heddiw.'

Roedd dweud hyn yn weddol feiddgar ar y pryd oherwydd yr oedd yr hen ragfarnau ynglŷn â drama, chwaraedy a pherfformio yn dal yn gryf yn y tir. Geiriau proffwydol oedd y rhain ymhell cyn i'r theatr fagu'r cefndir a'r hyder i sefydlu unrhyw fath o theatr ar raddfa genedlaethol. Ni chyfansoddwyd corff o lenyddiaeth ddramatig hyd hynny i alluogi llwyfan y theatr Gymraeg i flodeuo gydag unrhyw fath o sylfaen gadarn. Wrth edrych yn ôl ar y cyfnod cynnar hwnnw, nododd W. J. Gruffydd mewn trafodaeth radio yn 1947:

> Yr oeddym yn chwennych (tua 1906–1910) cael drama 'deilwng' – dyna'r gair mawr y pryd hynny, ac nid oedd gennym amser i aros i'r ddrama gynhenid Gymreig dyfu'n rhywbeth teilwng, ac nid oedd dim amdani ond 'sathru'r egin mân i lawr', a cheisio efelychu safonau Lloegr a gwledydd eraill. Beth oedd y ddrama gynhenid hon? Ar ôl dweud cymaint â hynyna amdani dylwn yn sicr allu enwi rhes o ddramâu. Ond na; unig gynrychiolwyr y ddrama hon oedd y dramâu a seiliwyd ar 'Rhys Lewis' ac ' Enoc Huws', ond yr wyf yn dal eto fod yn y rhain rywbeth yn perthyn i ni ein hunain fel cenedl, ac mai trueni oedd ei golli.

Ceisiodd Dr Naunton Davies sefydlu cwmni proffesiynol o actorion o Gymru yn 1904, ac yna yn 1912, ond methiant ariannol trwm oedd y ddwy ymgais. Mae'n debyg fod yna nifer o resymau am fethiant Davies, ond y gwir yw fod y ddrama a'r theatr amatur

Gymraeg yn eu babandod ar y pryd, ac nid dyma oedd yr amser o bell ffordd i feddwl am sefydliad mor rhwysgfawr â theatr genedlaethol.

DECHRAU'R UGEINFED GANRIF

Theatr amatur a ffynnai yng Nghymru ar ddechrau'r ugeinfed ganrif, mudiad a ddibynnai ar gefnogaeth unigolion brwdfrydig ac ar ddiddordeb cwmnïau drama lleol, a'r rheiny'n fynych yn gysylltiedig ag addoldai. Erbyn hyn roedd y gefnogaeth yn sylweddol, ac yn ddigon i beri anesmwythyd yng nghalon cynheiliaid uniongrededd crefyddol yr oes. Y syndod yw bod y cynnydd mor sylweddol, o ystyried y pwysau yn erbyn y ddrama ac yn erbyn pob oferedd fel darllen nofel, chwarae pêl-droed, mynychu tafarndai, a gwaethaf oll, mynychu 'chwaraedy'.

Ond daethpwyd i gefnogi ymdrechion y ddrama Gymraeg fwyfwy gan arweinwyr cymdeithas ar droad y ganrif. Yn Eisteddfod Bangor yn 1902 dywedodd y cadeirydd, Lloyd George, ei fod yn gobeithio'n fawr am atgyfodiad i'r ddrama genedlaethol yng Nghymru, beth bynnag oedd 'atgyfodiad' yn ei olygu ar y pryd. Yn ei sylwadau awgrymodd fod digon o ddeunydd ar gael yn hanes Cymru i greu dramâu o werth 'difyr ac addysgol'. Ei obaith hefyd oedd y byddai'r ddrama Gymraeg yn achub cymdeithas rhag 'syrthio i gyflwr anfoesol', hynny yw, pwrpas y ddrama i'r gwleidydd hwn ar y pryd oedd 'er daioni moesol'.

Y CAPEL A'R THEATR

Ystafelloedd moel a gwastad oedd festrïoedd y capeli a ddefnyddid yn ganolfannau i ymarfer a pherfformio dramâu i gychwyn, heb lwyfannau cymwys ar gyfer hynny. Tua diwedd y bedwaredd ganrif ar bymtheg codwyd festrïoedd a gynhwysai lefel uwch yn un pen i'r ystafell er mwyn cyflwyno ymddiddanion a pherfformiadau cerddorol fel y cantawdau, ac yn y man, y dramâu dirwestol.

10. *Cwmni'r Ddraig Goch, Caernarfon yn actio* Beddau'r
Proffwydi *yn 1915. Mae'r actor Gwynfor yn sefyll ar y dde.
Sylwer ar wisgoedd a dodrefn cyfnod.
(Cwmni'r Ddraig Goch
Gwasg Gomer, Llandysul, Ceredigion
Hanes y Ddrama yng Nghymru 1850-1943, *O. Llew Owain)*

Estynnwyd maint y festrïoedd er mwyn cynnwys
cynulleidfaoedd a oedd yn raddol am fynychu perfformiadau
cwmni'r capel. Mewn rhai festrïoedd adeiladwyd ffrâm bictiwr
neu fwa proseniwm o gylch y 'llwyfan' a adlewyrchai ffasiwn y
ffrâm bictiwr a nodweddai saernïaeth theatrau ers y Dadeni. Er
mwyn ychwanegu at ofynion theatr, sefydlwyd system oleuo
amrwd mewn ambell festri, system a ddilynai'r tueddiadau
diweddaraf mewn goleuo theatrig, gan gynnwys y cyfnewidiadau
dros y blynyddoedd o oleuo gyda chalch, i oleuo â nwy ac yna â
thrydan.

Gellir dychmygu maint rhai o'r festrïoedd cynnar hyn. Yn

1893 cofnodwyd bod 680 o seddau yn ysgoldy Ebeneser, Caernarfon. Yr oedd hyn yn awgrymu nifer sylweddol o gynulleidfa ar gyfer achlysur diwylliannol fel cantawd neu ymddiddanion neu ddramâu dirwestol.

Tyfodd poblogrwydd yr arfer hwn o addasu festrïoedd capeli ar lun theatrau bychain fel y datblygai'r awydd i gynnal perfformiadau. Erbyn dau ddegau'r ugeinfed ganrif sylweddolodd eglwysi a fu mor gyndyn i fabwysiadu'r ddrama fel ffurf adloniadol, ei bod hi'n bosib elwa o hyn.

Roedd theatrau festrïoedd yn gyfran o'r rhwydwaith o ganolfannau perfformio amatur bychain a ledaenodd trwy'r wlad. Ar un olwg seciwlareiddio'r festri oedd y duedd hon, troi estyniad canolfan grefyddol yn rhyw fath o theatr achlysurol. Yr eironi yng nghymhellion y crefyddwyr oedd eu bod yn cynnal y ddrama yn eu festrïoedd er mwyn gwneud elw i ddarparu gwelliannau i'r capeli. Pan newidiodd amgylchiadau cyfnod a lliniaru ychydig ar gyfyngiadau'r meddwl crefyddol, daethpwyd i dderbyn y ddrama yn y festri fel gweithred nad oedd a wnelo â'r diafol nac â llygredd meddwl. Yr oedd bellach yn 'rispectabl' i gynnal cwmni drama capel a hwythau'n teithio â'u cynyrchiadau i gystadlu mewn eisteddfodau a gwyliau drama ar hyd a lled y wlad. Tyfodd rhai o'r cwmnïau amatur hyn yn bur enwog mewn cyd-destun 'cenedlaethol'. Yn ddiau yr oedd yr elfen hon o ddiwylliant theatr leol yn hwb i gynnal diddordeb cymunedol ac ysbryd cymdeithasol. Rhoddodd y cyfle hefyd i haen o'r boblogaeth na fedrent yn hawdd nac yn gyson gyrraedd canolfannau theatrig trefol a dinesig. Magodd theatr y festri actorion a chynhyrchwyr, technegwyr a chynulleidfaoedd a gynhaliai'r gweithgareddau a'r ysbryd diwylliannol hwn ymhob cwr o'r wlad. Magodd hefyd ddramodwyr oedd yn ymwybodol o'r adnoddau oedd ar gael yn y festrïoedd, gan gynnwys maint y llwyfan, yr adnoddau technegol, natur actio amatur, a galwadau cynulleidfa; a chyfansoddent ddramâu i'w perfformio dan yr amodau hynny.

Rhoddir sylw yn y man i'r modd yr adlewyrchwyd y nodweddion hyn yng ngwaith dramodydd fel R. G. Berry.

Ni ellir osgoi felly gyfraniad theatr y festri i dwf ein theatr yng Nghymru. Tyfai o ddyhead gwŷr a gwragedd pentrefol a threfol i gynnal ar lefel amatur, a chyda'r adnoddau prin oedd ar gael, ffurf ar adloniant theatrig oedd yn bwrpasol ac yn ddilys dan yr amgylchiadau. Nid oedd y meddwl soffistigedig, dinesig ar waith yn y cyswllt hwnnw, ond yr oedd yno frwdfrydedd a'r awydd i greu theatr, ac i greu adloniant theatrig. Mewn llawer i fan, dyrchafwyd safon y cwmnïau festri capel gan wŷr a gwragedd o dalent sylweddol. Datblygodd ambell gwmni capel yn gwmni o fri, a'u hactorion yn dra sgilgar wrth eu gwaith. Âi cwmnïau ati i ymgymryd â dramâu o safon, ac i berfformio mewn gwyliau taleithiol a chenedlaethol.

Y peth pwysig i'w gofio ynglŷn â theatr y festri yw iddi ateb yr angen i sianelu awydd, ac i gynhyrchu corff o weithgarwch theatrig a dramatig a gyfoethogodd gymuned a chymdeithas mewn gwlad nad oedd iddi strwythur na thraddodiad o theatr ddinesig soffistigedig. Y peth diddorol yw fod nifer o'r cwmnïau capel hyn yn dal i ffynnu ac i adlonni cynulleidfaoedd lleol hyd heddiw, er i nifer ohonynt bellach ymsefydlu dros amser fel cwmnïau pentref, tref neu fro.

DRAMA DDIRWEST

O fewn gofod y sêt fawr ac ar lwyfan y festri y cychwynnodd yr ymddiddanion a'r ddrama ddirwest fel ffurfiau crefyddol addysgol. Mae'r ddrama un olygfa *Ail Ddechrau*, gan R. G. Berry, yn enghraifft o ddrama ddirwest sydd yn nodweddiadol o'r deialogau a ddatblygodd o'r ymddiddanion. Dyma'r math o ddramodig a ymddangosai ar lwyfan theatr y festri am flynyddoedd i ddod. Cyhoeddwyd *Ail Ddechrau* gan Gymanfa Ddirwestol Gwynedd i'w lledaenu fel deunydd i'w berfformio gan aelodau capeli.

Deilliai'r ddrama ddirwest o bregethau'r crefyddwyr yng nghyd-destun moesoldeb y cyfnod Fictoraidd ac roedd ei chynnwys i gychwyn yn ddeialog foesol ddeidactig. Ymddangosodd ei neges mewn pregethau a cherddi, yn neialogau'r ymddiddanion ac mewn nofelau. Yn y rhagair i sgript gyhoeddedig R. G. Berry pwysleisiodd yr Arglwydd Clwyd mai bwriad yr awdur oedd 'diddori plant y Gobeithluoedd ac o'u gallu i osod allan, fel mewn darlun, wirioneddau o bwys iddynt hwy eu hunain, ac o werth i bawb fedd les y genedl yn agos i'w calon'. Ychwanegodd yr Arglwydd Clwyd, 'bydd "Ail Ddechrau" yn foddion i gyfleu gwersi gwerthfawr yr achos i'r rhai gaiff y fraint a'r pleser o'i gweld.' Ymddangosodd un ar ddeg o gymeriadau yn y sgript, yn ogystal â thri neu bedwar o ffermwyr yn dyrfa a fynychai'r dafarn tua diwedd y chwarae. Meddwyn a aeth ar gyfeiliorn yw'r prif gymeriad. Mae Betsi, gwraig y meddwyn, a'i mab Tom, yn cynllwynio i argraffu ar ei gŵr oferedd ei ffyrdd. Mae Tom yn smalio meddwdod a'i dad yn cywilyddio ac yn edifarhau. Mae'r meddwyn a'i wraig yn mynd adref yn hapusach pâr. Bron y gellir dweud bod yma adlais o driniaeth Twm o'r Nant o gymeriad a sefyllfa. O safbwynt gofynion theatr y cyfnod, ceir allwedd i ddehongli llwyfannu'r ddrama mewn darlun o'r set ar flaen y sgript. Mae'n cynnwys elfennau nodweddiadol o set focs naturiolaidd. Yn yr esgyll awgrymir fflatiau ar ongl yn ymestyn i gefn y llwyfan, ac ar y cefnlenni paentiedig ymylol darlunnir ffrynt brics tafarn y King's Arms. Yn y fflatiau cefn ceir drws a ffenestr a ddefnyddir yn ystod y chwarae. Dynodir trawstiau pren llwyfan y festri neu'r neuadd ac yno y gosodir sgwâr y pentref. Ceir sgets o fwrdd cegin ar flaen de'r llwyfan ac arno bentwr o ffrwythau i ddynodi stondin farchnad Betsi'r wraig. Uwchlaw'r fflatiau cefn ac ymylol ceir amlinelliad o do llechi. Gellir dychmygu'r cyfan yn ffitio'n ddestlus i lwyfan festri capel neu i neuadd bentref. I'r sgript hon gweodd Berry rai elfennau er mwyn denu sylw a diddordeb cynulleidfa gyda'r bwriad yn y pen draw o draddodi gwers ddirwestol ar lwyfan. Ceir ymdrech yma i asio'r ddrama ddirwest dderbyniol a ddatblygodd o'r ymddiddanion at fwriad Berry o hybu'r ddrama gymdeithasol seciwlar a roddodd dro ar fyd i'r theatr amatur Gymraeg ym mlynyddoedd cynnar yr ugeinfed ganrif.

11. Y perfformiwr amatur yn datblygu

TWF Y CWMNI LLEOL

Mae Hywel Teifi Edwards yn cyfeirio at gynnydd y cwmnïau drama lleol ymhob cwr o Gymru ar ddechrau'r ugeinfed ganrif: 'Buont yn hanner cynta'r ganrif hon yn foddion i gadw cymdeithas yn gymdeithasol, yn ddynol.' Dibynnai dewis llawer o'r cwmnïau hyn o ddramâu addas i'w perfformio i gynulleidfa ar chwaeth y cynhyrchwyr, ond yn bennaf efallai ar y nifer o sgriptiau addas oedd ar gael i'w llwyfannu.

Mae J. Ellis Williams (*Inc yn fy Ngwaed*) yn cyfeirio at ddramâu a berfformiwyd gan gwmni ei bentref ei hun, fel *Helynt a Heulwen* (W. D. P. Jones), melodrama sentimental, ddagreuol iawn ar adegau, a dramâu 'o safon', fel *Ar y Groesffordd* (R. G. Berry). Yn y gyfrol *Dawn Dweud*, mae R. Williams Parry yn disgrifio ymuno ym mywyd yr ardal yng Nghefnddwysarn trwy ymwneud â'r cwmni drama lleol, a hwythau'n cyflwyno *Asgre Lân* gan R. G. Berry. Yn ôl Llwyd o'r Bryn, yntau'n aelod o'r un cwmni, 'yr oedd pawb yn cynhyrchu ei ddarn (ei gymeriad) ei hun.' Y mae John Ellis Williams (*Inc yn fy Ngwaed*) yn disgrifio natur paratoi a pherfformio drama gan gwmni lleol amatur tua 1912, disgrifiad sy'n portreadu amgylchiadau perfformio mewn pentref gwledig yn y cyfnod hwnnw, gydag amaturiaid wrth y llyw:

'Helynt Hen Aelwyd', neu 'Helbul Taid a Nain', oedd enw'r ddrama. Richard Conway Williams, Cymro yn byw ym Manceinion, oedd ei hawdur. Y Parch Daniel Williams oedd y cynhyrchydd, ac os cofiaf yn iawn, cynfas wely ac arni lun amrwd o simdde fawr oedd yr olygfa. Nid oedd neb o'r cwmni wedi clywed sôn am grease paint a crepe hair; â huddugl y tynnwyd y rhychau ar wyneb Nain, a barbwr y pentre a wnaeth berwig a barf i Taid o gnu dafad.

Ymhell ar ôl i elfennau dychanllyd yr anterliwtiau a gweledigaeth chwareus natur bywyd yn y chwaraeon gwerin ddiflannu, ymddangosodd y gomedi gegin ar lwyfannau'r theatr Gymraeg ar ddechrau'r ugeinfed ganrif. Yr oedd fel petai'r werin am weld tipyn o hwyl yn dychwelyd i'w llwyfannau ar ôl cyfnod hir o gwtogi ar unrhyw fath o ddigrifwch.

Tyfodd y gomedi gegin yn raddol o fewn strwythur y ddrama gymdeithasol a hynny yn nwylo medrus dramodwyr fel D. T. Davies a J. O. Francis. Y brif nodwedd oedd portreadu teipiau a dyfai o'r bywyd teuluol a phentrefol, gan beri i gymeriadau adnabyddus yn y gymdeithas Gymraeg ymddangos mewn sefyllfaoedd digrif, cymeriadau fel y potsiar, y Plismon, y sgweiar, y ffermwr, y cybydd, Nain, a'r siopwr. Y rhain oedd pileri gwamal y gymdeithas Gymraeg wladol. Tyfodd hefyd haenau o ddychan yng ngwead y gomedi hon, trwy drin teipiau a gynrychiolai grefydd, sef y rhagrithwyr, y blaenor, a'r gweinidog, gan gyfosod y rhain a'u cymharu â phobl y byd. Dyma'r modd y cynhaliodd y llwyfan y fytholeg a dyfodd o'r bywyd gwerinol traddodiadol Gymreig. Yr oedd y gomedi gegin yn fodd i ddatgelu gwendidau dynion, yn fodd i ddangos ffolinebau ar lwyfan, i ddatgelu ffyliaid a thruenusiaid, cymeriadau â'u dallinebau, eu diffyg gweledigaeth, eu twpdra, eu castiau, eu triciau ffôl, a'u twyll.

DRAMODWYR A'U LLWYFAN
Gŵr o'r Rhondda oedd D. T. Davies. Trosglwyddodd dafodiaith yr ardal honno i enau'r cymeriadau a frithodd ei ddramâu. Pan ymddangosodd drama ganddo yng nghategori'r ddrama gymdeithasol yn 1913, roedd ef ymysg eraill fel R. G. Berry, J. O. Francis a W. J. Gruffydd yn rhan o lif newydd o

ddramodwyr. Yr oedd hon yn flwyddyn bwysig i'r ddrama gymdeithasol newyddanedig yng Nghymru, a D. T. Davies yntau'n un o'i harloeswyr. Dramâu am bobl gyffredin oedd y rhain, yn groes i arwyr tywysogaidd diwedd y ganrif flaenorol. Roeddynt hefyd yn ddramâu'n ymwneud â phroblemau cymdeithasol, mewn ffordd gymedrol radicalaidd, gyda gwrthdrawiadau gweddol syml rhwng dosbarthiadau cymdeithasol. Daeth nifer o'r dramodwyr hyn i'r golwg yng nghystadlaethau gwobrwyol Howard de Walden yn 1913.

Yr oedd problemau cymeriad, sefyllfa ac iaith yn bwysig i Davies, ac ef oedd y mwyaf nodweddiadol lwyddiannus o'r dramodwyr cymdeithasol newydd. Y duedd drwy'r brifysgol oedd pwysleisio ysgrifennu deialog yn y llenyddol lafar, ond yn y llafar ei hun yr oedd cryfder Davies. Ei *forte* oedd llafar Cwm Rhondda, fel y'i ceir yn gryf yn ei ddrama *Ble Ma' Fa?* Er iddi dderbyn gwrthwynebiad, tyfodd ei ddrama *Ephraim Harris* yn boblogaidd ar lwyfannau Cymru, yn enwedig ar ôl y Rhyfel Byd Cyntaf. Mae'r ddrama hon yn dangos sut y bydd dial ar Ephraim Harris yn y genhedlaeth nesaf am iddo ef yn ei ieuenctid gael ei wyrdroi gan gymdeithas gapelig a welai fwy o waradwydd yn y gosb am bechod nag yn y pechod ei hun. Cynlluniwyd y ddrama fel y gallai cynulleidfa synhwyro a phendroni dros dair problem, sef gwroldeb unigolyn yn herio barn cymdeithas, disgyblaeth eglwysig a pherthynas y ddwy genhedlaeth. Mae Kate Roberts (*Y Faner*, Chwefror 1947) yn cofio perfformiad o'r ddrama gan gwmni Dan Matthews ar lwyfan pafiliwn Caernarfon yn yr Eisteddfod Genedlaethol yn 1921. 'Nid anghofiaf i byth Dan Matthews,' meddai, 'yn agor y ddrama efo'r gosodiad godidog hwnnw a hoeliodd eich meddwl ar y ddrama o'r munud cyntaf – "Rhaid i'r eglwys gael gwpod, mam." – Meddyliwch am yr holl ddramâu sy'n troi a throsi cyn i chi gael pen ar linyn y stori o gwbl.'

Mewn erthygl ar y ddrama yng Nghymru yn *Y Faner* yn 1925 ar gyfraniad D. T. Davies, meddai Saunders Lewis:

Dynion yw gwir ddiddanwch yr awdur hwn, ac felly y mae'n perthyn yn llwyrach i'r ganrif hon [yr ugeinfed]. Wrth sylwi ar ei ddrama, nid cofio am broblemau ei ddramâu a wnawn, nac anneall pleidiau gwrthwynebus, nac am ryfel yr hen a'r ifanc, ond yn hytrach cofio am Ephraim Harris a Dinah, y fam yn 'Ffrois', a'r fam arall yn 'Troi'r Tir', y bugail yn 'Y Dieithryn', y barbwr a'r arweinydd côr yn 'Castell Martin', aelodau'r pwyllgor sy'n aros o hyd yn nodweddiadol o bwyllgorau eisteddfodau. Fe greodd Mr Davies fyd llawn o bobl fyw. A dyna yw drama iddo ef, cyfle i edrych ar ddynion a sylwi ar eu hystumiau. Dyn yw'r peth mwyaf swynol ar wyneb daear iddo, a dangos hynny yw rhinwedd pob drama a gyfansoddodd.

Tybiai Kate Roberts fod D. T. Davies yn gredwr mawr mewn cymdeithasau drama ac iddo roi gwasanaeth mawr iddynt yn y Rhondda ac yn Abertawe lle bu'n byw, a lle roedd mynd ar berfformio bron ymhob pentre. Sais oedd J. O. Francis er bod drama Gymraeg y cyfnod yn ddyledus i'w grefft a'i ddawn gelfyddydol. Cyfrannodd at y ddrama mewn cyfnod pan oedd angen dramodwyr crefftus i ddangos y modd i ysgrifennu'n effeithiol ar gyfer y llwyfan. Gwnaeth hyn drwy'r broses o ysgrifennu ei ddramâu yn Saesneg a chydsynio i eraill eu cyfieithu i'r Gymraeg. Ymhlith ei gynnyrch saif *Change* yn binacl i'w waith, drama a enillodd y wobr gyntaf o wobrau'r Arglwydd Howard de Walden. Fe'i cyfieithwyd i'r Gymraeg gan Magdalen Morgan dan y teitl *Deufor Gyfarfod*, a'i hactio am y tro cyntaf yn Theatr y Grand, Abertawe, ar 16 Ebrill, 1929. Cydnabyddir mai'r ddrama hon yw un o'r pwysicaf i ymddangos yn ystod y dadeni hwnnw. Yn *Deufor Gyfarfod*, ymddengys John Lewis, cawr o flaenor o'r hen drefn yng Nghymru, ffigwr oedd yn destun cryn ymosod gan y to newydd o ddramodwyr, cymeriad oedd yn cynrychioli'r hyn a ystyriwyd ganddynt yn grefyddolder defodol a threisgar.

Mae J. O. Francis yn defnyddio mab John Lewis fel arf i ymosod ar hen syniadaeth gyfyng ei dad. Mae ef am ddangos natur ddinistriol argyhoeddiadau crefyddol a gwleidyddol. Yr oedd adwaith y wasg yn groesawgar i'r perfformiad yn yr ŵyl genedlaethol yng Nghaerdydd yn 1914. Fe'i clodforwyd gan W. J. Gruffydd a Howard de Walden, Llewelyn Williams yr Aelod Seneddol a Lloyd George, Canghellor y Trysorlys, yntau yng nghwmni John Williams, Brynsiencyn. Meddai Lloyd George: 'It has been a dramatic presentation of the great transformation which is taking place in Welsh life.' Wrth sylwi ar ymateb y gynulleidfa, meddai: 'One section of the audience cheered one sentiment, and the other cheered another – and then you had the perplexed section – all this was symptomatic of the change that is coming over Welsh sentiment as is the play itself.'

Prif gyfraniad W. J. Gruffydd i'r theatr Gymraeg, er iddo ymddangos yn denau, oedd y ddrama *Beddau'r Proffwydi*, hithau am gyfnod hir yn boblogaidd iawn ar lwyfannau Cymru. O safbwynt ei strwythur a'i chynnwys, bu'n ddylanwad ar grefft llunio dramâu i'r llwyfan. Perfformiwyd *Beddau'r Proffwydi* am y tro cyntaf ar 12 Mawrth, 1913, gan fyfyrwyr Coleg y Brifysgol yn y Chwaraedy Brenhinol, Caerdydd. *Beddau'r Proffwydi* oedd y ddrama Gymraeg gyntaf i gael ei hactio mewn theatr gyhoeddus. W. J. Gruffydd ei hun chwaraeodd ran Emrys, a chanmolwyd y cynhyrchiad yn y *Western Mail*: 'Mr. Gruffydd threw himself heart and soul into the passionate Emrys ... Mr Gruffydd was called before the curtain.' Yn ôl Henry Lewis, a oedd yn aelod o'r un cast, 'fe droes yn llwyddiant ymhob ystyr'. Llwyfannwyd hi'r ail waith adeg Eisteddfod Genedlaethol Bangor yn 1915, ar ddechrau'r Rhyfel Byd Cyntaf. Mae Gruffydd ei hun, mewn darllediad radio ym mhum degau'r ugeinfed ganrif, yn cyfaddef iddo bwyso'n drwm ar gonfensiynau'r sinema ddi-sain, a'i fod yn *Beddau'r Proffwydi* wedi ceisio efelychu dramâu llwyfan a ffilm y cyfnod trwy gyffyrddiadau 'stagey' a melodramatig, a chytunai â beirniaid fod ei lwyfan yn y ddrama hon yn orlwythog o 'faterion amherthnasol'. Meddai Gruffydd: 'wedi gweld rhai o'r dramâu modern gorau yn Saesneg ac wedi darllen llawer mwy na hynny, er hynny, rywsut neu'i gilydd ni fedrais osgoi'r pyllau gwaethaf.'

I gynulleidfa'r Chwaraedy Brenhinol yng Nghaerdydd yn 1913 roedd cymeriadau'r ddrama hon yn gymeriadau stoc a adwaenent o'r traddodiad cymdeithasol Cymreig. Er hynny, yr oedd digon yn y perfformiad hwnnw i ddiddori'r gynulleidfa ac i'w pryfocio i feddwl, gan gynnwys beirniadaeth gymdeithasol ar landlordiaeth, rhagrith crefyddwyr a pharchusrwydd cyfoglyd y dosbarth canol Cymreig newydd.

Cofir mai dyma'r cyfnod yn Lloegr pan oedd Galsworthy a Pinero mewn bri, y Shaw cynnar wrth ei waith yn y theatr, a dramâu Ibsen a Tsiecof yn ymddangos ar lwyfannau yn yr iaith Saesneg. Er hynny, yn ei chyfnod yr oedd *Beddau'r Proffwydi* yn boblogaidd ac yn effeithiol ar lwyfannau'r dydd yng Nghymru. Yn *Barn* (1981), mae Bryn Rowlands yn trafod cynhyrchiad William Lewis o'r ddrama hon yn Theatr Fach Llangefni. Mae Rowlands yn ei hystyried yn un o glasuron y ddrama Gymraeg. Crybwylla fod y fath beth â thraddodiad i'r ddrama Gymraeg a bod holl hanfodion y traddodiad yn ei chyfnod i'w gweld yn y ddrama hon. Mae seiliau'r traddodiad a bortreadir yn y ddrama yn gadarn ym mytholeg Cymry'r bedwaredd ganrif ar bymtheg, gan gynnwys amodau y bywyd hwnnw, gormes y meistri tir, bygythiad y wyrcws, yr ysbryd Protestannaidd, delfrydau ysbryd y werin, a chyfryngau gwaredigaeth y dyfodol mewn crefydd ac addysg. Ceir yn y ddrama, yn ôl Rowlands, holl elfennau melodrama'r bedwaredd ganrif ar bymtheg gan gynnwys rhamantiaeth, gwrthdaro rhwng da a drwg, a digon o uchafbwyntiau dramatig i fedru sefydlu mai drama o'i chyfnod a than ddylanwad cefndir ei chyfnod yw hi. Er hynny, trwy gynhyrchu deallus ac actio synhwyrus yr oedd atgyfodi'r ddrama gyfnod hon yn llwyddiannus ar lwyfan Theatr Fach Llangefni yn

1981, a'r 'doniolwch ynddi yn cael ei le ond dan ffrwyn gref, a'i munudau dwys heb fynd yn felodramatig'.

Yn 1911 ysgrifennodd R. G. Berry *Asgre Lân*, ei ddrama hir gyntaf. O hyn ymlaen lluniodd nifer o ddramâu i gystadlu'n bennaf gyda chwmni ei gapel, Bethlehem, Gwaelod y Garth, ger Caerdydd. Ymddangosodd y cwmni hwn yn gyson mewn eisteddfodau mawr a bach, gan gynnwys y Genedlaethol, a bu Berry ei hun yn feirniad mewn nifer o'r gwyliau cenedlaethol. Ysgrifennodd ar gyfer actorion yr oedd yn eu hadnabod yng nghwmni'r capel, actorion amatur a adwaenai fel pobl. Adnabu ei gynulleidfa'n drylwyr, a'i fryd oedd ar eu hadlonni trwy gyfrwng y llwyfan. Nid oedd neges fawr yn ei ddramâu ond adlewyrchent ffurfiau dramatig y cyfnod, yn gomedi ac yn ddrama foes, a throsglwyddent fywyd a chymeriadau'r Cymry Cymraeg i'r llwyfan. Ysgrifennodd mewn cyfnod o newid mawr yn y ddrama a'r theatr yng Nghymru ac mae ei waith yn adlewyrchu'r tueddiadau hynny. Dechreuodd ysgrifennu ar derfyn cyfnod yr ymddiddanion, ond aeth ati, dan ddylanwad y ddrama gymdeithasol, i roi portread o fywyd pobl gyffredin, er iddo geisio adlewyrchu yn ei ddrama *Y Ddraenen Wen* fyd mwy arbenigol gwleidyddiaeth. Yr ail flwyddyn i Howard de Walden gynnig gwobr o gan punt am ddrama Gymraeg neu Saesneg, roedd Berry yn gyd-fuddugol gyda'i ddrama *Ar y Groesffordd*. Erbyn 1913 roedd Cwmni Gwaelod y Garth wedi perfformio hon ddwy ar bymtheg o weithiau yn ne Cymru ac fe aeth ymlaen i ennill y wobr gyntaf yng Ngŵyl Ddrama Aberdâr yn 1914. Yn ystod y blynyddoedd nesaf bu ei ddramâu, gan gynnwys *Yr Hen Anian*, *Ar y Groesffordd*, *Y Ddraenen Wen* a *Dwywaith yn Blentyn*, yn boblogaidd iawn mewn cystadlaethau perfformio yn yr Eisteddfod Genedlaethol. Dywedodd Berry: 'It is through its literature and often through its dramatic literature that a nation finds itself, and becomes acquainted with its strength and its weakness. We confidently look forward to the day when some

Welsh author of outstanding genius will depict the soul of Wales in its excellencies and its shortcomings.' Bu'n rhaid i Gymru aros rhai blynyddoedd eto cyn gwireddu hyn. Er i Berry ddod yn adnabyddus i gynulleidfaoedd theatr ei ddydd, cafodd frwydr gyson yn erbyn rhagfarnau ei gyfoeswyr crefyddol, gan gynnwys penderfyniadau'r Sasiwn yn erbyn y ddrama Gymraeg. Yr oedd hefyd yn gyfrannwr cyson i'r wasg ac i gylchgronau gydag erthyglau ar ddrama a theatr. Ceisiodd drwy hynny, ynghyd â'i gyfoeswyr, fel D. T. Davies, T. Gwynn Jones a J. O. Francis, ennyn diddordeb yn y theatr a gosod rhyw sylfaen i sylwadaeth a beirniadaeth ar faterion dramatig a theatrig. Yn sgil hyn, tyfodd yn ffigwr adnabyddus yn y cylchoedd drama a theatr cynnar hynny a oedd am sefydlu ymwybyddiaeth o theatr yng Nghymru ar ddechrau'r ugeinfed ganrif.

Defnyddiodd Berry dafodiaith bob dydd yng ngenau ei gymeriadau, gan ddelio'r un pryd â phroblemau beunyddiol pobl gyffredin. Meddai Llew Owain am ei waith: 'llifai llawenydd a galar, digrifwch a difrifwch, ynghyd â diniweidrwydd syml y cymdogion cyffredin oedd o fewn cyrraedd bob dydd wrth eu gwrando.' Roedd Berry yn ymwybodol o'r gorlif o ddramâu Saesneg a ymwthiodd i fudiad y ddrama yng Nghymru ar ddechrau'r ugeinfed ganrif. Wrth edrych yn ôl cyfeiriodd at ddylanwad negyddol y gwyliau drama blynyddol: 'These competitions do not foster Welsh Drama. What influence has this popular week had upon the writing and acting of Welsh drama? When we thought that the Welsh drama movement would prolong and enrich the life of the Welsh language these competitions are driving some of our playwrights to English drama' (*Western Mail*, Gŵyl Ddewi 1925).

Yn ei ysgrifau cyfaddefai Berry ei fod yn ymwybodol o natur, ffurf a chynnwys gwaith Ibsen, er nad oedd ganddo ryw lawer i'w ddweud am y dramodydd hwnnw. Edmygai Ibsen ond nid oedd yn hoff iawn o'i ddramâu. Er hynny, anelai Berry ei hun at weledigaeth realistig o fywyd yn ei ychydig ddramâu hirion, a'u gosod yn amgylchfyd y parlwr a'r gegin Gymreig, a'u poblogi â chymeriadau cyffredin bob dydd. Fel Galsworthy a Pinero, gweld y byd o bersbectif y dosbarth canol yr oedd Berry, gan ddangos cryn lawer o dosturi tuag at ddioddefwyr cymdeithas.

Addasodd y weledigaeth realistig drwy ysgrifennu a chynhyrchu dramâu i'r pwrpas o adlonni cynulleidfaoedd mewn festri a neuadd eisteddfod, a'i brif awydd oedd portreadu pobl mewn sefyllfaoedd problematig. Yn rhinwedd ei swydd fel gweinidog, yr oedd yn ymwybodol o'r hyn y gellid ei gyflwyno mewn festri neu neuadd leol, oherwydd yr oedd ei olygfeydd ac elfennau technegol ei lwyfan yn syml, a gofynion y cymeriadau yn eu sefyllfaoedd yn ddirodres.

DYLANWAD IBSEN

Ar droad y bedwaredd ganrif ar bymtheg treiddiodd y theatr realaidd yn raddol o gyfeiriad Ewrop, trwy Loegr ac Iwerddon, i fyd ysgrifennu a llwyfannu'r theatr amatur Gymraeg. O safbwynt *mise en scène* y llwyfan, digwyddai'r rhan fwyaf o'r sefyllfaoedd dramatig mewn parlwr a chegin, lle roedd y cymeriadau yn ddynion a gwragedd cyffredin, hwythau'n ymhél â bywyd beunyddiol, gan wynebu a gwyntyllu eu problemau personol a chymdeithasol.

Mewn ystafell y digwyddai'r gweithgareddau hynny ran amlaf, ac mewn cefndir a ymdebygai i focs agored ar lwyfan, ac un ochr i'r bocs hwnnw ar agor er mwyn i'r gynulleidfa edrych i mewn i fywydau preifat y cymeriadau. Roedd J. J. Williams, prifathro Ysgol Cenfaes, Bethesda, yn gredwr cryf yn Ibsen. Trwy ei waith fel dramodydd, beirniad, athro a chyfarwyddwr, dylanwadodd Williams ar nifer o bobl greadigol ei gyfnod. Bu'n trafod techneg a seicoleg, cymeriadaeth, dychan a dylanwad cyffredinol Ibsen gyda J. Ellis Williams pan oedd hwnnw'n llanc.

Yn wir, roedd J. J. Williams yn awdurdod ar Ibsen, a dysgodd

Norwyeg er mwyn darllen Ibsen yn y gwreiddiol. Ysgrifennodd William Archer, y gŵr a gyfieithodd nifer o ddramâu Ibsen i'r Saesneg, gyfrol a seiliwyd ar dechnegau'r dramodydd hwnnw, sef *Playmaking: A Manual of Craftsmanship*. Roedd gan Williams feddwl mawr o'r gyfrol honno. Yn ôl J. Ellis Williams roedd gan J. J. Williams gasgliad enfawr o ddramâu gan Ibsen, Shaw, Galsworthy, Drinkwater, Maugham, Houghton, Masefield a J. M. Barrie. Yn ystod y dau ddegau teithiodd J. J. Williams drwy'r gogledd yn darlithio ar y ddrama, yn yr un modd ag y bu Idwal Jones yntau'n cenhadu drwy sir Aberteifi ychydig yn ddiweddarach. Bu gwŷr goleuedig fel hyn yn gyfrwng i ledaenu syniadau a dylanwadau am yr hyn oedd o bwys ym myd drama a theatr y tu allan i Gymru.

Dywedwyd yn *Y Brython* (1921) am un ddarlith gan J. J. Williams, 'Llwyddodd i ymlid rhagfarn oedd yng nghalon llawer yn erbyn y ddrama'.

Yn 1923 ffurfiwyd Cymdeithas Ddrama dan nawdd Coleg y Brifysgol Bangor, ac fe benodwyd J. J. Williams yn gynhyrchydd. Meddai John Gwilym Jones amdano: 'Roedd o'n ogoniant i gael eistedd yn geg-agored i'w weld yn dyfeisio symudiadau arwyddocaol, i gael ei actorion i ynganu'n glir ac i amseru eu llinellau'n effeithiol.' Mae John Gwilym Jones yn ei gofio'n cynhyrchu *Y Ddraenen Wen* (R. G. Berry), *Gwyntoedd Croesion* a *Tŷ Dol* (cyfieithiad Ifor Williams o ddrama Ibsen), drama y dywedodd John Gwilym Jones amdani: 'Y ddrama fawr y gellid heb ormodiaith ddweud iddi roi tro ar gwrs y ddrama yng Nghymru oedd *Tŷ Dol*.'

CYHOEDDI DRAMÂU CYMRAEG

Adlewyrchiad o'r diddordeb cynyddol yn y theatr amatur a chynnwys dramâu fel deunydd perfformio ymhlith cwmnïau drama lleol ar ddechrau'r ugeinfed ganrif, oedd datblygu cyhoeddi sgriptiau drama yn y Gymraeg. Ceir amcan o hyn yn y nifer sylweddol o ddramâu printiedig a gyhoeddwyd gan gwmnïau fel The Educational Publishing Co., Wrecsam a Chaerdydd, yn eu cyfres Welsh Drama Series, a chan gwmnïau fel The Welsh Outlook Press, Cyfres y Brython a Chyfres Abertawe. O'r gweisg hyn y daeth rhai o ddramâu mwyaf poblogaidd chwarter cyntaf yr ugeinfed ganrif yn y Gymraeg, gan gynnwys rhai cyfieithiadau o glasuron drama'r byd.

Roedd hyn yn fendith i gwmnïau drama'r cyfnod a chwiliai'n flynyddol am ddeunydd i'w lwyfannu, ac yn fanna i'r gweisg hefyd, a wyddai fod sicrwydd i'w gwerthiant. Yn y cyfrolau hyn ceir llawer o wybodaeth am arddulliau llwyfannu'r cyfnod, am natur yr ysgrifennu, am y math o gymeriadau a'r themâu a ddefnyddid gan yr awduron, ac am nodweddion yr actio a'r cynhyrchu a grybwyllwyd yn y cyfarwyddiadau llwyfan. Yn y gyfrol *Deg o Ddramâu Byrion* (a gyhoeddwyd gan E. P. C. Welsh Drama Series, No. 21, yn 1919) mae J. Ellis Williams yn nodi iddo 'ysgrifennu a chyhoeddi'r dramâu hyn i'w perfformio gan bobl ifanc sydd yn Gymry Cymraeg i'w hactio â Chymraeg pur, glân, di-lediaith'. Mewn nodiadau ychwanegol i actorion, mae'n eu siarsio i beidio rhuthro trwy'r sgriptiau, gan osgoi siarad fel *express train* ar lwyfan. Mae'n awgrymu cerdded yn naturiol, a chofio llefaru 'fel pe baech yn siarad wrth ymddwyn bob dydd'. Mae'n nodi bod yn rhaid i'r actor fod yn gartrefol ar lwyfan, a pheidio ag eistedd ar gadair fel 'pe buasech wedi sticio yno, yn stiff fel "pokers"'. 'Rhaid,' meddai, 'eistedd yn gyfforddus.' Mae ei nodiadau i'r actor yn y rhagair hwn yn ddoeth ac yn dechnegol gymwys. Awgrymodd:

Peidiwch ag edrych ar yr hwn sydd i siarad cyn iddo ddechrau. Nid ydych chwi i fod wedi clywed yr ymgom o'r blaen, ac felly nid ydych i wybod pwy sydd i siarad. Ond wedi iddo ddechrau siarad, edrychwch i gyd arno. Peth cas iawn, wyddoch, ydi i un siarad a'r lleill i gyd yn chware gyda'u bysedd neu yn edrych o gwmpas.

Pan fyddwch yn dweud rhywbeth wrth rywun, cofiwch droi ato a'i gael i edrych arnoch cyn dechrau. Peth annaturiol iawn ydyw gweld rhywun yn siarad â'i ben yn yr awyr, ac yn edrych i'r to.

Os bydd rhywbeth doniol yn cael ei ddweud, ceisiwch anghofio eich bod wedi ei glywed o'r blaen, a chwerthwch. Ond cofiwch chwerthin yn naturiol, nid rhyw d s m d o 'chwerthin gwneud'.

Os oes rhyw air neu gilydd yn y chware na fyddwch byth yn ddefnyddio, newidiwch ef am un mwy adnabyddus.

Tri pheth pwysig raid i chwi gofio i actio yn dda:

1. Siaredwch yn naturiol;
2. Symudwch yn naturiol;
3. Actiwch yn naturiol.

Gellid casglu i'r cyfarwyddiadau hyn dyfu o brofiad J. Ellis Williams wrth iddo gyfarwyddo cwmnïau amatur gwledig, ac o'i brofiad ymhlith myfyrwyr yn y Coleg Normal, Bangor, yn ogystal â dylanwad y theatr realistig Ibsenaidd gyfredol. Awgrymodd Magdalen Morgan hithau, yn y rhagair i'w chyfieithiad, *Dewis Anorfod* (o waith Harold Brighouse), i gwmnïau oedd am berfformio'r ddrama honno addasu brawddegau a geiriau fyddai'n naturiol i'w tafodiaith frodorol. O safbwynt y llwyfannu, meddai, os nad oedd 'trap door' yn gyfleus ar lwyfan, 'gellir yn hawdd ddarparu drws yng nghornel y set'.

Mae cyfoeth o wybodaeth am natur llwyfannu a gofynion cwmnïau perfformio yng nghyfarwyddiadau llwyfan y dramâu hyn. Ceir manylion priodol ar gyfer ystafelloedd bonheddig a gwerinol, dodrefnu ac offer addurnol, ynghyd ag ymdrech i ddarlunio ystafelloedd yn realistig, gyda'r holl fanylion a geid mewn tai go iawn. Yn addasiad T. a J. Howells i'r llwyfan o nofel Daniel Owen, *Enoc Huws*, awgrymir mewn pedair set gryn lawer o fanylder naturiolaidd ar lwyfan, a hynny'n newid yn gyson o olygfa i olygfa o fewn strwythur pedair act. Gellid casglu o hyn y byddai cryn lawer o newid setiau yn ystod perfformiad, a hynny'n awgrymu cau ac agor llenni cyson. Awgrymir yng nghyfarwyddiadau'r addaswyr y gallai cwmnïau fenthyg golygfeydd pwrpasol ar 'rollers', ynghyd â 'wings' cyfatebol, am delerau rhesymol gan The Rhondda Premier Dramatic Society.

Yn ogystal, ceir nodiadau'n ymwneud ag osgo ac ymddygiad cymeriadau ar lwyfan, a hynny ar gyfer actorion a chynhyrchwyr. Mae'r nodiadau hyn ar gyfer cynhyrchu, actio a gwisgo yn adlewyrchu rhai tebyg ryw ddeng mlynedd ynghynt ar gyfer llwyfannu yn y theatr amatur. Mae hyn yn awgrymu mai gweddol sefydlog oedd technegau perfformio'r actio a'r llwyfannu am gyfnod cyn ac ar ôl troad y ganrif. Gan nad oedd hyfforddiant i hybu sgiliau actio a chynhyrchu drama mewn nac ysgol na choleg yn y cyfnod hwn, prin oedd unrhyw ddatblygiad yng nghrefft y perfformiwr amatur, ac yn y dyfodol yr oedd meithrinfa'r ysgol ddrama.

Pwysleisiodd T. a J. Howells fod angen dewis actorion cymwys i'r cymeriadau. Yr oedd angen i bob actor astudio'i ran yn fanwl, a'r angen iddo golli ei 'hunaniaeth personol' wrth actio cymeriad, a bod yn 'true to nature'. Ceir un nodyn gogleisiol, ac eto'n bwrpasol, yn y cyfarwyddiadau hyn, sef, 'gofaler peidio gwneuthur clowns o hen gymeriadau doniol, ysmala, Cymru Fu'. Mae'r awgrymiadau ar gyfer y gwisgoedd unigol yn fanwl iawn ac eto'n tueddu i bortreadu'r cymeriadau yn ôl teipiau traddodiadol Gymreig. Ceir yma rybudd i bob actor ddisgyblu ei hun: 'dylai pob un fod yn barod yn ymyl i gymeryd ei ran cyn y daw yr adeg iddo ymddangos ar y llwyfan, fel na choller dim amser yn ofer.' Awgrymai'r manylion hyn ar flaen copïau o ddramâu fod y dramodwyr hwythau'n ymwybodol o dechnegau llwyfannu cyfredol, a bod y cwmnïau drama, yn enwedig y cynhyrchwyr, yn gwerthfawrogi arweiniad o'r fath gan yr awduron cyn mynd ati i lwyfannu.

Wedi i Howard de Walden droi ei sylw at Gymru bu ei gefnogaeth yn hwb cyson i'r ddrama a'r theatr Gymraeg. Roedd ganddo ystadau eang yng Nghymru a rhoddodd hynny ynghyd ag eiddo drudfawr yn Llundain fodd iddo gefnogi'n hael gystadlaethau ysgrifennu a pherfformio dramâu. Awgrymodd, yn Eisteddfod Genedlaethol Wrecsam yn 1912, sefydlu theatr symudol broffesiynol deithiol a fedrai eistedd tua mil o bobl, gyda'r pwrpas o berfformio dramâu yn Saesneg ac yn y Gymraeg. Yn y man, cyfarfu de Walden â nifer o bobl bwerus yng Nghaerdydd i geisio creu Cwmni Drama Cymreig Cenedlaethol. Gwireddwyd y cam cyntaf o fewn dwy flynedd ac fe gynhaliodd y cwmni hwnnw ŵyl ddrama yng Nghaerdydd yn 1914. Ffurfiwyd Cwmni Drama Cymreig Cenedlaethol, a rhoddwyd perfformiadau o ddramâu Cymraeg a Saesneg gan y cwmni yn y Theatr Newydd yng Nghaerdydd ym mis Mai 1914. Siomedig oedd ymateb y cyhoedd, ac yn y *South Wales Daily News*, 13 Mai, 1914, ymddangosodd y canlynol: 'In the city which proposes to lead Wales in all national matters there are apparently not enough persons to make a moderate audience.' Perfformiwyd y dramâu a enillodd y gwobrau yng nghystadleuaeth Howard de Walden, a'u cyfarwyddo gan Ted Hopkins o Ferthyr Tudful. Mae'n debyg iddo gael ychydig dan dair wythnos i baratoi ei actorion yn y chwe drama a oedd i'w perfformio, a hynny dan amgylchiadau cyfyng iawn. Ymhlith y dramâu yr oedd *Change* a *The Poacher* (J. O. Francis), *Ephraim Harris, Y Dieithryn* a *Ble Ma' Fa?* (D. T. Davies) a *Pont Orewyn* (T. E. Ellis). Rhannodd David Lloyd George a John Williams, Brynsiencyn focs yn y theatr y noson honno a rhoddodd Lloyd George araith fer ar ôl y perfformiadau. Plesiwyd ef yn fawr wrth weld y perfformiadau hyn am y tro cyntaf, a chafodd foddhad o'u gwrando. Llongyfarchodd yr awduron a'r actorion, a llawenhaodd George fod y ddrama Gymraeg yn dechrau llwyddo, a bod gan y Cymry 'athrylith' i'r cyfeiriad yma. Mynegai fod y safon a welsai yn y Theatr Newydd yn uwch na llawer o'r hyn a dynnai cynulleidfaoedd i theatrau yn Llundain. Yr oedd y wasg yn gytûn pan ddaeth yr wythnos i ben fod y ddrama Gymraeg wedi ennill ei phlwyf.

Ymateb Lloyd George i gyfraniad J. O. Francis i'r ŵyl oedd: 'I am grateful to the brilliant author of this play (*Change*, J. O. Francis) and to the artists who have presented his play with such power tonight, for putting this problem to us in such an admirable manner.'

Ond nid oedd beirniaid y wasg mor hael eu hymateb i gynnyrch y dramâu yn y Gymraeg: 'acting in the Welsh language must be entrusted to men and women to whom the mutations and genders are thoroughly familiar.'

Trwy ei reolwr llwyfan, dywedodd de Walden wrth y gynulleidfa: 'His lordship wishes me to thank you for the confidence shown by your wonderful support at the beginning of the movement, and his lordship has also confidence that from Wales will come the dramatists and actors of the future through the influences of the native drama.'

O ganlyniad i'r achlysur yng Nghaerdydd, gwnaeth George Bernard Shaw sylwadau diddorol yn y *South Wales Daily News*:

> Over the border nobody cares enough about Wales (why should they) to tell her the truth about herself – to rub into her conscience the glaring faults of her striking qualities. If Wales thinks a national theatre will be a place where her praises will be sounded continually, where the male villain will be an Englishman of the Church of England and the hero – being a Welshman – too good for this earth, Wales will be disappointed. If Wales will not have the best that Wales can produce, she will get the worst that the capitals of Europe can produce – and it will serve her right.

Aeth cwmni de Walden ar daith fer trwy dde Cymru gan gynnwys perfformiadau ym Merthyr a Llanelli, Abertawe ac Aberystwyth, ac yna yn yr Albert Hall yn Llandrindod. Daeth y Rhyfel Byd Cyntaf i dorri ar eu cenadwri, ac ni ddaeth dim o fwriad de Walden i greu theatr symudol genedlaethol. Yn y *Western Mail*, 20 Gorffennaf o'r un flwyddyn, mae Owen Rhoscomyl yn ateb beirniaid menter de Walden a'r Cwmni Drama Cenedlaethol trwy danlinellu'r ffaith i daith The Welsh National Drama Company fod yn llwyddiant, a'u bwriad oedd teithio ar hyd arfordir gorllewin Cymru o Gaerfyrddin i sir Fôn, o sir Fôn i Gaer, yna ar hyd arfordir y de a gorffen yn sir Benfro ganol gaeaf. Yn y cyfnod hwnnw, roedd hyn i fod yn daith helaeth i gwmni newydd ei ffurfio. Yn nhyb Owen Rhoscomyl, er bod arian yn broblem yn wreiddiol, un o'r elfennau a sicrhaodd lwyddiant oedd ffurfio pwyllgorau lleol i gefnogi ac i ariannu'r fenter. Sicrhaodd hyn y byddai llu o bobl trwy Gymru yn gweld gwaith The Welsh National Drama Company. Meddai Owen: 'It was a venture in Welsh nationalism that this movement came into existence,' er nad yn yr ystyr gwleidyddol yr awgrymodd hyn. Ond fe bwysleisiodd: 'For the greatest of our handicaps was that we could expect scarcely any support from the ordinary theatre going public; we were out to reach the people who had been brought up to believe that a theatre is the anteroom of Gehenna itself.'

12. Y perfformiwr ar lwyfan gŵyl

Awgrymodd Hywel Teifi Edwards, yn ei ddarlith feistrolgar
'Wythnos yn Hanes y Ddrama yng Nghymru 11–16 Mai, 1914', y
cafwyd 'rhyfel' dros y ddrama yng Nghymru yn y degawd hwnnw
a bod yr ŵyl yn y Theatr Newydd yng Nghaerdydd ym Mai 1914
yn fuddugoliaeth bwysig yn y rhyfel hwnnw. Roedd y frwydr
honno, meddai, yn fodd i'r Cymry Cymraeg dderbyn y ddrama
'newydd': 'fel cyfrwng celfyddyd a oedd i harddu a difrifoli bywyd
y genedl trwy roi iddi olwg onestach ar ei chyflwr a dyfnach
amgyffred o'i hangen. Daethpwyd i synio am y ddrama fel grym
ysbrydol adnewyddol, a'r theatr, waeth pa mor amrwd ei
hadnoddau, fel meddygfa ar gyfer trin briwiau diwylliant gwlad.'

Un o'r gwrthwynebwyr uchaf ei gloch i ymdrechion y garfan
newydd o ddramodwyr beiddgar a bwriadol eu hymdrechion i
newid cyfeiriad y ddrama Gymraeg yn y cyfnod oedd y Parch.
Tywi Jones. Er 1911 bu'n cefnogi'r math o ddrama a fedrai
atgyfnerthu crefydd, moes a Chymreictod. Bu wrthi'n ysgrifennu
dramâu a chwaraewyd gan gwmnïau lleol, a hwythau'n cael hwyl
o'u perfformio. Ymgymerodd a golygyddiaeth *Y Darian* yn 1914,
ac am gyfnod cafodd sianel wythnosol ar gyfer traethu barn ar
unrhyw dueddiadau newydd ym myd y ddrama. Un o'i brif
dargedau oedd gwaith J. O. Francis. Credai fod Francis, trwy ei
ddramâu, yn ymosod yn annheg ar grefydd gyfundrefnol, ac ar
bŵer awdurdodol y blaenor, a'i fod yn dilorni'r grefydd
ddiwygiadol oedd yn gonglfaen yng nghymdeithas y Cymry. Yn
nhyb Tywi Jones bradychu Cymru trwy'r iaith Saesneg yr oedd
Francis yn ei ddramâu. Yng ngŵyl 1914 gwelodd Tywi Jones fod

The Poacher (J. O. Francis) yn gwawdio pethau cysegredig trwy enau'r potsiar. O'i safbwynt ef, cythruddo'r Cymry a wnâi Francis yn y theatr, trwy ymosod ar eu hymneilltuaeth grefyddol. Yr oedd Tywi Jones ei hun yn enigma o safbwynt y gwrth-ddweud a gafwyd ganddo yng ngholofnau'r *Darian* yn y cyfnod hwnnw. Collfarnodd Francis am ddadlennu ar lwyfan yr union agwedd negyddol at gapelyddiaeth a gondemniwyd gan Jones ei hun fwy nag unwaith yn *Y Darian*. Gwadai ef hawl Francis i ddehongli bywyd Cymru trwy'r iaith Saesneg. Ni chredai Jones fod modd creu drama am y Gymru Gymraeg yn yr iaith Saesneg heb ei chamliwio. Daeth D. T. Davies a Saunders Lewis yn y man i weld syniadau Tywi Jones yn gwbl naïf am swyddogaeth foesol y theatr ym mywyd cenedl, yn ogystal â hanfodion y ddrama ei hun.

EISTEDDFOD BANGOR 1915
CYSTADLEUAETH PERFFORMIO

Mewn trafodaeth ar y ddrama yn Eisteddfod y Fenni yn 1913, penderfynwyd gosod cystadleuaeth chwarae drama ar lwyfan yr ŵyl y flwyddyn ganlynol. Ond daeth y rhyfel i rwystro'r trefniadau, a chynhaliwyd hi ym Mangor yn 1915. Dyma'r gystadleuaeth perfformio drama gyntaf yn hanes yr Eisteddfod Genedlaethol. Hyd yn hyn bu cyswllt y ddrama â'r Eisteddfod yn gyfyngedig i gystadlaethau ysgrifennu a chyfieithu ac, fel y gwelsom, i berfformiadau o ddramâu cerdd a phasiantau hanesyddol rhyfelgar.

Cynhaliwyd rhagbrofion cystadleuaeth perfformio dramâu hir ar lwyfan yr Eisteddfod ym Mangor yn ystod y flwyddyn a arweiniodd at yr ŵyl. O ganlyniad gwahoddwyd pedwar cwmni ar bymtheg i lwyfannu eu gwaith. Yr oedd rhai o gwmnïau mwyaf adnabyddus y wlad ar y pryd yn eu plith, ac o gofio nad oedd nemor un o'r cwmnïau hyn yn bod bron ddeugain mlynedd ynghynt, yr oedd cynnydd y theatr amatur yn y gymdeithas Gymraeg yn syfrdanol. Ymhlith y pedwar cwmni ar bymtheg yn y rhagbrofion yr oedd rhai o ynnau mawr y llwyfan amatur Cymraeg. Yn sgil hyn daeth Cwmni'r Ddraig Goch, Caernarfon, wyneb yn wyneb â chwmni Gwaelod y Garth, cwmni Caernarfon yn chwarae *Beddau'r Proffwydi* (W. J. Gruffydd) a chwmni Gwaelod y Garth yn chwarae *Asgre Lân* (R. G. Berry). Cwmni Caernarfon a enillodd y dydd, a chipio'r pum punt ar hugain o wobr. Y beirniaid oedd J. Lloyd Williams a T. J. Williams, ac yn 1916 cyhoeddwyd eu beirniadaeth fanwl fel rhan o'r gyfrol *Hanes y Ddrama Gymreig*. Yr oedd brwdfrydedd mawr ymhlith y cwmnïau drama fu'n cystadlu ym Mangor, a'u nifer yn dyst o hynny. Parhaodd y brwdfrydedd hwn yn y cystadlaethau perfformio trwy gydol dau ddegau a thri degau'r ganrif. Ym Mangor mentrodd pump o'r cwmnïau ar y ddrama *Beddau'r Proffwydi* a gondemnid gan rai am ei bod yn 'feiddgar', ac a edmygid gan eraill am ei bod 'yn torri tir newydd'. Perfformiodd cwmni Gwaelod y Garth *Asgre Lân*, sef yr unig ddrama yn y gystadleuaeth y tybid bod ôl crefft arni. Yn nhyb y beirniaid yr oedd gweddill y dramâu yn 'gyfyng', ac amrwd oedd eu safon fel dramâu, gan gynnwys *Serch Hudol, Llys Helyg, Endaf y Gwladgarwr, Helyntion Teulu'r Hafod, Y Deffroad, Dic Shon Dafydd, Rhys Lewis, Y Bardd a'r Cerddor, Enoc Huws, Jac y Bachgen Drwg,* a *Ystori'r Streic.* Ond o leiaf nid oedd yna'r un ddrama hanes yn eu plith, tyst o'r awydd i gefnu bellach ar hen ffurfiau'r ganrif flaenorol.

Cynigiodd pwyllgor Eisteddfod Genedlaethol Bangor wobr hael o bum punt ar hugain i'r buddugol, ac ail wobr o bymtheg punt am 'y perfformiad gorau o unrhyw ddramawd Gymraeg yn dal cysylltiad uniongyrchol â bywyd Cymreig'. Wrth deithio o gwmpas Cymru i ymweld â'r pedwar cwmni ar bymtheg darganfu'r ddau feirniad, T. J. Williams a'r Dr J. Lloyd Williams, fod y rhan fwyaf o'r cystadleuwyr yn ddibrofiad, a'u bod yn chwarae dan amgylchiadau anffafriol. Gwelwyd bod cwmnïau'n perfformio mewn ystafelloedd ac ar lwyfannau cyfyng, heb gytiau tu cefn ar gyfer gwisgo a choluro, ac roedd safon dechnegol y goleuo yn isel.

Yn nhyb y beirniaid roedd dau neu dri actor ymhob cwmni yn fwy profiadol na'r gweddill, ond awgrymwyd bod llawer o actio corfforol a lleisiol y cystadleuwyr yn 'rhagori ar y pregethwyr o bulpudau'r cyfnod', a hynny o safbwynt eglurder llais, y defnydd o osgo ac ystum, a'u gallu i ddarlunio cymeriad. Synnodd y ddau feirniad fod cymaint o actorion talentog yng Nghymru a bod llawer yn actio'n reddfol. Mae sylwadau'r ddau feirniad yn rhagdybio breuddwyd rhai unigolion yn ddiweddarach, wrth iddynt grybwyll: 'pe gallesid cael cwmni o bigion y cwmnïau gydag ychydig o addysg mewn "technique" buasai yn un o oreuon y deyrnas'. Yn eu beirniadaeth o'r actio a'r llwyfannu ceir darlun cryno o amgylchiadau theatrig y cyfnod, a disgwyliadau beirniaid arbenigol cystadlaethau'r Eisteddfod Genedlaethol. Er i nifer o actorion ragori, mae'r sylwadau'n datgelu'r duedd gan rai a welwyd yn perfformio i efelychu lleisio, ystumio ac osgo pregethwyr y dydd, ac roedd diffyg amlwg yn y defnydd o lygaid ac wyneb i fynegi cymeriad. Cyfeiriwyd ar y naill law at boblogrwydd actio comedi, ac ar y llaw arall at ddiffygion actorion a ymgymerai â rhannau difrifol mewn golygfeydd dwys. Yr oedd tuedd i droi golygfa gomedi yn efelychiad o'r *music hall*, tra oedd eiliadau dwys yn cael eu gor-ddwysáu, gan beri chwerthin ymhlith y gynulleidfa.

Ceir sylwadau diddorol yn y feirniadaeth ar ragoriaeth setiau paentiedig lle 'roedd artist o safon ar gael', ond cafwyd ymdrechion di-chwaeth gan gwmnïau llai ffodus. Cafwyd sylwadau hefyd ar ddiffyg gofal wrth ddefnyddio coluro addas i oedrannu cymeriad, gwendid mewn goleuo priodol i olygfeydd, a diffyg gofal ymhlith actorion wrth fynd a dod i'r llwyfan.

Mae'n sicr y bu cynnwys y gyfrol fach hon yn ei chyfnod yn werthfawr tu hwnt i aelodau cwmnïau drama amatur, yn gynhyrchwyr, yn actorion ac yn dechnegwyr, heb sôn am ddramodwyr. Rhoddodd y beirniaid gyngor ar gyfer y dyfodol, o safbwynt y dewis o ddramâu o safon i'w perfformio yn y gystadleuaeth hon, gan fod nifer o'r rhai a ddewisiwyd ar gyfer 1915 yn rhai 'salw'. Pwysleisiwyd bod y dewis hyd yn hyn braidd yn gyfyng a bod nifer o'r rhai oedd ar gael yn ddramâu hanesyddol, a olygai gryn nifer o actorion i'w perfformio, a'u bod yn galw am gryn lawer o wisgoedd, offer a setiau amrywiol i'w llwyfannu. Teimlai'r beirniaid fod nifer o'r dramâu hanesyddol hynny yn hollol ddi-werth. Awgrymodd y beirniaid mai 'dramawd yn galw am nifer fechan o olygfeydd sydd fwyaf cymwys i angen Cymru, yn enwedig ar hyn o bryd.'

Ar ôl sefydlu'r gystadleuaeth perfformio drama am y tro cyntaf yn Eisteddfod Genedlaethol Bangor yn 1915, penderfynwyd cynnig yr un gystadleuaeth yn Eisteddfod Môn, a mabwysiadodd pwyllgor Eisteddfod Genedlaethol Aberystwyth yr un cynllun wedi hynny. O'r hedyn yma gwelwyd cynnydd yn y nifer o gwmnïau drama a sefydlwyd mewn trefi a phentrefi a chymoedd trwy'r wlad. O ganlyniad i'r gystadleuaeth hon dyfynnodd T. J. Williams, ar derfyn ei gyfrol, eiriau o ysgrif gan Owen M. Edwards ar y ddrama yn y cylchgrawn *Cymru*: 'Llenyddiaeth helaethrwydd bywyd, llenyddiaeth y cyfnod pan mae dyn yn ddyn, a'i brofiad yn wirioneddol ac eang, yw'r ddrama. Dyma lenyddiaeth cyfnod cyfoethocaf a mwyaf amrywiol bywyd ... Wedi cyfnod aeddfedrwydd a'r ddrama, dechreua cyfnodau henaint a methiant.'

ADFYWIAD WEDI'R RHYFEL

Cyn gynted ag y daeth y Rhyfel Byd Cyntaf i ben yn 1918, ysgubodd yr awydd am sefydlu cwmnïau drama fel tân gwyllt trwy bentrefi a dyffrynnoedd Cymru. Bu perfformio drama'n ffordd hwylus i eglwysi gael arian ar gyfer achos teilwng, a gwelwyd bellach fod codi cwmni i berfformio yn costio llai ac yn gwneud mwy o elw na thalu costau cantorion i gynnal cyngerdd.

Croesawyd y theatr wrthodedig gynt fel cyfrwng teilwng ond, er hynny, yr oedd yr hen ragfarn yn erbyn perfformio dramâu yn dal yn y tir. Perfformiwyd *Ephraim Harris* (D. T. Davies) gan gwmni enwog Dan Matthews, Pontarddulais yn Eisteddfod Genedlaethol Caernarfon yn 1921. Ar derfyn y perfformiad taranodd y Parchedig John Williams, Brynsiencyn, gan felltithio'r ddrama am fod plentyn siawns ynddi, er nad oedd mewn gwirionedd. Eithriad oedd pentref heb ei gwmni drama, ac mewn llawer ardal gellid rhifo'r cwmnïau yno trwy gyfri'r nifer o gapeli.

Un o'r nodweddion mwyaf diddorol yn nhwf y theatr amatur wedi'r Rhyfel Byd Cyntaf oedd datblygiad y cwmnïau amatur teithiol. Yr oedd rhai o faint sylweddol, a theithient o gwmpas Cymru, weithiau'n perfformio'r un ddrama ddau neu dri chant o weithiau. Tarddent o weithgareddau ymylol capeli ac eglwysi, cymdeithasau llenyddol, a chynulliadau Cymraeg pentrefol a threfol. Yr oedd dylanwad rhai o'r cwmnïau hyn yn allweddol yn natblygiad safonau amaturiaeth y cyfnod, ac yn fodd i ledaenu poblogrwydd y ddrama. Ond mewn ysgrif yn *Y Brython* (1922) rhybuddiodd Saunders Lewis: 'Chwareuir cymaint ar ddramâu hen nes syrffedu cynulleidfaoedd.'

Aeth pawb ati â'r ddawn i lunio drama, ond dyrnaid bach a gynhyrchodd waith crefftus a pharhaol ac ychydig a gymerai'r grefft o ddifri.

GENI GŴYL DDRAMA ABERTAWE, 1919

Wedi i Howard de Walden gychwyn ei grwsâd dros y theatr Gymraeg yng Ngŵyl Ddrama Caerdydd yn 1914, aeth y ffilanthropydd hwnnw ar ymweliad ag Abertawe er mwyn ysbarduno'r dref a'r cylch i fentro ar ŵyl ddrama gyffelyb. Bu prysurdeb theatrig yn yr ardal honno ers cyn troad y ganrif gydag actorion fel D. Clydach Thomas yn ysbrydoli actorion mewn llawer pentref ac ardal i fentro i'r llwyfan amatur. Mae Llew Owain yn cyfeirio at ansawdd perfformio Cymdeithas Ddrama

Abertawe yn y dau ddegau, ac i lu o bobl dyrru o bellteroedd i weld cynyrchiadau'r cwmni hwnnw. Mae'n cyfeirio at safon yr actio'n benodol, fel esiampl i'r mudiad amatur yng Nghymru.

Gwelwyd twf yr wythnos ddrama yn ystod dau ddegau'r ugeinfed ganrif ac un o'r canolfannau cynharaf a'r mwyaf llwyddiannus oedd honno a sefydlwyd gan y Gymdeithas Ddrama yn Abertawe.

Agorwyd Theatr y Grand yn y dref gan Madame Adelina Patti yn 1897, theatr oedd i dyfu'n gartref i ddrama Gymraeg yr ardal am lawer blwyddyn i ddod. Dechreuodd Gŵyl Ddrama Abertawe yn Albert Hall y dref ym mis Hydref 1919. Amcan y Gymdeithas oedd 'hyrwyddo yng nghylch Abertawe, mudiad y ddrama Gymraeg, y Ddrama, ac y mae'r iaith Gymraeg yn gyfrwng mynegiant iddi'. Gwelwyd saith cwmni ar y llwyfan yr wythnos honno, cwmnïau o Bontarddulais, Llanelli, Gwauncaegurwen, a Threforys. Perfformiwyd rhai o'r hen ffefrynnau o ddechrau'r ganrif ar y llwyfan, dramâu fel *Asgre Lân*, *Noson o Farrug*, *Y Pwyllgor* ac *Ar y Groesffordd*. Cafwyd bod yr Albert Hall, a ddaliai tua thair mil o bobl, yn llawn bob nos o'r wythnos gychwynnol honno. Yr oedd de Walden yno yn y gynulleidfa ac mae'n debyg iddo gael ei blesio. Gwobrwywyd cwmni Dan Matthews am gyflwyno'r ddrama *Ephraim Harris* (D. T. Davies). Saunders Lewis adolygodd y perfformiad yn y *Cambrian Daily Leader*. Dywedodd yn ddiweddarach iddo sylweddoli bod y ddrama Gymraeg 'wedi dod i'w hoed', er nad oedd yn hapus ynghylch safon y perffformio.

Yn sgil llwyddiant lleol yr ŵyl gyntaf hon yn 1919, sefydlwyd cymdeithas i hyrwyddo'r ddrama yn Abertawe a'r cylch, ac o'r dechrau yr oedd egwyddorion y sylfaenwyr yn gadarn o blaid y Gymraeg fel iaith y llwyfan, ac nad oedd cystadlu'n ganolog i'w hymdrechion. Yn ystod y blynyddoedd i ddod byddai gŵyl perfformio dramâu o safon yn allweddol i lwyddiant Cymdeithas Ddrama Abertawe. Anelwyd at lwyfannu o safon broffesiynol yng ngwir ystyr y gair a bu hyn yn ysbrydoliaeth i actorion a chynhyrchwyr yr ardal. Daliodd yr ŵyl hon yn Abertawe yn ei bri dros y blynyddoedd wrth iddi symud o'r Albert Hall i'r Central Hall, yna i'r Llewelyn Hall, ac yn 1923 i Theatr y Grand lle'r ymgartrefodd am amser hir.

Yn adroddiad y Bwrdd Addysg yn 1921, 'The Drama in Adult Education', cyfeiriwyd yn neilltuol at gyfraniad Cymdeithas y Ddrama Gymraeg, Abertawe, i'r theatr Gymraeg: 'There is no Welsh theatre like the Abbey Theatre of the Irish Drama; the nearest approach to this is the successful experiment made by the Swansea Society during the last three years to give a week's performance of new Welsh plays.'

Yn 1923 llwyddwyd i sicrhau chwaraedy'r Grand yn Abertawe i berfformio'r dramâu a dyfodd yn ffefrynnau, fel *Castell Martin* (D. T. Davies), *Y Ddraenen Wen* (R. G. Berry), *Beddau'r Proffwydi* (W. J. Gruffydd) a *Ffrois* (D. T. Davies). Cafwyd ymateb pellach gan yr adolygydd Saunders Lewis: 'Un lles a all ddyfod o'r wythnos ddrama hon yn Abertawe yw dangos nad cystadlu yw unig amcan celfyddyd, eithr ymroi yn dawel i ddehongli gwaith awdur er ei fwyn ei hun ac er mwyn pleser pur y gynulleidfa.'

Yn 1926 cynhaliwyd yr Eisteddfod Genedlaethol yn Abertawe a defnyddiwyd y Grand fel canolfan berfformio. Uchafbwynt arlwy'r theatr yr wythnos honno oedd y gystadleuaeth fawr ar y ddrama *Pelenni Pitar* rhwng cwmnïau o Aberaeron a Phont-rhyd-y-fen. Yn ogystal â hynny, gwahoddwyd y Gymdeithas Ddrama yn Abertawe i berfformio tair drama yn yr ŵyl: *Ffon Dafl* (J. Ellis Williams), *Ffordd yr Holl Ddaear* (J. O. Francis) a *Tuag Adref* (K. E. Roberts).

Yn y gyfrol *Llwyfannau Lleol* mae Hywel Teifi Edwards yn olrhain hynt yr ŵyl arbennig hon, ac yn clustnodi rhai o uchafbwyntiau'r perfformio gan gynnwys rhybuddion gwŷr amlwg y ddrama Gymraeg, a gyfrannodd sylwadau yn rhaglenni'r ŵyl, am y pwysigrwydd o gynnal a chodi safon wrth ddewis dramâu ac wrth eu hactio a'u cynhyrchu. Wedi'r Ail Ryfel Byd, dychwelodd nifer o Gymry Cymraeg gyda phrofiad helaeth o gynhyrchu sioeau llwyfan yn y fyddin, gan gynnwys y gŵr dawnus W. Emlyn James. Adfywiodd y ddrama yn ei ddwylo ef yn Abertawe a llwyddodd i wireddu breuddwyd o gael gweithdy at wasanaeth y gymdeithas ddrama a'r llu o actorion a thechnegwyr a ffynnai mewn cwmnïau bychain lleol yn y dref a'i chyffiniau. Yn y gweithdy hwnnw ymgasglai gwirfoddolwyr o'r gwahanol gwmnïau lleol i adeiladu setiau ac i wneud gwisgoedd ar gyfer perfformiadau yn yr ŵyl flynyddol. Yno y dyfeisiwyd y *mise en scène* ar gyfer dramâu mor amrywiol â *Noah, Y Wrach, St Joan, Blodeuwedd* a *Hen Ŵr y Mynydd.*

YMWYBYDDIAETH GENEDLAETHOL A'R THEATR

Wrth i'r ddrama amatur Gymraeg ddechrau aeddfedu yn negau a dau ddegau'r ganrif ac wrth i ryw ysbryd o ymwybyddiaeth genedlaethol dyfu ymhlith pobl, ac wrth i'r brifysgol hithau ddylanwadu trwy ffrydiau o fyfyrwyr, ar ddiwylliant yn gyffredinol, yr oedd rhai o arloeswyr y theatr Gymraeg yn ymwybodol bod datblygiad aruthrol bwysig o safbwynt y theatr wedi digwydd eisoes yn Iwerddon. Yn sgil yr ymgyrch at annibyniaeth wleidyddol yn Iwerddon gosododd theatr y wlad honno esiampl wrth i ymdrechion Yeats a Lady Gregory, y Brodyr Fay a'r ffilanthropydd Miss Horniman, flodeuo yn Theatr yr Abaty yn Nulyn yn 1904. Yr oedd hwnnw'n batrwm i unrhyw wlad fach, ond yn batrwm a seiliwyd ar draddodiad theatrig, er yn Seisnig, ac ar ymdrechion gwleidyddol a brwdfrydedd dynion a gwragedd o weledigaeth ac ysbryd cryf iawn. Nid oedd amgylchiadau na hinsawdd cyffelyb yn bod yng Nghymru, er i gryn dipyn o weithgaredd theatrig amatur ymddangos erbyn 1914, ac i rai pobl frwdfrydig leisio eu cefnogaeth i'r ddrama a'r theatr yng Nghymru.

Roedd hefyd wŷr ymarferol wrth y llyw, yn actorion ac yn gynhyrchwyr. Yn y gogledd gwelwyd Gwynfor (T. O. Jones) ar lwyfannau, yntau'n fawr ei ddylanwad yn y cyfnod fel actor a dramodydd, dynwaredwr, cynhyrchydd a beirniad. Yn 1902 ef a sefydlodd Gwmni Drama'r Ddraig Goch yng Nghaernarfon. Actiodd y cymeriad Huw Bennett yn y ddrama *Beddau'r Proffwydi* (W. J. Gruffydd) ac ystyrid ei berfformiad yn un o gampweithiau llwyfan ei ddydd. Yn 1903 gwelwyd ef ar lwyfan y Guild Hall yng Nghaernarfon yn chwarae cymeriad y tywysog Llewelyn yn nrama Beriah Gwynfe Evans, *Llewelyn ein Llyw Olaf*. Ymddangosodd drachefn yn Eisteddfod Genedlaethol Caernarfon 1906 yn y brif ran yn nrama Beriah, *Caradog, Pendragon Prydain*. Yn ystod wythnos yr arwisgiad yng Nghaernarfon yn 1911, roedd Gwynfor ar y llwyfan yn y brif ran yn nrama Beriah Gwynfe Evans, *Glyndŵr, Tywysog Cymru*. Perfformiwyd hi ym mhafiliwn yr Eisteddfod, ac yna yn y castell. Cymerodd Gwynfor ran Huw Bennett yn *Beddau'r Proffwydi*, pan enillodd Cwmni Drama'r Ddraig Goch, Caernarfon, yn y gystadleuaeth perfformio drama am y tro cyntaf yn Eisteddfod Bangor 1915. Ceir llun o'r cwmni cyfan yn eu gwisgoedd llwyfan yng nghyfrol Hywel Teifi Edwards, *Codi'r Llen*, a Gwynfor yntau'n eistedd yn y rhes flaen ar y chwith. Yn Eisteddfod Genedlaethol Caergybi 1927 cymerodd Gwynfor ran yr Esgob Niclas yn *Yr Ymhonwyr*, cyfieithiad o waith Ibsen, a gynhyrchwyd gan Theodore Komisarzersky. Yn ne Cymru bu Dan Matthews o Bontarddulais yn fawr ei ddylanwad, yn gynhyrchydd ac yn actor carismatig. Gwreiddiwyd ei dechneg yng nghyfnod y felodrama. Dechreuodd yn wreiddiol fel actor gyda Chwmni'r Wesle Fach, Pontarddulais, a sefydlwyd yn 1901. Ceir llun o'r cwmni yn *Codi'r Llen*, yn eu perfformiad o *Jack, y Bachgen Drwg*, a Dan Matthews ei hun yn actio rhan Jack. Yr oedd Matthews yn actio ac yn cynhyrchu dramâu yn 1919 pan wobrwywyd ei gwmni am berfformio *Ephraim Harris*, yng ngŵyl ddrama gyntaf Abertawe. Barn Saunders Lewis, wrth adolygu perfformiad cwmni Dan, oedd 'efficient' a 'deliberate'. Mae'n debyg fod ganddo'r ddawn fel actor i gyfareddu cynulleidfa heb gyflawni ond y manion lleiaf. Meddai Emrys Cleaver amdano:

Fel actor â'i gorff lluniaidd, ei wyneb a'i lygaid treiddgar, ei ysgogiadau nodweddiadol, roedd yn artist o'i gorun i'w sawdl. Yn wir, Dan Matthews ei hun oedd y ddrama. Welwyd neb perffeithiach erioed yn ei ysgogiadau – dod i mewn i'r 'gegin', tynnu ei gôt a'i hongian y tu ôl i'r drws, cerdded ar draws y llwyfan, eistedd yn y gadair o flaen y tân, tynnu ei esgidiau, cymryd ei bibell, a'i faco, oddi ar y mantell a'i gynneu. Creadigaeth.

Roedd Dan Matthews yn dal i actio ar lwyfan yn 1958. Bu farw dair blynedd wedi hynny, ar ôl iddo berfformio am drigain mlynedd. Mae'n debyg i gwmni drama Dan Matthews ysbrydoli llawer o gwmnïau amatur dros y blynyddoedd, gan gynnwys actorion a chynhyrchwyr o'u plith. Yn ystod y dau ddegau gwelwyd cynnydd ym mhrofiad actorion wrth iddynt gael y cyfle i berfformio mewn gwyliau cyson a theithiau ysbeidiol. O safbwynt safon y perfformio, roedd sylwadau'r beirniaid, T. Gwynn Jones a J. O. Francis, yn glodfawr ac yn adeiladol yng nghystadleuaeth perfformio drama Eisteddfod Genedlaethol Y Barri 1920. Cwmni Dan Matthews, Pontarddulais enillodd y wobr o bum punt a deugain, am gyflwyno *Ephraim Harris*. Dyma rai o sylwadau'r beirniaid: 'Nid oedd un safiad na chyd-leoliad trwsgl yn yr holl chware – Siaradai'r cymeriadau yn glir a chroew; dangoswyd dawn at greu awyrgylch, cadwyd hynny i'r diwedd ... teimlid fod nwyd yn y chwarae, a honno'n onest ... Cawsom yn sicr ddehongliad gwych o'r ddrama, gwaith difrif a glân, gonest a dyrchafedig.'

LLWYFAN CYMRAEG Y TU ALLAN I GYMRU

Tuag 1923 trefnodd Undeb y Cymdeithasau Diwylliant Cymreig yn Llundain gystadleuaeth perfformio drama am darian arian a gynigiwyd gan Syr William Price. Bu cystadleuaeth frwd amdani rhwng cwmnïau drama eglwysi Cymraeg Llundain, a pharhaodd y cystadlu a'r brwdfrydedd yma am flynyddoedd i ddod. I ddechrau, tri neu bedwar cwmni oedd yn cystadlu, a Chwmni King's Cross enillodd am y tair blynedd gyntaf. Yn 1926 Cwmni Eglwys Dewi Sant a orfu ac yn 1927 gwelwyd Cwmni King's Cross yn ymgiprys â *Pobl yr Ymylon* (Idwal Jones). Canmolodd adolygydd yn y cylchgrawn *Llwyfan* waith *ensemble* y cwmni hwnnw, y gwaith tîm ardderchog a gafwyd, y gwaith graenus wrth gymeriadu, a'r awyrgylch hyfryd wrth lwyfannu.

Yn y cyfnod hwn ymddangosodd Cwmni King's Cross yn yr Eisteddfod Genedlaethol, a llwyddo i gyrraedd y llwyfan ym Mhwllheli. Trwy wahoddiad yr Undeb aeth rhai cwmnïau o Gymru, fel Cwmni Trecynon, i berfformio yn Llundain. Cafodd cwmnïau drama Llundain lwyddiant cyson mewn lliaws o eisteddfodau cenedlaethol yn ystod yr ugeinfed ganrif, a chynhalient safonau uchel o lwyfannu ac o berfformio. Gwelodd beirniaid cystadlaethau perfformio'r Eisteddfod ôl crefft a safon broffesiynol yn yr actio, y cyfarwyddo ac elfennau technegol y cwmnïau a ddeuai o'r brifddinas honno. Rhwng y ddau Ryfel Byd gwelwyd brwdfrydedd mawr ym mudiad y ddrama Gymraeg mewn dinasoedd eraill y tu allan i Gymru. Roedd dau ddeg naw o gwmnïau drama Cymraeg yn gysylltiedig ag eglwysi yn Lerpwl, cwmnïau a ddeuai'n gyson i berfformio yng ngogledd Cymru, ac a groesawai gwmnïau o Gymru i'w neuaddau a'u festrïoedd hwy.

13 Y perfformiwr a her naturiolaeth

REALAETH AR LWYFAN WEDI'R RHYFEL BYD A'R
ADWAITH YN EI HERBYN

Yn Eisteddfod Bangor 1915 pryderai'r beirniaid ynghylch y duedd at or-realaeth ar lwyfan. Achwynent am y duedd i bortreadu cymeriadau 'pwdr a llygredig'. A oedd angen, meddent, i bortreadu blaenoriaid diegwyddor mewn drama? Gobaith y beirniaid oedd gweld cymeriadau 'moesol a chywir' ar lwyfan, cymeriadau a sefyllfaoedd a fyddai, i gynulleidfa, yn dyrchafu bywyd. Er i'r ddrama realistig dyfu'n fwy poblogaidd ar ôl y rhyfel nes cyrraedd ei hanterth ar ddechrau'r tri degau, ni chynhyrchodd fawr ddim parhaol ar lwyfannau Cymru o safbwynt gwreiddioldeb a gweledigaeth ddofn o fywyd. Gresynodd Saunders Lewis yn arw at y ffaith fod dramodwyr Cymraeg y cyfnod yn troi at elfennau arwynebol yn eu gweledigaeth realistig o fywyd. Meddai Lewis yn y *Cambrian Daily Leader*, 1918:

> daeth y ddrama nid yn gymaint am fod arnynt awydd am ffurf newydd ar gelfyddyd a mynegiant ag am fod arnynt gyfrwng newydd y gallent drwyddo gyhoeddi eu diffyg amynedd a'u diflastod at anweddeidd-dra ein cyfnod ni ... yr un gri am garthu'r bywyd crefyddol, yr un atgasedd at ragrith, yr un adyn, yr un plot. Rhinweddau dadl yw'r elfennau amlycaf. Â chlyfrwch eu heirio enillasant eu hachos. Ond yn y theatr gellwch ennill eich achos a cholli eich drama.

Yn sgil dylanwad Ibsen roedd dweud fel hyn yn ergyd sylweddol i'r sawl â'u bryd ar ysgrifennu ar gyfer y llwyfan gan ddehongli bywyd, yn eu tyb hwy, mewn modd realistig. Ateb Saunders Lewis i gyflwr y ddrama Gymraeg ar ôl y Rhyfel Byd Cyntaf oedd llesteirio'r dylanwad Ibsenaidd ac atgoffa'r dramodwyr fod yna elfennau traddodiadol cyfoethog yn y bywyd Cymreig, bod yna lawenydd a bod yna gomedi i'w ddatgelu yng nghyflwr dyn, boed mewn bwthyn neu mewn plasty. Roedd ganddo hefyd awgrymiadau ar gyfer y math o theatr yr hoffai ei gweld fel cartref i'r ddrama Gymraeg. Gwelai hen ffermdy heb seddau sefydlog ynddi, llwyfan isel a fyddai'n gymorth i gysylltu actor a chynulleidfa, goleuo syml heb drafferthu am gysgodion ar wynebau perfformwyr. Yn y theatr honno, 'dawn bennaf actio,' meddai, 'yw ystum rhythmig a llefaru cain.' Gyda theatr foel fel hon, awgrymodd Saunders Lewis i'r darpar ddramodydd a fentrai ysgrifennu ar ei chyfer: 'oni bo gan ŵr saernïaeth gain nid oes ganddo ddrama, ac oni bo gan ŵr iaith firain, rymus, breifat iddo'i hun, nid oes ganddo lenyddiaeth.' Awgrymodd hefyd nad oedd gwir angen darganfod deunydd dramâu o'r cyffro yn nigwyddiadau'r dydd 'ag amser a thragwyddoldeb a nefoedd a daear ac uffern ganddo i'w treisio'. Mae arwyddion pendant yn y geiriau hyn i Saunders Lewis gael ei ysbrydoli gan ymdrechion y dramodwyr Gwyddelig fel W. B. Yeats a Lady Gregory i sefydlu dramâu mydryddol, ac i sefydlu theatr bwrpasol i berfformio'r deunydd symbolaidd hwnnw.

Yn *The Welsh Outlook*, 1919, trafododd Saunders Lewis yn rymus sefyllfa'r ddrama a'r theatr Gymraeg yn ei ysgrif 'The Present State of Welsh Drama'. Ymhlith y syniadau a wyntyllwyd ganddo, ceir ei ddisgrifiad o'i theatr ddelfrydol. Roedd am weld theatr syml, ac ynddi fath neilltuol o lwyfan: 'The stage would not be raised, or only a step at most; for to raise your stage is to raise your players and to change their neighbourhood and inspiration.'

Mewn cyfarfod ym Mangor i drafod y mudiad drama yng

Nghymru yn 1921, traddododd Saunders Lewis ei farn fod dylanwad y ddrama Ibsenaidd trwy gyfieithiadau Saesneg, yn rhannol gyfrifol am gyflwr y theatr Gymraeg ar y pryd.

Yn y *Western Mail* dywedwyd: 'The same English influence had determined the acting and all the appurtenances of the stage in Welsh drama companies, who were imitating the English without sufficient money to do it well. As a remedy Mr Lewis suggested the revision to simpler open-air dramas and eighteenth century plays.' Yn yr un cyfarfod awgrymodd Lewis y dylid ffurfio cwmni dwyieithog i deithio mannau fel Caerdydd, Manceinion a Lerpwl, er mwyn talu costau teithio cynyrchiadau mewn pentrefi a threfi yng Nghymru. Roedd Kate Roberts yn yr un cyfarfod, hithau'n awgrymu sefydlu dosbarthiadau trwy Gymru er mwyn astudio drama fel llenyddiaeth, a'r pwysigrwydd o gyfieithu dramâu o ieithoedd eraill i'r Gymraeg er mwyn dod yn 'gyfarwydd â'u syniadau'.

Wrth i hualau realaeth gydio fwyfwy yn yr ysgrifennu a'r llwyfannu yn ystod y dau ddegau, adweithiodd rhai yn erbyn tafodiaith ar lwyfan. Pan gyfieithwyd dramâu gwŷr fel Ibsen i'r Gymraeg, yr iaith lenyddol lithrig a ddefnyddiwyd. Mae *Tŷ Dol* (cyfieithiad Ifor Williams) a *Dychweledigion* (T. Gwynn Jones) yn dyst i hyn. Gochelai dramodwyr fel R. G. Berry rhag defnyddio tafodiaith wrth ymdrin yn synhwyrus â'r byd gwleidyddol yn ei ddrama *Y Ddraenen Wen*, ac ynddi llwyddodd i gyfansoddi drama lwyfan effeithiol heb argoel o dafodiaith. Ymgais i osgoi hualau tafodiaith oedd *Gwaed yr Uchelwyr* (Saunders Lewis) yn 1922, oherwydd yn y ddrama honno mae'r dramodydd yn portreadu preswylwyr yng Nghymru nad oeddynt yn daeogion nac yn dyddynwyr. Meddai W. J. Gruffydd am y ddrama: 'Yr hyn sy'n newydd ynddi ydyw'r ymgais i adael hen draddodiadau llwm a threuliedig "cegin fferm". Nid tyddynwyr a thaeogion ydyw holl breswylwyr Cymru, a cham-gynrychioli'r wlad yw rhygnu drachefn a thrachefn ar dannau'r rhinweddau gwerinol.'

Y LLWYFAN NATURIOLAIDD O'R DAU DDEGAU YMLAEN

Yn y bennod 'Antur y Ddrama' yn y gyfrol *Storïau'r Henllys Fawr*, ceir disgrifiad byw a choeglyd o nodweddion perfformiad pentrefol gan gwmni lleol amatur. Disgrifir nodweddion drama Gymraeg gan y cymeriad 'fy nghyfaill Williams', a deuir at uchafbwynt perfformiad ohoni ar lwyfan, fel y gwelwyd trwy ddychymyg yr awdur:

> Dyna'r gloch yn canu ... a'r cyrten yn agor. Darganfod beili tew, trwyngoch yn chwyrnu yn y gadair freichiau o flaen y tân, potel chwisgi wag yn stocio allan o boced ei gôt – yr hen gwpwl yn wylo wrth y bwrdd – y gweinidog yn cysuro'r ferch ar y setl – y gath yn 'molchi o dan dreser. Ust! Dyna gnoc ar y drws. Pwy sy yna? Diolch byth! John, y mab afradlon, wedi dwad adra o Clondeic – het silc, gwasgod wen, giard aur a spats. Bwrw trem dros yr olygfa – 'Be' dâl peth fel hyn?' – rhoi'r het silc ar y gadair – cic i'r gath – bwrw'r beili allan trwy'r ffenast – cofleidio'r hen gwpwl – cusan i'w chwaer, a sigâr i'r gweinidog – y cyrtan yn cau yng nghanol taranau o gymeradwyaeth.

Adlewyrchai'r math yma o ddisgrifiad dychmygus yr elfennau a oedd yn nodweddiadol ddigon o gampau theatr y felodrama ers ei chychwyn yn y ganrif flaenorol. Adlewyrchai hefyd rai o ddramâu'r cyfnod wedi'r Rhyfel Byd Cyntaf. Ni raid ond edrych ar gynnwys y ddrama *Llanbrynmair* (Rhys Evans), a fu'n fuddugol yn Eisteddfod Genedlaethol 1922, i ddarganfod nodweddion amlwg disgrifiad 'fy nghyfaill Williams'. Ceir darlun gweddol glir o fframwaith naturiolaidd theatr Gymraeg y cyfnod wrth ystyried cyfarwyddiadau llwyfan y llu o ddramâu a gyhoeddwyd yn ystod chwarter cyntaf yr ugeinfed ganrif. Yng nghyfarwyddiadau llwyfan y dramâu hyn adlewyrchir ffrâm bictiwr y theatr naturiolaidd fel yr ymddangosai'n gyffredinol trwy Ewrop.

Yn y nodiadau ar gyfer llwyfannu *Beddau'r Proffwydi* (W. J. Gruffydd), 1913, disgrifir cynnwys y set yn yr act gyntaf:

> Cegin y Sgellog Fawr tuag wyth o'r gloch y nos, yn nechrau mis Tachwedd, rhyw ugain mlynedd yn ôl. Nid yw'r canhwyllau wedi eu goleu eto, ond teifl y tân wawr gynnes tros yr ystafell. Ar y llaw dde mae tân, tân coed isel yn llosgi'n ffyrnig. Ar y llawr o'i gylch, ar y pentanau, ac yn crogi ar gadwyni, mae crochanau a llestri o'r fath. Nid oes yma ffender o gwbl, heblaw'r hen Bero, y ci, sy'n gorwedd ar ei hyd ar yr aelwyd. Wrth y tân, ac yn ein hwynebu, y mae setl dderw.

Yn y darlun hwn o'r llwyfan ceir bwrdd crwn o flaen y tân, a bwrdd mawr o flaen y ffenestr sydd ym mhen draw'r ystafell, ac arno ystenau, dysglau, platiau a chyllyll. Ar ochr chwith y ffenestr mae cwpwrdd tridarn. Ar yr ochr chwith yn nes atom (sef y gynulleidfa) mae'r prif ddrws yn arwain i ffrynt y tŷ. Mae drws arall tu ôl i'r setl yn agored i'r tŷ llaeth ac i ddrws y cefn. Ceir cadeiriau derw yma ac acw ar hyd yr ystafell.

Yna mae'r cyfarwyddiadau yn crisialu'r pictiwr realistig: 'Mewn byr eiriau, gellir dweud bod y gegin yr un fath â phob cegin arall yn sir Gaernarfon – neu yn sir Fynwy – yng nghartre'r amaethwyr hynny sy dipyn cyfoethocach na thyddynwyr, ac eto heb ddyfod yn agos i ardderchowgrwydd ffermwyr mawr sir Fôn a Bro Morgannwg.'

Ni raid ond edrych ar gyfarwyddiadau manwl dramâu Ibsen i ddarganfod tarddiad y driniaeth hon. Yr hyn sy'n amlwg yw manylder y disgrifiad, darlun sy'n ceisio adlewyrchu holl gynnwys cegin Gymreig. I'r dramodydd, dyma oedd confensiwn y ddrama realistig. I'r cynhyrchydd a'i gynllunydd, a ddehonglai'r ddrama o fewn ffrâm y llwyfan, yr oedd hyn yn sialens ddigon cyffredin yn nramâu'r cyfnod. Yr oedd actorion y dydd yn gyfarwydd â'r gorlwyth o ddodrefn, gorlwyth a gyfyngid i lwyfan cwta festri capel neu bentref, gorlwyth a gyfyngai ar unrhyw fath o symud ac ystum naturiol ar ran yr actorion eu hunain. I'r gynulleidfa, roedd y darlun a welent ar lwyfan yn ddigon derbyniol am ei fod yn cyfateb i amgylchfyd eu cartrefi.

Parhaodd y confensiwn hwn ymhell trwy flynyddoedd yr ugeinfed ganrif. Gellir nodi, er enghraifft, gyfarwyddiadau Idwal Jones i ail act *Pobl yr Ymylon*:

> Edrychir i mewn i'r ystafell drwy fur y lle tân, ac felly rhaid awgrymu lle tân, pentanau, etc, ym mhen blaen y llwyfan. Dodrefnir yn y dull cyffredin. Y mae sciw ar yr ochr chwith i'r lle tân, a chadeiriau oddiamgylch iddo. Pan gyfyd y llen mae bwrdd yn cael ei arlwyo ychydig i'r chwith o ganol y llwyfan. Dau ddrws sydd i'r ystafell, un i'r chwith, ym mur y cefn, ac un tua phen pellaf y mur ar yr ochr dde. Arwain y cyntaf i mewn i'r tŷ, ac arwain yr olaf allan drwy borth bychan i'r buarth.

Yma eto mae'r manylion yn adlewyrchu sefyllfa realistig, gan ddarlunio ystafell ddomestig. Ceir awgrym yn narlun y llwyfan o ddaearyddiaeth gweddill y tŷ a'r cyffiniau. Ond mae Idwal Jones yn mynd gam ymhellach ac yn hytrach na pheri i'r gynulleidfa weld yr ystafell o'r ongl arferol, gyda'r tân yn ddestlus yng nghefn y darlun, gwelwn yr ystafell drwy wal y lle tân. Yr oedd hyn, o leiaf, yn dangos rhywfaint o ddychymyg, ac yn gosod sialens i'r cynllunydd a'r cyfarwyddwr. I unrhyw gwmni pentrefol neu drefol o'r cyfnod, yr oedd llawer o'r dramâu realistig hyn yn galw am gryn lawer o adnoddau saernïol er mwyn creu'r awyrgylch priodol, yn enwedig pan oedd galw am newid y set yn gyson. Yn y ddrama *Pobl yr Ymylon*, er enghraifft, lleolid yr act gyntaf mewn ysgubor fferm, yr ail act yng nghegin y fferm, y drydedd tu allan i Gapel Bethlehem, a'r act olaf drachefn yn y gegin. I bob un o'r setiau hyn yr oedd galw am gefnlenni, neu fflatiau, am ddodrefnu neilltuol, ac am offer priodol, ac i bob un yr oedd angen gwahanol effeithiau goleuo. I gwmnïau pentrefol yr oedd galw am gryn ddyfeisgarwch gan y crefftwyr lleol, yn enwedig pan oedd llawer o'r llwyfannau mor gyfyng.

Yn ychwanegol at hyn, teithiai cwmnïau o le i le gyda'u cynyrchiadau, a chludent eu setiau, eu dodrefn, eu hoffer a'u gwisgoedd gyda nhw. Ar brydiau dibynnent ar haelioni trigolion lleol i fenthyg dodrefn ac offer er mwyn arbed teithio'n orlwythog. Mae gan J. Ellis Williams yn ei gyfrol *Inc yn fy Ngwaed* ddisgrifiadau lliwgar o'r arferion hyn yn nau a thri degau'r ugeinfed ganrif.

CWMNI DRAMA CENEDLAETHOL, 1921

Yn 1921 cynigiodd Cymrodorion Caerdydd wobr o ganpunt am ddrama Gymraeg. Y beirniad oedd W. Llewelyn Williams, a dyfarnodd hanner canpunt i D. T. Davies am ei ddrama *Branwen*. Yr un flwyddyn sefydlodd Cymrodorion y dref honno 'Gwmni Drama Cenedlaethol' a'u hamcanion yn llawn addewidion rhwysgfawr:

> Y mae'r cwmni drama newydd i fod ar seiliau na chafwyd dim tebyg iddo yng Nghymru o'r blaen, oblegid, golygant iddo fod yn sefydliad ehangach a mwy parhaol na dim a fu hyd yn hyn ynglŷn â'r Ddrama Gymraeg. Ceir ugeiniau o gwmnioedd drwy Gymru i gyd eisoes, ac nid yw ym mwriad y Cymrodorion niweidio'r un ohonynt wrth geisio sefydlu Chwaraedy Cenedlaethol yng Nghaerdydd, eithr golygir i'r chwaraedy yma gydweithio â'r cwmnioedd sydd ar wasgar drwy Gymru ac i fod o gymorth iddynt, a bydd ei lwyddiant yntau'n ymddibynnu i raddau helaeth iawn ar gydweithrediad cwmnioedd y pentrefi.

Y bwriad oedd sefydlu cwmni a theatr ar linellau Theatr yr Abaty yn Nulyn. Rhoddodd Saunders Lewis ei fendith i'r fenter gan mai amcan y cwmni oedd denu cymwynaswyr y ddrama Gymraeg i'w chefnogi er mwyn hybu safon dramâu a gwella dulliau o drefnu a chyflwyno theatraidd. Yng ngeiriau Saunders Lewis: 'mae'r cwmni hwn bellach yn gyflawn. Un o amcanion y cwmni hwn oedd denu ato nifer o gymwynaswyr y ddrama Gymraeg er ceisio codi safon y math hwn ar lenyddiaeth, a gwella hefyd ar ddulliau trefnu a chyflwyno dramâu. Amser a ddengys a ellir hynny neu beidio. Un prif fwriad y cwmni yw cynhyrchu dramâu newyddion a da.'

Gofynnwyd i Dan Matthews, Pontarddulais, fod yn drefnydd ac yn actor yn y cwmni. Ymddangosodd hysbyseb yn *Y Brython* yn gofyn am swyddogion di-dâl i redeg y cwmni gan gynnwys trefnydd busnes, trysorydd, trefnydd chwarae, saer llwyfan, trydanydd, arolygydd gwisgoedd, ac 'ysgrifennydd y chwarae'. I bob pwrpas, roedd sylfaen amaturaidd i'r holl fenter. Breuddwyd pobl drefol, Gymrodorol, oedd hyn, ond diflannodd y freuddwyd mor gyflym ag yr ymddangosodd. Nid oedd unrhyw gysondeb rhwng amcanion proffesiynol y cwmni a'r cynlluniau ymarferol, amaturaidd.

AWYDD AM GWMNI CENEDLAETHOL

Cododd yr awydd am theatr genedlaethol ei ben fwy nag unwaith yn ystod y blynyddoedd dilynol, gan gynnwys y gri yn *Y Brython* yn 1924: 'Pa bryd, ie, pa bryd y caiff Cymru Chwaraedy Cenedlaethol i ddiddyfnu'r genedl oddi wrth fôn y glêr theatraidd o Loegr?' Yn y cyfamser rhaid oedd bodloni ar egni'r cwmnïau amatur a gynyddai yn eu nifer yn ystod y degawd nesaf.

Mae Llew Owain yn cyfeirio at bedwar cwmni drama yng Nghymru yn nau ddegau'r ganrif a safai'n batrymau o weithgaredd ac o safon i eraill o'u cwmpas, a'r rheiny oedd Cwmni'r Ddraig Goch, Caernarfon; Cwmni y Gymdeithas Ddrama Gymreig, Lerpwl; Chwaraewyr Coleg y Gogledd, Bangor a Chymdeithas y Ddrama, Abertawe. Perfformient i gynulleidfaoedd niferus a chyson ac aethant ar deithiau gyda dramâu newydd a safonol. Yn eu hamcanion yr oedd nifer o elfennau'n gyffredin, sef y bwriad o gynnal y ddrama trwy gyfrwng yr iaith Gymraeg, cynnal safon cynnwys y dramâu, a sicrhau bod safon llwyfannu, actio a chynhyrchu o'r radd flaenaf. Bwriad J. J. Williams, er enghraifft, yntau'n gynhyrchydd poblogaidd a llwyddiannus ym Mangor, oedd trefnu popeth ar lwyfan 'yn y dull gorau, ac yn unol â phob dyfais ddiweddar'.

DRAMA YM MHRIFYSGOL BANGOR, 1924
Sefydlwyd Cymdeithas y Ddrama Gymraeg yng Ngholeg y Brifysgol, Bangor, yn 1924. Gofynnodd R. Williams Parry, llywydd y Gymdeithas, i J. J. Williams, Bethesda, gŵr hyddysg yn hanes y ddrama a chelfyddyd y theatr, i gyfarwyddo'r cwmni. Defnyddiwyd hen gapel y Tabernacl fel theatr, ac adeiladwyd llwyfan a thŵr priodol iddo. *Gwyntoedd Croesion* (J. O. Francis) oedd y ddrama gyntaf a berffformiwyd, ac i ddilyn, *Y Ddraenen Wen* (R. G. Berry).Yna newidiwyd eu teitl i Chwaraewyr Coleg y Gogledd, ac aeth Ifor Williams ati i gyfieithu *Tŷ Dol* (Ibsen) iddynt. Datblygodd safon eu llwyfannu a'u hactio yn ystod y chwe blynedd y bu J. J. Williams yn gyfarwyddwr iddynt. Amcan swyddogol y Gymdeithas o'r cychwyn oedd: 'llwyfannu dramâu safonol, a sicrhau actio ar radd uchel, heb ystyried na chost na thrafferth. Trefnir popeth ar y llwyfan yn y dull gorau, ac yn unol â phob dyfais ddiweddar.' Yn y cyfnod rhwng 1920 ac 1940 cyfieithwyd rhai o ddramâu meistri mwyaf theatr y byd i'r Gymraeg, a'u perfformio ar lwyfan y Gymdeithas honno.

Ymhen amser aeth John Gwilym Jones ati i ysgrifennu ac i gyfarwyddo i'r Gymdeithas. Yn ôl John Gwilym Jones yr oedd perfformiadau'r coleg yn ddigwyddiad o bwys. Deuai J. J. Williams o Fethesda i gynhyrchu'r dramâu, ac roedd y ffordd y cynhyrchai ef yn fodd i John Gwilym Jones ddysgu cryn lawer am dechnegau'r llwyfan. O ran diddordeb, y mae Thomas Parry yn cymharu techneg y ddau wrth iddynt weithio gyda myfyrwyr y coleg. 'Ar lafar, trwy air a gorchymyn, y byddai J. J. Williams yn cyfarwyddo. Ond yr oedd John Gwilym Jones yn actor medrus ei hun, a'i ffordd ef o gael myfyriwr i actio mewn dull arbennig oedd actio'r peth o flaen ei lygaid.'

SAFONAU YSGRIFENNU, CYFLWYNO AC ACTIO'R DAU DDEGAU

Trwy gydol y dau ddegau ymddangosodd cryn lawer o ysgrifennu ynglŷn â natur drama, am ansawdd perfformio, ac am grefft actio. Cafwyd nifer fawr o adolygiadau, llithoedd a beirniadaethau fu'n gymorth i ddramodwyr ac i actorion y cyfnod.

Ym meirniadaeth Beriah Gwynfe Evans a'i gyd-feirniaid ar ysgrifennu drama hir yn Eisteddfod Genedlaethol Caernarfon yn 1921, cafwyd cryn lawer o sylwadau gwerthfawr i ddarpar ddramodwyr ar grefft a chynnwys ysgrifennu ar gyfer y theatr. Mae'r sylwadau'n cynnwys y modd y dylid ystyried teithi bywyd bob dydd, ystyried chwaeth wrth ysgrifennu i'r llwyfan, ystyried natur cymeriadaeth a deialog, a phwysigrwydd portreadu bywyd Cymru'n onest ac yn naturiol gan osgoi dilorni'r iaith a'r bobl.

O safbwynt ansawdd actio'r cyfnod, ceir cyfeiriadau yn eu beirniadaeth at y ffaith fod y safon yn gwella, a nodwyd pwysigrwydd y cyswllt rhwng safon yr ysgrifennu a'r her i'r actorion. Er hynny, cododd rhai lleisiau cryf i feirniadu'r sefyllfa, dramodwyr fel J. Ellis Williams ac Idwal Jones nad oeddynt yn fodlon ar gynnwys syrffedus llawer o'r dramâu a ddaeth o'r felin, dramâu a dindrôi ymhlith cymeriadau a sefyllfaoedd gwerinol cefn gwlad. Meddai Williams: 'Yr un math o ddramâu a berfformir ymhobman ... Gellwch fentro dweud bod tri chwarter ein dramâu hyd yn hyn – ie, naw o bob deg ohonynt – ar yr un llinellau. Dramâu gwerin ydynt, a rhyw fab tlawd o fwthyn gwladaidd yn arwr y mwyafrif mawr ohonynt.'

Bu cwmnïau drama yn teithio ers diwedd y bedwaredd ganrif ar bymtheg ond erbyn dau ddegau'r ugeinfed ganrif yr oedd y teithio'n fwy cyson, yn bennaf, hwyrach, oherwydd mantais cludiant, y cynnydd enfawr yn y rhwydwaith o neuaddau addas i gwmnïau amatur berfformio ynddynt ac ysfa cynulleidfaoedd i ddenu perfformiadau o ddramâu i'w hardaloedd. Y mae J. Ellis Williams (*Inc yn fy Ngwaed*) yn sôn am dair taith ei gwmni ar ôl 1927: 'Gwnaethom elw sylweddol o'r dair taith. Nid oedd yn gyflog byw, wrth gwrs; ond mi brofais bod yn bosibl codi cwmni drama Cymraeg o actorion taledig, a bod yn bosibl denu cynulleidfa i wrando ar ddrama er ei mwyn ei hun.'

Cyfeiriodd Tom Richards at brif rinweddau J. Ellis Williams fel dramodydd a chynhyrchydd, sef ei wybodaeth ymarferol o gyfyngder llwyfannau mewn canolfannau addas i berfformio ynddynt, ac mae'n cyfeirio at ddyfeisgarwch Williams wrth orfod addasu. Meddai: 'dewisodd lenni glasddu fel cefndir er mwyn hoelio'r sylw ar y cymeriadau'. Gyda'i ddrama *Harri y Seithfed*, trefnodd y digwydd fel y gellid ei chwarae, trwy ddyblu a threblu rhannau, gan bymtheg o actorion. Un elfen arall yn y cynhyrchiad hwn oedd yn hanfodol i'w lwyddiant 'oedd y goleuo, ac yma gwelwyd ei allu ar ei orau. Defnyddiodd ddwy hen lamp fodur (Daimler) gyda phylwr wedi ei wneud o botel fferins, a lliwiau melyn, glas, coch a gwyrdd i'r gwahanol olygfeydd. Gellid mynd â'r offer hyn i gyd yn hwylus mewn car a'i osod mewn unrhyw neuadd gefn gwlad. Dyna beth oedd mynd â'r ddrama i'r bobl.' Llwyfannodd cwmni J. Ellis Williams y ddrama honno gant ac ugain o weithiau.

Dirmygus yw'r rhan fwyaf o sylwadau Llew Owain yn *Hanes y Ddrama Gymraeg* wrth iddo drafod natur cynhyrchu dramâu'r cyfnod hwn, gan gyfeirio at droeon trwstan ac anghysondebau'n ymwneud ag elfennau technegol syml, cyntefig a diffygiol. Cyfeiria at ddiffyg cywirdeb mewn gwisgoedd i gyfnod, defnyddio deunydd hollol anfoddhaol i lunio barfau a gwallt gosod, a chreu effaith coluro echrydus. Buasai cryn lawer o'r defnyddiau'n ymddangos yn bantomimig i ni heddiw, ond dyna oedd ar gael i gwmnïau cefn gwlad, ac mae'n sicr i gynulleidfaoedd ar y pryd dderbyn yr amgylchiadau oedd yn bod. Wrth edrych dros y panorama o luniau o actorion y cyfnod rhwng 1900 ac 1940 yng nghyfrolau Hywel Teifi Edwards (*Codi'r Llen*) a Hazel Walford Davies (*Llwyfannau Lleol*), ceir enghreifftiau di-rif o'r modd y gwisgwyd ac y colurwyd actorion a berffformiai mewn dramâu o bob math, yn gomedïau ysgafn gwledig neu'n ddramâu hanesyddol uchelgeisiol. Mae llawer o'r actorion yn y lluniau hyn yn adlewyrchu rhai o sylwadau Llew Owain, wrth i gwmnïau ddefnyddio gwisgoedd a cholur heb ystyried manylion cyfnod na gofynion cywirdeb. Amaturiaid oeddynt, cwmnïau gwledig, heb i'r rhan fwyaf o'r cynhyrchwyr na'r actorion na'r technegwyr erioed gael eu hyfforddi yn sgiliau'r theatr. Yr unig addysg a gaent oedd rhoi sylw i safonau cwmnïau mwy ffodus, cwmnïau teithiol a chwmnïau mewn cystadlaethau drama. Ymhen amser byddai ambell gwmni'n ffodus o gael unigolyn â gwybodaeth o sgiliau theatr. Rhaid oedd aros rhyw ddeugain mlynedd a mwy cyn i fyfyrwyr a gafodd y fraint o'u hyfforddi mewn sgiliau theatr ddychwelyd o'u colegau i'w cynefin a chyfrannu i ddiwylliant theatrig bro.

Gellir dweud i'r cwmnïau hynny, yr actorion a'r cynhyrchwyr amatur, wneud eu gorau gyda'r ychydig adnoddau ac arian oedd wrth law. Yr un mor broblematig i gwmnïau a berffformiai ar daith oedd ymddygiad cynulleidfaoedd mewn rhai mannau wrth iddynt ymateb i berffformiadau. Mae Llew Owain yn atsain pryder adolygwyr wrth iddo roi sylw i'r ffaith na wyddai rhai cynulleidfaoedd sut i ymddwyn yn y theatr am nad oeddynt wedi arfer â'r profiad, a heb wybod sut i ymateb i ddramâu o sylwedd. Meddai D. R. Jones yn *Y Brython*, Mehefin 1922: 'pa bryd y dysg ein cenedl wrando drama fel y dylai.' Yna, meddai J. R. H. yn *Y Brython*, Hydref 1923, am berfformiad o'r ddrama *Castell Martin*: 'Yr ydym fel cenedl wedi'n diwyllio'n anghyfartal, ac yn rhy chwannog i dybio nad oes ddim yn dda oni fo'n ddwys a phrudd a thrychinebus.' Dyma oedd argraffiadau damniol am ansawdd rhai cynulleidfaoedd theatr Cymraeg ar y pryd. Wrth ymdrin ag adolygu actio yn y theatr amatur, mae Llew Owain yn dangos mor salw a diwerth oedd sylwadau beirniaid theatr yn y dau ddegau.

Ond ei sylw cyffredinol am safonau theatr amatur y cyfnod oedd: 'Cyd-symudai awduron, cynhyrchwyr, actorion, awdurdodau addysg, athrawon, graddedigion ac efrydwyr, ynghyd ag arloeswyr cymdeithasol, yn un fintai gref i geisio codi safon lenyddol y dramâu, puro'r chwaeth a pherffeithio'r actio.'

Wrth gyfeirio at y dramâu a ddewiswyd i'w perfformio gan gwmnïau lleol, meddai J. Ellis Williams: 'Isel iawn oedd safon y dramâu a berfformid, a phrin iawn oedd y crefftwyr drama rhwng 1921 a 1930.'

Pwysleisiodd Saunders Lewis y prinder dramâu o safon gan awduron y dau ddegau. 'Rhwng 1921 a 1926 y tri dramodydd mwyaf poblogaidd oedd Gwynfor, a chynnyrch actor nid dramodydd oedd ei ddramâu ef; Brinley Jones, â mwy o ôl crefft ar ei ddramâu ef; Eddie Parry, diwylliant y Music Hall oedd ei ddramâu ef, nid diwylliant y theatr, ac oblegid hynny,' meddai Lewis, 'ni all ysgrifennu drama.' 'Er hynny roedd ei ddramâu'n boblogaidd ar lwyfan' (*Y Llenor*, 1928).

Yn 1926 fe awgrymodd Saunders Lewis mai'r bai am dlodi'r ddrama a'r theatr Gymraeg oedd bodlonrwydd y Cymry ar ddeunydd ysgafn a disafon. Yn *An Introduction to Contemporary Welsh Literature* (1926), meddai: 'our chaotic drama plods lamely along ... as a result D. T. Davies has contented himself since 1918 with lighter plays, comedies and farces and one-act pieces, all delightful enough and not one of them without distinction, but not on the scale of "Ephraim Harris". It is a dreary example of the manner in which a public can reduce an artist and impoverish art.'

Ar y cyfan daliai'r cwmnïau i berthyn i gapel neu i gymdeithas bentrefol. At achos da yr anelwyd elw llawer i berfformiad, ac felly dewiswyd dramâu poblogaidd a fyddai'n tynnu cynulleidfa niferus. Yr oedd y ddrama, felly, yn cylchdroi mewn byd cyfyng amaturaidd. Dyma oedd wrth gefn beirniadaeth lem Saunders Lewis am safon isel y dramâu a berfformiwyd.

Ceisiodd rhai gynnig cyngor i'r sawl a weithiai yn y theatr amatur bentrefol. Mae gan Gwynfor erthygl ar lefaru (*Llwyfan*, Rhagfyr 1927) dan y teitl 'Siarad'. Pwysleisiodd fod angen i bob gwrandawr glywed a deall pob gair a leferid o'r llwyfan. Nid oedd angen i unrhyw actor weiddi ei linellau. Gellid siarad â thôn isel ac eto sicrhau bod pob gair yn glywadwy. Roedd defnyddio llais 'canol y raddfa' yn ddigon effeithiol. Roedd ei bwyslais ar gael y geiriau allan yn 'araf a glân'. Rhaid oedd i bob gair gael ei gyfle a phob tôn a sain gyrraedd y cyrrau pellaf. Roedd angen i bob actor ddisgyblu ei lais fel petai'n aelod o'i gorff, 'fel y gallo, wrth siarad ei ran, ei ddefnyddio at bob gofyn, a rhoi ei briod liw a'i gymeriad i air'. Nododd Gwynfor nad oedd angen dull adrodd o lefaru, yn enwedig am fod y rhan fwyaf o ddramâu cyfoes yn adlewyrchu siarad naturiol bywyd pob dydd. Yn ei dyb ef yr oedd tuedd ymhlith rhai actorion Cymraeg i adrodd yn hytrach na siarad eu deialog.

Mynnai adroddwyr ymhlith actorion feithrin tôn ddigyfnewid i'r llais, ac amharai hynny ar bob ymgais o'u heiddo wrth actio. 'Trosedd rhai yw gor-bwyslais,' meddai Gwynfor. 'Os pwysir ar bob gair ni bydd pwyslais. Mae pwyslais priodol yn rhoi ei gwerth lawn i frawddeg a gorbwys yn ei difetha.'

Wrth gyfeirio at gyfuno llais a symud ar lwyfan, awgrymodd Gwynfor y dylid 'rhoi chwarae teg' i'r actorion hynny a gymerai is-gymeriadau. Yn ôl techneg y dydd, awgrymai y dylai'r prif actorion 'gilio cam' neu wneud ystum addas i roi cyfle i'r is-gymeriad leisio. 'Trosedd,' meddai, 'yw siarad ar draws chwerthin, neu gymeradwyaeth cynulleidfa. Mewn ffars mae'n brofiad "tost". Os yw'r actor yn teimlo na chafodd ei frawddeg chwarae-teg, dylai ei hailadrodd.' Roedd rhaid i actor arall bob amser ddangos diddordeb yn yr hyn a ddywedid. 'Gall actor ymateb mewn geiriau llanw – ni ddisgwylir i'r dramodydd ysgrifennu pob gair o ymateb yn y ddeialog. Gadewir y rhan helaethaf i'r actor, a dibynna llwyddiant y cymeriad a bortreedir ar ei fedr a'i chwaeth ef.' Deilliodd y geiriau hyn o hir brofiad Gwynfor yn y theatr amatur a ymestynnai ers cyn troad y ganrif flaenorol hyd 1927. Gwelir bod rhai o'i awgrymiadau'n deillio o ddulliau ffurfiol melodramatig, er bod yma rai awgrymiadau ar gyfer lleisio ac ymddygiad mwy realistig, wrth i brofiad actorion ymwneud fwyfwy â dramâu realistig oedd yn sialens i'w sgiliau.

NATUR CWMNÏAU DRAMA'R CYFNOD

Y mae gan J. Ellis Williams, yn ei gyfrol *Inc yn fy Ngwaed*, sylwadau cryno am natur y cwmnïau amatur gwledig a'u helyntion teithiol yn y cyfnod rhwng y ddau Ryfel Byd. Roedd ganddo ef gwmni pentref a deithiai i berfformio ymhob math o neuaddau, o lwyfan eang y Grand Theatre yn Llandudno i lwyfan planciau pren ar farilau cwrw yn· Ysgol Capel Garmon. Ysgrifennai Williams ddrama newydd bob blwyddyn ar gyfer ei gwmni a'r broblem dechnegol bob tro oedd sut y gellid cynhyrchu'r ddrama ar lwyfan bychan mewn neuadd brin ei hadnoddau. Llwyfan felly oedd ym meddwl yr awdur wrth iddo lunio pob drama o'i eiddo. Argyhoeddwyd Williams mai: 'asgwrn cefn y mudiad drama yng Nghymru yw ein cwmnïau gwledig. Er mai traddodiad dinesig sydd i'r ddrama, yng nghefn gwlad y maged y ddrama Gymraeg; ac os collir hi o'r pentrefydd, ni fedr na gŵyl na phrifysgol, na hyd yn oed Theatr Genedlaethol yn y brif ddinas ei chadw yn fyw' (*Inc yn fy Ngwaed*, 1963).

Ysgrifennwyd cryn lawer o ddramâu yn y cyfnod hwnnw at bwrpas adlonni cynulleidfa a fagwyd ar sefyllfaoedd a chymeriadau gwledig stoc. Fel y dywedodd J. Ellis Williams:

'roedd yn ddiogelach dilyn yr hen lwybrau poblogaidd na thorri tir newydd.' Ymddangosai cymeriadau stoc drachefn a thrachefn ar y llwyfan, sef y Sgweiar, y Beili creulon, y tad crefyddol, y fam wylofus, y ferch ddwys, y cariad dewr, yr hen ferch ystrywgar, yr hen lanc diniwed, y gweinidog egwyddorol, y blaenor rhagrithiol, y potsiar a'r postmon. Yn ateb i hyn, ysgrifennodd Williams ddrama i ddychanu'r hen fformiwla a'r hen fathau o gymeriadau stoc. Yn *Drama Tomos* (1933), mae Tomos, y dramodydd lleol, yn ysgrifennu drama yn cynnwys hen gymeriadau stoc ar gyfer ei gwmni. Mae ei wraig Mali'n beirniadu hyn yn hallt, ac mae'r actorion yn mynd ar streic. Ond mae Mali'n ailysgrifennu'r ddrama ac yn rhoi'r cyfle i'r cymeriadau ddweud y gwir amdanynt eu hunain, er mwyn iddynt ryddhau eu hunain o lyffetheiriau stoc. Y mae i'r ddrama hon ei diffygion amlwg, ond fel y dywedodd Williams: 'Roedd gweld a chlywed drama'n dychanu cymeriadau stoc y cyfnod yn symbyliad i gynulleidfaoedd wrando'n fwy beirniadol ar ddrama.'

Mewn darlith yn Birkenhead yn 1927, pwysleisiodd J. J. Williams fod anawsterau yn ffordd y ddrama Gymraeg i gyrraedd teilyngdod. Gwelai fod diffyg y traddodiad a fu yn Lloegr ac Iwerddon, 'diffyg theatrau cymwys i lwyfannu'n haeddiannol, diffyg hyfforddiant proffesiynol yn y sgiliau, a diffyg canolfan fel prif ddinas a fyddai'n feithrinfa i arbenigedd theatraidd'.

Mae Mary Hughes, Abertawe (*Llwyfan,* 1928) yn galw am fwy o symlrwydd wrth osod llwyfan â setiau a dodrefn. Pregethodd am y gorlwyth a gafwyd yn setiau naturiolaidd y cyfnod. Roedd hi ymhell o flaen ei hamser yn hyn o beth, oherwydd hyd nes i gynllunwyr a chyfarwyddwyr chwe degau'r ganrif sefydlu technegau newydd, dan ddylanwad gwŷr fel Brecht, Grotowski a Brook, ni ddihatrwyd y *mise en scène* theatrig o baraffernalia Naturiolaeth. Awgrymodd Mary Hughes y dylai gwŷr y theatr Gymraeg ystyried technegau llwyfan Shakespearaidd gyda'u symlrwydd llym. Yn ei barn hi, gorlenwai cwmnïau eu llwyfannau â setiau cymhleth a dodrefn rif y gwlith. Cyfeiriodd at gwmnïau a dreuliai hanner eu hamser perfformio yn newid setiau'n ddiddiwedd. Gallai Shakespeare, meddai, gyflwyno byd o brofiad gydag ond ychydig ddodrefn ac offer. 'Dylid rhoi gwaith i ddychymyg y gynulleidfa,' meddai. Does dim tystiolaeth bod ei eiriau call wedi cael effaith ar bobl y theatr amatur ar y pryd, ond teg yw cofnodi y bu hi'n 'llef un yn llefain' yn wyneb ffrydlif o draddodiad naturiolaidd y cyfnod.

Ac eto, dyma'r union genadwri a welwyd yn gynnar yn sylwadau Saunders Lewis wrth iddo apelio at theatr amgenach na'r theatr naturiolaidd, theatr a flodeuodd yn y man yn ei ddramâu ef, ac yn y cynlluniau a rannodd â sylfaenwyr Theatr Garthewin.

Cafodd J. Eddie Parry (*Llwyfan* 3, 1928) fod prinder beirniaid o berfformiadau yn fater torcalonnus yn ystod y cyfnod hwn. Y gweinidogion lleol fyddai'n beirniadu mewn cystadlaethau lleol, a hwythau heb wybod fawr ddim am dechneg llwyfan, techneg actio na chynhyrchu. Roedd rhai heb fod mewn theatr erioed. Ar y cyfan beirniaid adrodd ac areithio oedd y rhain. Yn nhyb Eddie Parry, 'nid gwaith beirniad yw dweud pwy yw'r gorau mewn cystadleuaeth, ond ceisio dangos y ffordd i'r gwaelaf fod yn orau'r tro nesaf.' Dylai beirniad mewn cystadleuaeth perfformio drama fod yn adeiladol, nid yn ddinistriol. Dylai fod â phrofiad actio neu gynhyrchu, neu'r ddau. Meddai Eddie Parry: 'sawl beirniad drama yng Nghymru sy'n gwybod am wrteithio'r llais, am oleuo'r llwyfan yn iawn, am y gwahaniaeth rhwng mynegiant wyneb a gwg, am y defnydd priodol o'r corff a'r dwylo, am y cant a mil o bethau bach technegol a berthyn i gelfyddyd y llwyfan, a ŵyr a ydyw'r actorion yn defnyddio'r llwyfan a'r celfi'n gyfreithlon, a all ganfod pan fydd actor yn ceisio twyllo?' Sylwedd cwyn Eddie Parry oedd: 'Rhaid i feirniad wybod triciau'r trêd, neu gall actor da lanw ei lygaid â mwg. Y gri o'r cwmnïau drama yw – dangoswch i ni ein gwendidau, a'r ffordd y gallwn wella ein chwarae.'

YR YSGOL DDRAMA

Er mwyn hybu ymdrechion ymarferol y cwmnïau drama amatur, cychwynnwyd ar weithgareddau a elwid yn ysgolion drama. Un bwriad oedd addysgu pobl a ymddiddorai yn y ddrama a'r theatr am gefndir a gwerth y fath ymroddiad i gymdeithas ac i unigolion. Ond fe bwysleisiwyd yn ogystal elfennau ymarferol theatr, a rhoddwyd sylw arbennig i roi sglein ar grefft cyfarwyddo ac actio. Sefydlwyd Ysgol Ddrama Harlech yn 1928. Meddai gohebydd yn *Y Brython*: 'A chyda'r hwyl a'r bri sydd ar chware drama heddiw ymhob cwr o'r wlad, ai onid anturiaeth amserol a phriodol ydoedd hon?'

Yn y flwyddyn 1927 roedd gan Cynan gwmni drama a deithiai o fan i fan. Ym mis Chwefror y flwyddyn honno, perfformiodd y cwmni *Y Ffon Dafl* a'r *Pwyllgorddyn* yn Neuadd y Dref, y Rhyl. Traddododd Cynan ddarlithiau yn Harlech ar y modd i ffurfio cwmni, sut i ddewis dramâu, paratoi golygfeydd, trefnu llwyfan, trin goleuadau, a hyfforddi actorion. Ar derfyn yr ysgol perfformiodd cwmni Cynan y ddrama *Dyrchafiad arall i Gymro* (W. J. Gruffydd). Parhaodd yr ysgol ddrama hon am o leiaf ddeng mlynedd wedi hyn. Yn ystod y blynyddoedd hynny bu Cynan a D. Haydn Davies, Kate Roberts a W. J. Gruffydd yn darlithio yno ar wahanol bynciau dramatig a theatrig. Yr oedd y sesiynau hyn yn fodd i addysgu aelodau cwmnïau amatur yn y grefft o lwyfannu.

Blwyddyn bwysig yn hanes y ddrama Gymraeg, yn ôl D. Gwenallt Jones, oedd 1927. Cyhoeddwyd yr adroddiad *Y Gymraeg mewn Addysg a Bywyd* gan Bwyllgor Adrannol y Bwrdd Addysg ar y Gymraeg yng nghyfundrefn addysg Cymru. Ym mharagraffau 78 hyd at 82 o'r adroddiad, ceir sylwadau ar y ddrama gydag awgrymiadau pwysig: 'Hyd yn hyn ni cheisiwyd uno'r cwmnioedd [drama] â'i gilydd, ac nid oes un ganolfan na swyddfa ganolog i'r mudiad lle y gellid cael cyfarwyddyd ar faterion technegol. Yn wir, odid na allai'r Brifysgol gymryd y mudiad dan ei nawdd, o'r hyn lleiaf am dymor, fel rhan o'r gwaith

162

allanol, gan benodi Cyfarwyddwr Drama.' Ac ychwanegwyd:
'Dymunwn yn y fan hon ddatgan ein gwerthfawrogiad o
wasanaeth yr Arglwydd de Walden i'r ddrama yng Nghymru, a'n
gobaith yw y bydd iddo nid yn unig barhau i gymryd diddordeb
yn y mudiad, ond hefyd estyn cylch ei weithgarwch trwy gael gan
eraill gydweithio ag ef a rhoddi help ariannol a chyfarwyddyd ar
faterion technegol.'

CYNGHRAIR Y DDRAMA GYMREIG

Ffurfiwyd Cynghrair y Ddrama Gymreig yn 1927 er mwyn
hyrwyddo'r ddrama yng Nghymru ac i baratoi'r tir ar gyfer theatr
genedlaethol Gymraeg. I'r cyfarfod cyntaf daeth tua deugain o
gynrychiolwyr bron gant a hanner o gwmnïau drama yng
Nghymru, Llundain a Lerpwl. Etholwyd yr Arglwydd de Walden
yn Llywydd y Cynghrair, yr Athro W. J. Gruffydd yn Gadeirydd y
Cyngor, Gwynfor a Conrad Evans yn ysgrifenyddion a Richard
Hughes yn drysorydd. Dewiswyd nifer o Is-lywyddion ac aelodau
i'r Cyngor Cenedlaethol, ac Idwal Jones oedd un ohonynt. Yn y
cyfarfod awgrymodd D. Haydn Davies y dylid gofyn i Brifysgol
Cymru sefydlu cadair Beirniadaeth Ddramatig. Er bod aelodau'r
Undeb o'r farn i'r wythnos ddrama wneud lles i'r theatr Gymraeg
yn y gorffennol, eto i gyd credent y byddai gŵyl ddrama yn well,
sef gŵyl berfformio ar lun The British Drama League. Cynigiodd
yr Athro Ernest Hughes yn un o gyfarfodydd yr Undeb y dylid
cael llyfrgell o ddramâu Cymraeg a dramâu ynglŷn â Chymru,
ac fe ddechreuwyd casglu ar ei chyfer. Danfonodd Sybil
Thorndike lythyr yn llongyfarch yr Undeb am eu menter. Mae'r
llythyr yn datgelu barn actores ar anterth ei phroffesiwn am werth
y theatr amatur i ddiwylliant gwlad. Meddai:

> The amateur stage has always seemed to me an integral
> part of the theatre – professional and amateur both being
> indispensable – and I would stress – most fervently – the

fact that whereas we, as professionals, are hedged and frustrated in any sort of pioneer work, you as amateurs can be free to experiment, and in this way can do the most valuable work for the theatre.

Aeth ymlaen i annog y theatr amatur i ddarganfod awduron newydd a hefyd i feithrin diwylliant y gymuned trwy ei hysbryd anturus. 'A Drama League,' meddai, 'is not only for discovering new writers and new plays, but also new ways and methods of acting and production. Let me beg of you to be fearless in experiment and adventurous – in this way you will best serve the theatre, which we all believe to be a necessary part of the life of the country.' Roedd rhain yn eiriau priodol ac yn eiriau doeth i ysbarduno ymdrechion grŵp o bobl oedd am lunio cynllun i hybu'r theatr yng Nghymru ar y pryd.

Yn un o gyfarfodydd y Cynghrair trafodwyd awgrymiadau adroddiad *Y Gymraeg Mewn Addysg a Bywyd* yn ogystal â'r adroddiad a gyhoeddwyd gan y Bwrdd Addysg, sef *The Drama in Adult Education*, a phenderfynwyd anfon dirprwyaeth at yr University Extension Board i ofyn iddo am benodi Cyfarwyddwr Drama yn y Brifysgol. Ond erbyn 1930 yr oedd Cynghrair y Ddrama Gymreig ar chwâl a daeth ei gylchgrawn deufisol, *Y Llwyfan*, i ben ar ôl wyth rhifyn. Un o'r problemau a gododd oedd cyhuddiad y Cymry Cymraeg fod yr Undeb yn hyrwyddo perfformio yn y ddwy iaith, yn enwedig mewn cystadlaethau drama lle roedd mantais gan y Saesneg, gan fod yna gryn lawer mwy o ddewis o ddramâu safonol ar gael.

Bu cryn lawer o drafod yn ysbeidiol ar fater cwmni drama cenedlaethol a theatr genedlaethol er troad y ganrif. Roedd y materion hyn yn dal yn fyw iawn erbyn diwedd y dau ddegau, yn enwedig ymhlith unigolion oedd yn frwd ynglŷn â chyfeiriad y theatr Gymraeg. Yr un pryd, sylweddolodd nifer a edrychai'n realistig ar y maes fod dau beth o leiaf a fyddai'n dramgwydd i'r fath freuddwyd, a hynny oedd, ar y naill law, mai ifanc oedd y traddodiad theatr yn y Gymraeg, a thenau oedd cynnyrch y dramâu, ac ar y llaw arall mai amatur oedd y traddodiad perfformio, gan gynnwys pob agwedd ar sgiliau actio, cynhyrchu ac elfennau technegol. Lleisiodd D. R. Davies hynny yn wyneb yr hyn a welsai o safonau perfformio, ac o sefyllfa gymdeithasegol ac economaidd y wlad. Daeth i'r casgliad yn *Llwyfan* (Medi, 1928) mai amatur fyddai disgwyl i gwmni cenedlaethol fod. Pwysleisiai'r angen sylfaenol am arweinydd neu gynhyrchydd teilwng, un o safon, a feddai ar ddysg a sgiliau cymwys. 'Rhaid,' meddai, 'iddo fod yn grewr yn yr ystyr ddramatig, a rhaid ei fod wedi ei nodweddu ag argraff yr artist, a'r neilltuolion hynny i'w hamlygu eu hunain ynddo ef ei hun ac yn ei waith gyda'r cwmni. Rhaid i'r cwmni adlewyrchu ei weledigaeth artistig ef ei hun, neu ni fydd dim arbennig ynddo fel cwmni drama.' Nid oedd am weld cwmni a gyfansoddwyd o 'sêr chwaraewyr Cymru'. Yn ei dyb ef dylai'r cyfarwyddwr artistig yma fynd o gwmpas Cymru ac ar ôl eu gweld yn perfformio, dewis y goreuon, ac nid cynnal 'cyfweliadau' er mwyn i'r actorion hyderus ddod yn eu gwisgoedd gorau. Dylsai ddewis y cast ar gyfer drama deilwng ac nid fel arall. Ar ôl rihyrsio drama deilwng, dylid perfformio ar lwyfan lleol i gynulleidfa leol, cyn mentro mynd o gwmpas y wlad i berfformio'n genedlaethol.

Byddai angen eu hariannu gan gorff cenedlaethol fel yr Eisteddfod Genedlaethol, neu gan ryw 'Howard de Walden yr ail'. Pinacl eu hymdrechion fyddai perfformio gerbron cynulleidfa yn yr Eisteddfod Genedlaethol.

Er mwyn lledaenu neges y fenter sylweddol gyntaf hon, penderfynwyd cyhoeddi'r cylchgrawn *Llwyfan*. Trwy'r cylchgrawn hwnnw câi'r Cynghrair gyfrwng i ledaenu ei neges. Ar ei dudalennau dros ychydig flynyddoedd ei fodolaeth lleisiodd nifer o arbenigwyr farn ar yr awydd i gael theatr genedlaethol i Gymru. Un syniad ar gyfer ffurf ar theatr genedlaethol oedd darparu carafán i gario actorion o bentref i bentref ac o ardal i ardal trwy'r wlad, gan berfformio dan do, ac yn yr awyr agored. Cynllun Idwal Jones oedd hwn, un a oedd, ar ffurf fwy soffistigedig, i ymddangos flynyddoedd wedi hynny yn y chwe degau yng nghynlluniau theatr pantecnicon Sean Kenny ar gyfer Cyngor Celfyddydau Cymru. Yn yr un cyfnod ymddangosodd peth tebyg yn Sbaen wrth i Federica García Lorca, gyda'i actorion ifanc, deithio o gwmpas Andalusia i berfformio dramâu i werin y dalaith honno, gan alw'r cwmni yn 'la Barracca' (y Garafán).

Yn ei erthygl yn yr wythfed rhifyn o *Y Llwyfan*, sef 'Y Brifysgol a'r Ddrama', pwysleisiodd Idwal Jones nad oedd y Brifysgol am godi bys bach i helpu'r ddrama yng Nghymru, ar wahân i un adran ohoni:

> Hyn oll mor bell ag a fynno'r Colegau yn uniongyrchol â'r mater; ond da yw medru cofnodi fod arwyddion gwell yn yr awyr a bod o leiaf un adran o'r Brifysgol yn ei diddori ei hun yn y ddrama. Pan ddaeth dirprwyaeth Undeb y Ddrama Gymreig o flaen y Brifysgol, cawsant groeso a gwrandawiad gan Adran y Dosbarthiadau Allanol. Y canlyniad yw bod nifer o ddosbarthiadau wedi eu sefydlu y gaeaf eleni (1929) tan nawdd y Brifysgol gyda'r bwriad o astudio'r Ddrama. Math o arbrawf yw hyn, a sefydlwyd y dosbarthiadau o fwriad mewn ardaloedd gwledig.

Ffrwyth y ddirprwyaeth honno oedd darparu dosbarthiadau Idwal Jones ar bynciau theatr a drama i ardaloedd gwledig Aberteifi.

Bu farw Cynghrair y Ddrama Gymreig yn ddilewyrch o fewn tair blynedd. Nid Idwal Jones oedd yr unig lais i drafod y ddrama fel pwnc ymhlith y werin bobl. Bu J. Ellis Williams a J. J. Williams hwythau'n cyflawni'r un gwaith arloesol yn y gogledd. Yn 1928 roedd gan J. Ellis Williams ym Mlaenau Ffestiniog ddosbarth drama Cymraeg dan nawdd y WEA. Bu'n cynnal dosbarth yno am saith mlynedd, yn trafod y ddrama yn ei holl agweddau. Cyfansoddi drama oedd y maes llafur yn ystod y flwyddyn gyntaf, yna, dychwelwyd i darddiad y ddrama yng ngwlad Groeg, a threulio blwyddyn gyda'r clasuron; astudiwyd hanes y ddrama Saesneg, tyfiant a datblygiad y mudiad drama yng Nghymru, dylanwad drama ar theatr, dylanwad theatr ar ddrama, a beirniadaeth ddramatig. Tyfodd y dosbarth yn gnewyllyn i gymdeithas ddrama, a buont yn perfformio'n gyson, gan gynnwys cyfieithiadau o ddramâu o'r Saesneg. Yr oedd cyrsiau o'r math yma yn fodd i roi gwybodaeth i bobl frwd am deithi drama a theatr, ac i feithrin ymwybyddiaeth o bwysigrwydd magu safonau ymarferol ymhlith aelodau cwmnïau drama lleol.

14. Y perfformiwr ym mhair arloeswyr

SAUNDERS LEWIS A SAFON AMATUR Y THEATR

Yn 1928 ysgrifennodd Saunders Lewis erthygl ddeifiol yn y cylchgrawn *Llwyfan* ynglŷn â safon isel cynnyrch y theatr amatur Gymraeg. Mynychodd berfformiadau'r theatr amatur yn Abertawe yn ystod y dau ddegau, heb weld fawr o lewyrch yno yn ystod y cyfnod hwnnw. Ni welai fawr o grefft na chelfyddyd yn yr actio na'r llwyfannu amaturaidd. O'i safbwynt ef nid oedd fawr o obaith i ddyfodol y theatr Gymraeg os oedd hi i aros yn y rhigol honno. Meddai: 'rhyw sbri neu adloniant neu waith cenhadol oedd chwarae drama, nid crefft'. Ac ymlaen ag ef i feirniadu'n hallt:

> Yr oeddynt, fel pob bwnglerwr ym myd celfyddyd, yn dibynnu ar ysbrydoliaeth ac awen. Mewn cwmni proffesedig, yn gweithio am eu bywyd, ni oddefid iddynt gael ysbrydoliaeth. Byddai'n rhaid iddynt ddysgu techneg ddiogel, ddibetrus, a'i medru yn llwyr fel y medr saer ei waith yntau. Hynny'n unig a ddyry inni gelfyddyd drama, a champ celfyddyd yw'r unig reswm da dros fynd i weld drama.

Yn yr erthygl 'Rhai Amheuon' (*Llwyfan* 4, 1928) cwynodd Saunders Lewis fod y ddrama Gymraeg a'r llwyfan yng Nghymru dan ddylanwad arwynebol dramâu Saesneg, a'r rheiny a gyfieithiwyd o'r Saesneg i'r Gymraeg. Fe'u defnyddiwyd gan gwmnïau i'w llwyfannu yng nghystadlaethau'r Undeb Cymreig, sefydliad oedd yn estyniad, meddai, o'r Undeb Ddrama Saesneg yng Nghymru. Roedd angen codi o'r arwynebedd a welai ymhlith yr amaturiaid oherwydd diffyg sgiliau llwyfan y cynhyrchwyr a'r actorion. Yr oedd angen i rywun â gweledigaeth a gwybodaeth o theatr grynhoi ac arwain cwmni a allai dyfu'n gwmni cenedlaethol.

Gwelai'n flynyddol yr un safon eilradd ymhlith perfformwyr, a hwythau'n aros yn yr un rhigol heb gynnydd o unrhyw fath. Roedd angen nawdd llywodraeth a theatr o safon i newid y sefyllfa, fel a gafwyd, meddai, gan Ibsen a Molière yn eu hamser. Yr oedd angen gwareiddiad dinesig a hunanlywodraeth i gael safonau teilwng. 'Pe cawsid ymreolaeth i Gymru,' meddai, 'gellid wedyn gael cwmni drama o wŷr wrth grefft, lluniwr ac actorion wrth eu galwedigaeth. Bellach dyna'r unig fath o gwmni y credaf i ei bod yn werth i neb ysgrifennu iddo nac ymboeni ag ef.' Ni welai Saunders Lewis obaith am gelfyddyd gain gan hyd yn oed y goreuon o amaturiaid Cymru. 'Ni ellir disgyblu neb yng Nghymru,' meddai, 'oddieithr crefftwyr yn dibynnu ar eu crefft am eu byw.' Pwysleisiodd Saunders Lewis yr angen am gael dyn o weledigaeth a sgìl wrth y llyw, 'cael meistr cwmni fyddai'r anhawster mwyaf, y lluniwr a chanddo ddiwylliant Cymraeg a diwylliant crefft. Ni fodlonai meistr fel hwnnw ar chwarae dramâu heddiw yn unig.'

IDWAL JONES

Un o ffrwythau Coleg y Brifysgol, Aberystwyth, yn 1919 oedd Idwal Jones. Dechreuodd ei yrfa yn y coleg trwy gyfansoddi, ymhlith pethau eraill, ddramâu cerdd. Yn 1922 ffurfiwyd Cymdeithas Ddrama Gymraeg yn y coleg a'r Athro Campbell Jones yn llywydd, gŵr a ddylanwadodd ar Idwal ac eraill ym myd y ddrama. Dechreuodd Idwal Jones ysgrifennu dramâu un act a dramâu cerdd digri y bu ef ei hun yn perfformio ynddynt. Yn ddiweddarach mentrodd gystadlu yn yr Eisteddfod Genedlaethol, ac enillodd gyda'r ddrama *Pobl yr Ymylon* (1926) a'r *Anfarwol Ifan Harris* (1927). Yn y cyfamser daeth dan ddylanwad

T. Gwynn Jones a dechrau astudio Twm o'r Nant, gan ennill gradd MA am astudiaeth o'r anterliwtiau. Cymerodd ddiddordeb arbennig yng nghyfraniad dramodwyr fel Synge a Shakespeare i'r theatr. Felly roedd ganddo eisoes, cyn cychwyn fel tiwtor mewn llenyddiaeth yn Adran Allanol Prifysgol Aberystwyth, ddiddordeb sylweddol ym maes y ddrama a'r theatr. Galluogodd hyn iddo ysgrifennu i'r llwyfan ac i drafod y maes mewn dosbarthiadau allanol ac yng nghylchgronau'r dydd.

Pan ffurfiwyd Cynghrair y Ddrama Gymreig yn 1927, bu Idwal Jones yn un o'r panel canolog. Yn *Y Llwyfan* ysgrifennodd Idwal lawer erthygl werthfawr ar wahanol bynciau'n ymwneud â'r theatr a'r ddrama Gymraeg. Roedd yn frwd dros gasglu cwmni ifanc at ei gilydd, a chynhyrchu, meddai: 'dramâu fel y dylid eu cynhyrchu mewn ysgubor, neu neuadd, neu hen garchar rhywle yng Nghymru, a gweithio yno o gariad at y gelfyddyd yn unig'. Roedd yn ymwybodol o gychwyn y mudiad ar gyfer theatr yn Iwerddon oherwydd iddo astudio hanes y mudiad hwnnw'n fanwl. Byddai cwmni crwydrol yng Nghymru yn 'rhyw fath o ddolen gydiol rhwng Twm o'r Nant a pharadwys y ddrama Gymraeg'. Yn ychwanegol, meddai: 'dylai'r Undeb ddewis un cwmni drama yn y wlad, iddo ddewis y dramâu, ac i'r cwmni hwnnw fynd ar gylchdaith trwy'r pentrefi fel y byddai ei chwarae yn batrwm i gwmnïau eraill.' Ychwanegodd y 'dylai'r Undeb anfon beirniaid i feirniadu chwarae'r cwmnïau, ac y dylent gyhoeddi eu beirniadaethau yng nghylchgrawn *Y Llwyfan*'. Roedd hefyd am weld pob cwmni yng Nghymru yn perfformio am noson a rhoi'r elw at greu theatr genedlaethol.

Yn ail rifyn y cylchgrawn mae Idwal yn trafod sut i lunio drama ac yn gosod allan ei syniadau gwreiddiol fel prentis o ddramodydd. Yn ei ddrama fwyaf llwyddiannus, sef *Pobl yr Ymylon*, gwelir bod dylanwad Synge yn ymddangos yn gryf ar strwythur a chynnwys y ddrama honno, yn arbennig ar ei chymeriadaeth, ei hiwmor a'i choegni. Creodd Idwal fath newydd o gomedi er mwyn adlonni cynulleidfaoedd theatr wledig ei ardal a'i gyfnod, comedi a oedd, ar un olwg, yn debyg i'r modd y gweodd Molière hiwmor a digrifwch, dagrau a chwerthin, yn undod dramatig a theatrig. Mewn erthygl ar 'Y Ddrama yng Nghymru' (*Cambria*, 1930) rhoddodd Idwal Jones ei sylwadau am sefyllfa'r ddrama fel yr ymddangosai iddo ar y pryd yng Nghymru. Meddai: 'y mae yng Nghymru lawer o frwdfrydedd dros y ddrama, a chan y Cymry ddoniau dramatig, ond nid oes allu i'w cronni. Nid oes gennym ganolbwynt dinesig na chwareudy, na chwareuwyr ychwaith heb ddim arall ond y ddrama yn brif ddiddordeb eu bywyd.' Yr oedd y ddrama Gymraeg yn ei atgoffa o 'ferlyn mynydd, ifanc, hoyw, yn methu tynnu ei gerbyd ymlaen oherwydd ei fod ef a'i gerbyd yn ceisio croesi cors.' Tybiai nad oedd yr wythnos ddrama o fawr o les, am nad oedd y safon yn 'uwch na chwpan arian y beirniad, a'i ddosbarthiad mympwyol o hyn a hyn o farciau am osgo, "make up", dodrefnu'r llwyfan, ac yn y blaen.' Yr unig obaith a welai Idwal Jones yn y cyfamser oedd addysgu'r werin, sef cynulleidfaoedd theatr a darpar ddramodwyr, trwy ddosbarthiadau ar y ddrama. Ysgrifennodd erthygl ar y pwnc, 'The Drama Class: An Idea for Village Communities'. Dosbarthiadau'n astudio hanes y theatr a'r ddrama, a chynhyrchu dramâu er mwyn addysgu'r werin fyddai'r rhain.

Trwy ei erthyglau treiddgar yn *Y Llwyfan*, ac yn *Y Faner* ar derfyn dau ddegau'r ugeinfed ganrif a thrwy'r ychydig ddramâu a ysgrifennodd yn y cyfnod hwnnw, pontiodd Idwal Jones y gwagle di-grefft rhwng awduron fel R. G. Berry a D. T. Davies a'r to newydd o ddramodwyr fel Leyshon Williams, Cynan, W. Matthew Williams, Saunders Lewis a John Gwilym Jones, a oedd i ymddangos yn ystod y degawd nesaf. Ei gyfraniad mawr i'r theatr Gymraeg yn ddiau oedd ei bwyslais ar addysgu cymdeithas o werth cynhenid drama a theatr i ddiwylliant gwlad. Gwnaeth hynny'n ddiflino trwy ei ddosbarthiadau, ei erthyglau a'i ddramâu.

Ar derfyn y dau ddegau honnwyd bod rhwng pedwar a phum cant o gwmnïau drama yng Nghymru, a phob cwmni bob blwyddyn yn chwilio am ddrama wreiddiol newydd yn y Gymraeg. Bu'n rhaid dibynnu'n helaeth ar gyfieithiadau i gadw'r theatr Gymraeg yn fyw. Cyfaddefodd yr Athro Ernest Hughes: 'Yn yr argyfwng hwn yn hanes y ddrama yng Nghymru ymdrecha'r Gymdeithas i gadw'r iaith ar y llwyfan, a'r un pryd i ddiogelu safon y ddrama trwy gyflwyno, yn ôl yr angen, ddramâu wedi eu cyfieithu o'r Saesneg ac o ieithoedd tramor.'

Er yr argyfwng honedig, dal i ffynnu a wnâi'r theatr amatur. Yn 1931 llwyddodd Cwmni Drama Trecynon, a fu'n gwmni perfformio llwyddiannus ers ei gychwyn yn 1909, i gael tir i adeiladu neuadd bwrpasol i'r ddrama. Dyma'r adeilad cyntaf o'i fath yng Nghymru. Awydd E. R. Dennis (gweler y gyfrol *Llwyfannau Lleol*), a fu'n asgwrn cefn i Gymdeithas Ddrama Trecynon, oedd gweld adeilad a fyddai'n gartref i'r theatr yn yr ardal. O ganlyniad trowyd hen sied beiriannau yn Theatr Fach yn Aberdâr ar gyfer gweithgareddau cwmni amatur. Roedd yn dal cynulleidfa o tua 320 a chostiodd y cyfan ryw £1,400. Er mai Cymry Cymraeg oedd trwch yr actorion, o'r dechrau perfformiwyd yn y ddwy iaith. Mewn ardal fel Aberdâr yng nghymoedd y de roedd hi'n angenrheidiol i ystyried natur ddwyieithog cymdeithas wrth drin anghenion cwmnïau drama a berfformiai i gynulleidfaoedd cymysg eu hiaith.

Mewn rhai mannau eraill yng Nghymru roedd trwch y gymdeithas yn Gymry Cymraeg, ac felly yr oedd problemau cwmnïau drama yn dra gwahanol. Yn ei ragymadrodd i'w ddrama *Y Pwyllgorddyn* (1931) mae J. Ellis Williams yn crybwyll rhai sylwadau ar natur y gorchwyl o gynnal cwmni drama wledig amatur yn y cyfnod hwnnw. Mewn ateb i feirniadaeth, meddai:

Mi wn o brofiad chwerw-felys beth ydynt [anawsterau'r cwmnïau]. Gwn fel chwithau, beth yw ymgynnull mewn ystafell oer i ymarfer am oriau bob wythnos, beth yw rhuthro mewn cerbyd anghysurus i drefnu llwyfan cyn agor drysau neuadd, beth yw anghofio blinder corff mewn actio, y rhuthro drachefn ar ôl perfformiad i dynnu'r golygfeydd i lawr, a cheisio cyrraedd adref mewn pryd i gael gorffwys cyn codi i'm gwaith bore drannoeth. Bywyd ffein yw hwn, a rydd asbri i ysbryd dyn ac awch at fyw'n helaethach yn ei galon. Wedi'r rhuthr a'r pryder a'r prysurdeb a'r cwbl, ni wn i am neb nad oedd yn teimlo'n well ar ei ôl.

Yna, pwysleisiodd natur y ddrama Gymraeg wledig amatur a'r modd yr adlewyrchai nodweddion theatr:

Nid gwlad y long runs ym myd y ddrama yw ein gwlad fach ni. Noson yma a noson acw, unwaith yn yr wythnos neu unwaith yn y mis, yw hanes cwmnïau gwledig Cymru. Ac i gyfadde'r gwir, dipyn o oferedd oedd gwario dwy fil o bunnau ar un perfformiad yng Nghaergybi a disgwyl i'r noson gostus honno fod yn symbyliad i'r mudiad drama. Can croeso i theatr genedlaethol yng Nghaernarfon neu yng Nghaerdydd, neu yn y ddau le. Croeso i bawb a phopeth a ddengys ddiddordeb ynom. Ond asgwrn cefn y mudiad drama yng Nghymru yw cwmnïau cymoedd ein gwlad. A phroblem fawr y mudiad yw cyfarfod eu hanawsterau hwynt.

Rhoddodd sylw i'r problemau a boenai gwmnïau amatur y cyfnod wrth iddynt geisio addasu eu cynyrchiadau symudol i wahanol fathau o lwyfannau a neuaddau. Tyfodd ystyriaethau J. Ellis Williams o'i brofiad wrth geisio addasu ei ddramâu ysgrifenedig ef ei hun at anghenion cwmnïau bychain amatur y wlad. Meddai: 'Ceisiais gadw'r rhain [yr anawsterau] mewn cof wrth gyfansoddi'r ddrama hon. Yn fwriadol y trefnais hi fel na bo newid golygfa ar ei chanol, a cheir ar ddiwedd y llyfr restr o awgrymiadau ar gyfer neuadd heb na thrydan na llwyfan ynddi gwerth yr enw.'

Daeth ymateb o wahanol gyfeiriadau i safon yr actio ar lwyfannau Cymru ar ddechrau'r tri degau. Mae'n amlwg i Dame Sybil Thorndike, yr actores broffesiynol Saesneg, fwynhau ei hymweliadau â'r theatr Gymraeg oherwydd daeth drachefn i Borthmadog yn 1935 a gweld perfformiad gan gwmni lleol o ddrama o'r enw *Gwraig y Ffermwr*. Ei hymateb oedd nodi safon uchel yr actio, yn enwedig y manylion crefftus.Yn ei thyb hi doedd gan yr actorion amatur hyn ddim i'w ofni o gyfeiriad actorion proffesiynol. Buasai wedi hoffi dangos i'r West End beth oedd yn mynd ymlaen ymhell o'r brifddinas.

Ac eto, yn Eisteddfod Caernarfon yn 1935 nododd Owen Edwards yn ei feirniadaeth ar yr actio fod gan actorion Cymru lawer i'w ddysgu, ac nad oeddent yn gwneud fawr mwy na chyffwrdd ag elfennau sylfaenol y grefft. Awgrymodd yn ogystal y dylid sefydlu ysgolion i gynhyrchwyr. Gwyntyllodd J. Ellis Williams broblemau'r cynhyrchydd yn y theatr amatur yn ei ragair i'w ddrama *Taith y Pererin* (1934). Cwynodd mai diwedd y gân, o safbwynt paratoi perfformiadau gan gwmnïau gwledig, oedd y geiniog. 'Gwyddwn,' meddai, 'trwy brofiad chwerw mai problem fawr y cynhyrchydd o Gymro yw – nid dysgu sut i wario dwy fil o bunnau ar gynhyrchu drama, ond sut i gynhyrchu drama ar ddwy fil o geiniogau.'

Roedd hon yn ergyd at y sawl a wahoddai wŷr adnabyddus o Ewrop i gynhyrchu dramâu a phasiantau yn yr Eisteddfod Genedlaethol, oherwydd meddai Williams: 'cael gŵr bonheddig o Sais i yrru i Awstria neu Rwsia am gynhyrchydd enwog, a gwario rhyw ddwy fil neu dair mil o bunnau ar un perfformiad'. Cyfeiriodd Williams at y gost o wisgo cymeriadau mewn gwisgoedd hanesyddol crand na allai'r cwmni amatur gwledig fyth mo'u fforddio, ac anogodd y cynhyrchydd lleol i beidio â meddwl mewn termau ariannol, ond ceisio gwisgo cymeriadau mewn gwisgoedd cymwys i'r amser a diweddaru cyflwyniad, gan nad 'y wisg oedd yn bwysig, ond y dyn tu mewn i'r wisg. Mae'r cymeriadau mor fyw heddiw ag erioed.' Pwysleisiodd y dylai'r cynhyrchydd hoelio sylw'r gynulleidfa ar wynebau'r actorion ac nid ar y wisg. Awgrymodd lunio setiau ar ffurf tri dimensiwn ar gyfer cynhyrchiad o'i ddrama *Taith y Pererin*, er mwyn torri ar undonedd y *mise en scène*, yn hytrach na'r traddodiad o gefndir gwastad. Yr arfer ymhlith cwmnïau lleol fyddai llogi cefnlenni gwastad ar gyfer cyfleu awyrgylch neu amgylchfyd cefndirol. Tyfodd diwydiant ar gefn yr arfer yma, sef cwmnïau'n darparu golygfeydd paentiedig, a gynigiai ddewis eang o gefnlenni i gwmnïau amatur ar gyfer eu cynyrchiadau.

Yn ei ragair i'w ddrama *Taith y Pererin*, ymddiheurodd J. Ellis Williams iddo lwytho'i ddeialog gyda chyfarwyddiadau llwyfan manwl iawn. Ei fwriad o wneud hyn oedd dangos sut y gellid trefnu stori wreiddiol Bunyan ar lwyfan, a thybiai Williams mai ei fusnes fel dramodydd oedd 'helpu'r Cwmni Drama i roddi'r stori ar lwyfan'. Fel y crybwyllwyd eisoes, o ddechrau'r ddrama realistig a'r theatr naturiolaidd ar ganol y bedwaredd ganrif ar bymtheg yn Ewrop, roedd yn arfer i ddramodwyr osod cyfarwyddiadau manwl yn eu sgriptiau. Roedd y cyfarwyddiadau hyn, ran amlaf, yn frith o bob mathau o 'instructions' fel y galwyd hwy, gan gynnwys disgrifiad o leoliad, decor, cymeriadau, symudiadau, awyrgylch, gwrthdrawiadau, ystumiau, osgo, ymddygiad ac amser. Yn nramâu'r tri degau daliwyd at yr arfer hwn. Mae'n sicr i'r cynhyrchydd a'r actor amatur elwa o gael cymaint o awgrymiadau a chyfeiriadau ar gyfer eu llwyfannu a'u perfformio.

Ceir darlun gweddol fanwl a digri o nodweddion cwmni drama amatur pentrefol yn y cyfnod cyn yr Ail Ryfel Byd yn y stori 'Antur y Ddrama', yng nghasgliad W. J. Griffith, *Storïau'r*

Henllys Fawr (1938). Darlunnir angen cwmni lleol am ddrama ar gyfer y Nadolig, a deisyf ar i'r dramodydd leoli ei waith i ffitio hyn a hyn o actorion lleol, gyda hyn a hyn o ofynion dramatig a fyddai'n bodloni cynulleidfa leol. Y bwriad oedd: 'Blys codi cwmni i roi tipyn o fywyd yn y lle acw. Mae'r hen bentra wedi mynd cyn fflatied â haearn smwddio.' Roedd brys i gael y ddrama, ac awgrymwyd cynnwys y canlynol:

> Mae gen ti hen gwpwl duwiol ond gwael at eu byw, angyles o ferch mewn cariad â'r gweinidog Methodus, cythral o stiward yn dwrdio troi'r hen gwpwl ar y clwt os na chaiff o'r ferch, a mab afradlon yn dŵad adra'n gefnog o'r 'Merica ar y funud ola. Cymysga nhw i fyny hefo cipar, potsiar neu ddau, tafarnwr a beili, a dyna ichdi.

Anghyson oedd ymateb y gynulleidfa noson y perfformiad i'r gwahanol olygfeydd yn *Llofft y Stabal*, ond hwyrach y gwireddwyd bwriad yr achlysur o roi 'bywyd yn y lle acw'. Cywesgir natur y theatr amatur leol yn goeglyd i'r stori hon, gan gynnwys ffitio'r chwaraewyr i'r gwahanol gymeriadau, y 'make-up' yn cyrraedd noson cyn y perfformiad, araith hirwyntog y llywydd ar hanes y ddrama yng Nghymru, canu cloch i agor y cyrten, perwig yr hen fachgen seis neu ddau'n rhy fychan, barf Tomos Tŷ Pella yn dod i ffwrdd yn ei ddwylo, pandemoniwm wrth i'r ddau herwheliwr danio eu gynnau, a diwedd sydyn ac alaethus i'r perfformiad.

Y DDRAMA BASIANT

Tyfodd perfformio'r ddrama basiant o'r awydd, ar y naill law, i ddathlu ac i glodfori hanes lleol a chenedlaethol, ac ar y llaw arall i roi cyfle i nifer fawr o bobl, yn actorion, yn dechnegwyr, yn gynllunwyr, yn gerddorion ac yn gyfarwyddwyr i weithio ynghyd ar brosiectau lleol neu daleithiol. Gwelwyd elfennau cryf o'r ddrama basiant yn y dramâu cerdd a'r dramâu hanesyddol a dyfodd yn sgil ymdrechion ysgrifenwyr fel Beriah Gwynfe Evans yn y ganrif flaenorol, a'u bwriad i lenwi llwyfannau eisteddfodol gydag ysblander gweladwy a chlywadwy. Wrth iddo feirniadu cystadleuaeth actio drama yn Eisteddfod Genedlaethol Rhydaman yn 1922, cyfeiriodd J. O. Francis at berfformiad pasiant bach *The Crowning of Peace*. Gwelodd werth yn y fath gyflwyniad wrth iddo gyfaddef y wefr o weld portreadu chwedlau a hanes Cymru gydag ysblander a dychymyg ar lwyfan. Yr oedd hyn iddo ef yn gyfeiriad amgenach i'r ddrama nag aros yng nghyfyngder y gegin Gymreig. Ymhen pymtheng mlynedd tyfodd pasiantau yn boblogaidd ar lwyfannau gogledd Cymru. Mae'n deg nodi bod y ffurf yma'n rhannol gysylltiedig â gweledigaeth, dychymyg a brwdfrydedd y Prifardd Cynan.

Yng Nghastell Conwy, yn 1927, y perfformiwyd y pasiant mawr cyntaf, a Cynan yntau'n un o'r trefnwyr. Cynlluniwyd cynnwys y pasiant o gwmpas nifer o ddigwyddiadau yn hanes Cymru er mwyn dathlu canmlwyddiant y bont grog yng Nghonwy. Darparwyd lle i ddeng mil ar hugain o bobl eistedd fel cynulleidfa. Cynhwyswyd golygfeydd 'realistig' yn portreadu hanes Cymru o gyfnod y Rhufeiniaid a thrwy Oes y Tywysogion, hyd at amser diwydiant perlau Conwy. Yn ystod y perfformiad cafwyd llefaru, dawnsio, canu, ymladd a seremoni ar lwyfan, a gwëwyd cyffyrddiadau rhamantaidd amlwg i lawer o'r golygfeydd, yn enwedig o safbwynt gwladgarol.

Cefnogodd Howard de Walden nifer o'r pasiantau hyn rhwng canol y dau ddegau a'r tri degau. Yn 1927 llwyfannwyd drama basiant *Yr Ymhonwyr* (Ibsen) yn Eisteddfod Genedlaethol Caergybi dan nawdd de Walden, a alluogodd yr Eisteddfod i brynu gwasanaeth Komisarzersky fel cynhyrchydd yr achlysur. Ond nid oedd ymateb y cyhoedd na'r adolygwyr yn ffafriol i'r perfformiad hwnnw er cymaint oedd ysblander y cyflwyniad. Barn 'Efrydydd' yn *Y Brython* oedd: 'Pasiant gwych ond actio gweddol a'i gymryd drwyddo.' Ymhelaethodd 'Efrydydd' ar natur yr actio a gafwyd yn y pasiant, ac mae ei sylwadau'n amlygu rhai o ddiffygion actio'r cyfnod:

> Anghofiai'r mwyafrif o'r actyddion mai naturioldeb wedi bod drwy bair diwylliant yw llais y llwyfan i fod, ac er bod yr actiwr i fod i roddi ei bersonoliaeth yn ei gymeriad, y mae ef ei hunan i fod o'r golwg. O ddiffyg hyn y mae rhai actwyr yng Nghymru yn cael clod fel actwyr nad ydynt yn ei haeddu. Hyn sy'n dangos i ni'r gwahaniaeth rhwng yr actwyr proffesedig a'r amateurs – y mân bethau hanfodol. Nid llais y bugail ar y mynydd ydyw llais y bugail ar y llwyfan i fod. Cawsom awgrymiadau o afreoleidd-dra o'r fath nos Lun [y perfformiadau].

Roedd y wasg Seisnig yr un mor feirniadol: 'The production of Ibsen's drama "The Pretenders", made an impression of splendid pageantry, and the audience were evidently much struck. Some of the actors lacked confidence, but others were truly excellent.' Yn ogystal â hynny, nid oedd diffygion y teclynnau sain wedi helpu'r actorion na'r gynulleidfa.

Yn 1929 llwyfannwyd Pasiant Llangollen ar lawnt Plas Mawr, Llangollen, pasiant a bortreadai hanes y dref. Fe'i perfformiwyd ar brynhawn heulog yn yr awyr agored gerbron oddeutu dwy fil o gynulleidfa. Cymerodd nifer fawr o blant a phobl ifanc yr ardal ran yn y perfformiad hwnnw.

Llwyfannwyd Pasiant y Newyddion yn 1929, gwaith a grëwyd gan Cynan i'w berfformio yng Nghastell Caernarfon. Cychwyn, datblygiad a dylanwad Cristnogaeth oedd cnewyllyn y pasiant hwnnw. Roedd rhyw dair mil o bobl yno'n gynulleidfa o fewn muriau'r castell a chymerodd y pasiant bedwar diwrnod i'w berfformio. Aethpwyd â'r pasiant hwnnw i Lerpwl yn 1931, a'i berfformio yn Neuadd St George yn y ddinas honno. Y farn gyffredinol ar ôl yr achlysur oedd fod Cynan yn 'athrylith o ddramodydd a chynhyrchydd pasiantau'. Cynhyrchodd Cynan Basiant Rhyfel a Heddwch yng nghastell Caernarfon yn 1930 a Gwynfor oedd ei drefnydd llwyfan. Yr oedd y cynhyrchiad hwn yn ateb i gais Adran Gogledd Cymru o Undeb Cynghrair y Cenhedloedd.

Yn Eisteddfod Genedlaethol Wrecsam yn 1933 perfformiwyd *Pobun*, diweddariad T. Gwynn Jones o waith Hugo Von Hofmannsthal. Bu'r *Brython* unwaith eto yn llawdrwm ynglŷn â phwrpas y math yma o gynhyrchiad. Meddai: 'Ein hangen mawr ni yw cynhyrchu dramawyr a chynhyrchwyr yng Nghymru – ac actorion, wrth gwrs. Ag edrych ar y perfformiad o'r unig safbwynt sy'n ddichonadwy i Gymro, rhaid cyfaddef nad oedd y perfformiad – er mor ysblennydd ac mor gelfydd ydoedd – yn llawer o help i ddramawyr a chynhyrchwyr Cymru.'

Ymddangosodd Sybil Thorndike drachefn ymhlith cynulleidfa Gymraeg, hithau'n hael wrth grybwyll mai dyma un o'r pethau harddaf a welodd erioed ac na allai gredu nad oedd aelodau'r cast i gyd yn actorion proffesiynol. Roedd Clifford Evans yn un o'r actorion, ac yn ei thyb hi yr oedd iddo ddyfodol disglair. Efallai mai ymgais fwyaf mentrus de Walden i ddyrchafu'r theatr Gymraeg oedd 'Pobun'. Costiodd y cynhyrchiad ddeng mil o bunnoedd iddo. Daethpwyd â Stefan Hock, un o gydweithwyr Max Reinhardt, draw o'r Almaen i'w chyfarwyddo, a chafwyd y gwisgoedd o Salzburg. Ynghyd â cherddoriaeth gorawl a golygfeydd trawiadol, perfformiodd tri chant o actorion yn y cynhyrchiad ysblennydd hwn. Yr oedd ymateb *Y Brython* i'r actio yn ddeifiol. Meddai: 'Nid oedd y llefarwyr yn deall eu celfyddyd. Yr oedd yr areithyddiaeth ar y llwyfan cyn waethed ag y gallai yn hawdd fod, ag eithrio mewn enghraifft neu ddwy. Y mae'n hen bryd rhoi terfyn ar y math hwn o oslefu beichus; ac nid y merched yn unig oedd yn euog ohono.'

SENSORIAETH

Cychwynnwyd sensoriaeth gan y Goron yn y theatr ym Mhrydain yn amser y Tuduriaid, er mwyn amddiffyn y Brenin rhag ensyniadau ac enllib gan yr anterliwtwyr yn Lloegr. Y Brenin ei hun oedd y sensor ar y dechrau, ond wedi hynny, trosglwyddwyd y gwaith i'r Arglwydd Siambrlen. Tua diwedd y bedwaredd ganrif ar bymtheg fe'i gweinyddid dan 'Ddeddf Theatrau' a basiwyd yn ystod teyrnasiad Fictoria, er mwyn rheoli 'perfformiadau cyhoeddus'. Roedd yn anghyfreithlon chwarae drama wreiddiol na chyfieithiad heb drwydded. Rhaid oedd rhoi o leiaf saith niwrnod o rybudd, gan nodi lle ac amser y perfformiad cyntaf.

Daeth swydd darllenydd Cymraeg i'r Arglwydd Siambrlen i fodolaeth yn 1931 o ganlyniad i fwriad Cwmni Drama Tal-y-sarn i berfformio *Y Crocbren* (Gwilym R. Jones) ym Mhenmaenmawr, ddydd Nadolig 1930. Yr oedd syniadau pendant gan yr awdur ar gwestiwn dienyddiad fel cosb eithaf y gyfraith, ac fe geisiodd gyflwyno'r syniadau hynny mewn drama. Ei bwrpas oedd cryfhau'r farn gyhoeddus yn erbyn y gosb eithaf. Gwrthododd yr awdur ddanfon crynodeb o'r ddrama i'r sensor yn Llundain. Yng ngeiriau Gwilym R. Jones ei hun: 'Fy rheswm dros wrthod ceisio trosi'r ddrama oedd y dylid cael sensor Cymraeg.' Perfformiwyd y ddrama ar 13 Rhagfyr yn Hen Ysgol Deiniolen. Erlynnwyd y dramodydd a'r cwmni oll yn sgil hyn. O ganlyniad i'r perfformiad hwnnw penodwyd Cynan yn Ddarllenydd Cymraeg yn fuan wedyn.

Arbedodd y penodiad hwn bob awdur a sgrifennai ddrama yn y Gymraeg rhag gorfod cyfieithu ei waith i'r Saesneg cyn ei ddanfon i Lundain. Byddai unrhyw gwmni a chwaraeai'n gyhoeddus ddrama heb ei sensro yn agored i'w erlyn. Ni chaniateid nac enllib na phersonoli neb byw ar y llwyfan wrth ei enw. Ni ellid personoli Crist na chynnwys dim byd anweddus na di-chwaeth mewn gair a gweithred. Roedd nifer fawr o reolau eraill yn ychwanegol at hyn, rheolau a rwystrai ddramodwyr ac actorion wrth eu gwaith. Yng ngeiriau'r Arglwydd Siambrlen pan benodwyd Cynan yn sensor: 'Dymuna'r Arglwydd Siambrlen hysbysu fod yn rhaid anfon i'w swyddfa ef yn St. James's Palace, Llundain, gopi o bob drama Gymraeg nas trwyddedwyd cyn eu llwyfannu, yn ôl deddftheatrau un fil wyth cant pedwar deg tri. Y mae'r Arglwydd Siambrlen yn awr wedi penodi Darllenydd dramâu Cymraeg i'w gyfarwyddo yn y gwaith o Sensro.'

Un o'r achosion ffyrnicaf y bu'n rhaid i Cynan ddelio ag ef oedd perfformiad o'r ddrama *Yr Arch Olaf* (J. D. Howells), yn Theatr Fach Aberdâr yn 1934, gan gwmni'r theatr honno.Ynddi roedd golygfa'n arddangos claf wedi ei rwymo mewn cadachau ac yn dioddef o'r clefyd gwenerol. Rhaid oedd torri'r olygfa allan. Bu ffrwgwd go fawr ynglŷn â hyn. Yr oedd Cynan yn llenor cydnabyddedig ei hun, gyda'r mwyaf hyddysg ym myd y ddrama ac yn deall amodau'r gelfyddyd gyda'r gorau. Yr oedd yn ŵr sensitif, yn gwbl ddiffuant ac yn deg a diogel ei farn fel y gwelwyd wrth iddo ymwneud â'r 429 o ddramâu a gyflwynwyd iddo dros y blynyddoedd. Daeth swydd Cynan fel Darllenydd Cymraeg yr Arglwydd Siambrlen i ben ym Medi 1968 pan benderfynodd y llywodraeth ddiddymu'r swydd trwy Brydain.

SAFONAU PERFFORMIO

Ddechrau'r tri degau yr oedd safon sigledig perfformio yn y theatr amatur Gymraeg yn dal i boeni nifer o wŷr gwybodus a dylanwadol. Yn *Y Brython* yn 1932 ymddangosodd erthygl gan J. J. Williams yn awgrymu gwelliannau:

> I fod ar ei gorau [h.y. y theatr] rhaid wrth lawer o bethau nad ystyriem ar un adeg yn hanfodol. Mae'r safonau wedi codi. Nid eilbeth yn awr ydyw goleuo'r llwyfan yn briodol, ac, yn sicr, nid eilbeth ychwaith ydyw problem scenery. Dylai'r ddrama, yr actio, y settings, a'r goleuo, asio â'i gilydd i'r diben o sicrhau gorffennedd artistig, a dylid rhoddi'r un sylw iddynt hwy.

Cam ymlaen, meddai, fyddai adeiladu chwaraedai mewn lleoedd canolog. Roedd chwaraedy 'yn creu traddodiad, techneg cyfansoddi, medr i actio, a cheinder cyflwyniad'. Dyma'r ffordd, yn ei dyb ef, 'i sicrhau bod pob drama dda yn cael perfformiad teilwng ... Byddai hyn yn sicrhau na fyddai cynulleidfa'n tyrru i'r sinemau, ond yn troi eu golygon at eu drama genedlaethol ar ei gorau.' Tybiodd 'Cymro o Gardi' yn *Y Brython*, Mawrth 1932, mai'r ffordd orau i hybu'r ddrama Gymraeg fyddai trwy 'glymu calon frwdfrydig' pobl ifanc ymhob pentref yng Nghymru wrth y ddrama Gymraeg. Nid oedd ganddo ddiddordeb mewn chwaraedy cenedlaethol, ond mewn drama bentrefol ymhlith ieuenctid. Dyna oedd y ffordd i sicrhau datblygiad y theatr. Yn ei lith yr oedd gan 'Cymro o Gardi' saith awgrym ar gyfer y dyfodol, sef ffurfio cymdeithas ddrama ymhob sir, y pwyllgor sir i geisio ffurfio cwmni drama ymhob tref a phentref, y pwyllgor hwnnw i drefnu cystadlaethau rhwng gwahanol siroedd, pob cwmni lleol i roi holl elw un perfformiad i drysorfa'r ddrama ymhob sir, pob cymdeithas sir i gyfrannu'n hael i drysorfa genedlaethol. Byddai angen i'r gymdeithas genedlaethol roi cynghorion a chymorth i ysgrifenwyr dramâu ac i gydweithio â'r Brifysgol, er mwyn cyhoeddi digon o ddramâu cymwys, ac eto'n ddigon rhad. Pwysleisiodd y byddai gweithredu yn y modd hwn yn sicrhau safon i'r iaith Gymraeg ac i bersonoliaeth a doniau amrywiol pobl ifanc ledled Cymru. Idwal Jones, yn ddiau, oedd piau'r syniadau cyffrous hyn gan iddo wyntyllu'r un awgrymiadau mewn cylchgrawn cyn hynny. Sefydlwyd y Chwaraedy Cenedlaethol Cymreig ym mis Ionawr yr un flwyddyn (The Welsh National Theatre Limited, a rhoi iddo'i enw swyddogol). Y bardd T. Gwynn Jones oedd yr is-gadeirydd, a'r Arglwydd Howard de Walden yn gadeirydd. Buasai de Walden ers rhai blynyddoedd bellach yn noddwr hael i'r ddrama Gymraeg. Un oedd y chwaraedy hwn o blith nifer o ymdrechion i sefydlu mudiad dramatig cenedlaethol y bu de Walden yn gysylltiedig â hwy. Ei brif amcan oedd sefydlu

11. *Robert Williams, Meriel Williams ac Edgar Williams (tenor) – aelodau o Gwmni Theatr Cenedlaethol Cymru o flaen eu canolfan ym Mhlas Newydd, Llangollen yn y 1930au.*

theatr broffesiynol a ffurfio cwmni bychan o actorion amser llawn. Awgrymai 'dibenion' y cwmni agwedd broffesiynol tuag at natur ac ansawdd theatr. Roeddynt yn cynnwys:

a. Cael Chwaraedy wrth broffes parhaol Cymreig, yn meddu ar bob cyfleustra i hyrwyddo efrydiaeth ac arferiad drama.
b. Cael cnewyllyn bach o chwaraewyr a rydd eu holl amser i ymarferyd ac efrydu.
c. Cynhyrchu perfformiadau drama o safon uchel ac felly roddi cyfle i bawb a gymer ddiddordeb i ddysgu oddi wrthynt ac i'w hefrydu.
ch. Dodi'r manteision hyn at alwad actorion a chwmnïau llafur cariad a chynorthwyo o'r rhai a fynnai roddi cais ar gynyrchiadau fo'r tu hwnt i'r galluoedd cyffredin.
d. Iawn gyfeirio yr hyn a sylweddolir drwy gystadleuaeth at ddibenion pellach.
dd. Dyrchafu'r ddrama i'w phriod le yn gydradd â cherddoriaeth ymhlith celfyddydau'r Dywysogaeth.

Penodwyd Meriel Williams yn gyfarwyddwr artistig ac Evelyn Bowen yn ysgrifennydd. Prynwyd plas yn Llangollen fel canolfan diwylliant Cymreig a chartref i'r fenter. Perfformiodd y cwmni am y tro cyntaf yng Ngŵyl Gyhoeddi Eisteddfod Genedlaethol Castell-nedd yn 1933. Yno cyflwynodd y cwmni *Doctor er ei Waethaf* (cyfieithiad Saunders Lewis o *Le Médecin malgré lui*, gan Molière) yn Gymraeg, a'r ddrama *Howell of Gwent* gan J. O. Francis yn Saesneg. Aeth y cwmni ar daith trwy Gymru i berfformio *Y Gainc Olaf* (T. Gwynn Jones), *The Story of Bethlehem* (cyfaddasiad gan T. Gwynn Jones), *Bwci* (Ronald Elwy Mitchell), *Pwerau'r Nos* (Stephen J. Williams), a *Treftadaeth* (cyfaddasiad Evelyn Bowen). Ymhlith y chwaraewyr yr oedd tri actor proffesiynol, sef Meriel Williams, Evelyn Bowen a Robert Williams. Cymysg oedd ymateb y cyhoedd – rhai'n canmol y perfformiadau am eu 'gorffenedd a'u cydbwysedd', eraill yn eu condemnio am eu 'llediaith a'u hynganiad gwallus'. Awgrymodd Llew Owain yn ei gyfrol *Hanes y Ddrama Gymraeg* nad oedd Chwaraedy Llangollen yn genedlaethol nac yn Gymreig. Methiant fu'r ymgais hon i sefydlu theatr genedlaethol.

PERFFORMIO *CWM GLO*

Yn Eisteddfod Genedlaethol Port Talbot yn 1932 gwobrwywyd drama a gynhwysai sylwadau 'iach' rhwng dau gymeriad am le priodol y ddrama mewn cymdeithas. Meddai un o'r cymeriadau: 'Nid oes gennyf air yn erbyn y llwyfan os portreedir brwydr fawr dyn a'i nwydau a'i amgylchfyd, ond yn ei galon ei hun yr ennill dyn ei frwydrau pennaf.' Ni wobrwywyd *Adar y To* (*Cwm Glo* wedi hynny) oherwydd ei hanweddustra. Kitchener Davies oedd ei hawdur, a rhwng hynny ac Eisteddfod Castell-nedd yn 1934, ailwampiodd ei ddrama a chael ei wobr yn yr eisteddfod honno. Nid heb gryn drafferth y bu hynny, oherwydd fe greodd dipyn o broblem i'r tri beirniad, D. T. Davies, R. G. Berry a'r Athro Ernest Hughes. Roedd y ddrama'n dal yn 'anfoesol', yn nhyb y beirniaid, a phwysleisient na fyddai'r un cwmni drama yn fodlon ei llwyfannu, na'r 'un Cymro a ofynnai i'w chwaer actio rhan Marged', y ferch a werthodd ei chorff i fab meistr y pwll ac a benderfynodd adael ei chartref am strydoedd Caerdydd. Y bwriad oedd perfformio'r ddrama yn yr ŵyl. Ni welodd y beirniaid wir werth moesol y ddrama hon ar y pryd, oherwydd o dan wyneb y portread o dlodi materol ac ysbrydol yr oedd yna wir neges i gynulleidfaoedd. Anfoesoldeb y ddrama oedd prif gonsýrn y beirniaid. Roeddynt, yn anffodus, wedi colli pwynt y thema, fel y mae Hywel Teifi Edwards wedi nodi mor fedrus yn ei ddadansoddiad o'r ddrama yn *Arwr Glew Erwau'r Glo* (1994). 'Ple ydoedd,' meddai, 'dros drefnu teyrnas mewn ffordd na wadai i bobol eu hawl i weithio er cynnal corff ac enaid ac na ddibrisiai mohonynt yn eu golwg eu hunain.' Cafwyd trafodaeth fywiog ar faes yr Eisteddfod ac ymunodd gwŷr fel Dyfnallt, a oedd yn gefnogwr brwd dros hybu cyfeiriad newydd i'r ddrama Gymraeg, gan draethu yn y *Western Mail*, 9 Awst: 'The whole movement ought to aim at a national taste which would cultivate a love of plays that made for beauty, order and harmony.' Yn y Babell Lên condemniodd William Morris y beirniaid am roi'r wobr i'r ddrama fuddugol a'i chollfarnu'r un pryd ar dir moesol. Ni ragwelodd Kitchener Davies y llif o atgasedd a achosodd ar ôl i'r ddrama ymddangos.

Ei fwriad ef oedd datgelu ar lwyfan, trwy ei gymeriadau a'r sefyllfaoedd enbyd y gosodwyd hwy ynddynt, y drefn wleidyddol-economaidd a wasgai arnynt, ac a barai iddynt fradychu ei gilydd ac i buteinio'u hunain. Gwaedd yr awdur o'i lwyfan oedd na ddylai hyn fod, ond, yn anffodus, at y dramodydd yr hyrddiwyd yr atgasedd. Nid oedd yr Eisteddfod na'r theatr Gymraeg nac arweinwyr eu cynulleidfa yn barod i dderbyn perfformiad o ddrama fel *Cwm Glo* ar ddechrau'r tri degau. Er hynny, ar ôl cael trwydded gan Cynan, y sensor oedd newydd ei benodi, perfformiwyd hi gan Gwmni Drama Gymraeg Abertawe, a'i chyhoeddi'r flwyddyn ganlynol.

Ar 7 Chwefror, 1935, fe'i llwyfannwyd yn Rhydaman ac yna fe gynhyrchodd yr awdur ei hun y perfformiad nesaf gyda Chwmni'r Pandy, gan ddewis Letitia Harcombe, ei chwaer, i actio Marged, Kate Roberts i chwarae Mrs Davies, Mair Rees, darpar wraig Kitch, i chwarae rhan Bet, a'r dramodydd ei hun yn rhan Dai Dafis. Yn ôl Letitia Harcombe tyrrodd pobl i'w gweld er gwaethaf y 'sgandal' a'r adroddiadau cynhyrfus yn y papurau newydd. Gwaharddwyd i fyfyrwyr ei pherfformio gan Emrys Evans ac Ifor L. Evans yng Ngholegau Prifysgol Cymru Bangor ac Aberystwyth. Gwrthododd darllenwyr Cwmni Drama Cenedlaethol Howard de Walden ei derbyn, fel y crybwyllwyd yn y *Western Mail*: 'The play was permeated with sex problems and was a collocation of rather abnormal persons in that direction.' Yr oedd Amanwy yn yr

Amman Valley Chronicle yn ffyrnig yn erbyn y ddrama am ei phortread damniol ac anghywir o'r glöwr. Pan aeth Cwmni'r Pandy i berfformio yng Ngwauncaegurwen, y geiriau a glywyd gan ohebydd yr *Amman Valley Chronicle* oedd: 'common ... filthy ... putrid ... ghastly ... appallingly disgusting'. Er hynny, tyrrodd y cynulleidfaoedd i weld y 'sex play' ar lwyfannau.

Cynhyrfwyd rhai gan y portread yn y ddrama o löwr fel dihiryn diog ysgeler yn ymostwng i flacmel a gwaeth. Nid fel hyn, yn nhyb rhai, y dylid delweddu un o feibion dewr diwylliedig maes glo'r de. Mae'n debyg nad oedd rhyw lawer o feirniadaeth adeiladol ar y ddrama hon yn y cyfnod hwnnw. Er hynny fe gododd un llais cadarnhaol, sef Ken Etheridge yn y *Western Mail*, a'i galw 'a modern Morality play'. Pwyntiodd at arwyddocâd y ddrama wrth iddi sgubo ymaith 'the religious humbug found as an elegant padding in most of our old plays'. Ychwanegodd: '*Cwm Glo* is the first drama of the realistic school on the Welsh stage.' Gwelodd Glyn Ashton yntau rinwedd y ddrama wrth ei thrafod yn *Tir Newydd*: 'Swydd y ddrama hon yw mynegi afradlonrwydd profiad dyn, a hynny wedi'i ddylanwadu a'i wyro gan amgylchedd ac awyrgylch didrugaredd.' Yn 1995 cyhoeddodd Cymdeithas Ddrama Cymru ddiweddariad o *Cwm Glo* gan Manon Rhys, merch Kitchener Davies,a pherfformiwyd hi yr un flwyddyn gan Gwmni Theatr Gwynedd dan gyfarwyddyd Graham Laker. Fe blesiwyd un adolygydd (Alun Ffred, *Golwg*, Medi 1995) gan gyfoesedd rhai elfennau yn y ddrama, ond yn bennaf, gan lwyddiant yr actorion i bortreadu cymeriadau beiddgar ac i ymgymryd â'r ddeialog rywiog. Daeth drama feiddgar o'r tri degau i'w hoed deilwng o'r diwedd.

TRAFOD Y THEATR

Yn 1934, dan lywyddiaeth Howard de Walden yn Eisteddfod Genedlaethol Castell-nedd, cymerodd yr actores Janet Evans o Lundain ran mewn trafodaeth ar gyswllt y ddrama â'r Eisteddfod.

Roedd Evans yn actores ym mherfformiad cyntaf y ddrama *Change* yn 1914 a bu'n actio cryn lawer wedi hynny, gan gynnwys *The Plays of Aberpandy*. Ond roedd bellach wedi cael digon ar y ddrama gymdeithasol, yn null Galsworthy, ac roedd am weld dramateiddio Cymru'r gorffennol, y math o ddrama y disgwyliai i ysgwyd y llwyfan Cymraeg a'i chynulleidfa, gan ddramodwyr a fedrai ymgiprys â chyfoeth ein hanes a'n chwedloniaeth. Iddi hi, dyna'r math o ddrama i ddyrchafu'r theatr yng Nghymru, drama a roddai urddas i'w llwyfan. Wrth gwrs yr oedd y fath ddramodydd i ymddangos ymhen ugain mlynedd. Yn yr un cyfarfod cafwyd sylwadau mwy rhamantus a barddonllyd gan Dyfnallt, yntau'n dyheu am ddrama Gymraeg a fagai brydferthwch, trefn a harmoni. Mewn erthygl a ysgrifennodd yn 1936 (*Llwyfan* 5), poenai Cynan am ddyfodol y theatr Gymraeg. Meddai: 'Mudiad a gychwynnodd mor boblogaidd hanner can mlynedd yn ôl, ag ynddo'r fath addewid i fod yn dŵr newydd i'r iaith Gymraeg, eisoes mewn perygl mewn llawer ardal o ddiffyg mynnu ymgeisio o ddifri.'

Yn sgil y problemau a wynebodd Cwmni'r Chwaraedy Cenedlaethol ar eu taith yn 1934 mewn neuaddau a oedd yn fwy addas at gyngherddau cerddorol, penderfynodd sgweier Garthewin, Robert Wynne, addasu hen ysgubor ar dir ei blasty yn 1937. Yr oedd y theatr hon i fod yn ganolfan bwrpasol ar gyfer perffformio dramâu, a darparwyd y llwyfan a'r adnoddau technegol yn arbennig ar gyfer gwaith theatrig. Nid llwyfan i gyngherddau oedd hwn i fod, ond llwyfan i actorion feithrin eu crefft, a'r bwriad yn y pen draw fyddai ysbrydoli Cymry Cymraeg y theatr i fynd ati i godi theatrau pwrpasol trwy Gymru gyfan. Gofynnodd Wynne i Thomas Taig, darlithydd yng Ngholeg y Brifysgol Abertawe, gynllunio'r theatr honno. Cafodd Taig eisoes brofiad sylweddol o gyfarwyddo yn Abertawe ac roedd ganddo wybodaeth a phrofiad eang o elfennau technegol y theatr amatur. Bu ef yn ysbardun i godi proffil drama yn y coleg yno, gan ddarlithio ar y ddrama a chynnal gweithdai ymarferol ar actio. Wrth gynllunio'r theatr fach hon, rhan o fwriad Taig oedd creu canolfan lle gallai perfformiwr a thechnegydd ehangu eu profiad o theatr trwy ymarfer eu crefft. Roedd ef hefyd yn ymwybodol o bwysigrwydd cynulleidfa yn y broses theatraidd, a bod naws ac awyrgylch theatr yn rhan o brofiad y gwyliwr-wrandäwr. Darparwyd y theatr oddi mewn trwy ddefnyddio elfennau pensaernïol oedd eisoes yn bod yn yr ysgubor. Defnyddiwyd bwa priddfaen sefydlog yn broseniwm ac fe godwyd llwyfan isel tu cefn iddo, ac o'i flaen rhesi o seddau'n cychwyn yn agos at flaen y llwyfan hwnnw, er mwyn cadw'r agosatrwydd rhwng gwyliwr ac actor. Roedd Saunders Lewis eisoes wedi awgrymu'r math yma o agosatrwydd mewn nodiadau ar ei weledigaeth o theatr syml yn *The Welsh Outlook* mor bell yn ôl ag 1919. Wrth i'r seddau estyn i gorff hirgul y theatr, penderfynwyd eu codi i uchder o dair troedfedd yn y cefn er mwyn i'r gynulleidfa weld yr hyn oedd i ymddangos ar y llwyfan isel. Addaswyd rhan o'r ysgubor yn ystafell wisgo, a llofft uwchlaw'r llwyfan yn ystordy i setiau a dodrefn, ac addaswyd hen dŷ coets yn gyntedd. Yn union cyn yr Ail Ryfel Byd ymddangosodd hysbyseb yn y *Chester Chronicle* yn galw actorion i Gaer i sefydlu 'Welsh National Theatre', o dan nawdd yr Arglwydd de Walden. Atebodd Meredith Edwards, ymhlith eraill, yr alwad. Yn ei gyfrol *Ar Lwyfan Awr* mae Edwards yn cofio'r achlysur: 'Wel, ffwrdd â fi i Gaer a rhoi "Ymlusg yfory, ac yfory fyth yn y cerdded pitw hwn o ddydd i ddydd" i Mr Llewellyn, cyfieithiad T. Gwynn Jones o "Tomorrow, tomorrow and tomorrow", o Macbeth wrth gwrs. Gofynnwyd i mi ymuno â'r cwmni a dywedais nad allwn fforddio mynd i Langollen yn ddi-dâl am naw mis.'

I Blas Newydd, Llangollen yr aeth Meredith Edwards, ynghyd â nifer eraill, i'w hyfforddi mewn ynganu, anadlu, dawnsio, ymarweddiad llwyfan a ffensio. Y cynhyrchydd oedd Meriel Williams, cynnyrch RADA yn Llundain, ac roedd arbenigwyr

12. *Llwyfan, y proseniwm ac eisteddle'r gynulleidfa yn yr addasiad o ysgubor ar gyfer creu theatr yng Ngarthewin yn 1937. Dyma gychwyn cyfnod disglair o berfformio, gan gynnwys dramâu cynnar Saunders Lewis, dan gyfarwyddyd Morris Jones.*
(Robin Jones, Cwmni Garthewin)

eraill wrth law i hyfforddi'r actorion. Meriel Williams ddysgodd y criw actorion 'sut i ynganu ac i anadlu o'r ddeiaffram', gan geisio cael gwared ar eu hacenion Cymreig. Miss Chubb oedd yn eu hyfforddi mewn dawnsio ac ymgynhaliad, a Ffrancwr a ddysgai'r actorion sut i ffensio. Ar derfyn y cwrs aethpwyd â'r cwmni i Baris gyda'r bwriad o ehangu eu diwylliant. Cyfaddefodd Meredith Edwards fod gweld y *Comédie-Française* yn perfformio *Le Malade imaginaire* yn brofiad arbennig i actor Cymraeg. Rhyfeddai at eu 'symudiadau baletig a'u lleisiau soniarus a'u hamseru cywrain'. Ond byr fu bywyd Cwmni'r Chwaraedy Cenedlaethol ac ni chafwyd y brwdfrydedd a ddisgwylid wrth i'r cwmni deithio trwy Gymru. Mae Hazel Walford Davies, yn ei chyfrol *Saunders Lewis a Theatr Garthewin* (1995), yn nodi dau reswm am hynny, sef nad oedd trefniant rhag-flaen y cwmni yn y canolfannau perfformio yn ddigonol, a hwyrach bod naws y dramâu eu hunain yn orgrefyddol. Nid oedd theatr bwrpasol yn Llangollen i'r actorion ymarfer ynddi, ac ni ddenwyd rhyw lawer o actorion i ymuno yn y fenter hyfforddi yno. Ni chafwyd taith arall, ond, er hynny, fe gododd ffenics, fel petai, o'r fenter honno. Yn Ionawr 1938, y Chwaraedy Cenedlaethol oedd y cwmni cyntaf i berfformio yn Theatr Fach Garthewin ac un o'r dramâu a lwyfannwyd y noson honno oedd *Y Gainc Olaf*, gan T. Gwynn Jones, drama am agwedd y dawnswyr haf a'r Diwygwyr at fywyd, drama'n llawn symud a chân. Ni fu'r Chwaraedy Cenedlaethol heb ei feirniaid ar ei daith ganlynol trwy Gymru, rhai'n llym, yn enwedig o safbwynt safon isel yr actio. Yr oedd ynganu Cymraeg yr actorion yn feichus, a'r gwisgoedd, y setiau a goleuo'r cwmni'n israddol ac amatur. Ac eto, yr oedd gan Kate Roberts hyn i'w ddweud amdanynt: 'Rhyw actio o'u brestiau i fyny a wna'r Cymry, a gadael i weddill eu cyrff ymdaro rywsut. Cofiant ormod am eu lleisiau a mynegiant yr wyneb, gan anghofio'u traed a'u dwylo. Ond gan y Cwmni Cenedlaethol cafwyd pob peth yn gymesur.' Yn y man, ymddangosodd cynhyrchiad Kate Roberts (ynghyd ag

S. G. Rees) o *Tri Chryfion Byd* gan Twm o'r Nant yn y theatr newydd yng Ngarthewin. Enillodd y cynhyrchiad glod fel cyfraniad Cwmni Cyhoeddi Eisteddfod Genedlaethol Dinbych yn 1938. O ganlyniad gwahoddwyd hwy gan Robert Wynne i'w berfformio yn Theatr Fach Garthewin. Gŵr allweddol yn natblygiad y theatr yng Ngarthewin oedd Morris Jones, cynhyrchydd drama Cwmni Aelwyd Betws-yn-Rhos, hyd nes i Robert Wynne, sgweier Garthewin, ei wahodd i lywio rhaglen o gynyrchiadau cyson yn ei theatr. Pan oedd yn byw yn Lerpwl, bu Morris Jones yn brif gyfarwyddwr Cymdeithas Chwaraewyr Cymreig y ddinas honno, cwmni a gafodd gryn lwyddiant, dan ei gyfarwyddyd ef, yng nghystadlaethau'r Eisteddfod Genedlaethol. Cipiodd Cwmni Lerpwl y wobr gyntaf am gyflwyno'r ddrama *Yr Erodrom* (J. Ellis Williams) yn Eisteddfod Genedlaethol Caerdydd yn 1938. Ymddangosodd hanes y llwyddiant yn *Y Brython*, Awst 1938: 'Cyflawnodd Cymdeithas Chwaraewyr Cymreig Lerpwl orchest nas cyflawnwyd erioed o'r blaen yn adran ddrama yr Eisteddfod Genedlaethol sef ennill y wobr gyntaf ar y cynnig cyntaf.'

Bu Morris Jones yn aelod o Ysgolion Drama'r Chwaraedy Cenedlaethol yn Llangollen, a derbyniodd hyfforddiant hefyd yn ysgolion haf blynyddol y ddrama yng Ngholeg Harlech, lle cafodd ei ddylanwadu gan syniadau theatrig a dramatig Cynan. Yn ystod y cyfnod y ffynnodd perfformiadau drama yng Ngarthewin o'r pedwar degau hyd y chwe degau, Morris Jones oedd y prif ysbardun i gryn lawer o'r cynyrchiadau, gan gynnwys dramâu Saunders Lewis a ymddangosodd ar y llwyfan yno. Hyd yn hyn, Morris Jones oedd un o'r ychydig gyfarwyddwyr amatur oedd yn ddigon ffodus i weithio dan amgylchiadau arbennig iawn yn y theatr Gymraeg. Perfformiodd Cwmni Drama Sir Ddinbych *Amlyn ac Amig* (Saunders Lewis) yn y theatr ddiwedd Ionawr 1947 a Morris Jones yntau'n cyfarwyddo. Roedd hyn yn ddechrau cyfathrach artistig arbennig iawn wrth i gwmni, theatr a

13. *R.O.F. Wynne yn sefyll yn nrws yr ysgubor lle roedd*
Chwaraedy Garthewin.
(Robin Jones, Cwmni Garthewin)

dramodydd gyfuno i gyflawni gwaith llwyfan uchelgeisiol. Roedd hefyd yn gychwyn proses o feithrin math arbennig o gynulleidfa. O ganlyniad i'r fenter hon, penderfynwyd sefydlu cwmni a fyddai'n gysylltiedig â'r theatr, ac ym mis Mai y flwyddyn honno, bedyddiwyd y cwmni yn Chwaraewyr Garthewin. Yn y man cwblhaodd Saunders Lewis *Blodeuwedd* ar ei gyfer a'i pherfformio yng Ngarthewin yn ystod Hydref 1948. Yn 1950 cynhaliwyd Gŵyl Ddrama Genedlaethol Garthewin, a chwblhawyd *Eisteddfod Bodran* ar gyfer y cwmni. Yn y man ymddangosodd *Gan Bwyll* gan yr un awdur yn 1952, ac yna *Siwan* yn 1956 ar yr un llwyfan. Mae'n sicr i gyswllt Saunders Lewis â Theatr Fach Garthewin o'r pedwar degau hyd y chwe degau cynnar fod yn fodd iddo ddatblygu ei grefft fel dramodydd a'i ymwybyddiaeth o ofynion yr actor a'r cynhyrchydd yn y theatr. I Saunders Lewis yr oedd awyrgylch soffistigedig, naws a chefndir aristocrataidd, ac yn bennaf, efallai, cyfleusterau ymarferol y theatr yng Ngarthewin, er yn fechan eto'n gymwys, yn ateb yr alwad a wnaethai dros y blynyddoedd am le priodol i feithrin y naws a'r ymdeimlad o theatr lle gellid hau hadau llwyfan cenedlaethol. Yn wir, gelwid y lle gan rai yn 'Glyndebourne Cymru', term a adleisiai'r urddas a'r soffistigeiddrwydd a dyfai o syniadau Lewis am theatr deilwng i genedl wâr. Mae'n sicr i naws ac amgylchfyd bonheddig a phendefig teulu Garthewin brofi'n atyniadol iddo. Roedd hyn ynghlwm wrth ei ddyhead am broffesiynoldeb ar gyfer dehongli ei ddramâu ei hun ar lwyfan, er iddo orfod aros hyd nes i Wilbert Lloyd Roberts a Chwmni Theatr Cymru ymgymryd â'i ddramâu yn broffesiynol. Yng Ngarthewin yr oedd yn rhaid iddo fodloni ar gynhyrchu Morris Jones a chwmni amatur o actorion. Mae'n sicr i Lewis weld y cyfle i fagu yng Ngarthewin hedyn o ddyhead am theatr genedlaethol.

Cafodd dramodwyr Cymraeg eraill gyfle i weld eu gwaith ar lwyfan Garthewin yn ystod y blynyddoedd hyn, gwŷr fel Huw Lloyd Edwards. Rhoddwyd lle hefyd i gyfieithiadau ar y llwyfan hwnnw, cyfieithiadau o ddramâu teilwng Lloegr ac Ewrop, dramâu fel *Fel y Tybiwch y Mae* (Pirandello, 1956), yna *Teithiwr heb Bac* (Anouilh, 1961), *Tartwff* (Molière, 1964), *Hamlet* (Shakespeare, 1964), a *Marsiandïwr Fenis* (Shakespeare, 1967). Yn y cyfamser, yn gefndir i ymdrechion y sgweier yng nghocŵn soffistigedig Garthewin, gyda chefnogaeth Saunders Lewis, a gwaith ymarferol Morris Jones ac eraill, ymlaen y ffrwtiodd y ddrama a'r theatr amatur Gymraeg mewn pentrefi a broydd trwy Gymru, ar lwyfannau lleol, mewn gwyliau drama ac yn yr eisteddfod. Roedd Garthewin yn ymdrech ddewr i sefydlu theatr o safon yng Nghymru, er mai cyfyng oedd ei hapêl. Nid apeliodd at y rhan fwyaf o fudiadau a sefydliadau a chylchoedd theatr yng Nghymru yn y cyfnod hwn. Yr oedd ei leoliad yn anghysbell ac ni lwyddodd yn y pen draw i deithio'n gysurus i fannau eraill o Gymru, heblaw trwy adolygiadau amrywiol eu safon ac ymateb i gynyrchiadau'r cwmni.

Ym mhen arall y gogledd blodeuodd cwmnïau amatur lleol, fel y gwnaethant drwy'r wlad gyfan gydol y tri degau. Yn 1938, er enghraifft, tyfodd Cwmni Drama Bodfari o Gwmni'r Waun, ac ysgrifennodd Gwilym R. Jones ac Emrys Cleaver gyfres o gomedïau un act i'w perfformio gan y cwmni hwn o dalent bentrefol. Erbyn 1940 roeddynt yn sefydliad lled-broffesiynol oherwydd penodwyd arbenigwyr, gan gynnwys saer coed, colurwyr, a goleuwyr ynghyd â goruchwyliwr llwyfan. O gofio tlodi'r ardal gosodwyd nod proffesiynol wrth i'r chwaraewyr alw am dâl ar gyfer pob perfformiad. Bu'r agwedd yma'n fodd i godi safon y chwarae ac aeth y cwmni ymlaen am ddeunaw mlynedd i gyflwyno drama bob blwyddyn, comedïau newydd ran amlaf. Teithiodd y cwmni â'u cynyrchiadau trwy'r gogledd o Fôn i Lerpwl, ac yna i Lundain. Rhoddodd gŵr lleol gartref a gweithdy i'r cwmni, a sefydlwyd Theatr Fach yn y pentref. Cwmni gwledig ydoedd, sefydliad nodweddiadol o'r cyfnod, yn ganolfan i fagu a meithrin talentau lleol. Ymhen blynyddoedd yr oedd Theatr

CHWARAEWYR GARTHEWIN

HYDREF
15. 16. 22. 23
1948

BLODEUWEDD

SAUNDERS LEWIS

YN

CHWARAEDY GARTHEWIN

PRIS: 3c.

14. Rhaglen perfformiad Blodeuwedd *yn Chwaraedy Garthewin.*
(Robin Jones, Cwmni Garthewin)

Felin-fach yn sir Aberteifi i weithredu yn yr un modd, gan gydio ym mrwdfrydedd pobl wledig i ddarparu llwyfan ar gyfer gweithgareddau poblogaeth leol.

SIALENS Y DDRAMA FYDRYDDOL AR LWYFAN

I bob pwrpas mae gofynion llwyfannu a pherfformio drama fydryddol yn wahanol i ofynion y ddrama realistig naturiolaidd a thraddodiad y ddrama ryddiaith lafar. Yn nhraddodiad y ddrama fydryddol, ymddangosodd cymeriadau a lleoliadau o natur symbolaidd, a bu galw ar lwyfan am *mise en scène*, gwisgoedd a'r goleuo a adlewyrchai'r nodweddion hynny. Yr oedd cyfnod y ddrama hanesyddol farddonllyd wedi hen ddarfod ac nid oedd i ddychwelyd i lwyfannau Cymru hyd nes iddi godi ei phen ar ffurf pasiantau yn ystod y tri degau.

Wrth i ddylanwad y ddrama realistig ddod yn boblogaidd yn nwylo dramodwyr a chwmnïau drama amatur ym mlynyddoedd cynnar yr ugeinfed ganrif, nid oedd fawr o ysgrifennu ar ffurf fydryddol i'r theatr Gymraeg hyd nes i Saunders Lewis gyfansoddi *Buchedd Garmon* yn 1937 a hynny nid ar gyfer llwyfan y theatr, ond i'w ddarlledu trwy gyfrwng newydd y radio. Er i'r awdur gyffesu yn ei ragair i'r ddrama: 'Efallai mai ar y radio y mae gobaith am ddrama fydryddol Gymraeg', eto i gyd trodd nifer o awduron eu llaw ymhen amser i gyfansoddi dramâu mydryddol amrywiol, gan gynnwys Cynan, Thomas Parry, F. G. Fisher ac yn arbennig Saunders Lewis ei hun. Yr angen wrth lwyfannu dramâu mydryddol yw'r galw am naws ac amgylchfyd symbolaidd er mwyn dehongli elfennau poetig y themâu, y cymeriadau, y lleoliadau a'r gweithgareddau.

HYNT YR ACTOR

Mewn sgwrs radio yn 1937 mynegodd Cynan y farn mai hanfod actio yw i'r actor 'fod' y cymeriad a bortreadir, a hynny o safbwynt dychymyg a theimlad. Mae Wilbert Lloyd Roberts yn *Dŵr o*

15. *Golygfa o gynhyrchiad Cwmni Drama Bodfari o'r ddrama,*
Dwywaith yn Blentyn, *rhwng 1945 a 1950. Sylwer ar ffurf*
lled-realistig y llwyfannu, y gorlwyth o ddodrefn,
a'r cefnlen du plaen yn gefndir i'r cyfan.
Dyma'r math o theatr Naturiolaidd nad oedd wrth fodd
Saunders Lewis yn y cyfnod wedi'r Ail Ryfel Byd.
(Amgueddfa Werin Sain Ffagan)

Ffynnon Felin Bach (1995) yn crybwyll mai'r ddwy gyfrol bwysig
i Cynan oedd *My Life in Art* ac *An Actor Prepares*, y ddwy gan
Constantin Stanislavski.Yn y cyfrolau hynny yr oedd pwyslais ar
fodolaeth fewnol yr actor. Yng ngwaith Stanislavski darganfu
Cynan bwysigrwydd meistroli mynegiant y corff, y llais, y
pwyslais, tôn, wyneb, llygaid, ystum, cerddediad a safiad. Mae
Cynan yn dyfynnu o'r ffynonellau hynny trwy ddweud: 'Pan
wnelo actor ystum amhriodol, fe rwystra enedigaeth y teimlad
iawn.' Adlewyrchai hyn y pwyslais a roddai Stanislavski ar y
cyswllt rhwng y teimlad a'r corff yn y broses o baratoi cymeriad
ar gyfer y llwyfan. Mewn cyfres o nodiadau gan Cynan yn
Llwyfan 5, gwelwyd ôl ei astudiaeth o dechnegau Stanislavski.

Pwysleisiodd fod angen i'r actor nid yn unig ddysgu geiriau ac ystum a symudiadau, ond, hefyd ddysgu 'mynd tan groen y cymeriad fel y dywedir'. Nid oedd yn ddigon i'r actor edrych ar y cymeriad oddi allan, rhaid oedd iddo anelu, o ran dychymyg a theimlad, at 'fod y person hwnnw yn y ddrama, ac ar brydiau y tu allan i'r ddrama hefyd'. Roedd angen i'r actor da fod yn barod i wrando ar ei gyd-actorion. Wrth adnabod actor da wrth ei waith, 'y mae ei wrando yn wrando, a'i orffwys yn orffwys, ac mae'n byw trwy'r olygfa bob munud ohoni'. Am gelfyddyd yr actor fel ymhob celfyddyd arall, yr oedd iddi ddwy ran, 'y weledigaeth fewnol, a'r dechneg allanol'. Tyfai'r actor yn artist creadigol os oedd ganddo'r weledigaeth fewnol. Gallai'r actor wrth reddf ddatblygu'r weledigaeth fewnol, y ddealltwriaeth sensitif, a'r cydymdeimlad anhepgorol. Tyfodd y syniadau hyn yn uniongyrchol, nid yn unig o brofiad Cynan ei hun, ond hefyd wrth iddo ystyried yr hyn oedd gan Stanislavski i'w ddweud yn arbennig yn y gyfrol *An Actor Prepares*. Pwysleisiodd gyfraniad y dychymyg i dechneg yr actor. Roedd fflam argyhoeddiad a diffuantrwydd angenrheidiol wrth wraidd y dychymyg. Tybiai Cynan nad oedd y gweddill, 'y llais, yr wyneb, y llygaid, symudiadau'r corff a'r dwylo, ond megis drychau i fflachio ar y gynulleidfa y goleuni mewnol sy'n wenfflam yng nghalon yr actor ei hun'. Mynnodd nad eistedd wrth fwrdd oedd y ffordd i ddysgu rhan mewn drama, ond codi a symud yn y cymeriad. Rhaid oedd darganfod y pwyslais mewn deialog, rhaid oedd amrywio'r amseru a'r dôn, a rhoi prawf ar ystum 'nes darganfod yr unig un sy'n cyfleu'r ystyr a'r teimlad yn ddiamwys'. Rhaid oedd ymarfer nes bod ystum neu edrychiad yn tyfu'n hanfodol o ddehongliad brawddeg, a'r naill yn sicr o alw'r llall i'r cof i'w chanlyn. Yna mae'n adleisio sylfaen system Stanislavski, sef bod 'yr isymwybod wedi dysgu cymryd llywodraeth o'r llais, yr wyneb, yr ystum, yr edrychiad, gan ddilyn grym yr ymarfer, a'r meddwl ymwybodol wedi ei ryddhâu i fyw'r cymeriad'. Yr oedd y sylwadau doeth hyn am natur actio a llwyfannu cymeriad yn sicr

16. *Jack Jones yn actio Macbeth mewn perfformiad o
gyfieithiad T. Gwynn Jones o ddrama Shakespeare yn
Eisteddfod Genedlaethol Caerdydd 1938.*
(Hanes y Ddrama yng Nghymru 1850-1943, *O. Llew Owain*)

o gyfoethogi profiad myfyrwyr yn yr ysgolion drama a'r dosbarthiadau ymarferol ac yn y beirniadaethau ar berfformio mewn eisteddfodau y bu Cynan yn ymwneud â hwy dros y blynyddoedd.

EISTEDDFOD CAERDYDD: *MACBETH*

Yn 1938, perfformiwyd *Macbeth* am ddwy noson yn Chwaraedy Tywysog Cymru yng Nghaerdydd gerbron deuddeg cant o gynulleidfa. Y cynhyrchydd oedd D. Haydn Davies, a Jack James actiodd y cymeriad Macbeth. Roedd yn rhan o'r wythnos ddrama yn yr Eisteddfod, ac fe'i galwyd yn arbrawf pwysig gan ohebydd *Y Brython* (Awst 1938). Yr oedd yn berfformiad campus gan amaturiaid, yn ôl T. O. Phillips yn y *Western Mail*. Cafwyd perfformiad eisoes ym mis Ebrill yr un flwyddyn o gyfieithiad T. Gwynn Jones o'r ddrama hon, a hynny am y tro cyntaf yn Gymraeg, gan gwmni lleol o Lanelli, dan hyfforddiant Meriel Williams. Ymhlith actorion y cwmni a berfformiodd yng Nghaerdydd yr oedd nifer a ddeuai'n adnabyddus yn broffesiynol yn y man – ar lwyfan, ar y radio, y teledu a ffilm gan gynnwys Prysor Williams, Jack James, Dilys Davies, Peter Edwards a Dennis Jones. Cyn hir yr oedd pob un o'r rhain i ddisgleirio fel cnewyllyn cwmni drama repertori cyntaf y BBC.

THEATR YN YSTOD Y RHYFEL

Mewn darlun cryno o hynt y theatr Gymraeg mewn un ardal o Gymru yn ystod yr Ail Ryfel Byd, mae J. O. Roberts yn y gyfrol *Ar Lwyfan Amser* yn cyfeirio at nifer y cwmnïau drama a ffynnai yn sir Fôn. Yr enwocaf oedd Cwmni John Hughes, Llannerch-y-medd. Bu'r cwmni'n teithio gyda chynyrchiadau i fannau mor bell â Lerpwl a Llundain, heb sôn am ledled Cymru. Byddai'r offer llwyfan angenrheidiol 'yn teithio yng nghar mawr Robat Rees, y cigydd'. Mae J. O. Roberts yn sôn am berfformiadau bob gaeaf o ddramâu ar lwyfan mewn ysgoldy yng Nghapel Gad, Bodffordd.

Yno, meddai, gwelodd ef a'i gyfoedion ddramâu fel *Noson o Farrug, Ar y Groesffordd, Pelenni Pitar, Beddau'r Proffwydi, Maes y Meillion* a *Pawen y Mwnci*, oedd yn hen ffefrynnau gyda chwmnïau drama amatur lleol ers blynyddoedd cyn hynny. 'Mae'n debyg bod gan Ysgoldy Gad adnoddau llwyfan arbennig,' meddai J. O. Roberts. Yr oedd gwŷr lleol fel Tom Ellis yn 'gallu cynhyrchu trydan i oleuo'r llwyfan', ac Emrys a Griffith Wilias yn 'gofalu am y golygfeydd'.

Ym mhen arall gogledd Cymru yr oedd gwŷr fel Emrys R. Jones yn ysgrifennu dramâu ysgafn, yn bennaf ar gyfer Cwmni Drama Bodfari. Mae'n debyg fod carcharorion rhyfel o'r Eidal mewn gwersyll yn Perl Park, ger Rhuthun, a byddai llawer o'r carcharorion hynny'n gweithio ar ffermydd yn Nyffryn Clwyd.

17. Llwyfan ac awditoriwm Theatr Fach Aberdâr yn nhri degau'r ugeinfed ganrif. Sylwer ar natur y proseniwm o gylch y llwyfan sydd yn awgrymu ffrâm pictiwr i'r actio. Mae'r mise en scène felly yn dieithrio'r actorion o'u cynulleidfa.
(Hanes y Ddrama yng Nghymru 1850-1943, O. Llew Owain)

202

Sgwrsiai Emrys Jones â'r bechgyn hyn, a chael syniadau am ddramâu ganddynt. Mae T. Arthur Jones, Bodfari, yn cofio hynny: 'Cyfnod pryderus a phoenus oedd hwn, a'r dyfodol yn dywyll, ond trwy ysgrifennu a llwyfannu'r comedïau ysgafn hyn, llwyddodd Emrys R. Jones i gael pobl i ymlacio ac i chwerthin. Roedd y fenter yn botel o donic i werin cefn gwlad' (*Bro a Bywyd Gwilym R. Jones*).

Cyn y rhyfel roedd gan J. Ellis Williams restr o dri chant a hanner o gwmnïau drama a berfformiai'n gyson ar lwyfannau yng Nghymru. Danfonai Williams hysbyseb at bob un ohonynt er mwyn eu hatgoffa o'r ddrama ddiweddaraf a ysgrifennwyd ac a gyhoeddwyd ganddo, a chafodd werthiant sylweddol drwy hynny.

Ar ôl y rhyfel yn 1946 anfonodd at yr un cwmnïau er mwyn cael gwybod faint oedd wedi goroesi'r rhyfel – nid atebodd pedwar ugain, ac felly deg ar hugain o'r cwmnïau oedd yn dal eu tir. Chwalwyd yn agos i ddeucant o'r cwmnïau oherwydd y rhyfel, er i oddeutu hanner ohonynt obeithio ailddechrau. Mae'r ffigyrau hyn yn arwyddocaol, gan gofio hefyd mai dim ond saith o gwmnïau a oedd yn cystadlu ar actio drama hir yn yr Eisteddfod Genedlaethol pan ailddechreuwyd perfformio yn yr ŵyl yn 1948. Yn dilyn y rhyfel, ymddangosodd y gwyliau drama drachefn, yn enwedig yng ngogledd Cymru. Rhoddwyd cyfle ynddynt i berfformio ar lwyfan ac i feithrin beirniadaeth ar ddramâu. Gwelodd J. Ellis Williams brif werth y gwyliau drama hyn yn y modd y rhoddent gyfle i feithrin chwaeth a phrofiad cynulleidfaoedd. Ond ni pharhaodd yr adfywiad yma'n hir wedi'r rhyfel oherwydd lleihaodd nifer y cwmnïau oedd yn cystadlu a rhoddwyd y gorau i rai o'r gwyliau poblogaidd, fel y rhai a fu'n llewyrchus yng Nghorwen, y Bala, Porthmadog a Phwllheli.

15. Y perfformiwr ar orwel proffesiynoldeb

Wrth annerch Cymdeithas Geltaidd Coleg y Brifysgol, Aberystwyth yn 1947 ar y testun 'Cyfle'r ddrama yng Nghymru', beirniadodd Huw Griffith sefyllfa'r theatr Gymraeg trwy grybwyll fod y ddrama yn rhyw fath o hobi 'yn hytrach na chynhaliaeth inni fel cenedl'. 'Y mae ynddi', meddai, 'ddiffyg disgyblaeth, crefft a chelfyddyd.' Pwysleisiodd yr angen i'r artist yn y theatr 'fod yn rhan o'r gymdeithas ac eto o'u blaen yn ei weledigaeth. Rhaid iddo aberthu llawer, ac yr oedd yn ffŵl yng ngolwg ffyliaid.' Roedd yn rhaid i'r ddrama ofalu am genedl ac am gymdeithas. 'Dyna'r lle,' meddai, 'a phrin y gwna hyn yng Nghymru heddiw'. Cyn hynny, yn Eisteddfod Bae Colwyn, beirniadodd Griffith y gyfundrefn bresennol oedd yn tagu'r theatr Gymraeg. Cynigiodd gynllun datblygu, ond, yn ei dyb ef yn 1947, nid oedd arwydd o hynny. 'Roedd angen,' meddai, 'gosod y cerrig cyn cael disgyblaeth a chrefft ymhlith y cynhyrchwyr a'r actorion, pethau fel ynganu a symud perffaith.' Roedd angen hefyd cael dramâu da. Ond ym mha le yr oeddynt? Awgrymodd mai cyfrinach yr hen bregethwyr mawr fel John Elias oedd 'eu bod yn credu ym mhwysigrwydd eu crefft, nes gwefreiddio'r gwrandawyr. Gyda'n traddodiad ysbrydol gallai dramâu mydryddol mesmeraidd gydio yn ein cenedl heddiw, a'u cyffroi i'n seiliau cenedlaethol.' Roedd hwn o bosib yn osodiad rhamantus, ond ar y pryd yn 1947 roedd llais profiadol yr actor proffesiynol Shakespearaidd wrth gefn y sylwadau alltud hyn.

PONTIO'R AMATUR A'R PROFFESIYNOL

Tyfodd rhai actorion, a dderbyniodd eu profiad yn y theatr amatur yn ystod y tri degau, yn ddigon aeddfed eu crefft erbyn y pum degau i ymuno â chwmni drama repertori y BBC yng Nghaerdydd (ac ym Mangor yn ddiweddarach). Yn eu plith yr oedd actorion fel Ieuan Rhys Williams, Enis Tennouche, Gunstone Jones, Rachel Howell Thomas, Prysor Williams a Jack James. Aeth rhai fel Rachel Howell Thomas ymlaen i fyd y ffilm a'r theatr broffesiynol. Y mae gyrfa Rachel Howell Thomas yn enghraifft briodol o'r llwybr a gymerwyd gan yr actorion talentog hyn. Â'i phrofiad cynharaf gyda chwmni amatur Gilfach Goch yn sylfaen, aeth ymlaen i berfformio trwy Gymru gyda'r cwmni hwnnw. Yna, yn 1938, mewn cyfieithiad o'r ddrama *Land of My Fathers*, ymddangosodd ar lwyfan Eisteddfod Genedlaethol Caerdydd. Yn y cynhyrchiad hwnnw daeth i sylw Jac Jones, ac fe gymeradwyodd hi i'w gyfeillion ym myd y ffilmiau yn Llundain, a dyna gychwyn ei gyrfa broffesiynol. Dychwelodd i'r theatr yn ysbeidiol – fel yr Arglwyddes Macbeth yng Ngarthewin yn 1947, yn *Cariad Creulon* (Bryn Williams) yn 1965, fel Marina yn *Uncle Vanya* yn y Crucible, Sheffield, yn 1973, fel Mrs Pearce yn *Pygmalion* (Shaw) yn Theatr y Shaw yn Llundain, ac fel Mrs Helseth yn *Rosmersholm* (Ibsen) yn y Royal Exchange ym Manceinion yn 1981, a nifer fawr o berfformiadau trawiadol eraill. Trwy natur ei hactio a'i chymeriadaeth ddisglair tyfodd i fod yn ddelwedd o'r 'fam Gymreig' ar lwyfan ac ar sgrin.

Ni chafodd y rhan fwyaf o'r actorion llwyddiannus hyn hyfforddiant mewn colegau drama. Talent naturiol oedd ganddynt a dyfai o'r gyfundrefn amatur bentrefol a threfol yng Nghymru, a thrwy hir brofiad ar lwyfan a olygai waith caled a chyson wrth baratoi a chyflwyno cymeriadau a fu'n sialens i'w dychymyg a'u sgiliau. Meddai Michelle Ryan am Rachel Howell Thomas: 'person hollol broffesiynol oedd yn ymdrin â'i rhannau mewn ffilm, teledu, radio ac ar lwyfan gyda gwaith caled, urddas a gonestrwydd'.

THEATR FACH LLANGEFNI

Yn 1942 sefydlwyd Gŵyl Ddrama Môn gan J. O. Jones o'r Cyngor Gwlad, a chafwyd wythnos gyfan o gystadlu yn Llangefni. Yr oedd cymaint â thri chwmni o Fodffordd yn unig yn cystadlu yn yr ŵyl honno: Cwmni'r Merched, Cwmni'r Ieuenctid a'r Cwmni Agored. Bu cwmnïau pentrefol yn ffynnu ym Môn ers chwarter cyntaf yr ugeinfed ganrif. Sefydlwyd Gŵyl Ddrama gan Sefydliad y Merched yn 1937, gŵyl a gynhelid yn gyson o hynny ymlaen ac un a roddodd gyfle i'r cwmnïau drama lleol berfformio'n gystadleuol yn erbyn ei gilydd. Achwynodd Cynan nad oedd llwyfannau addas i'r cwmnïau ddatblygu eu doniau perfformiadol. Y pum degau oedd cyfnod mwyaf llewyrchus y theatr amatur leol ym Môn ac arweiniodd y brwdfrydedd am weld dramâu ar lwyfannau'r ynys at sefydlu Theatr Fach Llangefni. Y ddrama *Catrin* gan F. G. Fisher, a enillodd iddo'r wobr gyntaf am ddrama hir yn Eisteddfod Genedlaethol 1948, a'i symbylodd i sefydlu Cymdeithas Ddrama Llangefni i'w llwyfannu, ac yn sgil hynny aethpwyd ymlaen i sefydlu'r Theatr Fach. Yn y gyfrol *Ar Lwyfan Amser* mae J. O. Roberts yn crybwyll iddo ymweld, yn fachgen ysgol ac yn ddarpar actor, â Theatr Fach Garthewin, yn Llanfair Talhaearn, gyda F. G. Fisher. Yno gwelodd Fisher addasiad yr ysgubor yn theatr, ac awgrymir mai yno y plannwyd y syniad yn ei feddwl o greu theatr gyffelyb yn sir Fôn. Daeth y cyfle ymhen blynyddoedd pan brynodd Cyngor Tref Llangefni fferm Pencraig ar gyrion y dre. Grŵp o ryw ddeunaw o bobl a sefydlodd Gymdeithas Ddramatig Llangefni yn 1949. Ymunodd tua deugain o bobl i ddechrau. Rhoddwyd y Neuadd Ganolog yn yr hen County School at wasanaeth y gymdeithas, ac erbyn diwedd 1953 roedd 180 o bobl wedi talu eu haelodaeth, a hwythau eisoes wedi gweld 25 o gynyrchiadau theatr. Aeth yr holl elw at wasanaeth saer, gwisgoedd a thrydanydd. Ymhen ychydig daethpwyd o hyd i hen ysgubor gerllaw'r dref ac fe'i llogwyd o hynny ymlaen. Aeth 25 gwirfoddolwr ati i addasu'r ysgubor yn theatr fach. Codwyd

18. *Addasu hen ysgubor i greu Theatr Fach Llangefni*

llwyfan yno, ynghyd â grid ar gyfer goleuadau, bwa proseniwm a llenni. Gosodwyd 13 *dimmer* mewn pedwar bancyn o dri, ynghyd â phrif *dimmer*. Gosodwyd cyswllt teliffon rhwng y bocs goleuo a chefn y llwyfan. Codwyd yr awditoriwm o ris i ris i gefn y theatr a phrynwyd seddau ail-law. Adeiladwyd ystafell werdd a gweithdy, stordy a llwyfan deunaw troedfedd wrth bedair troedfedd ar bymtheg. Roedd seddau yn yr awditoriwm ar gyfer 63 o bobl ac o ganlyniad, roedd yn rhaid i bob cynhyrchiad redeg am o leiaf bedair noson, er mwyn rhoi'r cyfle, yn y pen draw, i'r 420 o aelodau gael gweld y sioeau. Tyfodd Theatr Fach Llangefni yn ganolfan bwysig i berfformiadau nid yn unig gan y cwmni lleol ond hefyd ar gyfer prif wyliau drama'r gogledd, ac yn ganolfan theatr pan ddeuai'r Eisteddfod Genedlaethol i'r parthau hynny. Ymddangosodd perfformiadau'r Eisteddfod yno pan ddaeth yr ŵyl i Langefni yn 1957. Dyna'r tro cyntaf i Elen Roger Jones ymweld â'r theatr yno, pryd y perfformiwyd drama fydryddol F. G. Fisher, *Merch yw Medwsa*. Meddai: 'Dotiais ar y llwyfannu graenus – gyda'r cynllun golau a sain mor broffesiynol. Synnais yn fawr gael, yng nghanol Môn, debygrwydd i theatr yn Llundain. Ymunais fel aelod y noson honno, gan deithio o Abersoch i weld pob perfformiad.'

Wedi i F. G. Fisher glywed am ei doniau a sylwi ar ei sêl, gofynnodd iddi actio a chynhyrchu yno, a bu hithau wrth y gwaith o hynny ymlaen am gyfnod o ddeugain mlynedd, gan ddod yn fath o 'enaid' i'r lle. Dros y blynyddoedd fe gyflwynwyd rhychwant eang o ddramâu yn y theatr honno, gan gynnwys clasuron dwys a chomedïau, dramâu poblogaidd dechrau'r ugeinfed ganrif, gweithiau awduron newydd, a chyfieithiadau. Meddai Elen Roger Jones: 'Tydi hi ddim yn ormodiaith o fath yn y byd i ddeud fod y Theatr Fach (Llangefni) wedi cael dylanwad ar ddatblygiad y ddrama yng Nghymru. Er mai theatr amatur ydi hi. Ond dydi hi'n sicr ddim yn theatr amaturaidd.'

Ystyrid F. G. Fisher yn arloeswr i Theatr Fach Llangefni. O'i ddyddiau cynnar ysgrifennodd ef a chyfarwyddo llu o ddramâu ar gyfer y theatr honno. Athro ysgol oedd Fisher yn Ysgol Ramadeg Llangefni, ac fe ddechreuodd arbrofi gyda'i ddramâu a hogi ei ddawn i gyfarwyddo yn y fan honno. Gorlifodd ei ddoniau i lwyfan y Theatr Fach a daeth drama ar ôl drama o'i ddwylo, gan gynnwys ei ffantasi *Morwyn y Môr*, a'r ddrama *Y Ferch a'r Dewin* a lwyfannwyd yng Ngŵyl Ddrama Llangefni yn 1954. Daeth penllanw ymdrechion Fisher yn 1955 pan agorwyd adeilad newydd i'r Theatr Fach ar Stad Pencraig. Ffrwyth ymdrechion a hyder cymuned gyfan yn ystod y blynyddoedd wedi'r Ail Ryfel Byd oedd agor yr adeilad hwn. Roedd lle yn y theatr i gynulleidfa o tua 65 o bobl. Polisi'r Theatr Fach oedd perfformio dramâu yn y ddwy iaith, a rhoi'r cyfle i Fisher arbrofi gyda ffurfiau newydd a gwreiddiol o lwyfannu. Ymgymerodd hefyd â chyflwyno

19. Theatr Fach Llangefni yn y 1970au

dramâu'r byd i gyhoedd yr ynys. Meddai Llewelyn Jones amdano: 'I Fisher, unig werth ymhél â'r ddrama oedd ymdrechu'n gyson i berffeithio'r grefft o actio a llwyfannu. Nid llawforwyn i unrhyw achos da oedd y ddrama, ond celfyddyd i'w hymarfer a'i chaboli er ei mwyn ei hunan.' Ehangwyd yr awditoriwm i gynnwys 110 o seddau cyn Eisteddfod Genedlaethol Llangefni yn 1957. Perfformiwyd nifer fawr o ddramâu Cymraeg yno dros y blynyddoedd, gan gynnwys *Amlyn ac Amig*, *Blodeuwedd*, *Siwan*, *Un Briodas*, *Cariad Creulon* ac *Arch Noah*. Fe'i hystyrid, ar ei anterth, yn un o gwmnïau drama amatur mwyaf blaenllaw'r wlad. Yn 1966 yr oedd Huw Lloyd Edwards i gyfeirio at gyfraniad pwysig mudiad y Theatr Fach i ddatblygiad cyffredinol theatr yng Nghymru yn ystod yr ugeinfed ganrif (*Y Faner*, Ebrill 1966). Meddai:

Mae i'r theatrau bach le hanfodol bwysig ym myd y ddrama Gymraeg. I'r ardaloedd gwledig, maent yn bwysicach ond odid na Theatr Genedlaethol anhygyrch yng Nghaerdydd. Maent yn fwy na theatrau'n unig, – maent yn weithdai i gynhyrchwyr, actorion a dramodwyr; maent yn ganolfannau cymdeithasol; maent yn gaerau i'r iaith. Ond rhaid edrych arnynt, wrth gwrs, fel rhan o batrwm y Theatr newydd yng Nghymru, – cyfuniad iach o'r amatur a'r proffesiynol – ac y mae dyfodol y theatr Gymraeg yn dibynnu ar y naill a'r llall.

Er mwyn ehangu cyfleusterau Theatr Fach Llangefni, gwnaeth F. G. Fisher gais am gefnogaeth ariannol gan y Gulbenkian Trust. Yn y man daeth canlyniad ceisiadau gan wahanol sefydliadau ym Mhrydain, ac ymhlith y rhai ffodus a gafodd swm o ddwy fil o bunnoedd yr un yr oedd Memorial Theatre Stratford, Mermaid Theatre Llundain a Theatr Fach Llangefni. Yn sgil hyn gwnaethpwyd nifer o newidiadau ac ychwanegiadau i'r Theatr. Galluogwyd Fisher a'i griw i gyflwyno tair drama yn Gymraeg a thair yn Saesneg yn flynyddol am flynyddoedd i ddod. Derbyniwyd y theatr hon yn aelod o'r Little Theatre Guild of Great Britain. I ddathlu ugain mlynedd o gynhyrchu dramâu, llwyfannwyd *Y Claf Diglefyd* (Molière; cyfieithiad Bruce Griffiths) yn 1969. Cymaint oedd datblygiad y cwmni hwn fel yr oedd hi'n bosib cynhyrchu drama a droswyd yn arbennig i'r achlysur, a chomisiynu cerddoriaeth wreiddiol gan Robert Smith o Goleg y Brifysgol, Bangor, ynghyd â cherddorfa Ysgol Llangefni. Yr oedd hyn yn wir gamp i gymdeithas o amaturiaid. Erbyn hyn cyflwynwyd 71 o ddramâu hirion gan y Gymdeithas Ddrama o fewn pedair blynedd ar ddeg. Yn y gyfrol *Ar Lwyfan Amser* gan J. O. Roberts, datgelir techneg hynod F. G. Fisher o gyfarwyddo drama ar gyfer y llwyfan. Roedd ganddo ddull unigryw o gynhyrchu yn ystod ymarferion, oedd yn y pen draw yn gymorth i actorion dibrofiad. Yr oedd yn fathemategydd o gynhyrchydd: 'Gweithiai drwy ddefnyddio trionglau, a phob grŵp a symudiad cymeriad wedi eu paratoi ymlaen llaw ganddo. Roedd dull felly'n galluogi i'r cymeriadau symud a chreu grwpiau'n syth ar ôl y darlleniad cyntaf. Byddai hefyd wedi rhannu'r ddrama yn adrannau a chreu amserlen fel nad oedd gormod o amser i bobl sefyll o gwmpas yn gwneud dim.'

ANELU AT THEATR GENEDLAETHOL

Ym mis Ionawr 1949 cyflwynwyd Mesur Theatr Genedlaethol i Brydain yn Nhŷ'r Cyffredin yn Llundain. Ni siaradodd yr un o'r aelodau seneddol Cymreig yn ystod y mesur ac eithrio Syr Henry Morris-Jones, a dorrodd ar draws Emrys Hughes pan soniodd hwnnw am ddyled Shakespeare i'r Alban, gan ddweud tri gair, 'Ac i Gymru'. Collwyd cyfle arbennig i godi mater cael cymorth i'r ddrama Gymraeg heblaw crybwyll theatr genedlaethol i Gymru. Ym mis Chwefror yr un flwyddyn gofynnodd George Thomas, Caerdydd, i'r Prif Weinidog a oedd yn barod i gyhoeddi rhoi cymorth ariannol i sefydlu theatr genedlaethol i Gymru. Cnewyllyn ateb y Prif Weinidog i hyn oedd fod arian trethdalwyr eisoes yn mynd at sefydlu theatr genedlaethol yng nghalon yr ymerodraeth. Yn *Y Faner* ym mis Chwefror ysgrifennodd Kate Roberts: 'Os oes ganddo syniad [sef George Thomas] o gwbl yn ei ben o beth yw Theatr Genedlaethol, yr wyf yn gwbl sicr mai cael theatr yng Nghymru i chwarae dramâu Saesneg yw ei syniad ef am Theatr Genedlaethol i Gymru.'

EISTEDDFOD A PHERFFORMIO

Cynan oedd beirniad y gystadleuaeth perfformio dramâu yn Eisteddfod Genedlaethol Caerffili, 1950. Canmolodd drefn newydd ar gyfer rhagbrofion y ddrama un act, gan orchymyn i feirniaid, wrth iddynt deithio y gwmpas y wlad i weld y cwmnïau wrthi'n llwyfannu, draddodi beirniadaeth lafar yn y fan a'r lle ar

20. *Cynan fel 'Twm Huws o Ben-y-Ceunant,' yn ei ddehongliad dramatig o* Ynys yr Hud *(W. J. Gruffydd) gyda'r tannau, 1941.*

(Hanes y Ddrama yng Nghymru 1850-1943, O. Llew Owain)

derfyn pob perfformiad ac nid sleifio ymaith fel yr arferent gynt. Meddai:

> Y mae dull presennol beirniadu rhagbrofion drama yr Eisteddfod yn gwarantu o leiaf y ceir beirniadaeth lafar drwyadl i gwmnïau a chynulleidfaoedd yr ardaloedd gwledig; ac nid, fel yn y gorffennol, i gwmnïau a chynulleidfaoedd wythnos yr Eisteddfod yn unig. Yn hyn o beth y mae'r Eisteddfod trwy ei rhagbrofion yn cyflawni cenhadaeth gyffelyb i genhadaeth Dosbarthiadau Allanol y Brifysgol a'r WEA.

Beirniadaeth ymarferol a fynnai Cynan, beirniadaeth feddyginiaethol ar gyfer y claf, a'i nod oedd codi safonau'r cystadleuwyr trwy fanylu ar grefft actio a chynhyrchu. Yn *Lleufer* (Hydref 1962), cloriannodd ei agwedd at feirniadaeth theatrig trwy ddweud:

> Mi fedra i ddysgu i efrydydd sut y mae sefyll yn briodol ar lwyfan, sut y mae symud yn briodol ar lwyfan, sut y mae siarad yn briodol ar lwyfan. Ond wedi imi ddysgu hyn oll iddo, yr hyn a ddysgais iddo ydyw crefft sefyll, symud, siarad llwyfan, ac nid celfyddyd actio. Yn honno mae yna ryw ddirgelwch sydd tu hwnt i'r elfennau hyn oll.

Roedd gan Cynan syniadau pendant am yr hyn a fynnai gan actorion. Yn gyntaf, roedd rhaid wrth weithred, hynny yw 'action' ddramatig. Wrth feirniadu cystadleuaeth dramateiddio nofel yn Eisteddfod Glynebwy 1958 pwysleisiodd y cyswllt rhwng y gair a'r weithred ar lwyfan. 'I'r dramodwr,' meddai, 'gweithred ac nid gair sydd yn y dechreuad', ac ymhellach 'wrth drosi nofel yn ddrama rhaid i'r dramodwr weld a dangos y cymeriadau'n weithredol ar hyd y ffordd. Yn wir oni roes y nofelydd ddigon o gyfle gweithredol iddynt i bwrpas llwyfan, rhaid i'r cyfaddaswr ei hun ddyfeisio llawer rhagor o gyfle iddynt yn gwbl eofn.' Rhaid oedd cyflwyno'r weithred yn dri phrif symudiad llwyfan cydgysylltiol cyflawn, sef yr Undodau traddodiadol. Meddai drachefn yng Nghaerffili yn 1950:

> geill naratif grwydro'n weddol hamddenol o'r cychwyn trwy gyfres o ddigwyddiadau ac achosion, ond rhaid i'r ddrama anelu o'r foment gyntaf at y diwedd, at ddisgyn y (i'w?) lle. Rhaid gan hynny iddi gychwyn ar y foment effeithiol agosaf i'r diwedd, rhaid iddi ddisgyn i ganol y foment sy'n drobwynt, ac ar ddigwydd – un digwydd – sy'n mynnu cael ei egluro. Hynny yw ystyr un o'r Undodau dramatig, ac ar ei berygl y bydd dramodydd yn esgeulus ohono.

Mynnai Cynan ddeialog ystwyth a graenus ei Chymraeg ar gyfer y theatr. Yn Eisteddfod Dinbych 1939 roedd wedi crybwyll: 'Ni thâl dim drwg Gymraeg oddi ar lwyfan ein drama genedlaethol.' Condemniai'n llym fratiaith siabi yn enw 'naturioldeb' a 'hiwmor' a 'thafodiaith'. Gellid dysgu ysgrifennu deialog dda, meddai, wrth gymryd rhagymadrodd Ifor Williams i'w gyfieithiad o *Tŷ Dol* (Ibsen) yn werslyfr priodol. Un peth arall a bwysleisiodd Cynan dro ar ôl tro oedd y defnydd o lên effeithiol. Yn ei eiriau ef, roedd 'cyrten cleimactig' yn hollbwysig ac yn agwedd ar grefft oedd yn rhywbeth y gellid ei ddysgu.

Y DDRAMA FYDRYDDOL YN CODI EI PHEN DRACHEFN

Yn Ysgol Haf Harlech yn 1932 roedd Cynan wedi awgrymu y dylai dramodwyr Cymraeg feithrin y ddrama farddonol (fydryddol) yn hytrach na bod yn fodlon ar y ddrama gegin fodern, neu gyfieithiadau o gomedïau 'Swydd Lancashire'. Roedd y ddrama fydryddol yn her i gyfarwyddwyr ac i gynllunwyr i gyflwyno'r symbolig, yn her ar gyfer castiau mawr, ac yn her i actorion ddygymod â mydryddiaeth a chymeriadau symbolaidd a alwai am arddulliau neilltuol o actio. Yn y man ymddangosodd drama anghyffredin ei chynnwys a'i strwythur o law Kitchener Davies. Drama farddonol, yn sicr, oedd *Meini Gwagedd*, gyda rhythmau'r *vers libre* yng ngenau ei holl gymeriadau trist, dioddefgar. Yr oedd iddi ffurf cerdd ddramatig. Yn wir danfonodd Kitchener Davies hi i gystadleuaeth y ddrama fer yn ogystal â chystadleuaeth y gerdd *vers libre* yn Eisteddfod Genedlaethol Llandybïe 1944. Cafodd glod gan Matthew Williams, beirniad y ddrama fer. Fel cerdd ddramatig y mae iddi ei sialens ar gyfer y llwyfan o safbwynt natur ei chynnwys a strwythur ei digwydd. Rhoddwyd prawf iddi fel drama lwyfan trwy berfformiad dethol gan Bwyllgor Drama Ceredigion ar y cyd â phwyllgor cerdd y sir, yn Llanbedr Pont Steffan yn ystod haf 1945. Llwyddwyd i sicrhau bod 'Kol Nidrei', sef miwsig gan y cyfansoddwr Iddewig Max Bruch, yn rhan hanfodol o'r cyflwyniad. Mary Lewis a'i cynhyrchodd, a chynlluniwyd y set gan John Elwyn (Davies). Mae llythyr Kitchener Davies at Mary Lewis i'w weld yn ei gyfanrwydd yn y gyfrol *James Kitchener Davies: Detholiad o'i Waith*. Yn y llythyr ceir argraff y dramodydd pa mor effeithiol oedd y ddrama fel darn o theatr. Mae'r sylwadau'n rhoi syniad am rai o elfennau ymarferol y cynhyrchiad, ac ansawdd theatrig dehongli drama fydryddol ar lwyfan. I gychwyn pwysleisiodd mai swydd theatr oedd creu 'deall teimladol, sy'n fwy na swm y mân-ddealliadau ymenyddol'. O safbwynt actio'r cymeriadau gorthrymedig yn y ddrama, er i'r awdur ddychmygu rhyw rym a chyffro, a thymestl o deimladau gan y cymeriadau, yn lle hynny cafwyd actio 'tawel di-grandusrwydd', rhyw 'muted emotion' hollol effeithiol. Daeth 'angerdd cyson, oer, lleddf-berw' o enau'r cymeriadau. Plesiwyd ef yn fawr gan ddehongliad disgybledig yr actorion. Roedd y symud ar lwyfan yn 'gyrhaeddgar a di-wast', a ffrwyno'r symud, y llefaru cywrain a'r grwpio 'nodedig o glyfar' yn effeithiol tu hwnt. Cyfeiriodd yr awdur at y 'symud "fussy" gwastraffus, diddiben' oedd fel arfer yn nodweddiadol o'r llwyfan Cymraeg, ac na chafwyd yn y cynhyrchiad yma. Nododd y broblem a gododd o'r sgript, sef bod yna dri chymeriad afreal a phedwar real yn gwrthbwyntio ei gilydd trwy gydol y digwydd a'r ffaith i'r cynhyrchiad ddatguddio'r modd y gellid trin y fath ddehongliad barddonol mewn termau theatrig. Yr oedd y llythyr hwn a'r adwaith a gafwyd ynddo i lwyfannu drama farddonol, symbolaidd, yn ddogfen werthfawr ar gyfer unrhyw ystyriaeth bellach i berfformiad y gwaith.

Drama gomisiwn gyntaf yr Eisteddfod Genedlaethol, i'w pherfformio ym Môn yn 1957, oedd y ddrama fydryddol *Absalom fy Mab* gan Cynan. Roedd sylwadau Clifford Evans yn drawiadol wrth iddo adolygu'r ddrama yn *Lleufer*, Gwanwyn 1958, oherwydd fel actor proffesiynol yr edrychai ar y sgript fel deunydd llwyfan. Roedd ef o'r farn na lwyddodd Cynan i fynd â'r maen i'r wal bob tro. Gwelodd ddiffyg gwrthdaro yn y gwaith, gormodedd o brif gymeriadau, stwffio stori garu i mewn yn anghelfydd, elfennau 'theatraidd' ar derfyn pob golygfa, cymeriadau'n gwanhau wrth i'r ddrama ddatblygu. Gwelodd Evans bosibiliadau cynhyrchiad 'pasiantaidd' ar lwyfan eang i'r ddrama hon, ac awgrymodd, er na fyddai'n gymwys i gwmni amatur, y byddai perfformiad mewn chwaraedy cenedlaethol yn gosod gwedd ehangach iddi. Roedd mynd ar y ddrama fydryddol yn y cyfnod wedi'r rhyfel, ond a oedd y theatr ar y pryd ar gychwyn y pum degau yn barod i'r fath sialens o waith a olygai gryn dipyn o sgìl i'w mynegi ar lwyfan gan actorion, a chryn dipyn o grefft i greu *mise en scène* grymus gan gyfarwyddwyr a chynllunwyr? Yn *Y Llenor*, Hydref 1950, mae Dewi Llwyd Jones, wrth drafod *Blodeuwedd* (Saunders Lewis) a *Hen Ŵr y Mynydd* (Cynan) yn awgrymu: 'I fyw fel dramâu y mae'n rhaid wrth lwyfan, actorion a chynulleidfa, ac, yn anffodus, yn y tir hwnnw bu bron i'r ddwy ddrama eisoes gyrraedd tir eu tranc. Y gwir yw bod ein dramodwyr ymhell o flaen oes ein theatr.' Yn y cylchgrawn

21. Cynan yn Y Brenin Saul, *1942.*
(Hanes y Ddrama yng Nghymru 1850-1943, *O. Llew Owain*)

Llwyfan (1959) y mae gan F. G. Fisher erthygl werthfawr, 'Y ddrama farddonol a chwaeth dda yn y theatr'. Ynddi pwysleisiai'r cyfarwyddwr a'r dramodydd profiadol hwn mai perthnasedd a grym thematig sgript drama yw'r peth pwysig ar gyfer llwyddiant gerbron cynulleidfa yn y theatr, ac nid a yw hi'n rhyddiaith neu'n farddoniaeth fydryddol. Medd ef: 'Y mae'r arwyddocâd sydd ynghlwm wrth "farddoniaeth" a "mydryddiaeth" wedi cael y fath afael trwy'r canrifoedd fel y collir yr ystyr ehangach sy'n perthyn i farddoniaeth y theatr – ac, yn fy marn i, yr unig ystyr iawn. Mater o godi ymateb dynol uchel yw 'barddoniaeth' ac ni ddylid arfer y gair i ddynodi'r cyfrwng a ddefnyddir ar gyfer hynny.'

Yn nhyb F. G. Fisher, llwyddai'r ddrama farddonol yn ôl ymateb emosiynol yr unigolyn wrth ei gwylio yn y theatr. Mae yna ryw elfen o farddoniaeth ymhob drama i ryw raddau, meddai. Gallai fod elfennau o gasineb neu angerdd, anghyfiawnder neu frad yn thema'r ddrama, a gallai hynny gyffwrdd ag enaid gwyliwr yn y theatr. Gallai hynny fod yn adwaith i ddrama sydd ar yr wyneb yn rhyddieithol. Meddai Fisher: 'Ni wn i am undyn, ni wn am yr un ysgolhaig yn yr holl fyd a all benderfynu a yw'r ddrama hon yn fwy barddonol na honacw, oblegid nad oes safbwynt a dderbynnir yn gyffredinol.'

Mae'n mynd ymlaen i ddweud:

> Y mae cynnwys barddonol drama – ar wahan i gelf a chrefft – yn ymwneud â chwaeth dda a diffuantrwydd ar ran yr awdur. Y mae'n golygu ymwrthod yn ddiarbed â gwaith annheilwng. Y mae hyn yn wir am y cynhyrchydd a'r actwyr a'r gweithwyr y tu ôl i'r llwyfan, wrth gwrs. A'r cyfanswm ydyw Theatr. Y mae Theatr yn creu, ac y mae'n arwydd o farddoniaeth y gymdeithas. Nid mater o benderfynu yw ysgrifennu drama 'farddonol', felly. Y mae'n tyfu'n naturiol ac yn ddiwâd o'r pridd lle trig y gwreiddiau. Blodeuyn chwaeth dda cenedl ydyw.

Ac am fydryddiaeth mewn drama, roedd ganddo hyn i'w ddweud:

> Y mae mydryddiaeth yn grefft y gellir ei defnyddio mewn ambell le mewn ambell ddrama, neu drwy gydol drama, yn yr un modd ag y defnyddir golau, seibiant ac effeithiau eraill. Pwnc academaidd ydyw, i'w astudio ar ei ben ei hun fel y gellir ei ddefnyddio pan fo angen – megis gwisg; y mae'n rhan o dechneg yr awdur.

STAD ACTIO

Yn 1951 perfformiodd Chwaraewyr Coleg y Gogledd y ddrama *Llywelyn Fawr* (Thomas Parry) ar lwyfan y Brifysgol ym Mangor. Yna, fe'i perfformiwyd yn Eisteddfod Genedlaethol Llanrwst gan gwmni'r BBC, cwmni o actorion a gyflogwyd gan y Gorfforaeth i actio amser llawn. Yn ôl adroddiad gan John Eilian yn *Y Llenor* (1951) nid oedd y safon actio gan y bobl broffesiynol hyn i fyny i'r safon a ddisgwylid. Meddai:

> Sylweddolais nad oedd y cwmni fel cwmni yn rhoi'r min a'r bywyd dyladwy yn y geiriau; nad oeddynt yn actio yng ngwir ystyr y gair. Yr oedd fel pe bai'r ymdrech o gofio'r rhannau yn gymaint ag y gallai'r rhan fwyaf o'r actorion ei ddal. Yr oedd rhywbeth ar ôl yn y cyflwyniad hwn. Nid oedd yn bywhau'r dychymyg. I mi yr oedd rhywbeth yn oer ac anystwyth yn yr holl berfformiad, Llywelyn yn bendrist a di-argyhoeddiad, a llawer o geinder y geiriau yn mynd ar goll. Yr oeddwn yn teimlo fy mod yn cael goleuni ar paham y mae cynifer o berfformiadau'r radio yn undonog a di-antur.

Yn 1956, mae J. Ellis Williams yn poeni'n arw am safon isel actio yng Nghymru ac yn gosod y bai ar ddylanwad West End Llundain ar actorion amatur Cymraeg, a hynny trwy ddynwared y safonau oedd yn ymddangos mewn cynyrchiadau Seisnig mewn gwyliau drama yng Nghymru (*Yr Herald Gymraeg*, 12 Tachwedd). Gwelai Williams draddodiad cryf o ddyddiau'r clêr a'r cyfarwydd, trwy'r anterliwtwyr a'r diwygwyr a'r cyrddau mawr, a hyn oll yn gefndir i'r actor Cymraeg. Gwelai ddull y Cymro o actio yn wahanol i'r Sais. Pwysleisiai mai celfyddyd i fynegi teimlad yw actio, a bod dull y Cymro o fynegi teimlad yn wahanol i ddull y Sais: 'Y mae dull y Cymro o fynegi teimlad yn llawer tebycach i ddull y Ffrancwr nag i ddull y Sais.' Cymharodd ddull Huw

Griffith â dull Robert Donat wrth actio Llŷr, a dull Burton a Gielgud wrth actio Hamlet. Nid gwahaniaeth mewn techneg a welai ond gwahaniaeth mewn naws ac ysbryd. 'Y mae ymatal yn rhan hanfodol o ddull y Sais o actio,' meddai, 'am fod ymatal yn rhan hanfodol o'i gymeriad. Ond ymosod yw rhan hanfodol o actio'r Cymro, am fod ymosod yn rhan naturiol o'i gymeriad yntau.' 'Dull y Cymro o fynegi teimlad,' meddai Williams, 'yw defnyddio ei holl gorff, a dyletswydd cynhyrchydd drama yw tywys yr ynni a'r asbri hwn, nid ei dagu. Y mae angen cynildeb, wrth gwrs, ond ffrwyn ym mhen ceffyl bywiog ddylai fod, nid awenau ar gefn ceffyl pren.'

DARLITH SAUNDERS LEWIS AR 'Y DRAMAYDD A'I GWMNI'

Yn *Y Faner*, Mehefin 1952, cafwyd crynhoad o brif bwyntiau cynnwys darlith a draddododd Saunders Lewis i gynulleidfa ddethol yn Theatr Garthewin fel rhan o ŵyl ddrama flynyddol y theatr honno. Ei theitl oedd 'Y Dramaydd a'i Gwmni', a thema'r ddarlith oedd y berthynas greadigol rhwng y dramodydd, y cyfarwyddwr a chwmni drama. Ei bwrpas oedd trafod y cyswllt rhwng crefft y dramodydd a'r llwyfan. Un o'r pynciau a gododd oedd ei bod hi'n bwysig i ddramodydd, wrth iddo lunio'i ddrama, weithio gyda chwmni perfformio a gweld ei ddrama'n datblygu yn nwylo actorion a chyfarwyddwr ar lwyfan, gan ddysgu o ganlyniad i gaboli ei waith. Roedd am weld cwmnïau'n perfformio dramâu a chanddynt 'liw' bywyd lleol. Ni ddylent ddibynnu ar gyfieithiadau o ddramâu oedd yn tyfu o wareiddiad dinesig, gwareiddiad estron i'w bywydau eu hunain. Roedd angen i ddramodydd o Gymro fynd yn actor gyda chwmni lleol, a dysgu defnyddio llwyfan lleol er mwyn dod i adnabod natur perfformio. O safbwynt natur theatr, awgrymodd Lewis yr angen i gynulleidfa fod yn agos at y llwyfan er mwyn gwerthfawrogi blas geiriau drama. 'Yr oedd cynulleidfa o Gymry,' meddai, 'wedi arfer â barddoniaeth o lwyfan. Hawdd felly iddynt dderbyn dramâu barddonol.' Yna, cyfeiriodd at yr actor gan awgrymu bod 'angen i'r dramodydd lunio cymeriadau sydd yn groes i gymeriad yr actor, am fod yr actor yn dyheu am gymeriadau sydd yn groes iddo'. Nododd Saunders Lewis y dylai cwmnïau drama ymroi'n llwyr i'w crefft, gan ganolbwyntio ar ddisgyblaeth ac ufudd-dod, ar gydweithio a ffyddlondeb. Meddai, 'Dylai'r crefftwr fod yn ffyddlon hyd at farw, fel y bu Molière.'

Yn ystod y pum degau y blodeuodd cyfraniad Saunders Lewis i'r theatr Gymraeg. Datgelodd eisoes ei syniadau am nod i'r theatr Gymraeg mewn erthyglau a beirniadaethau. Roedd ganddo ef ei hun syniadau soffistigedig ynglŷn â natur theatr genedlaethol. Roedd eisoes wedi derbyn comisiynau i ysgrifennu ar gyfer y radio, a'r cyfrwng hwnnw oedd y modd ar y pryd iddo ymhél â rhyw fath ar broffesiynoldeb artistig. Gan nad oedd theatr broffesiynol i ddod i Gymru am nifer o flynyddoedd, y radio gyda'i hactorion a'i chynhyrchwyr proffesiynol oedd yr unig sianel iddo ysgrifennu ar ei chyfer. Tyfodd yn fath o gyfrwng yr oedd Martin Esslin ymhen blynyddoedd i'w galw'n 'Theatr Genedlaethol yr Awyr'. Trwy theatr yr awyr y profodd gwrandawyr Cymraeg ddramâu fel *Buchedd Garmon* a *Blodeuwedd*. Bellach yr oedd Saunders Lewis i dderbyn comisiynau gan y Gorfforaeth Ddarlledu a'r radio, yr Eisteddfod Genedlaethol ac yn sgil hynny, Cwmni Theatr Cymru.

Gosododd Saunders Lewis sialens eang i'r theatr Gymraeg yn y cyfnod hwn wedi'r Ail Ryfel Byd oherwydd yr oedd cynnwys ei ddramâu, eu cefndir amrywiol mewn mytholeg, hanes a realiti'r presennol, eu cymeriadau'n ymestyn trwy'r realistig hyd at y symbolaidd, yn frith o bosibliadau llwyfannol, a'u deialog, a ymestynnai o'r rhyddieithol hyd at y fydryddol, yn fêl i actorion. Modd iddo arbrofi gydag amryfal ddulliau o fynegiant theatrig oedd y dramâu hyn. Roeddynt yn gyfrwng i Lewis ddarganfod ffyrdd o ddiddori ac adlonni cynulleidfa theatr. Wrth iddo gyhoeddi'r sgriptiau, gosododd Saunders Lewis sylwadau cryno a chynhwysfawr yn y Rhageiriau i'w ddramâu sydd yn allwedd i wahanol agweddau o'i feddwl ar natur theatr.

Roedd iaith theatr yn un o'i ystyriaethau blaenaf. Arbrofodd gryn lawer ar ffurfiau mynegiant yn ystod ei yrfa fel dramodydd, gan gynnwys y ddrama fydryddol, a'r ddrama ryddiaith. Ystyriai bob drama o'i eiddo'n farddonol. Nid oedd ef mor bendant a therfynol ag a awgrymwyd gan un o'i feirniaid, fod yna gymaint o wahaniaeth â hynny rhwng drama fydr a drama ryddiaith. 'Nid oes na ffin na therfyn,' meddai Lewis. 'Y mae rhythmau clywadwy a miwsig llafar o angenrheidrwydd yn ofynnol yn y theatr.' Ni raid ond darllen a gwrando ar ddeialog *Siwan* i ategu hynny, wrth i'r mynegiant dyfu'n agos iawn at lafar naturiol cymeriadau, o fewn cyd-destun eu sefyllfa a'u statws. Yn ei ragair i *Amlyn ac Amig*, roedd ganddo baragraff cyfan ar iaith lwyfan. Meddai: 'barddoniaeth i'w siarad a'i gwrando'n flaenaf oll a geir yma, a'i llefaru'n naturiol fel pob siarad. Dyna sydd yn gefn i briodoldeb yn y mesur yn y ddrama honno.' Ei amcan oedd 'cadw trefn naturiol y frawddeg lafar a gwneud barddoniaeth yn ymddiddan ystwyth dan bwys cyffro ac angerdd, ac nid arddull addurniadau iaith megis odl a chynghanedd a chyflythreniad i bwysigrwydd y rhythmau.' Wrth gyflwyno'i ddrama *Buchedd Garmon*, a ysgrifennwyd yn wreiddiol i'r radio, pwysleisiodd Saunders Lewis mai 'arbrawf mewn *vers libre* i ddrama siarad yn naturiol yw *Buchedd Garmon.*' Creodd iaith ddramatig weddol gymhleth yn y ddrama honno, sef mesur y toddaid, mesurau'r awdlau hanesyddol a'r mesur diodl. Gwnaeth hyn, meddai, 'er mwyn ystwythder a chymhlethdod'.

Trwy arbrofi gyda'r ddrama fer delynegol megis *Buchedd Garmon*, *Amlyn ac Amig* a *Blodeuwedd*, roedd Saunders Lewis yn amcanu at aeddfedrwydd mynegiant a llithrigrwydd naturiol y sgwrs llwyfan a gafwyd yn nes ymlaen yn *Siwan*. Pwysleisiodd yr Athro Griffith John Williams, mewn darlith i'r Academi yn 1967 ar iaith Gymraeg drama a deialog nofel, nad oedd yr iaith lenyddol yn gweddu i ddrama. Ond, yn ei ragair i *Problemau Prifysgol*, cymerodd Lewis safbwynt gwahanol i safbwynt yr Athro, sef bod yr iaith lenyddol yn iaith fyw. Ei nod yn ei holl ddramâu, meddai: 'yw llunio iaith sy'n ystwyth a naturiol i'r glust ac yn draddodiadol lenyddol'. 'Yr iaith lenyddol Gymraeg,' meddai Saunders, 'yw'r unig gyfrwng posib i Theatr Genedlaethol ac i ddrama genedlaethol.' Gresynodd fod yna duedd i ddifrïo'r iaith lenyddol ac i frolio 'Cymraeg byw'. Pwysleisiodd drachefn mai yr iaith fyw, yw'r unig sylfaen bosib i theatr Gymraeg a fyn fod yn theatr genedlaethol. 'O gael Theatr Genedlaethol,' meddai, 'a chwmni proffesiynol Cymraeg, fe fyddai'n rhaid cael coleg drama a miwsig cenedlaethol i'w chefnogi.' Mewn adeilad o'r fath byddai angen dysgu seiniau'r tafodieithoedd. Gresynodd nad oedd gwersi ynganu a chynganu i actorion o fewn sefydliad y BBC, oherwydd yr oedd cynanu rhai ohonynt ar y cyfrwng hwnnw yn 'boen feunyddiol i'r glust'. I Saunders Lewis, felly, yr oedd rhythmau siarad mewn drama yn hollbwysig. Roedd pob dramodydd, meddai, 'yn dweud ei linellau wrtho'i hun wrth gyfansoddi, yn eu profi ar ei glust.'

O safbwynt strwythur dramâu Lewis, gwelwyd ei fod yn ymwybodol o bwysigrwydd eiliadau o dyndra wrth i ddrama ddatblygu yn ei grym ar lwyfan theatr. Yn *Brad*, er enghraifft, y mae anterth cyffrous i bob act, arestio Albrecht ar derfyn yr act gyntaf, ac ar derfyn yr ail act ddatguddiad Kluge ei fod yn ddyledus i Hitler am ei gael allan o bicil ariannol. Ar ddiwedd y drydedd act y mae anallu Hofacker i ddianc rhag crafangau'r Gestapo yn cloi'r ddrama mewn modd sydd yn cyffroi ac yn aros yn y cof. Mewn cymaint o'i ddramâu – *Siwan, Gymerwch Chi Sigarét?, Blodeuwedd* – gwelwyd ei allu i adeiladu, i gyffroi ac i dynnu cynulleidfa i mewn i gyfanwaith y digwydd ar lwyfan theatr. Yn ei ragair i *Dramâu'r Parlwr*, cyfaddefodd Saunders Lewis iddo gael pleser mawr wrth weithio gyda'r cynhyrchwyr a chyda'r actorion. Cyfeiriodd at y ffaith iddo newid cryn dipyn ar sgriptiau ei ddramâu ar ôl gweld eu hactio ar lwyfan a chyn iddynt gael eu cyhoeddi yn y ffurf yr hoffai ef eu trosglwyddo i'r dyfodol. Newidiodd gryn dipyn ar *Siwan* wedi iddo'i gweld hi'n cael ei hactio am y tro cyntaf ar lwyfan Garthewin. Mae'n amlwg fod profi ei ddramâu ar lwyfan yn hollbwysig i Saunders Lewis ac mai dyna'r ffordd y gwelai i ba raddau roedd ei waith yn ei blesio fel darn o theatr. Yr un pryd, sylweddolodd bwysigrwydd cyhoeddi ei ddramâu. Fel hyn gallai pobl bori trostynt, yn enwedig, fel y dywedodd yn ei Ragair i *Brad*, gan 'mai unwaith neu ddwy ar y gorau y gellir fyth ei gweld ar lwyfan theatr Gymraeg'. Wrth i Gwmni Theatr Cymru baratoi cynhyrchiad o *Cymru Fydd* ar gyfer ei llwyfannu yn Eisteddfod Genedlaethol y Bala yn 1967, cafodd Saunders Lewis gyfle i ddiwygio'r ddrama yn ystod y tridiau o baratoi ac ymarfer yn y Felinheli gydag actorion y cwmni a'r cynhyrchydd Wilbert Lloyd Roberts. Cyfrannodd y cynhyrchydd a'r actorion at wella rhannau o'r ddeialog, gan gynnwys ambell ddywediad neu frawddeg. Teimlai'r awdur mai dyna'r math o gydweithio oedd wrth fodd calon dramodydd. Sylwodd dau actor, sef Emily Davies a Conrad Evans, fod yna ailadrodd yn y ddeialog. Derbyniodd yr awdur eu hawgrym a'i ddileu. Roedd Saunders Lewis yn sensitif i ofynion cynulleidfa yn ogystal ag actorion yn y theatr. Un o'r rhesymau pam y penderfynodd gynnwys merch, sef yr Iarlles Else van Dietlof, yn ei ddrama *Brad* oedd 'bod drama heb ferch ynddi yn feichus i gynulleidfa ac yn llai diddorol i lawer o actorion'. Yn ei Ragair i *Cymru Fydd* nododd mai swydd dramodydd oedd bodloni ei actorion yn gyntaf gan roi i bob un a ddeuai i'r llwyfan gymeriad i'w ddeall a'i ddehongli a thrwy ei actio ei greu'n fyw. Soniodd Siân Phillips am ei phrofiad yn cydweithio â Saunders Lewis ar ôl cymryd rhan yn *Gymerwch Chi Sigarét?* 'The most thrilling part of rehearsals,' meddai, 'was showing work to Saunders Lewis and having him correct it or approve of it or decide that he needed to rewrite. Working with Saunders as he worked on a play was the most exciting thing that had ever happened to me.' (*Private Faces*, 1999) Mae adwaith cynulleidfa'n gymorth mawr i bob dramodydd wrth i'w waith ymddangos ar lwyfan. Ar ôl perfformiad o *Cymru Fydd* yn y Bala, bu dadlau brwd, condemnio llym a gwerthfawrogi petrus. Pwysleisiai Saunders Lewis yn gyson mai Cymru oedd ei gynulleidfa ac na cheisiai ddim arall. Roedd yn ymwybodol o hyn wrth gynllunio'i ddramâu. Nododd, wrth lunio *Cymru Fydd*, mai 'dweud rhywbeth am y sefyllfa a'r dewis sy'n wynebu Cymry heddiw yw mater y ddrama honno, a hynny ar lun stori'. Roedd Saunders Lewis yn ymwybodol o'r angen i feithrin actorion proffesiynol trwy eu hyfforddi'n drylwyr yn nhechnegau a chelfyddyd y llwyfan. Yn 1948, er enghraifft, mewn llythyr at Morris Jones, cyfeiriodd at y grefft o lefaru: 'Credaf y bydd y cywiriadau [i deipysgrif *Blodeuwedd*] yn help i'r actorion siarad y fydryddiaeth yn naturiol. Yr wyf yn awyddus iawn iddynt gadw pob rhetoreg, pob blas adrodd eisteddfodol, yn gyfan gwbl allan o'r datganu. "Tensity", dwyster naturiol pobl yn meddwl yn galed wrth siarad â'i gilydd, dyna'r hyn sy'n iawn, onid e?'

Yn ei Ragair i *Problemau Prifysgol*, gwnaeth Lewis sylwadau deifiol am ansawdd actio yng Nghymru'r chwe degau. Awgrymai ei bod hi'n haws i actorion Cymraeg gyflwyno trasiedi neu'r ddrama ddifrifol. Awgrymodd fod digrifwch 'yn dibynnu lawer rhagor ar dechneg effeithiol, ar ddisgyblaeth a phrofiad a chynhyrchu gwybodus a meistraidd. Heb hynny oll ni cheir mo'r hyn a alwaf yn arddull.' Yr oedd angen i actorion, meddai, gael hyfforddiant mewn bale, gan gynnwys symud ac amseriad symud. Pwysleisiodd fod llefaru mewn comedi yn hawlio traddodiad proffesiynol. Heriodd wrth awgrymu na welodd neb yng Nghymru erioed actio comedi o safon. Ychwanegodd, wrth drafod safonau beirniadaeth ddramatig yng Nghymru, mai 'llenyddiaeth yw drama i'r Cymry neu bregeth'.

Yn ei Ragair i *Gymerwch Chi Sigarét?*, awgrymodd fod

angen i actorion ar lwyfan, ar deledu neu ar y radio, feddu ar ddiwylliant eang, darllen yn helaeth glasuron a llenyddiaeth fyw, parchu cynaniad a bod yn berchen ar syniad uchel iawn am urddas yr iaith lafar. Roedd yr elfennau hynny, meddai, yn flaenllaw yn addysg actorion proffesiynol ymhob gwlad lle roedd theatr bwysig. Er mwyn perchenogi cwmni drama, meddai, 'a fo'n deilwng o urddas cenedl a chanddi etifeddiaeth lenyddol', dylai fod 'ysgol lefaru gyfuwch ei safon ag ysgolion Paris neu Lundain'. Yn sgil hyn, yr oedd Lewis yn weddol lym ar draddodiad y theatr amatur yng Nghymru. Yn ei Ragair i *Gymerwch Chi Sigarét?* pwysleisiai, 'nad wyf yn meddwl fod fy nramâu i yn briodol i'r cwmnïau drama Cymraeg cyffredin'. Wrth 'gyffredin' yr oedd, hwyrach, yn cyfeirio at gwmnïau amatur y wlad. Perfformiwyd *Siwan* yng Ngarthewin ym mis Awst 1954. Aeth Kate Roberts yno ar ran *Y Faner* ac ysgrifennu ei hadwaith i'r cynhyrchiad. Meddai:

> Nid da drama er ei chystal heb ei dehonglwyr, a rhaid dweud bod y dehongliad o *Siwan* gan gynhyrchydd a chwmni yn wych. Ni alwai dim yn y cefndir na'r dillad ormod o sylw ato ei hun. Yr oedd popeth yn addas. Cryfder mawr yr actorion oedd fod pob gair yn glir, a'r mynegiant yn gywir. Ni sylwais ar yr un cambwyslais. Dyna anhepgor cyntaf actio, ac os bydd hwn yn eisiau, ni waeth pa mor wych fydd y symudiadau na mynegiant y corff. Digon posibl y buasai rhai yn anghydweld ar yr amseriad a phethau felly. Cafwyd tipyn o lediaith ar gychwyn y ddrama nas cadwyd ymlaen wedyn. Digon posib nad oedd mynegiant Alys yn gweddu i'w thymer bob tro, ond pethau bychain oedd y rhai yna. Gan Siwan yr oedd y gwaith trymaf ac anhawsaf, ac nid oes dim ond canmoliaeth i'w roi iddi. Y fath amrywiaeth profiadau a gafodd rhwng dechrau'r act gyntaf a diwedd yr act olaf, y fath newid mewn mynegiant a welsom.

CYNGOR CELFYDDYDAU CYMRU – Y DYDDIAU CYNNAR

Yn 1956, ar wahoddiad y llywodraeth, dechreuodd Cyngor y Celfyddydau ym Mhrydain gynnal arolwg o'r anghenion am adeiladau 'celfyddydol'. Gwnaed archwiliad ar wahân yng Nghymru a chanlyniad hyn oedd datgan nad oedd yng Nghymru unrhyw adeilad modern addas i ddiwallu anghenion celfyddyd. Yn 1959 cyhoeddwyd sylwadau'r Pwyllgor mewn adroddiad. Yn 1961 cyhoeddwyd sylwadau mewn adroddiad arall. Yn dilyn y cyhoeddi, pwysodd Cyngor y Celfyddydau yn drwm ar y llywodraeth am arian i weithredu ar eu hawgrymiadau. Yn 1965, ym mis Chwefror, cyhoeddwyd papur gwyn, 'Polisi ar gyfer y Celfyddydau'. Awgrymwyd yn hwnnw fod cronfa i'w sefydlu dan y teitl, 'Cartref i'r Celfyddydau', a neilltuwyd chwarter miliwn o bunnoedd i'r pwrpas. Ym mis Medi 1972 derbyniodd Cyngor Celfyddydau Cymru, sefydliad arbenigol i Gymru erbyn hyn, bapur, 'Cartref i'r Celfyddydau: arolwg o'r sefyllfa yng Nghymru'. Ymgais oedd hyn i drefnu a dosbarthu arian yn ôl gofynion sawl cynllun oedd ar droed yng Nghymru i sefydlu theatrau a chanolfannau artistig. Dyma fan cychwyn adeiladu theatrau yng Nghymru yn ystod y deng mlynedd 1966–76. Cydnabu cynllun 'Cartref i'r Celfyddydau' y dyhead mewn nifer o ardaloedd, ac ymhlith sefydliadau a chorfforaethau yng Nghymru i sefydlu eu canolfannau eu hunain, ac yn y man, dechreuwyd ar yr adeiladu ledled y wlad.

Roedd yr awydd i sefydlu'r theatrau hyn, a hynny o fewn ychydig flynyddoedd i'w gilydd, yn rhan o ddyhead cyffredinol yng Nghymru yn niwedd y pum degau a dechrau'r chwe degau. Yr adeg yma y dechreuodd dadeni o fath yn y theatr a'r ddrama Gymraeg. Cychwynnodd y theatr broffesiynol yn sgil ymddangosiad Cwmni Theatr Cymru. Dyma ddechrau cyfnod o ysgrifennu dramâu o safon gan Saunders Lewis, Huw Lloyd Edwards a John Gwilym Jones ac eraill, a dechrau brwdfrydedd y colegau prifysgol dros adeiladu theatrau, a chynnwys drama fel pwnc yn y cwricwlwm. Dyma'r cyfnod pryd y dechreuodd awdurdodau lleol fentro adeiladu theatrau sylweddol, a rhoddodd y cynllun,'Cartref i'r Celfyddydau' arweiniad a hwb ariannol i wireddu breuddwyd a dyheadau y sawl a frwydrodd i weld y ddrama Gymraeg ar lwyfannau teilwng. Rhwng 1962 ac 1967, felly, fe godwyd cylch o theatrau sylweddol trwy Gymru a oedd i wasanaethu cymunedau cyfan, gan ddarparu llwyfannau i berfformiadau lleol, yn amatur ac yn broffesiynol.

Yn 1965 sefydlwyd math o theatr estron i unrhyw draddodiad perfformio a welwyd erioed o'r blaen yng Nghymru. Tyfodd hyn o ddyhead y bypedwraig Jane Phillips i sefydlu theatr bypedau, breuddwyd a fu ganddi er pan oedd yn blentyn. Bu eisoes yn bypedwraig dan hyfforddiant gyda chwmni pypedau byd-enwog Hogarth yn Llundain. Ond ei bwriad yn y pen draw oedd cychwyn theatr bypedau broffesiynol yng Nghymru i wasanaethu cynulleidfaoedd, nid yn unig o blant ond o oedolion hefyd. Wrth iddi fentro sefydlu Theatr Bypedau'r Caricature yr oedd eisoes linach o theatrau tebyg yn Ewrop, sefydliadau a ffynnodd mewn gwledydd fel Gwlad Pwyl, cartref Theatr Ddu Prague. Ei bwriad yn y pen draw oedd cynnal theatr bypedau yn y Gymraeg a'r Saesneg. Aeth at y Mabinogion, a ffynonellau chwedlonol Cymraeg eraill, am ei storïau a'i themâu. Ei chynhyrchiad mawr cyntaf oedd 'Culhwch ac Olwen', a olygodd wneud chwe deg o bypedau enfawr er mwyn perfformio'r stori honno yn ei theatr. Gyda chymorth ariannol Cyngor y Celfyddydau llwyddodd i sefydlu'r cwmni a chyflogi actorion llwyfan proffesiynol, a hyfforddwyd ganddi, i arbenigo ar weithio pypedau. Teithiodd ledled Cymru gyda'i sioeau, gan berfformio mewn ysgolion i gychwyn ac yna mewn gwyliau, a chael mwy nag un gwahoddiad i berfformio yn yr Eisteddfod Genedlaethol. Anelodd ei theatr bypedau o hyn ymlaen at gynulleidfa ehangach. Un o uchafbwyntiau perfformio'r cwmni oedd cynhyrchiad o 'Taith y Pererin' yn Eisteddfod Genedlaethol y Bala, 1967. Y flwyddyn ganlynol perfformiwyd cyfres o ddramodigau'n ddyddiol yn y Stiwdio Ddrama yn Eisteddfod y Barri, stiwdio a oedd yn rhagflaenydd i Theatr y Maes yn yr ŵyl genedlaethol. Daeth y cwmni i ben yn 1984, ar ôl ugain mlynedd o berfformio trwy Gymru, Lloegr a thramor, wedi i Gyngor y Celfyddydau benderfynu rhoi grantiau i fentrau gwahanol. Yr oedd y penderfyniad yma'n rhannol ynghlwm wrth dwf theatr mewn addysg o'r saith degau a'r wyth degau ymlaen, a'r pwyslais newydd ar ffynonellau hanesyddol, dogfennol, gwleidyddol fel deunydd perfformio i gynulleidfaoedd ifanc. Yn y cyfnod hwn hefyd, gwelwyd twf theatrau i ieuenctid fel adain o'r cwmnïau theatr proffesiynol bychain a ymddangosodd yn sgil diflaniad Cwmni Theatr Cymru; bellach sianelwyd y grantiau i'r cyfeiriadau hynny.

Y mae Theatr Bypedau'r Caricature erbyn hyn yn angof i lawer yng Nghymru, ond y mae'r fenter a'r proffesiynoldeb a gynhaliai'r cwmni unigryw hwn yn chwe degau a saith degau'r ugeinfed ganrif yn haeddu ei le ymhlith pethau mwyaf uchelgeisiol, arbrofol a safonol artistig y cyfnod modern yn hanes ein theatr.

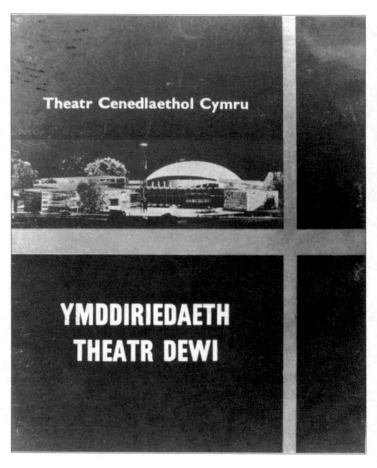

22. *Ymdrech i sefydlu adeilad 'Theatr Genedlaethol Cymru'*
ym Mharc y Castell, Caerdydd yn y 1960au. Sefydlwyd cronfa
'Ymddiriedolaeth Dewi Sant' a ddenodd rodd o £10,000 gan
Richard Burton.

16. Y perfformiwr mewn oes aur

Y THEATR GENEDLAETHOL YN CODI EI PHEN DRACHEFN
Ymddangosodd adroddiad Pwyllgor Cymraeg Cyngor
Celfyddydau Cymru yn 1959 (*Housing the Arts in Wales*). Roedd
pwyslais ynddo ar yr angen i sefydlu theatr genedlaethol yng
Nghymru. Fe gynhwysai'r adroddiad arolwg o'r sefydliadau
pwysig a'r gweithgareddau theatr oedd yn bod yng Nghymru ar
y pryd. Un o brif amcanion yr adroddiad oedd darganfod beth
oedd ei angen ar Gymru. Dechreuodd gydag arolwg o gefndir
diwydiannol a chymdeithasol Cymru, a nodwyd sefydliadau
pwysig a ffynnai yn y wlad. Rhoddwyd lle i drafod yr angen am
theatr genedlaethol, a nodwyd y bu trafodaeth ar hyn ers nifer o
flynyddoedd gan awgrymu mai ynghylch mudiad yn hytrach nag
adeilad y bu hynny. Roedd problemau'n wynebu sefydlu adeilad,
er enghraifft, y gost, maintioli a lleoliad, a hefyd y broblem
ychwanegol o ystyried y ddwy iaith o fewn ei strwythur. Ar ôl cael
nifer o ymatebion gan sefydliadau fel Coleg Cerdd a Drama
Caerdydd, Theatr Fach Llangefni, The Guild of Welsh
Playwrights, Chwaraewyr Garthewin, ac unigolion fel Saunders
Lewis, Huw Lloyd Edwards, John Gwilym Jones a Huw Roberts,
gosodwyd y pwyntiau canlynol yn yr adroddiad fel sylfaen i
argymhellion y pwyllgor:

1. Bod angen adeilad theatr genedlaethol ym mywyd
   diwylliannol Cymru.
2. Y dylid lleoli'r theatr mewn ardal boblog, a fyddai'r un
   pryd yn gyfleus i bob rhan o'r wlad ac a fyddai'n debygol o
   ddenu cynulleidfa gyson.

3. Y dylai'r theatr fod yn gartref i gwmni dwyieithog a fyddai hefyd yn teithio'r wlad.

4. Y dylai'r theatr fod yn ganolfan i annog grwpiau amatur a fyddai, dan amodau a gytunwyd, yn anelu at gyflwyno eu dramâu yn y Theatr Genedlaethol.

Ni theimlai'r pwyllgor y gwelid adeilad yn y dyfodol agos, oni allai'r fath fenter dyfu trwy asio'r syniad i sefydliad oedd eisoes yn bod. Mewn adran ar adnoddau cyfeiriodd yr adroddiad at y myrdd o adeiladau bychain a oedd yn bod yng Nghymru ar gyfer perfformio, megis neuaddau pentref, neuaddau glowyr, neuaddau cymunedol ac ysgolion. Mewn atodiadau cyfeiriwyd at y nifer o'r neuaddau hyn a ddefnyddiwyd eisoes gan gwmnïau

23. Model o Theatr Genedlaethol y gallesid ei chodi ger y castell yng Nghaerdydd

drama proffesiynol a gefnogwyd gan Gyngor Celfyddydau Prydain. Mewn atodiad arall awgrymwyd rhai ffactorau y dylid eu hystyried wrth addasu neu ddefnyddio'r neuaddau hyn at bwrpas perfformio.

Ar derfyn yr adroddiad awgrymwyd sefydlu pwyllgor ar gyfer trafod theatr genedlaethol a hefyd mai Caerdydd fyddai'r man mwyaf addas ar gyfer y fath adeilad, er bod gan drefi eraill achosion cryf. Y ffactorau pwysicaf wrth ddewis lleoliad fyddai maint yr adnoddau, yn adeiladol, yn ariannol ac yn gyfundrefnol. Roedd y pwyllgor yn ymwybodol o'r holl ddiddordeb oedd trwy'r wlad o safbwynt y ddrama, yr ysgrifennu a'r cynhyrchu, yn Gymraeg ac yn Saesneg, mewn gwyliau ac mewn sefydliadau amatur ac ym myd addysg. Pwysleisiwyd bod gweithgareddau Coleg Cerdd a Drama Caerdydd, ym myd addysg ac actio, yn bwysig o safbwynt lleoli theatr genedlaethol, ac yn eu hargymhelliad olaf awgrymwyd y dylid lleoli theatr genedlaethol i Gymru yng Nghaerdydd i'w chyplysu ag adeilad theatr y Coleg Cerdd a Drama.

YMDDIRIEDOLAETH DEWI SANT

Yn ystod y chwe degau clywyd dadlau ffyrnig ynglŷn â'r theatr genedlaethol, ac fe luniwyd nifer o gynlluniau ar ei chyfer. Yr oedd Ymddiriedolaeth Theatr Dewi Sant am godi adeilad mawr canolog ym Mharc Bute, Caerdydd. Breuddwyd Arglwydd Aberdâr a'r Cyrnol Treharne oedd hyn a chefnogwyd hwy gan Saunders Lewis, Meredith Edwards, Clifford Evans ac eraill. Yr oedd Saunders Lewis am weld theatr o'r fath yn cyfateb i oreuon Llundain, neu Baris, neu Foscow. Daeth Huw Griffith a Richard Burton i'r adwy, ac roedd y gefnogaeth bellach yn gryf. Eu gobaith oedd sefydlu math o *Comédie-française* yng Nghaerdydd, a hynny'n ddwyieithog. Dychmygwyd adeilad a oedd, yng ngeiriau Clifford Evans, 'a workshop and a training ground for new art forms, an École des Beaux Arts. A great and beautiful building with theatre stages, workshops, stores, studies, lecture rooms ... It must be a vast workshop of the arts ... when we speak of a National Theatre for Wales, we must envisage something that bears little relation to the Theatre as some of us have known it.'

Roedd hyn wrth gwrs yn freuddwyd iwtopaidd, afreal, ac yn drist i bob golwg, o gofio cyn lleied o gefndir hanesyddol theatrig a chynnyrch dramatig a fu i'r ddrama a'r theatr Gymraeg a Saesneg yn y wlad.

Ymddangosodd llun yn y *Daily Mail* ym Manceinion, o adeilad gorffenedig theatr genedlaethol i Gymru; yr oedd i'w adeiladu a'i agor erbyn 1964. Cyfeiriodd y pennawd at ddyddiad pwysig yn hanes Cymru: 'Theatre date for Wales 1964'. Cyflawnwyd y cynllun gan y pensaer Elidir Davies. Roedd yr ymddiriedolwyr yn ddigon hyderus i gyhoeddi'r cynllun mawreddog hwn, ac argraffwyd pamffledi i esbonio'r cyfan. Y bwriad oedd codi adeilad amlbwrpas gydag awditoriwm y gellid ei leihau o 1,544 o seddau i 948. Roedd y cynllun mor fanwl â hynny. Byddai'n gartref i gwmni theatr genedlaethol Cymru, nad oedd yn bod ar y pryd. Roedd hefyd i wasanaethu opera, ond nid oedd ar gyfer gweithgareddau amatur o gwbl, fel petai amaturiaeth yn rhyw lygredd melltigedig yn nhir diwylliant. Daeth anghydfod ar unwaith yn sgil y cynlluniau a'r bwriad yma. Yn ei ragair i'w ddrama *Problemau Prifysgol* mae Saunders Lewis yn gosod allan ei safbwynt o ran cynllun yr Ymddiriedolaeth. Meddai:

> Rhoddais i gymaint o gefnogaeth ag a fedrwn o 1960 ymlaen i Mr Clifford Evans a Mr Elidir Davies, a gafodd, y ddau gyda'i gilydd, artist o actor ac artist o bensaer theatr, y syniad o godi a sefydlu theatr genedlaethol Cymreig yng Nghaerdydd. Mi wn yn iawn mai rhyw ddwywaith y flwyddyn y byddai cwmni blaenaf y theatr honno yn actio yn y Gymraeg – o leiaf ar y cychwyn. Ond

byddai cael hyd yn oed hynny yn Gymraeg yn rhoi inni safon newydd, delfryd newydd, gweledigaeth chwyldroadol. Canys y mae un peth sy'n anodd iawn, iawn i ni'r Cymry Cymraeg ei ddysgu, sef yw hynny, fod yr eilradd mewn celfyddyd – ymhob celfyddyd – yn ddamnedigaeth. Nid rhyfedd felly fod Cyngor Cymreig y Celfyddydau wedi ymegnio dros gyfnod o saith mlynedd i rwystro delfryd Clifford Evans.

Roedd hyn yn gefnogaeth frwd i'r Ymddiriedolaeth, a geiriau damniol yn erbyn Cyngor y Celfyddydau yng Nghymru. Nid dyma'r tro olaf o bell ffordd i'r Cyngor hwnnw gael ei ddamnio yn ystod y blynyddoedd oedd i ddod, wrth iddo sarnu ar gynlluniau theatr a drama yng Nghymru.

24. *Model o Theatr Deithiol Sean Kenny yn sgîl syniad Wilbert Lloyd Roberts o gael theatr fyddai'n teithio trwy Gymru i berfformio cynyrchiadau'r Theatr Genedlaethol. Yn y llun y mae'r gragen wedi ei gosod yn barod ar gyfer perfformiad.*

Cynllun arall, a ffafriwyd gan garfan a wrthwynebai gynllun yr Ymddiriedolaeth, oedd codi rhwydwaith o theatrau rhanbarthol. Dadleuent na fyddai cynllun yr Ymddiriedolaeth yn caniatáu i gynulleidfaoedd o'r gogledd ymweld â'r theatr yng Nghaerdydd, ac mai anaml y byddai cyfle i lwyfannu dramâu Cymraeg yno. Roedd Wilbert Lloyd Roberts yn un o gefnogwyr mwyaf amlwg y cynllun i sefydlu rhwydwaith o theatrau rhanbarthol.

Cynllun arall oedd creu theatr deithiol, adeilad dros dro, pabell alwminiwm y gellid ei dymchwel yn hwylus a'i chludo o dref i dref ar gefn nifer o loriau mawrion pantecnicon. Rhoddwyd comisiwn i Sean Kenny, y pensaer adnabyddus, i gynllunio'r ffurf yma ar theatr deithiol. Roedd manteision mawr i'r cynllun hwn, ond ni wireddwyd y peth. Yr agosaf at y syniad yma fyddai'r theatr ar faes yr Eisteddfod Genedlaethol, a sefydlwyd yn ystod y chwe degau. Roedd cynllun Sean Kenny wedi ei seilio ar theatr deithiol ar olwynion, a agorai i gynnwys awditoriwm a llwyfan. Roedd Syr Tyrone Guthrie a Jennie Lee, y gweinidog yng ngofal y celfyddydau ar y pryd, ar bwyllgor llywio'r cynllun yma, ynghyd â Wilbert Lloyd Roberts. Awgrymai'r beirniaid a wrthwynebai hyn y byddai'n rhy glogyrnaidd o beth o lawer, fel codi pafiliwn Eisteddfod Genedlaethol mewn gwahanol fan bob wythnos. Roedd hyn, wrth gwrs, yn ffwlbri noeth, oherwydd fe gyflawnwyd y cynllun gan eraill eisoes. Deuai'r English Stage Company i erddi'r castell yng Nghaerdydd gyda'r fath theatr deithiol, a hithau'n llwyddo i ddenu cynulleidfaoedd niferus i weld amrywiaeth sylweddol o ddramâu am bythefnos bob blwyddyn.

Ar y llaw arall, roedd cynllun codi cyfres o theatrau mawrion fel cylch trwy Gymru yn un poblogaidd iawn, yn enwedig ymhlith awdurdodau lleol, a'r Brifysgol ei hun. Roedd Wilbert Lloyd Roberts yn ffafrio'r cynllun hwn ar yr amod y ceid strwythur unffurf i bob theatr unigol, hynny er mwyn hwyluso gofynion llwyfannu cwmnïau teithiol. Y cynllun hwn a orfu yn y pen draw, ond ni wrandawodd neb ar awgrym Roberts am lwyfannau unffurf.

Diwedd y gân yn y chwe degau oedd hepgor theatr fonolithig yng Nghaerdydd a theatr bantecnicon symudol. Aeth cynlluniau mawreddog yr Ymddiriedolaeth i'r gwellt. I rai roedd hyn yn drasiedi ynddi ei hun, oherwydd yn awyrgylch economaidd cadarnhaol y chwe degau, trodd breuddwyd y Saeson o agor theatr genedlaethol yn Llundain yn realiti yn 1963, a hynny'n ysbrydoliaeth i bawb. Roedd cynlluniau grymus ymhlith y Cymry ar y pryd yn arwydd o egni a nerth, a sefydlu Cyngor Celfyddydau annibynnol yng Nghymru, gyda swyddog drama, yn gosod seiliau newydd i broffesiynoldeb ym myd y theatr Gymraeg. Ond ymhle gorweddai'r cyfrifoldeb am yr amryfusedd a'r diffyg cyflawni? Mae hanes wedi rhoi'r bai ar nifer o ffactorau. Yn ôl y dystiolaeth, nid ar y Cymry Cymraeg a oedd yn gwrthwynebu cael theatr ganolog yng Nghaerdydd yr oedd y bai. Mynnu hawliau'r iaith a'r diwylliant roedden nhw, a mynnu siâr o'r gacen genedlaethol. Nid pobl fel Wilbert Lloyd Roberts oedd y cnafon. O fewn rhengoedd The Welsh Theatre Company yr oedd yr had a drodd i fod yn ddinistr. Mynnai'r cwmni hwnnw mai nhw oedd gwir sail Cwmni Cenedlaethol, i'w cartrefu mewn adeilad cenedlaethol pwrpasol. Ond roedd record perfformio'r cwmni eisoes yn drychinebus. Aeth y cwmni yma mor bell â'u galw eu hunain yn Gwmni Theatr Cenedlaethol. Hysbysebwyd hwy, pan aethant i berfformio yn Llundain, fel 'The Welsh National Theatre Company'. Roedd aelodau'r Ymddiriedolaeth yn gandryll. Roedd hyn yn hollol anghyfreithlon: aethpwyd i gyfraith a chael y cwmni i ddileu hyn. Ond collodd yr Ymddiriedolaeth yr awydd i frwydro ymlaen, a diflannodd y brwdfrydedd yn raddol. Ar y llaw arall, roedd gwŷr fel J. Ellis Williams yn gryf dros theatr deithiol. Fe ddywedodd: 'I'm tyb i, gwnâi cwmni Cymraeg teithiol o actorion proffesiynol lawer iawn mwy o les i'r ddrama yng Nghymru na chodi theatr newydd yng Nghaerdydd a'i galw yn 'Theatr Genedlaethol Cymru'. Y mae eisiau rhywbeth mwy nag enw i wneud theatr yn genedlaethol' (*Inc yn fy Ngwaed*).

Oherwydd y dadlau, ni wireddwyd yr un o'r cynlluniau hyn yn y pen draw, yn rhannol oherwydd diffyg gweledigaeth uniongyrchol ac absenoldeb unrhyw fath o gyfaddawd rhwng y gwahanol garfanau. Pan aethpwyd ati i gynllunio ac i wireddu'r rhwydwaith o theatrau rhanbarthol, roeddynt yn gwbl annibynnol ar ei gilydd, yn amrywio yn eu maint a'u cynllun, a heb ddarpariaeth o reidrwydd ar gyfer gwaith darpar gwmni cenedlaethol. Nid oedd polisi canolog gan unrhyw gorff cenedlaethol, gan gynnwys Cyngor y Celfyddydau, i unioni nac i gysylltu'n ymarferol yr wyth theatr a oedd eisoes yn cael eu hadeiladu a'u hagor i'r cyhoedd yn rhanbarthol. 'Fe dyfodd y rhwydwaith o theatrau o ganlyniad i gyfaddawd gwasgaredig ac anghyson, rhwng Cyngor y Celfyddydau a nifer o gynghorau sirol a lleol, yn ogystal â cholegau'r brifysgol' (Roger Owen, *Cyntedd*, 1992–3). Dros gyfnod o amser fe ddatblygodd y theatrau hyn bolisïau artistig a gweinyddol cwbl wahanol. Ni sefydlwyd perthynas ffurfiol rhwng Cwmni Theatr Cymru a'r theatrau. Pan aeth Cwmni Theatr Ieuenctid Cenedlaethol yr Urdd ar ei daith flynyddol rhwng 1973 ac 1988 nid oedd polisi cyffredin gan unrhyw un o theatrau'r rhwydwaith ynglŷn â gweinyddu a hysbysebu, nac ynghylch ystyriaethau artistig a thechnegol. Rhaid oedd i'r cwmni hwnnw, fel y bu rhaid i gwmnïau eraill, yn amatur ac yn broffesiynol, dros y blynyddoedd i ddod, addasu y cyfan o'u gwaith llwyfannol at ddarpariaethau gofod a thechnegol cwbl wahanol i'w gilydd ymhob un o'r theatrau hynny. Credai Roger Owen fod y cecru a'r cyfaddawdu rhwng y theatrau a Chwmni Theatr Cymru wedi bod yn llyffethair ac yn amhroffidiol i'r ddrama brif ffrwd Gymraeg yn ystod y chwe degau a'r saith degau, ac ymlaen i'r wyth degau.

SYNIADAU MEREDITH EDWARDS

I ychwanegu at y ddadl am theatr genedlaethol, rhoddodd Meredith Edwards, yn ei gyfrol *Ar Lwyfan Awr* (1977), sylw i'r

Habimah, sef theatr genedlaethol yr Iddewon. Ystyriai ef yr Habimah yn batrwm o theatr i Gymru. Codwyd y theatr honno yn Tel Aviv gan y werin bobl eu hunain mewn naw mis. Ynddi roedd cyfleusterau eang cefn llwyfan ar gyfer yr actorion a'r technegwyr. Gosodwyd llwyfan cylchdro tu fewn i ganol y prif lwyfan ei hun ac roedd darpariaeth sain a golau yn arbennig iawn. Cynlluniwyd yr awditoriwm ar ffurf cylch a thrwyddo fynedfeydd i'r tu allan lle gellid cael lluniaeth a diod, a chymdeithasu cyn perfformiad. Deuai'r cyhoedd yn niferus ac yn syth o'u gwaith i'r theatr.

Meddai Meredith Edwards:

> Hoffwn weld theatr debyg i'r 'Habimah' yng Nghymru lle gall pobl daro i mewn gydol y dydd i gael sgwrs a phaned a phryd, a gweld darluniau cain a cherfluniau o'u cwmpas: man cymdeithasol, drws-agored i'r hen a'r ifanc, ac nid amgueddfa (lle mae'n rhaid i bawb wisgo dillad parch, a mynychu'r lle hanner awr wedi saith y nos yn unig). Dylai ein theatrau fod yn ganolfannau byw.

O safbwynt iaith theatr genedlaethol, gan gofio problemau ieithyddol y wlad honno, roedd gan Meredith Edwards hyn i'w ddweud, wrth drafod profiad yr Habimah yn Israel:

> Does dim rhaid deall iaith er mwyn deall drama, yn enwedig os yw y dramâu yn glasuron, oherwydd fod y resume yn y rhaglen yn ddigon i alluogi dyn i fwynhau'r ddrama. Mae hyn yn amlwg yn ôl y miloedd sydd yn tyrru i weld perfformiadau y 'World Theatre' yn yr Aldwych Theatre yn Llundain, ac wrth gwrs, mae arbrawf llwyddiannus wedi'i wneud yno gydag offer cyfieithu. Os defnyddir y dulliau hyn yn y Theatr Gymraeg mae'r dyfodol yn ddisglair ac yn gyffrous, ac ni fydd rhwystr i berfformio pob math o ddramâu yn Gymraeg.

Cyfeiriodd at anghenion theatr wir broffesiynol:

> Mae'n rhaid cael Theatr Genedlaethol i Gymru, ond mae'n
> rhaid iddi fod yn broffesiynol, a rhaid inni ddysgu gan
> wledydd eraill, gan gadw ein hynodrwydd ein hunain. Nid
> dynwared theatrau eraill, nid celfyddyd mo hynny – ond
> dysgu oddi wrth eu diwydrwydd a'u cywreinrwydd. Mae
> gan theatrau Lloegr a Ffrainc a Rwsia draddodiad, ac fe
> allwn ni yng Nghymru ddysgu llawer oddi wrthynt, ac mae'n
> hen bryd inni ddechrau gosod sylfeini. Nid peth achlysurol
> ydyw celfyddyd, mae'n rhaid cael parhad ac arbrofi.

Yna, trafododd natur theatr genedlaethol:

> Yr unig ffordd i gael parhad ydyw trwy gael pobl, actorion,
> wrth y gwaith bob dydd mewn gweithdy, hynny yw y
> theatr; yn saernïo drama ac yn perffeithio eu gwaith. Dyna
> ydyw'r gwahaniaeth mawr rhwng proffeswriaeth ac
> amaturiaeth, fod gwaith parhaol yn digwydd mewn
> gweithdy. Mae lle mawr i'r amatur yn y theatr wrth gwrs,
> ond os am ddatblygiad a chreu Theatr, a safon, yna mae'n
> rhaid cael proffeswriaeth.

COLEG CERDD A DRAMA CAERDYDD

Yn 1952 penodwyd Raymond Edwards i staff Coleg Cerdd a
Drama, Caerdydd. Bu'n ymgynghorydd drama i'r ddinas honno,
ac am flynyddoedd yn actor gweddol adnabyddus yng Nghymru.
Roedd gan Raymond Edwards weledigaeth gref o geisio gwneud
rhywbeth i godi safonau'r ddrama, yn enwedig y nod o greu theatr
genedlaethol. Yr oedd am i sefydliad o'r fath adleisio'r talentau
hynny a ymddangosai yn nhraddodiad y theatr amatur, miwsig a
chanu corawl. I gyflawni hynny, ei fwriad oedd hyfforddi talentau
ifanc i baratoi ar gyfer theatr genedlaethol, oherwydd gwelai fod

gan y Cymry ddoniau arbennig o safbwynt llais a mynegiant corfforol, a sefydlodd gyrsiau i'r perwyl hynny. I gychwyn, nid oedd lle i'r myfyrwyr berfformio yn y coleg ei hun, a gwelwyd hwy'n arddangos eu gwaith mewn neuaddau eglwysi ac mewn ysgolion o gylch y ddinas. Graddol iawn oedd twf y cyrsiau actio trwy gyfrwng y Gymraeg, a thybiai Raymond Edwards mai rhagfarn yn erbyn hyfforddi pobl ifanc ar gyfer bod yn actorion yn yr iaith honno oedd wrth fôn hynny. Symudodd y coleg i adeilad newydd yn 1973 ac yno roedd theatr bwrpasol a stiwdio ymarfer fechan. Datblygwyd cyrsiau, gan gynnwys rhai arbenigol ar gyfer cynllunio a rheoli llwyfan. Bwriad y cyrsiau hyn oedd hyfforddi myfyrwyr ar gyfer y theatr broffesiynol, gyda phwyslais ar estyn sgiliau mynegiant trwy'r corff a'r llais. Rhoddwyd lle hefyd i astudio prif elfennau hanes drama a theatr, a chyfle i hogi sgiliau byrfyfyr. Gyda lleihad yn y galw am actorion ar gyfer theatrau repertori, ychwanegwyd hyfforddiant ar gyfer y theatr gerddorol ac ar gyfer actio trwy radio, teledu a ffilm, a rhoddwyd y pwyslais yn y man ar hyfforddiant ar gyfer y fasnach gyflogi actorion.

PERFFORMIO YN Y COLEGAU A'R BRIFYSGOL
O'r pum degau ymlaen, ymddangosodd drama yn brif bwnc addysgol trwy gyfrwng y Gymraeg am y tro cyntaf yng Ngholeg y Drindod, Caerfyrddin, ac ymledodd i golegau addysg eraill. Hyd hynny, gweithgarwch oriau hamdden diamserlen oedd y ddrama mewn colegau yng Nghymru, gan gynnwys y Brifysgol. Bu cynyrchiadau o weithiau gwreiddiol Cymraeg a chyfieithiadau o ieithoedd estron mewn llawer i goleg dros y blynyddoedd. Yn y man, tyfodd drama'n rhan o gwrs gradd yn rhai o'r colegau hyfforddi ac yng ngholegau'r Brifysgol. Erbyn 1953 yng Ngholeg y Barri, mentrwyd ar gwrs atodol Celfyddyd a Thechneg Drama trwy'r Gymraeg, a hynny yn nwylo medrus Norah Isaac. Yn ogystal â chwrs academaidd a olygai astudio testunau drama Cymru a'r byd, yr oedd cyfle i fyfyrwyr ymarfer sgiliau llais a

chorff, decor a choluro, a chyfle hefyd i fyfyrwyr gyfarwyddo ac i ddyfeisio theatr. Bu'r cyrsiau hyn yn sylfaen i ehangu profiad sylfaenol gwaith theatr ymhlith to newydd o bobl ifanc, y sawl a fyddai'n treiddio yn y man i ddysgu drama i blant a chymryd swyddi mewn cwmnïau theatr proffesiynol. Sefydlwyd yr Adran Ddrama yn y Coleg Normal yn 1957. Y bwriad oedd:

> Cychwyn ar gwrs dwyieithog, a'r nod, cyfoethogi profiad a dyfnhau dealltwriaeth darpar athrawon, trwy feithrin gwerthfawrogiad o lenyddiaeth drama a datblygiad theatr; cyflwyno ac ymarfer celfyddyd a thechneg dehongli drama yn nhermau theatr; cyflwyno, astudio ac ymarfer amrywiol ddulliau o symbylu plant i fynegi eu hunain yn greadigol mewn gweithgareddau drama yn yr ysgol; cyflwyno cynyrchiadau i'r cyhoedd o ddramâu safonol yn y ddwy iaith.

Pennaeth yr Adran ar y dechrau oedd Edwin Williams ac roedd ffawd o'i blaid yn y ddwy flynedd gyntaf, a ddigwyddai gyd-fynd â chyfnod bagad o fyfyrwyr dawnus megis Ryan Davies, Rhydderch Jones a Phylip Hughes. Erbyn y saith degau tyfodd yr adran yn un o adrannau mwyaf sylweddol y coleg. Bellach ymhlith y darlithwyr roedd Huw Lloyd Edwards a Morien Phillips. Tyfodd adrannau cyffelyb yn Abertawe ac yng Nghartrefle, Wrecsam. Ymhob un o'r colegau hyn cynhyrchwyd gwaith o safon uchel. Er enghraifft, cafwyd perfformiad ysgubol gan Goleg y Drindod o *Priodas Waed* (Lorca) yn Eisteddfod Genedlaethol y Drenewydd, 1965, a pherfformiad arbrofol gan Goleg Addysg Morgannwg y Barri o *Mam Gwroldeb* (Brecht) yn Eisteddfod Genedlaethol y Bala, 1967.

Ymhell cyn i'r ddrama flodeuo yn y Brifysgol gwnaeth y colegau hyfforddi hyn waith arloesol trwy gyflwyno dramâu mawr y byd i sylw cynulleidfaoedd yng Nghymru. Cynhaliwyd Gŵyl Ddrama Gymraeg Colegau Cymru yng Ngholeg y Drindod,

Caerfyrddin, Pasg 1963. Dyma'r ŵyl ddrama gyntaf o'i bath yng Nghymru. Fe'i trefnwyd gan fyfyrwyr brwd holl golegau Cymru, a'u bryd ar roi lle teilwng i'r ddrama yn eu cyrsiau a'u diwylliant. Un o brif amcanion y Gymdeithas oedd rhoi cyfle i actorion ifanc colegau Cymru gyfarfod i rannu gwybodaeth a chymharu safonau, ac i ddysgu oddi wrth ragoriaethau a gwendidau ei gilydd. Pwysleisiwyd yr angen i roi lle i'r ddrama yng nghyfundrefn addysg Cymru. Roedden nhw, yn ogystal, am i'r ŵyl fod yn symbyliad ac yn hwb i gael Cadair Ddrama yn y Brifysgol. Ymhlith arbenigwyr drama a fynychodd yr ŵyl honno oedd Huw Lloyd Edwards, Norah Isaac a Glanffrwd James. Eisoes fe berfformiwyd *Tri Chryfion Byd*, anterliwt Twm o'r Nant, gan y Gymdeithas yn Eisteddfod Genedlaethol Llanelli (1962) a chyhoeddwyd y sgript honno ar gyfer yr ŵyl. Yn y cyfnod hwn tyfodd cyfraniad John Gwilym Jones, darlithydd yng Ngholeg y Brifysgol Bangor, i'w anterth. Bu'n ysgrifennu dramâu ar gyfer Cymdeithas Ddrama'r coleg, a chynhyrchu ei waith ei hun, yn ogystal â thrwytho'i actorion yng ngweithiau rhai o ddramodwyr mawr y byd i'w perfformio yn y coleg a mannau eraill o gwmpas y wlad. Rhoddai sylw manwl a thrylwyr i bob agwedd o grefft yr actor. Meddai R. Alun Evans am ei sgiliau cynhyrchu: 'Nid yn unig fe lwyddodd i beri i eiriau Shaw a Shakespeare a Saunders Lewis gyfleu cyfrolau ar fy nhafod ond drwy amynedd di-ben-draw fe lwyddodd hefyd i'm gwefreiddio â'i ddychymyg. Yn sydyn roedd y theatr yn lle byw, llawn symud.' O safbwynt creu cymeriad roedd gan John Ogwen hyn i'w ddweud amdano: 'Roedd ganddo gydymdeimlad mawr â'r awdur, a hefyd gyda'r actor. Rhoddai ichi ryddid i deimlo'ch ffordd drwy'r ddrama a chyfle ichi adeiladu cymeriad ris wrth ris.' Rhoddai sylw arbennig i ystwythder y corff ar lwyfan ac i leisio'n glir a deallus. 'Nid rhoi siâp i'r ddrama ar lwyfan yn unig a wnâi,' meddai Wenna Williams, un arall o'i fyfyrwyr, 'ond yn y siâp, yn y symud ac yn y llefaru roedd yn dehongli i ni ystyr y ddrama a'i gwerthoedd.'

O'i chychwyn yn 1974, tyfodd Adran Ddrama Coleg y Brifysgol Aberystwyth yn bwerdy theatr pwysig, a gwireddwyd breuddwyd sawl unigolyn dros y blynyddoedd yng Nghymru o sefydlu Cadair Ddrama yno.Yr oedd agosatrwydd Theatr y Werin a chyfleusterau perfformio eraill yn fanteisiol i ddatblygiad yr Adran, ac ehangwyd y cyrsiau i gwmpasu ffilm a theledu, gan gynnwys elfennau ymchwil i holl faes perfformio.

Ni ellir pwysleisio digon y cyfraniad a wnaeth y colegau hyfforddi i fyd perfformio yng Nghymru yn y cyfnod hwn, hyd at eu llyncu gan gyfoethogi colegau'r Brifysgol yn y saith degau a'r wyth degau. Llwyfannwyd llawer o'r dramâu a ysgrifennwyd trwy gydol hanes y theatr gan actorion a chyfarwyddwyr dawnus y colegau hyfforddi, a hynny mewn neuaddau a theatrau trwy Gymru gyfan, gan gynnwys llwyfan y Brifwyl. Ni welwyd cymaint o groestoriad o waith dramodwyr mwyaf disglair hanes cyn nac ar ôl hyn yn y theatr Gymraeg. Mae angen i rywun fynd ati i gloriannu hanes y cyfraniad hwnnw rhwng dau glawr.

Y CYLCHGRAWN *DRAMA*

Yn haf 1959 cyhoeddwyd y cylchgrawn *Drama*, sef 'Cylchgrawn y Ddrama Gymraeg', fel y galwyd ef. Ymddangosodd, fel y nododd y golygydd yn ei ragair, ddeng mlynedd ar hugain i'r flwyddyn ar ôl distewi cylchgrawn o'r un enw, a gyhoeddwyd gan Gyngor Cenedlaethol Urdd Drama Cymru ar derfyn y tri degau. Yn y cylchgrawn newydd hwn pwysleisiodd y golygydd yr angen am annibyniaeth wleidyddol i gyd-redeg â'r awydd am theatr genedlaethol. Nododd hefyd y byddai ar dudalennau *Drama* ddrws agored i garedigion y theatr wyntyllu eu barn am faterion yn ymwneud â theatr a drama. Ymddangosodd tri rhifyn o'r cylchgrawn gan gynnwys erthyglau ar actio, cyfieithu, cyfarwyddo a pherfformio, a chynnyrch theatrau a dramodwyr. Ymhlith y cyfranwyr i'r cylchgrawn yr oedd Meredith Edwards, J. Ellis Williams, T. James Jones, F. G. Fisher, Raymond Edwards,

Gwynne D. Evans a J. T. Jones. Daeth bywyd y cylchgrawn i ben oherwydd diffyg cyllid ar ôl tri rhifyn.

TERMAU'R THEATR

Gwobrwywyd cyfrol *Termau'r Theatr* gan R. Emrys Jones yn Eisteddfod Genedlaethol Dyffryn Maelor yn 1961. Addaswyd y gyfrol wreiddiol trwy ychwanegu rhai o'r termau a ymddangosodd yn y gyfrol a ddaeth yn ail yn y gystadleuaeth, sef gwaith Ken Etheridge. Ymddangosodd y gyfrol derfynol o'r wasg yn 1963 ac yn y cyflwyniad nodwyd ei bod yn amserol oherwydd:

> y mae'r ddrama, erbyn hyn, yn cyflym ddod i'w theilwng etifeddiaeth, a chydnabyddir hi bellach mewn ysgol a gwlad a choleg. Sylweddolir ei chyfraniad hi i dwf y bersonoliaeth trwy gyfrwng myneglonrwydd. Daw â llefaru da ac ystwythder a gosgeiddrwydd a hunan-hyder i'w chanlyn. Mae Drama Plant a Theatrau i Blant yn bod; ceir Coleg Drama yn y Castell yng Nghaerdydd ac Adrannau Drama cadarn mewn ysgolion, colegau hyfforddi ac, erbyn hyn, yn rhai o'n prifysgolion.

Mae'r awdur yn ei ragair yn cyfiawnhau cynnwys termau bale, pantomeim, opera ac amrywiaeth o ffurfiau theatrig eraill. Tynnodd sylw hefyd at y ffaith mai defnydd o dermau'r iaith Saesneg oedd yr arfer ymhlith pobl theatr yng Nghymru gan i'r theatr Gymraeg ddibynnu cymaint ar ddylanwad y theatr Saesneg. Ymgais oedd y gyfrol i gyflwyno'r termau hynny yn y Gymraeg.

Y DRAMODYDD A'R THEATR **John Gwilym Jones**

Roedd y pum degau yn gyfnod ffrwythlon o safbwynt y nifer o ddramodwyr a gyfrannodd at y llwyfan Cymraeg. Hwyrach mai dyma un o'r cyfnodau ffrwythlonaf mewn ysgrifennu ar gyfer y theatr yn ystod yr ugeinfed ganrif. Yr hyn a ysgogodd John Gwilym Jones yn wreiddiol i ysgrifennu oedd y ffaith fod yna gwmni drama ac iddo draddodiad disglair yng Ngholeg y Brifysgol, Bangor, lle roedd yntau'n ddarlithydd. Cafodd John Gwilym Jones gyfle nid yn unig i ysgrifennu dramâu ar gyfer cwmnïau o fyfyrwyr yn ei ofal, ond, yn ogystal, i gyfarwyddo'r dramâu hynny ar gyfer eu perfformio ar lwyfan.

Un a gafodd y profiad o actio yn ei gwmnïau oedd Maureen Rhys ac yn ei hunangofiant mae hi'n sôn yn frwd am ansawdd ei

25. *Cast* Cilwg yn Ôl *(cyfieithiad John Gwilym Jones o* Look Back in Anger *gan John Osborne). Cwmni Drama Llwyndyrys gyda Gwilym Griffith y cynhyrchydd (cefn, ar y dde) gyda chwpan y Ddrama Fer a'r Ddrama Hir yn Eisteddfod Genedlaethol Machynllech, 1981.*
(Straeon Gwil Plas, *Gwasg Carreg Gwalch)*

gyfarwyddo. Ei bwynt sylfaenol ef bob amser oedd mai'r prif reswm am fodolaeth drama ysgrifenedig oedd i'w pherfformio. Roedd geiriau'n hollbwysig iddo, meddai, ac roedd angen i gynulleidfa ddeall pob gair a ddeuai o lwyfan. Ei frawddeg fawr fyddai: 'Nid iaith rhaff trw' dwll ydi'r Gymraeg. Cofia hynny.' Celfyddyd geiriau oedd y peth pwysicaf iddo. Yn ôl Maureen Rhys: 'Roedd o'n esbonio ystyr golygfa yn hytrach na'i chyfarwyddo. Doedd y symudiadau fel y cyfryw o fawr bwys iddo os oedden ni wedi deall y cynnwys.' Ei bwynt oedd nad oedd rhaid i actor fod yn glyfar ond rhaid oedd iddo fod yn ddeallus. Credai mai hanfod actio da oedd y gallu i berswadio. Tybiai Maureen Rhys mai pregeth â phedwar pen iddi oedd gan John Gwilym Jones: 'Yr awdur yn rhoi'r esgyrn; yr actor a'r cyfarwyddwr yn rhoi cnawd ar yr esgyrn; y colur a'r gwisgoedd yn rhoi'r ddelwedd allanol; yn goron ar y cyfan yr actor yn rhoi'r enaid.'

Gwenlyn Parry

Yn y ddrama fer *Poen yn y Bol* y gwelwyd ymdrech gynharaf Gwenlyn Parry i drin y llwyfan yn ddychmygus ac yn ddarluniadol. Yn y ddrama fach hon y cafwyd rhai o'r nodweddion oedd i'w hamlygu eu hunain yn ddiweddarach yn ei ddramâu hir aeddfed, sef nodweddion fel defnydd o'r annisgwyl, defnydd o'r swreal, a'i hoffter o ddelweddau gweledol ar lwyfan.

Drama dair act gyntaf Gwenlyn Parry oedd *Saer Doliau*, a berfformiwyd trwy Gymru yn ystod gwanwyn 1966. Ym mlwyddyn gyntaf Cwmni Theatr Cymru yr oedd perfformio drama newydd gan ddramodydd ifanc gweddol newydd yn sicr yn gyfle i godi ymwybyddiaeth cynulleidfaoedd o ysbryd newydd ar gerdded yn y theatr Gymraeg ar y pryd. Yr oedd y ffenomenon yma, ynghyd â chadwyn newydd o theatrau trwy'r wlad, yn wefreiddiol. Yr hen saer dynnodd sylw Harri Pritchard Jones yn ei adolygiad ar y cynhyrchiad (*Y Faner*, 19 Mai, 1966), nid yn unig fel cymeriad cig a gwaed yn y sgript, ond fel cyfrwng i ddangos doniau'r actor a gymerai'r rhan ar lwyfan, cymeriad 'y gallodd David Lyn dyfu iddo nes rhoi inni berfformiad gwir wefreiddiol'. Mae'r adolygydd wedyn yn taro nodyn arwyddocaol o safbwynt datblygiad safonau theatr. Meddai: 'Dyma'r math ar berfformiad y dylem arfer ag o oddi wrth actor wrth ei broffes. Roedd ei berfformio yn y ddrama hon yn ddigon, mi dybiwn i, i roi taw ar unrhyw un sy'n gwarafun safonau proffesiynol i'r ddrama Gymraeg.' Dyma flasu cychwyn cyfnod proffesiynoldeb Cwmni Theatr Cymru.

Roedd ysgrifennu i Gwmni Theatr Cymru yn golygu cwtogi ar y nifer o gymeriadau a ddefnyddiai'r dramodydd, yn bennaf, efallai, am mai cwmni proffesiynol oedd hwn, gyda hyn a hyn o arian wrth law i berfformio ac i deithio. Un o amodau'r comisiwn ar gyfer *Y Ffin* oedd mai tri neu bedwar o gymeriadau oedd i fod ynddi, ac un olygfa i gyfansoddiad y set. Roedd y galwadau hyn yn sicr yn ddisgyblaeth i'r dramodydd. Y mae elfennau eraill i'w hystyried wrth roi sylw i gyfraniad Gwenlyn Parry at y theatr Gymraeg yn y cyfnod yma, a'r pwysicaf, efallai, yw'r modd y gallai drin deialog yn llithrig ac eto'n ogleisiol, yn gyfrwng i ddatgelu cymeriadau grymus a'r un pryd yn fodd i gyflwyno athroniaeth gyrhaeddgar am fywyd a bryfociai gynulleidfa.

Gyda chrynhoi ei ddramâu'n gyflawn yn y gyfrol *Dramâu Gwenlyn Parry: Y Casgliad Cyflawn* cafwyd modd i astudio crefft a chelfyddyd yr awdur yma wrth iddo ddatblygu ac aeddfedu fel artist dramatig a theatrig. Yr oedd Gwenlyn Parry yn effro i dueddiadau, i ddulliau ac i arbrofi yn y theatr tu allan i Gymru, a gellir dweud bod hyn yn ymddangos yn gryfder yn ei waith. Yr oedd grym i'w ddefnydd o'r iaith lafar Gymraeg, y modd y lluniodd gymeriadau a sefyllfaoedd trawiadol, cyffrous a ffraeth, a'i allu i fedru ysgrifennu ar gyfer cyflawni effaith y *mise en scène* yn y theatr. Yr oedd yr elfennau hyn gyda'i gilydd yn ei wneud yn ddramodydd a ymddangosai'n arbennig o effeithiol trwy berfformiad ar lwyfan.

Yn ei rhagair i'r ddrama *Panto* cyfeiriodd Elan Closs

Stephens at arwyddocâd dramâu Gwenlyn Parry yn y theatr. Nododd fod y ddrama hon ymhlith y mwyaf sgilgar o'i ddramâu. Mae ef yn cyfleu llun o fewn llun, delwedd o fewn delwedd, symbol o fewn symbol, wrth iddo gyflwyno effaith pantomeim ar lwyfan y theatr, a phanto o fewn y pantomeim hwnnw yn y *mise en scène* ar lwyfan. Gellir awgrymu bod hyn yn brofiad theatr o fewn theatr, sydd yn golygu bod y gynulleidfa go iawn hefyd yn gynulleidfa ffuglennol. Cyflawnodd Pirandello hyn yn effeithiol dros ben yn ei brif ddramâu yntau. Mae Elan Closs Stephens yn galw'r dechneg theatraidd sydd yng ngwaith Gwenlyn Parry yn ddelwedd estynedig, hynny yw mae'r dramodydd yn creu delwedd weladwy ar lwyfan gerbron cynulleidfa sydd yn symbol o ystyron dyfnach yng ngweithredoedd y cymeriadau ac yng ngwead y ddrama ei hun. 'Meistr y ddelwedd estynedig' a 'bardd lluniau', meddai Stephens am Gwenlyn Parry. Ni raid ond ystyried lleoliad y dramâu hyn i ddeall hynny, sef gweithdy saer doliau, tŷ ar dywod, ffin, panto a thŵr. Bu ymddangosiad y dramâu hyn ar y llwyfan yng Nghymru yn sialens aruthrol i gyfarwyddwyr, i actorion, i dechnegwyr, i gynllunwyr ac i gynulleidfaoedd.

Yn dilyn deialog llwyfan ffurfiol, lenyddol John Gwilym Jones a Huw Lloyd Edwards, a llawnder barddonol Saunders Lewis i glustiau cynulleidfaoedd theatr yng Nghymru, esgorodd llif deialog cymeriadau llwyfan Gwenlyn Parry ar gyffro newydd. Soniodd Gwenlyn Parry nad oedd neb wedi ei holi ynglŷn â dylanwad Twm o'r Nant ar ei theatreg. Cyfaddefai mai ysgrifennu math o anterliwt a wnâi yntau yn ei ddramâu, math o bantomeim dramatig, lle roedd chwerthin a difrifoldeb yn gymdogion agos. Ym mhlygion y ffantasi gallai ambell wirionedd lechu, ac nid oedd rhaid gofidio os na chafwyd 'neges' glir.

Mae Gwenan Mared Roberts yn crynhoi cyfraniad Gwenlyn Parry i'r theatr Gymraeg trwy ddweud: 'Heb os mae ei ddramâu yn amsugniad o ddylanwadau Ewropeaidd, Prydeinig a Chymraeg – yn cymysgu byd theatr, teledu a llenyddiaeth– ac mae ei waith nid yn unig yn adloniant difyr ond yn dystiolaeth o'r hyn oedd yn digwydd ym myd y ddrama o'r chwe degau hyd ei farwolaeth yn 1991.' (*Barn*, Atodiad Theatr, Hydref 2001)

Wil Sam

Cwmni'r Gegin, Cricieth oedd un o'r cwmnïau lleol a dyfodd i lenwi'r bwlch a wnaed wedi effaith andwyol yr Ail Ryfel Byd ar ffrwd theatr amatur y tri degau yng Nghymru. Emyr Humphreys oedd un o'r gwŷr a wnaeth yr ymdrech sylfaenol i roi'r cwmni hwnnw ar ei draed. Cynhyrchodd Humphreys rai o ddramâu Wil Sam ar y radio. Yn sgil hynny, a buddugoliaeth y dramodydd yn yr Eisteddfod Genedlaethol yn 1962 gyda'i ddrama *Dalar Deg*, yn ogystal â'i pherfformio yn yr ŵyl honno, y sefydlwyd Cwmni'r Gegin. Cafodd yr actor-ddramodydd Meic Povey ei brofiadau cyntaf o weithio yn y theatr ar lwyfan y Gegin, ac iddo ef roedd gweithio gyda gwŷr profiadol fel Stewart Jones a Guto Roberts yn agoriad llygad. 'I rywun mor ifanc,' meddai Meic Povey, 'roedd o'n brofiad da iawn, roeddwn i'n lwcus i weithio yno. Y dylanwad mwyaf oedd dod i gysylltiad â dramâu pobl fel Wil Sam, doedd neb yn gallu sgwennu deialog 'run fath â fo.'

Bu cyswllt Wil Sam â'r theatr yn Iwerddon yn ysbrydoliaeth gyson iddo fel crefftwr theatr. Yn ei ragair i gyfieithiad Wil Sam o *Yr Argae* (Conor McPherson), meddai Ioan Williams amdano: 'Bu'r theatrau ac awduron Iwerddon yn ddylanwad mawr ar ddatblygiad ei grefft. Roedd y perfformiadau a welodd yn y theatrau bach, cartrefol ar lannau'r Liffey yn rhan o'r ysbrydoliaeth ar gyfer theatr fach Y Gegin yng Nghricieth.'

Trodd Wil Sam yn awdur proffesiynol cyn hir ac aeth ati i lunio degau o ddramâu byrion a hirion i'w perfformio ar lwyfan a sefydlwyd yn neuadd y dref yng Nghricieth. Ffurfiwyd a dyfeisiwyd cwmni busnes yn gefn i'r fenter; ehangwyd y llwyfan ac atgyfnerthwyd y llawr, hongiwyd llenni a chafwyd goleuadau addas. Yng Ngŵyl Ddrama Pwllheli 1964 perfformiodd Cwmni'r

Gegin *Y Gofalwr*, cynhyrchiad a chyfieithiad Elis Gwyn o *The Caretaker* (Pinter). Ymhlith y cast yr oedd Stewart Jones a Guto Roberts, actorion a ddaeth yn berfformwyr proffesiynol blaenllaw wedi hynny ac a gyfrannodd yn helaeth at safonau eu crefft am flynyddoedd i ddod. Meddai adolygydd *Y Cymro* (Medi 1964): 'Guto Roberts a chwaraeai ran y tramp ac yr oedd yn hollol ardderchog. Yn sicr, dyma un o'r perfformiadau cyflawnaf a welais i ar lwyfan yn Gymraeg. Yr oedd ei amseru wrth symud a sgwrsio yn batrwm; oedai'r union ddigon cyn ychwanegu sylw twp at sylw un o'r brodyr.'

Y Gofalwr oedd cyflwyniad cyntaf Theatr Fach Cricieth, a dyfodd yn y man yn Theatr y Gegin. Gyda'r cwmni yma y miniogodd Wil Sam ei ddoniau comedïol mawr. Yno roedd yr actorion, y llwyfan a'r gynulleidfa yr oedd ef yn eu hadnabod ac at y gynulleidfa honno o frodorion yr anelai ei weithiau theatrig. Dywed: 'To'n i'n gweld y peth ar y llwyfan hwnnw a chlywad yr actorion yn deud y leins. Ro'n i'n gwbod pwy oedd yn ista ymhob set. Ro'n i'n gwbod yn iawn pwy fydda'n chwerthin wrth glywad y gwahanol leins. Sgwennu i blesio, galwa di o os leci di – ond sgwennu i ordor, sgwennu i ddiban hefyd.' (*Llifeiriau*, 1997)

Cyfeiriodd Wil Sam at ddylanwad theatr fach y Pike yn Nulyn fel ei feddylfryd theatrig. Theatr fach ddiaddurn a syml ydoedd, a'r gynulleidfa fechan yn eistedd ar blanciau, megis mewn syrcas. Ond yr oedd gweld gwaith Synge ac O'Casey yno yn yr iaith Wyddeleg yn brofiad cofiadwy iddo, ac yn sicr yn batrwm i'w waith theatrig ef ei hun. Meddai drachefn:

> Doedd 'na ddim lle i golur a ryw stwnshach felly. Mae 'na hen gythral ynddo i sy yn erbyn – sy'n hollol, hollol rong dwi'n gwbod – ond yn erbyn rhyw nialwch a rhyw ffigiaris yn mynd a lle y gwir beth. Y gair a'r symud naturiol sy'n deillio o hwnna, dyna ydi drama go iawn. Cofia, mae'r ffigiaris yn medru cuddio lot fawr o walla, yn papuro dros

y cracia, ond doedd 'na ddim byd felly yn y Pike. Ac mi roedd y cyfan yn Wyddelig, yn nhw'u hunain heb ymddiheuro dim wrth neb am y peth. Eto mor Gymreig oedd o, mor debyg i'r hyn rydan ni pan 'dan ni'n ni 'yn hunain. Mi roedd mynd yno yn codi blys dod adra i wneud rwbath arna' i.

Dengys cysylltiad Wil Sam fel dramodydd â llwyfan Theatr y Gegin, Cricieth, sut y gallai amgylchiadau ymarferol effeithio ar natur, ar strwythur ac ar gynnwys gwaith awdur. Ymddangosodd cyfyngiadau'r llwyfan hwnnw ym moelni llwyfannol ei ddramâu. Gosododd nifer ohonynt mewn cefndir amhendant, gan adael i gynulleidfa ddychmygu'r amgylchfyd o gwmpas y chwarae, a chanolbwyntio ar y digwydd ac ar lafar y ddeialog rhwng cymeriadau. Tyfai'r dechneg yma o amgylchiadau moel y theatr. Defnyddiodd dramodwyr eraill o'r cyfnod hwn ymlaen, Meic Povey er enghraifft, y dechneg hon wrth iddynt ysgrifennu i'r theatr. Techneg *chiaroscuro* oedd, techneg canolbwyntio ar anghenion blaenllaw'r *mise en scène*. Nid oedd yn newydd o bell ffordd yn hanes y theatr. Roedd yn dechneg a wrthryfelai yn erbyn gofynion manwl darluniadol y theatr naturiolaidd.

Daeth cyfnod aur Theatr y Gegin i ben yn 1976 gyda pherfformiad o *Dinas Barhaus* (Wil Sam). Yn y man, daeth y theatrau rhanbarthol i lwyfannu gwaith Cwmni Theatr Cymru a chwmnïau proffesiynol eraill, gan ddenu cynulleidfaoedd ehangach i'w awditoria. Blodeuodd Theatr y Gegin mewn cyfnod lle roedd ei hangen, a hithau'n estyniad o'r brwdfrydedd lleol, a gweledigaeth amaturiaid ymroddgar. Un o nodweddion neilltuol cwmnïau drama amatur fel Cwmni Theatr y Gegin dros y blynyddoedd oedd mai magwrfa oeddynt i dalentau actio rhai unigolion arbennig. Un o'r rhain oedd Guto Roberts. Cyfeiriwyd ato eisoes wrth nodi ei berfformiad disglair o gynhyrchiad Theatr y Gegin o *Y Gofalwr* (Pinter).

26. *Theatr y Gegin yn ystod ei dyddiau prysur:*
Guto Roberts (fel 'Eifionydd'),Theatr y Gegin, Mehefin 1974;
Elis Gwyn a Wil Sam, dau o'r cyfarwyddwyr.
(Wil Sam, Y Dyn Theatr, *Gwasg Carreg Gwalch*)

*27. Stewart Jones, Guto Roberts a William David Jones,
aelodau o Gwmni'r Gegin a deithiodd 'Y Gofalwr', addasiad
Elis Gwyn o ddrama Harold Pinter yn ystod 1964-65.*
(Wil Sam, Y Dyn Theatr, *Gwasg Carreg Gwalch*)

Meddai Meredydd Evans am ddawn Guto Roberts fel actor:

> Gorweddai ei gryfder, bid siŵr, mewn portreadu
> cymeriadau. Fel rhelyw o actorion bu'n rhaid iddo fodloni
> o bryd i'w gilydd ar gyflwyno cymeriadau cyfarwydd, yn
> sarjiant, gwas ffarm, blaenor methodus, cynghorydd lleol,
> ac ati. Eithr boed nhw mor gyfarwydd ag y bo roedd
> ganddo ddigon o barch i'w grefft i'w drin fel pobl o gig a
> gwaed. Eu bod nhw'n cyflawni y swyddogaeth ddramatig
> oedd ar eu cyfer – dyna'r hyn y ceisiai o anelu bob amser.

Roedd wrth ei fodd pan gâi'r cyfle i ddehongli cymeriad yn
ddychmygus, yn ddeallus ac yn greadigol. Wrth drafod doniau
perfformio Guto Roberts, y mae Meredydd Evans yn ategu

sylwadau nifer fawr o arbenigwyr wrth iddynt bwysleisio gofynion actor llwyddiannus yn y theatr: 'At hynny, meddai ar yr ehangder diwylliant a'r wybodaeth o'r natur ddynol sydd hefyd yn angenrheidiol.'

CYLCH Y THEATRAU NEWYDD

Yn sgil arolwg Cyngor y Celfyddydau yn 1956 i anghenion lletya'r theatr yng Nghymru, daethpwyd i'r casgliad fod angen dybryd am fannau perfformio sylweddol ac addas trwy'r wlad. Cafwyd arian gan y llywodraeth i ddilyn adroddiadau yn 1959 ac 1961. Yn 1965 cyhoeddwyd Papur Gwyn, 'Polisi ar gyfer y Celfyddydau'. Ynddo awgrymwyd sefydlu cronfa 'Cartref i'r Celfyddydau' a derbyniwyd yr argymhellion yn 1972. Yn sgil hyn trafodwyd dosbarthu arian y llywodraeth gan Gyngor y Celfyddydau, i'r pwrpas o gynorthwyo adeiladu theatrau sylweddol trwy Gymru. Yr oedd gan golegau'r Brifysgol ym Mangor, Caerdydd ac Aberystwyth, Pwyllgor Addysg Bellach Ceredigion a Chyngor Sir y Fflint, ddiddordeb mewn adeiladu theatrau. Yn y canolfannau hynny yr ymddangosodd y theatrau newydd, a oedd yn y pen draw i ymuno â Theatr Ardudwy, Theatr y Torch a Theatr y Grand, yn gylch cyflawn ar hyd arfordir Cymru.

Mae'n gyd-ddigwyddiad, ac eto'n cyfrannu i'r adfywiad a fu yn y cyfnod hwn mewn drama a theatr, i'r adeiladu yma gydredeg â chyfraniad rhai o ddramodwyr disgleiriaf Cymru ar y pryd, yn ogystal â sefydlu Cwmni Theatr Cymru. Er i bolisi cyffredin y theatrau hyn gynnwys yr angen am wasanaethu cwmnïau amatur lleol ynghyd â chwmnïau proffesiynol teithiol a gofynion addysgol rhai o golegau'r Brifysgol, nid oedd unrhyw fath o arweiniad, fel y nodwyd eisoes, i gysoni elfennau llwyfannol na thechnegol yn yr adeiladau a godwyd.

Theatr y Werin, Aberystwyth, a godwyd yn 1972, oedd y gyntaf o'r theatrau campws i'w hagor. Cynhwysai theatr broseniwm a seddau i 370 o bobl, a stiwdio ychwanegol ar gyfer rhyw gant. Ariannwyd hi gan y Brifysgol, gan Gyngor y Celfyddydau, a chan Gyngor Tref Aberystwyth. Y bwriad o'r dechrau oedd cynnig llwyfan ar gyfer cwmnïau lleol, cwmni'r Brifysgol a chwmnïau teithiol. Yr oedd y cwmnïau teithiol i gynnwys rhai o gwmnïau proffesiynol gorau Prydain a'r Cyfandir. Polisi'r theatr oedd datblygu rhaglen amrywiol ac amlochrog o ffrwyth y cwmnïau lleol a chwmnïau proffesiynol gwahoddedig.

Yn 1973 fe agorwyd Theatr y Sherman yng Nghaerdydd. Rheolwyd hon dan oruchwyliaeth pennaeth adran academaidd yn y coleg. Adeiladwyd awditoriwm i eistedd rhyw 475 o bobl. Yn ychwanegol at hynny codwyd Theatr Arena dan yr un to, a seddau i rhwng 150 a 200 o bobl. Am gyfnod hir defnyddiwyd y brif theatr a'r Arena gan gwmnïau amatur a phroffesiynol. O'r wyth degau ymlaen cwmnïau proffesiynol a ddefnyddiai'r brif theatr yn bennaf. Ymgartrefodd y Welsh Drama Company yn y theatr hon am gyfnod.

Agorwyd Theatr Gwynedd ym mis Rhagfyr 1973, hithau hefyd yn ateb i ofynion theatrig yr ardal yn ogystal â rhoi cartref i Gwmni Theatr Cymru. Roedd hon hefyd yn theatr broseniwm â seddau i 346 o bobl. Y bwriad oedd cyflwyno rhaglen oedd mor amrywiol â phosib o fewn y gyllideb ar gyfer yr holl gymuned gan gynnwys pobl ddwyieithog, pobl ddi-Gymraeg, myfyrwyr a thwristiaid. Yr oedd y rhaglen i gynnwys drama, cyngherddau, pantomeim, ffilmiau, darlithoedd, dawns ac opera.

Agorwyd Theatr Ardudwy, Harlech, yn 1976, yn bennaf fel adeilad ar gyfer darlithio, ac yn rhan o Ganolfan Gelfyddydol Coleg Harlech. Ar y dechrau nid oedd yn addas ar gyfer lletya cwmnïau perfformio sylweddol, ond fe'i haddaswyd ymhen amser, a daeth yn un o'r rhwydwaith o ganolfannau ar gyfer cwmnïau a deithiai trwy Gymru.

Agorwyd drysau Theatr Clwyd yn 1976, a hon oedd y fwyaf o'r theatrau newydd yn y gadwyn. Yr oedd lle i 560 eistedd yn awditoriwm y brif theatr ac yn ychwanegol codwyd stiwdio theatr lai gyda 200 o seddau. Galwyd honno ymhen blynyddoedd yn Stiwdio Emlyn Williams. Am rai blynyddoedd bu'r theatr hon yn gartref i Gwmni Theatr Clwyd a ddatblygodd yn Clwyd Theatr Cymru.

Roedd sefydlu'r cylch yma o theatrau o gwmpas Cymru yn ddatblygiad aruthrol yn hanes y celfyddydau perfformio mewn gwlad mor fach. Y broblem oedd na chafwyd traddodiad dwfn o theatr a drama yn y gorffennol, a thenau oedd cynnyrch cyfoes y ddrama ysgrifenedig frodorol yn yr iaith Gymraeg. Mae'n wir i'r canolfannau perfformio hyn gyfrannu at ddatblygu theatr ac, i raddau, ysgrifennu ar gyfer y llwyfan yn ystod y blynyddoedd oedd i ddilyn. Ymhen amser bu rhaid i'r theatrau mawr hyn orfod dibynnu ar fewnbwn o waith gan gwmnïau teithiol o dros y ffin.

Yn y man, ychwanegodd cynllun 'Cartref i'r Celfyddydau' nifer o fannau cymwys eraill ar gyfer perfformio, gan gynnwys Canolfan Berwyn yn Nant-y-moel; Neuadd y Dref, Llangefni; Theatr Tywysog Cymru ym Mae Colwyn; y Theatr Newydd, Caerdydd; Neuadd y Dref, Conwy; Llanfair-ym-Muallt, a Chanolfan Chapter, Caerdydd, ac fe blannwyd hedyn Theatr Felin-fach ar ddechrau'r chwe degau.

Dyma gyfnod penodi trefnwyr drama mewn llawer o siroedd a thaleithiau Cymru. Tasg Gwynn Hughes Jones, trefnydd drama newydd Dyfed, oedd darparu hyfforddiant i ddysgu i oedolion a phlant y grefft o actio a pherfformio drama ar lwyfan. Techneg Jones oedd sefydlu agwedd broffesiynol at y grefft o baratoi a phortreadu cymeriadau yn y theatr. Yn ogystal â defnyddio actorion ac ysgrifenwyr lleol penderfynodd roi'r cyfle i'r gynulleidfa ymuno yn y broses theatraidd drwy sefydlu sesiynau o gyd-drafod rhyngddynt a'r actorion yn syth ar ôl perfformiadau. Yr oedd am i'r gynulleidfa leol weld dramâu rhyngwladol o safon, er mwyn meithrin chwaeth. Yn 1968 aeth at yr awdurdod addysg i ofyn am theatr newydd yn lle'r neuadd a ddaliai gant ac ugain ar y pryd.

*28. Theatr Felin-fach a addaswyd ar gyfer y gymdogaeth
gan Gyngor Sir Ceredigion.*
(Theatr Felin-fach)

Agorwyd Canolfan Celfyddydau Felin-fach ym mis Mai 1972. Yr oedd ynddi le i 263 eistedd yn gysurus ac o'u blaen yr oedd llwyfan hanner can troedfedd o led a chwe throedfedd a deugain o ddyfnder. Yn yr ystafell reoli lleolwyd y cyfarpar goleuo a sain diweddaraf. Yn fuan ar ôl i'r theatr agor fe benodwyd Hywel Evans yn rheolwr a gwelodd fod angen sefydliad a fyddai'n tynnu'r gymdeithas ynghyd, nid yn unig i weld perfformiadau, ond hefyd i gymryd rhan mewn gweithgareddau dramatig a theatrig ymarferol. Roedd hi i fod nid yn unig yn ganolfan i gwmnïau teithiol berfformio ynddi, ond yn llwyfan i bobl yr ardal ddod i gymryd rhan eu hunain mewn gweithgareddau dramatig. Tyfodd nifer o elfennau ymarferol o'r weledigaeth hon, gan gynnwys cwmni drama'r theatr ei hun, cwmni pantomeim blynyddol a chanolfan drama radio i'r ardal. Yn y saith degau gwelwyd ymdrechion i roi'r weledigaeth gymunedol ar waith mewn gweithgareddau fel llwyfannu gwaith Idwal Jones, y

258

dramodydd o Lanbedr, clymu'r pantomeim blynyddol wrth
bynciau lleol, a chreu sioe i fynegi gwrthwynebiad trigolion Felin-
fach i ganiatâd cynllunio ar gyfer codi dros gant o dai ynghanol
y pentref.

I Euros Lewis, a fu'n ddarlithydd drama yn Felin-fach am
flynyddoedd, nid cenhadu dros y celfyddydau oedd pwrpas y theatr
hon, ond 'cefnogi a datblygu'r diwylliant sydd eisoes yn yr ardal'. I
Lewis nid mater o fynd i mewn i ardal, 'creu darn o waith yno, ac
yna symud ymlaen i rywle arall i ddechrau eto' oedd y bwriad. Roedd
y gweithgareddau i dyfu oddi mewn i'r gymuned, a gwaith drama
Theatr Felin-fach i'w seilio ar byls y newidiadau economaidd a
chymdeithasol yn yr ardal wledig honno. Wrth gynllunio
gweithgareddau'r theatr hon yr oedd angen ystyried pob agwedd
ar fywyd yr ardal a bywyd y Gymru wledig yn gyffredinol. Tyfodd
traddodiad y pantomeim lleol blynyddol a bu'n llwyddiant hyd
heddiw. Fe'i llwyfannwyd fel gweithgaredd lleol cyn sefydlu'r theatr
go iawn, a hynny mewn adeilad arall ym mhentre Felin-fach. Awdur
y panto cyntaf yno oedd y dramodydd J. R. Evans, ac fe welodd
ef ym mhanto Dyffryn Aeron adlewyrchiad o adloniant gwerinol
Twm o'r Nant. Cnewyllyn ei ymdrechion ef oedd portreadu'r 'da
a'r drwg, mewn cyd-destun lleol gyda neges wleidyddol, ond oedd
hefyd yn oesol'. Yn ôl Euros Lewis, cyfarwyddwr y theatr a'r panto
am flynyddoedd lawer, roedd y broses o lunio'r sgript a'r
cyflwyniad yn nwylo'r cast i gyd, a hwythau'n casglu deunydd
newydd bob blwyddyn a'i osod yng ngenau cymeriadau
dychmygol Dyffryn Aeron, benben â'r dynion drwg.

Ym mlynyddoedd ei datblygiad bu'r theatr hon yn batrwm
o'r modd y gallai agweddau amatur a phroffesiynol gydweithio'n
gytûn er mwyn creu theatr gymunedol Gymraeg lewyrchus. Un o
weithgareddau Theatr Felin-fach oedd creu cwmni o'r enw
Cwmni Cadw Sŵn, cwmni drama o ieuenctid yr ardaloedd yn y
cylch, hwythau'n paratoi sioeau cymuned a bortreadai wahanol
agweddau ar ddiwylliant a bywyd y wlad.

Wedi i Gwynn Hughes Jones gymryd awenau Theatr Felin-fach, aeth ati i hyfforddi actorion y cylch, yn amaturiaid profiadol ac yn ieuenctid eiddgar. Cloriannodd ei dechneg mewn erthygl yn *Llwyfan* (4, 1973). Dechreuai drwy symudiadau gyda miwsig yn gefndir; yna, ymlaen i'r ddawns-ddrama er mwyn datblygu symudiadau rhwydd a chreu perthynas actorol rhwng y cymeriadau yn y sgript. Creai sefyllfa er mwyn i actor fedru dod i adnabod yn drylwyr y cymeriad yr oedd i'w bortreadu, a hefyd er mwyn iddo sylweddoli'r berthynas rhyngddo a'r cymeriadau eraill yn y ddrama. Galwai ar bob grŵp i roi portread llwyfannol o'r sefyllfa gan eu cyfyngu eu hunain ar y dechrau i ddarlunio'n unig y teimlad oedd ynddi. Y cam nesaf oedd cymell yr actorion i ddychmygu deialog bwrpasol, a dyna gyfle i bwysleisio llefaru cywir a defnyddio goslef briodol. Dull Jones o gynhyrchu drama oedd dechrau gyda thrafodaeth gyffredinol ynghylch y digwyddiadau a dangos y gwrthdrawiad rhwng un cymeriad a'r llall. Yna, gadawai i'r actorion ddefnyddio deialog ddychmygol. Roedd angen i'r actorion golli pob swildod a magu cyswllt cadarn rhyngddynt a'u cymeriadau. Roedd angen i'r actorion, yn eu cymeriadau, ymateb i'w gilydd yn hollol naturiol. Y peth olaf i'r actorion ei wneud oedd dysgu geiriau'r sgript. Bwriad Jones, gyda'i actorion amatur, oedd magu agwedd broffesiynol at y broses o actio ar lwyfan.

SEFYDLU CWMNI THEATR CYMRU, 1965

Yng Ngŵyl Ddrama Genedlaethol Garthewin yn 1954 y traddododd Wilbert Lloyd Roberts ei ddarlith 'O'r Llyfr i'r Llwyfan'. Cododd wyth pwynt am y modd i baratoi'r ffordd ar gyfer sefydlu theatr genedlaethol, sef:

1. Sefydlu Cadair Ddrama yn y Brifysgol neu'r colegau hyfforddi athrawon.
2. Gwneud drama yn bwnc ym Mhrifysgol Cymru.

3. Cael cwmnïau drama teithiol os na ellid cael cwmnïau sefydlog.
4. Sefydlu cylchgrawn theatr.
5. Sefydlu cyrsiau am fis neu ragor yn yr haf i actorion ifanc.
6. Cael theatr fach ymhob sir yng Nghymru, a'r theatrau hynny'n cyfnewid cwmnïau.
7. Yn achlysurol cael cwmnïau i berfformio dramau er mwyn gwneud elw ar gyfer prynu gwell offer, llyfrau a defnyddiau.
8. Sefydlu Bwrdd Drama Cymraeg i ddatblygu'r ddrama ar raddfa genedlaethol.

29. *Actorion ardal Dyffryn Aeron yn perfformio'r pantomeim blynyddol ar lwyfan Theatr Felin-fach. Dyma enghraifft o actorion amatur yn derbyn hyfforddiant gan gyfarwyddwr a thechnegwyr proffesiynol.*
(Theatr Felin-fach)

Hanner can mlynedd yn ddiweddarach yr oedd Huw Roberts i nodi yn Cylchgrawn *Cymdeithas Theatr Cymru* (Chwefror 2004) i'r rhan fwyaf o argymhellion Wilbert gael eu mabwysiadu. Wedi i Saunders Lewis draddodi darlith 1962, ac o ganol brwdfrydedd gwleidyddol y cyfnod a'i dilynodd, tyfodd y syniad o theatr genedlaethol i Gymru gyfan. Syniad a dyhead oedd, fel y bu dros y blynyddoedd cyn hynny. Yn Eisteddfod Genedlaethol Aberafan dechreuwyd dosbarthu cardiau i holi am ddiddordeb pobl, heb unrhyw ymrwymiad ar eu rhan, pe sefydlid cymdeithas i hybu theatr genedlaethol. Daeth mil neu ragor o'r cardiau hynny i law. Roedd Cwmni Theatr Cymru fel teitl yn bod eisoes, yn gyfieithiad o'r Welsh Theatre Company a fu'n perfformio dramâu yn Saesneg yng Nghymru er diwedd 1964. Yn y man ymddangosodd perfformiadau o ddramâu yn y Gymraeg, dan ambarél Bwrdd Rheoli, sef staff gweinyddol a thechnegol The Welsh Theatre Company. Cynyddodd perfformio dramâu trwy gyfrwng y Gymraeg gan y cwmni hwnnw, ac erbyn 1967 yr oedd digon o gefnogwyr i allu mentro sefydlu cymdeithas. Yng ngwanwyn 1967 anfonwyd dros dair mil o wahoddiadau i bobl i ymuno â Chymdeithas Theatr Cymru, ac fe'i sefydlwyd yn yr Eisteddfod Genedlaethol yn y Bala. Cafwyd ymateb gan tua dwy fil a hanner yn ystod y flwyddyn gyntaf ac yn haf 1968 cyhoeddwyd *Llwyfan*, cylchgrawn y gymdeithas. Dal i fod yn gyfieithiad o'i deitl Saesneg oedd Cwmni Theatr Cymru o hyd. Yn 1973 llwyddodd Cymdeithas Theatr Cymru i gefnogi cael Cwmni Theatr Cymru yn gwmni cofrestredig.

Crëwyd Cwmni Theatr Cymru yn 1965 yn estyniad Cymraeg o'r Welsh Theatre Company. Penderfynwyd ar gytundeb rhwng y BBC a Chyngor Celfyddydau Cymru i fynd ati i sicrhau bywoliaeth i actorion a'u sefydlu'n berfformwyr proffesiynol.

Erbyn 1968 yr oedd Cwmni Theatr Cymru'n gweithredu'n annibynnol ar y Welsh Theatre Company, er na fu gwahaniad rhwng y ddau gwmni am bum mlynedd arall. O Ionawr hyd

Rhagfyr 1968 daeth nifer fechan o actorion ynghyd i ffurfio cwmni proffesiynol, a sefydlu cwmni o actorion amser llawn yn sail i'w galwedigaeth yn y theatr Gymraeg. Yn eu plith yr oedd Beryl Williams, Gaynor Morgan Rees a John Ogwen, a Wilbert Lloyd Roberts yn gyfarwyddwr arnynt.

Beryl Williams a gynorthwyodd Wilbert Lloyd Roberts yn nyddiau cynnar y cwmni i lwyfannu dramâu fel *Cariad Creulon* (1965), *Pros Kairon* (1966), *Saer Doliau* (1967) a *Cymru Fydd* (1967) – dramâu newydd i gwmni newydd. Ar ddechrau 1968 daeth cysylltiad Wilbert â'r BBC i ben. Roedd Gaynor Morgan Rees a John Ogwen, ynghyd â Beryl Williams, yn barod i fwrw coelbren gyda Chwmni Theatr Cymru, gan ffurfio am y tro cyntaf erioed gwmni o dri actor proffesiynol a ddibynnai'n llwyr ar waith theatr yn Gymraeg. Bu'n flwyddyn brysur, gyda thaith *Y Tenant Newydd* (Ionesco). Cynorthwyodd Beryl Williams i hyfforddi

30. *Cwmni Theatr Cymru – yr aelodau cyntaf, a sefydlwyd ym Mangor dan gyfarwyddyd Wilbert Lloyd Roberts.*

criw o actorion ifanc dibrofiad, gan gynnwys Gwyn Parry, Dafydd Hywel, Grey Evans, Dylan Jones a Meic Povey.

Aeth y Cwmni ar daith o gylch ysgolion yn 1969, gydag addasiad o waith Twm o'r Nant, *Meistr y Chwarae*. Yn 1971 perfformiwyd *Y Claf Diglefyd* (Molière) ar daith. Yna cynhyrchwyd *Ynys y Geifr*, gan Ugo Betti, gan y gyfarwyddwraig Nesta Harries. Fel y dywedodd George Owen yn Archif *Barn* (1997): 'Gellid dadlau bod Wilbert y dyn iawn, yn y lle iawn, ar yr union adeg yr oedd ei angen.' Yn ei swydd fel cynhyrchydd radio gyda'r BBC yr oedd yn bosib iddo ddefnyddio'r goreuon o'r nifer fawr o actorion amatur profiadol oedd ar gael yn y cyfnod hwnnw. Fel cyfarwyddwr radio, ac yna theatr, pontiodd y cyfnod rhwng actor amatur a phroffesiynol, gan ddefnyddio'r ddau'n llwyddiannus yn ei gynyrchiadau ar y radio ac yna, i gychwyn, yn ei waith yn y theatr. Yr oedd Wilbert Lloyd Roberts yn ymwybodol o gefndir amatur y theatr Gymraeg a'i chyfoeth o bobl brofiadol yn y maes. Meddai yn *Llwyfan* (Gwanwyn 1969):

> Mae dyled y ddrama Gymraeg i'r amatur yn un drom iawn. Go salw a fyddai ei gwedd heb ymroddiad a gweithgarwch cynhyrchwyr ac actorion oriau hamdden y deugain mlynedd diwethaf – a deil eu cyfraniad yn werthfawr. O'u plith hwy y daw y rhan fwyaf o'r trefnwyr lleol, a llawer o'r cefnogwyr mwyaf brwdfrydig. Mae lle i'r actor amatur a'r actor proffesiynol yng Nghymru, ac mae angen y ddau.

Dyma'r cyfnod pan ddisgleiriodd actores fel Siân Phillips yn *Gymerwch Chi Sigarét?*, ac actorion dawnus amatur fel Glanffrwd James, Emyr Jones a Dennis Jones, a fu'n perfformio ar daith trwy Gymru. Dyma'r cyfnod pan dyrrai cynulleidfaoedd i weld cyfarwyddo dramâu newydd a'u perffomio gan dalentau newydd yn y theatr Gymraeg. Bu sianelu'r cnwd o dalentau actio amatur yma, yn wŷr a gwragedd a gawsai flynyddoedd o brofiad ar lwyfannau lleol, yn ysbardun sicr i'r theatr o ganol yr ugeinfed ganrif ymlaen. Yn anffodus ni chafwyd ffenomen gyffelyb wedi hynny. Gwir i brofiad actio a chyfarwyddo a pherfformio'n gyffredinol symud i fyd addysgol y colegau, ond ni allai cwrs coleg o dair blynedd gyfateb i flynyddoedd hir o brofiad o fagu a meithrin crefft a chelfyddyd actio ar lwyfannau lleol y theatr amatur.

Ar ddechrau'r saith degau cyflwynodd y Cwmni nifer o ddramâu grymus newydd, gan gynnwys *Saer Doliau*, *Tŷ ar y Tywod*, *Cymru Fydd* a *Rhyfedd y'n Gwnaed*, a chydbwyswyd hyn â chyfieithiadau o weithiau gan Molière, Osborne ac Ionesco. Cychwynnwyd ar draddodiad pantomeim yn Eisteddfod Genedlaethol Bangor yn 1971. Yn 1973 ymunodd myfyrwyr Coleg y Normal, Bangor, ag asgell y cwmni i berfformio *Llyffantod* (Huw Lloyd Edwards). Sefydlwyd yr Adran Antur gan y Cwmni, yn grŵp cymunedol ac arbrofol, er mwyn cyflwyno sioeau unwaith y flwyddyn hyd at 1979.

Yn 1982 cydweithiodd Cwmni Theatr Cymru â Brith Gof, dan gyfarwyddyd Emily Davies, i berfformio cynhyrchiad arbrofol o *Guernica*, drama am Ryfel Cartref Sbaen. Casglodd Emily Davies gnewyllyn o actorion, yn bennaf o ffrwyth ei gwaith gyda myfyrwyr yng Ngholeg y Brifysgol, Aberystwyth, gan roi ysgytwad i gynffon wywedig Cwmni Theatr Cymru. Ymgais oedd hyn i chwistrellu bywyd newydd ac arddull ffres i hen gorff. Ar lwyfan cylch, a gydag offer syml, aethpwyd ati i ddehongli dioddefaint pobl gyffredin gwlad y Basg dan orthrwm bomiau ffasgwyr Hitler. Yr oedd y llwyfannu a strwythur y deunydd dramatig yn newydd ac yn ffres i gynulleidfaoedd yn ystod y daith trwy Gymru, a dylanwad technegau creadigol a dychmygus Brith Gof yn amlwg yn y cynhyrchiad.

Un o amcanion Emily Davies wrth ymgymryd â gwaith cyfarwyddwr artistig Cwmni Theatr Cymru ar ôl y trafferthion gweinyddol a achosodd dranc y cwmni hwnnw, oedd sefydlu

31. Menter Cwmni Theatr Cymru ym 1971 i'r clasuron yn y cynhyrchiad o, Y Claf Diglefyd (Molière). O'r chwith i'r dde, Iona Banks, Meredith Edwards a Gaynor Morgan Rees yng ngwisgoedd cyfnod y bedwaredd ganrif ar bymtheg.

cnewyllyn o actorion ifanc gyda'r gobaith o greu sylfaen ar gyfer theatr genedlaethol. Mewn teyrnged i Emily Davies (*Cyntedd*, 1992/93), lleisiodd Betsan Llwyd ei phrofiad fel actores yng ngofal y gyfarwyddwraig hon:

> Roedd ein diwrnod yn dechrau am naw o'r gloch bob bore gyda sesiwn awr o ymarfer corfforol – ac i ambell actor gwadd creuai hyn gryn ddifyrrwch! Yna ymlaen i weithio ar y llais a'r llefaru am hanner awr. Un o'i chredoau mwyaf oedd bod pob aelod o'r cast ar yr un donfedd artistig ar gyfer pob perfformiad. Hwn oedd hanfod y gwir berfformiad iddi. Yn ddiarwybod i mi ar y pryd bu'r ddysgeidiaeth, neu'r ddisgyblaeth hon, yn ganolog i fy ngwaith i a gwaith bob un o'r lleill ers hynny. Ei nod oedd creu hunaniaeth genedlaethol i'r theatr yng Nghymru – llais ac arddull gynhenid Gymreig.

Gyda saith actor craidd, llwyddodd Emily Davies i roi bywyd newydd i gorff sigledig y theatr Gymraeg.

ELFENNAU ACTIO, CYFARWYDDO A THECHNEGOL CWMNI THEATR CYMRU

Cynllunydd oedd Martin Morley gyda Chwmni Theatr Cymru o 1973 hyd at 1984, a pharatodd rai o gynyrchiadau mwyaf sylweddol y cwmni. *Pethau Brau* oedd ei gynllun cyntaf. Cafodd gyfle i gael profiad eang o gynllunio wrth gydweithio â Wilbert Lloyd Roberts. Un o'i brofiadau mwyaf gwefreiddiol oedd cynllunio ar gyfer dramâu Gwenlyn Parry, gan gynnwys *Y Ffin*, *Y Tŵr* a *Sal*. Aeth Morley ymlaen i gynllunio i'r cwmni dan ofal Emily Davies a Ceri Sherlock wedi iddynt gymryd yr awenau ar ôl 1984, a gweithio ar gynyrchiadau fel *Torri Gair* (Brian Friel), *Tŷ ar y Tywod* (Gwenlyn Parry) a *Tair Chwaer* (Tsiecof). Bu Martin Morley yn gyfrifol am nifer o setiau trawiadol y cwmni, er enghraifft, bŵth ffair *Cofiant y Cymro Olaf* (1979), arch strwythurol *Noa* (1982), colofnau a grisiau clasurol *Oidipos Frenin* (1980), *mise en scène* rhaniadol *Gwenith Gwyn* (1980) a'r tirlun swrealaidd i'r pantomeim *Mwstwr yn y Clwstwr* (1979–80).

THEATR ANTUR

Bu'r adain ifanc arbrofol hon yn rhan o Gwmni Theatr Cymru am beth amser. Daeth nifer o ieuenctid galluog iawn ynghyd i greu'r cwmni arbrofol, ac ymddangosodd eu cynyrchiadau yn ffres ac yn gyffrous. Cynulleidfaoedd bychain a ddaeth i weld cynnyrch Theatr Antur, ac ni roddwyd digon o amser i'r dalent yma ddatblygu yn y maes a rhoi cyfle i'r aelodau fagu arddull ac *ensemble* dros gyfnod. Ar ôl rhyw ddwy daith fe benderfynwyd dileu'r cwmni'n gyfan gwbl. Yr oedd yn arbrawf gwerthfawr i geisio cefnu ar y syniadau confensiynol a thraddodiadol a dyfodd yn arddulliau Cwmni Theatr Cymru, ond gwelodd beirniaid elfennau negyddol yn nodweddion perfformio Theatr Antur. Yr hyn a gafwyd, meddent, oedd beirniadaeth negyddol ar barchusrwydd, capelyddiaeth a'r elfennau gwan ymhlith ieuenctid. Roedd elfennau o sioc yn hyn, creu sioc ar ôl sioc er mwyn effaith, ac nid er lles na phwrpas datblygedig. Roedd gofyn, meddai'r beirniaid, rhoi'r gorau i'r dulliau sioc a chanolbwyntio ar arbrofi gydag ansawdd a ffurf. 'Yn lle cael set gonfensiynol beth am ymddihatru yn llwyr oddi wrth y traddodiadol? Byddai hyn yn ysbarduno dramâu gwahanol eu naws a'u cynnwys. Y mae gwir angen rhywbeth o'r fath yng Nghymru ar hyn o bryd.' (Pauline Williams)

Dywedodd un beirniad am gynnwys perfformiadau Theatr Antur: 'nid anturio yw dod â rhyw, rhegfeydd a'r pethau sy'n cael eu cuddio yn y twll dan grisiau yn agored ar lwyfan.' Wrth gyflwyno'r rhifyn cyntaf o *Llwyfan* (Haf 1968) pwysleisiodd Wilbert Lloyd Roberts mai 'un ymhlith nifer o sefydliadau

32. *Golygfa hanner realistig, hanner symbolig, o gynhyrchiad*
Y Ffin *(Gwenlyn Parry), 1973. Un o amodau y comisiwn oedd*
mai tri neu bedwar o gymeriadau a fyddai'n ymddangos
ynddi, ac un olygfa (set). Yr oedd amodau cyfyng comisiynnu
ar y pryd yn gymorth i gwmni newydd fel Cwmni Theatr
Cymru o safbwynt ariannol, ac yn fodd i'r awdur, Gwenlyn
Parry ddisgyblu ei ddawn ddramatig.

(Barn/Theatr, *Hydref 2001*)

cenedlaethol yw Theatr Genedlaethol a fydd yn helaethu diwylliant a chyfoethogi bywyd cenedl'. 'Ei bwriad,' meddai,'yw anelu at y safonau uchaf o gyflwyno a pherfformio, a dyry ddiddanwch creadigol byw i bawb a'i myn.'

HELYNT Y THEATR AMATUR O'R CHWE DEGAU YMLAEN

Cafodd helyntion yr Ail Ryfel Byd effaith enbyd ar gyflwr y theatr amatur o ganol y pedwar degau ymlaen. Gwelodd J. Ellis Williams leihad yn nifer y cwmnïau o'u cymharu â'r sefyllfa rhwng 1936 a 1945.

Torrwyd ar weithgareddau dramatig y rhan fwyaf o'r cwmnïau, yn bennaf gan lif yr actorion a'r cynhyrchwyr o bentrefi ac ardaloedd a aeth i wasanaethu yn y rhyfel. Oherwydd y lleihad yn y brwdfrydedd i ailddechrau llwyfannu a pherfformio i gynulleidfaoedd lleol, collwyd yr awydd i ailgydio yn y gwaith.

Roedd elfennau eraill i ymddangos yn ystod y chwe degau a'r saith degau a fyddai'n taro byd amatur y theatr leol yn enbyd. Ymddangosodd theatr fach y parlwr, sef y set deledu, i fynd â sylw'r cyhoedd, gydag adloniant parod dan do cysurus y cartref. Gydag ymddangosiad y diwydiant morfilaidd hwn, fe lyncwyd darpar actorion a thechnegwyr, ac yn wir dramodwyr, gan yr anghenfil. Ymddangosodd Cwmni Theatr Cymru gyda'i garafán o actorion, cynhyrchwyr a thechnegwyr a fedrai deithio ledled y wlad, gan berfformio mewn canolfannau soffistigedig theatraidd, ynghyd â rhai neuaddau a llwyfannau lleol addas. Denwyd y cyhoedd ar wahanol adegau o'r flwyddyn gan theatr broffesiynol am y tro cyntaf, gan gynnwys ymddangosiadau yn yr ŵyl genedlaethol.

Sut roedd y theatr amatur i ymdopi â'r newydd-ddyfodiad yma? Daliwyd ati i weithredu yn lleol, mewn pentrefi a threfi lle roedd yna arweiniad brwdfrydig a chalon gan rai i gario ymlaen â thraddodiadau perfformio amatur. Yn wyneb yr her daliodd y theatr amatur leol i lwyfannu ac i adlonni cynulleidfaoedd wedi'r Ail Ryfel Byd. Er i'r nifer leihau, dangosodd baromedr cystadlaethau perfformio'r Eisteddfod Genedlaethol, er enghraifft, fod yr awydd i gyflwyno dramâu i'r cyhoedd yn dal yn weddol gryf yn y tir. Ceir tystiolaeth i gyfraniad y theatr amatur leol trwy gydol yr ugeinfed ganrif yn y gyfrol *Llwyfannau Lleol* (gol. Hazel Walford Davies).

REALAETH YN Y THEATR, 1977

Mewn erthygl ar 'Realaeth yn y Theatr' (*Esgyrn: Cylchgrawn Theatr O*, Haf 1977) talodd John Roberts sylw i sefyllfa theatr Gymraeg y dydd. Gwelodd y theatr yng Nghymru yn ailwisgo'r un elfennau realaidd traddodiadol yn enw ffasiwn newydd. Awgrymodd y dylai'r theatr 'allu ymryddhau oddi wrth gyfyngiadau realaeth confensiynol a mentro i feysydd cwbl wahanol yn ogystal ag yn y meysydd realaidd'. Gresynodd at ddiflaniad Adran Antur Cwmni Theatr Cymru. 'Nid trwy i un cwmni dyfu a thyfu a mynnu monopoli ar ein theatr broffesiynol y daw'r theatr yn fyw yng Nghymru, ond trwy grwpiau bychain sy'n fodlon mentro. Os oes gan actorion ifanc hyder yn eu gallu ac yn yr hyn y maent am ei ddweud yna mentro amdani.' Gwelodd angen hyder ac egni ar gyfer cyfeirio'r theatr Gymraeg ar hyd llwybrau'r dyfodol. Yr angen, meddai, yw 'grwpiau unedig, hynny yw grwpiau sy'n unedig yn eu pwrpas a'u nod. Cwmni sy'n gyson yn ei neges, wleidyddol, grefyddol neu foesol. Gall theatr bropaganda (yn ystyr eang y gair) fod o fudd mawr i theatr yng Nghymru. Gall cwmnïau o'r fath dywallt peth wmbreth o egni i mewn i theatr hanner marw.'

Gyda diflaniad Cwmni Theatr Cymru, ac ymddangos cwmnïau bychan proffesiynol yn y man, gwireddwyd gobaith John Roberts ac eraill a hyderai am gyfeiriad arbrofol a mwy beiddgar ar lwyfannau Cymru.

SWYDD YR ACTOR – MEREDITH EDWARDS, 1969

Trafod swydd yr actor a natur y theatr a wnaeth Meredith Edwards mewn erthygl yn *Llwyfan* (1969). Wrth drafod y theatr, nododd mai'r unig lwyfannau pwrpasol yn rhan helaethaf y wlad, cyn i'r rhwydwaith o theatrau ymddangos trwy Gymru, oedd llwyfan neuadd yr ysgol uwchradd leol. Anfantais y rhain oedd eu bod yn adlewyrchiad o'r hyn oedd yn nodweddiadol o lwyfannau traddodiad y theatr amatur. Fe'u galwodd hwy'n llwyfannau 'bocs sebon gyda llen ar draws'. Roedd cyfleusterau goleuo a sain yn anfoddhaol i unrhyw ddyfodol i'r theatr Gymraeg ar daith. Yna, cyfeiriodd ei sylw at y gynulleidfa, a'i gri oedd, gan fod cynulleidfa'n hanfodol i theatr, fod rhaid ei denu'n gyson. Meddai: 'Celfyddyd y lleiafrif a fu'r theatr erioed, ac mae iddi ei ffyddloniaid ymhob gwlad.' Yna, mae'n troi ei sylw at yr actor. 'Tuedda i feddwl,' meddai, 'fod pob drama Gymraeg yn gysegredig, a bod pob actio Cymraeg yn wych.' Dyma un o beryglon amaturiaeth, cyflyru pobl i dderbyn math arbennig o safon, 'a'n gwneud yn barod i faddau, i gydymdeimlo, ac i ganmol y trydydd radd'. Rhaid oedd bod yn hollol wrthrychol a chydnabod mai'r theatr broffesiynol yn unig oedd y modd i wir saernïo drama ac i gyrraedd y safonau uchaf o berfformio. Rhybuddiodd Meredith Edwards 'mai arweiniad ysbrydoledig a gwaith caled a chyson sydd yn codi safonau', gan ychwanegu: 'Nid oes traddodiad theatrig yng Nghymru, ac yn wyneb anawsterau lu ac aberth y mae ei greu.' Cyfaddefodd fod lle i'r amatur: 'Yn nwylo'r amatur y mae unrhyw draddodiad sydd yn bod wedi tyfu yn y gorffennol.' O safbwynt ysgrifennu, awgrymodd 'y dylai darpar ddramodwyr dreulio hanner blwyddyn gyda chwmni proffesiynol i gael profiad yn awyrgylch y theatr ac i feithrin crefft, a bod yn ymwybodol o ofynion y llwyfan'. Nod Meredith Edwards oedd 'llwyfan teilwng, cynulleidfa ddeallus a drama grefftus'.

CYMDEITHAS THEATR CYMRU

Sefydlwyd y Gymdeithas gan Wilbert Lloyd Roberts yn 1967. Ymhen amser cyhoeddodd y gymdeithas gylchlythyr, sef *Galwad*, yn rhannol er mwyn lleisio barn a chonsýrn caredigion y ddrama.

Yr oedd y gymdeithas hon yn gymdeithas genedlaethol o garedigion theatr yn yr iaith Gymraeg. Ei bwriad o'i dechreuad oedd bod yn llais i'r gynulleidfa a chynrychioli ei diddordebau. Yr oedd hi'n wirfoddol, heb dderbyn na grant na chymhorthdal o'r un ffynhonnell tuag at ei chynnal. Ei hamcan, yn ôl ei chyfansoddiad, oedd 'hybu addysg y cyhoedd mewn gwybodaeth, dealltwriaeth a gwerthfawrogiad o gyflwyniadau yn yr iaith Gymraeg o'r gelfyddyd ddramatig yn ei holl ffurfiau'.

Pan ddaeth problemau dyfodol y theatr Gymraeg i'r amlwg ar derfyn yr ugeinfed ganrif aeth y Gymdeithas, a Huw Roberts, ei llywydd brwdfrydig, ati i gynorthwyo yn y trafodaethau ynglŷn â sefydlu'r Pwerdy Cymraeg oedd yn rhan o Strategaeth Ddrama Cyngor y Celfyddydau. Cyfrannodd y Gymdeithas hefyd at arolwg y Cynulliad Cenedlaethol o'r celfyddydau a diwylliant yng Nghymru.

CWMNI THEATR GENEDLAETHOL YR URDD

Ar ôl sylweddoli bod yna lawer iawn o dalentau actio ymhlith ieuenctid Cymru yn y gystadleuaeth actio yn Eisteddfod yr Urdd ym Mhontypridd 1973, aethpwyd ati, gyda chefnogaeth uniongyrchol R. E. Griffith a'r awdur, i ffurfio cwmni o actorion o blith y Cymry ifanc o bob cwr o'r wlad, er mwyn cyflwyno cynhyrchiad blynyddol. Dyma'r cwmni cenedlaethol cyntaf i ieuenctid yn hanes y theatr Gymraeg.

Anelwyd at ddewis cwmni o actorion, technegwyr ac artistiaid rhwng pymtheg a phedair ar hugain oed, i gyflwyno drama, sioe gerdd neu opera roc yn flynyddol mewn theatrau yng Nghymru. Y cynllun oedd dewis cast cyn y Nadolig bob blwyddyn, rihyrsio yng Ngwersyll Llangrannog am wythnos adeg y Pasg, ac yna perfformio mewn theatrau yn syth ar ôl hynny. Dyna a wnaethpwyd am bymtheng mlynedd o oes y cwmni hyd at 1988. Rhoddwyd cyfle i actorion, technegwyr sain a golau, artistiaid set a gwisgoedd, a grwpiau o gerddorion yn eu tro. Perfformiwyd yn gyson bob Pasg mewn theatrau fel Clwyd, Gwynedd, y Werin a'r

gynulleidfaoedd bro. Mae'n sicr i esiampl y cwmni hwn fod yn ysbardun i gwmnïau ymylol eraill fynd ati i fagu hyder i berfformio deunydd a oedd yn wahanol i ddramâu prif ffrwd Cwmni Theatr Cymru. Yn y pen draw, gyda thranc Cwmni Theatr Cymru, y cwmnïau ymylol hyn a gymerodd yr awenau i gynnal theatr fyw trwy ardaloedd a thaleithiau'r wlad. Yr oedd y cwmnïau hyn, hwythau'n broffesiynol eu cyfarwyddwyr a'u perfformwyr, a gynhwysai actorion ifanc a hyfforddwyd mewn colegau addysg a phrifysgol, yn fodd o hyn ymlaen i gadw'n fyw y dyhead am theatr Gymraeg rymus. Ar ôl tranc Cwmni Theatr Cymru, i'r cwmnïau ymylol hyn y sianelwyd nawdd Cyngor Celfyddydau Cymru ar gyfer theatr a drama, er y bu'n rhaid iddynt brofi eu dilysrwydd a'u hamcanion. Y cwmnïau ymylol hyn hefyd a ddioddefodd yn y pen draw yn sgil toriadau ariannol i'r celfyddydau erbyn diwedd yr ugeinfed ganrif.

CYFRANIAD WILBERT LLOYD ROBERTS I'R THEATR GYMRAEG

Brwydrodd Wilbert Lloyd Roberts i geisio gwireddu cwmni theatr a fyddai'n genedlaethol flynyddoedd cyn i'r cyfle ddod iddo ddal yr awenau yn ei ddwylo ei hun. Bu'n cynllunio natur a ffurf y cwmni eisoes, a phalmantodd y ffordd drwy frwydro yn erbyn nifer o anawsterau a rhwystrau gweinyddol a gwleidyddol cyn cychwyn ar y gwaith o foldio'r cwmni yn uned weithredol yn 1968. Wrth sefydlu'r cwmni rhoddodd gyfle i nifer o bobl dalentog ac awyddus i ymarfer eu crefft a'u celfyddyd, yn actorion, yn dechnegwyr, yn gynllunwyr ac yn artistiaid theatrig eraill. Cychwynnodd gwmni proffesiynol o'r dechrau, er iddo dynnu ei dalentau o'r byd amatur a'u dyrchafu'n broffesiynwyr. Sylweddolodd fod yna draddodiad amatur cryf iawn ym myd perfformio yng Nghymru eisoes, ac roedd yn ymwybodol o safonau'r gwaith amatur, a dyfnder y profiad hwnnw. Llwyddodd i ffrwyno'r gorau o'r byd amatur a'i chwistrellu i'r byd proffesiynol a oedd yn newydd-anedig yn y theatr Gymraeg. Meddai John Ogwen amdano:

> yr oedd yn gynhyrchydd hynod o graff. Hynod o ofalus. Byddai'n gallu dweud wrthych yn union beth oedd yn dymuno ei weld a'r ffordd orau i chi ymgyrraedd at hynny. Yn ŵr diwylliedig, gallai ddadansoddi drama, dadansoddi golygfa, a rhoi ichi ddarlun cyfan gam wrth gam. Fe wyddai yn union i ba gyfeiriad y byddai'n mynd. Wedi gweld y diwedd cyn dechrau. (*Barn*, 1996)

Fel cyfarwyddwr ymboenai dros lefaru clir a chadarn. Petai'r llefaru'n ddiffygiol ataliai'r ymarfer er mwyn canolbwyntio ar eglurder. Yn *Llwyfan* 4 (1973), cyfeiriodd Roberts at yr angen i'r theatr Gymraeg, yn ddramodwyr, actorion a chynhyrchwyr, gynnal safon yr iaith lafar Gymraeg. Pwysleisiodd, yn wyneb bygythiad teledu, y dylai'r theatr osod esiampl i bobl, gan gynnwys yr ieuenctid a fynychai'r theatr fwyfwy yn saith degau'r ugeinfed ganrif. Mewn cyfweliad fel cyfarwyddwr yn 1979 (*Theatr y Cyfryngau*) cloriannodd ei syniadaeth a'i weledigaeth ynghylch y grefft a'r gelfyddyd o gyfarwyddo yn y theatr. Pwysleisiodd yr angen am wybodaeth o'r technegau a dyfai o gyfraniad y gwahanol grefftwyr o fewn y broses theatraidd, crefftau a oedd ynghlwm wrth waith ymarferol y cyfarwyddwr. Ond, yn ychwanegol at hynny, roedd yna fater o gelfyddyd: 'Mae theatr yn gelfyddyd ar ei phen ei hun,' meddai, 'ac uwchlaw ei helfennau ymarferol.' Roedd rhaid i gelfyddyd, neu'r ddawn, ddatblygu o fewn profiad yr artist. Y ddwy elfen sylfaenol oedd crefft a dawn, a'r cyfuniad o'r rhain oedd wrth gefn pob celfyddyd. Dyma ddau beth oedd eu hangen ar y darpar gyfarwyddwr. Yn ychwanegol at hyn, pwysleisiodd Wilbert Lloyd Roberts mai 'camp y cyfarwyddwr yw creu cytgord o amrywiol elfennau fel y bo gwefr uwch nag adloniant arwynebol yn deillio o'i waith'. Roedd angen

17. Y perfformiwr yn addasu: Y cwmnïau proffesiynol newydd

Yn dilyn tranc Cwmni Theatr Cymru, roedd prif ffrwd y theatr Gymraeg mewn argyfwng. Yn ôl llawer, bu ymdrechion Wilbert Lloyd Roberts i lwyfannu amrywiaeth o ddramâu safonol newydd a chlasurol, gyda chnwd o actorion ifanc, ynghyd â rhai profiadol a dyfodd o'r maes amatur, yn gyfnod 'euraid'. Wedi'r gwanwyn llewyrchus hwnnw, ymddangosodd dau gwmni i gymryd yr awenau dros dro, sef Cwmni Theatr Gwynedd a Chwmni Theatrig. Yn yr un modd â Chwmni Theatr Cymru, llwyfannodd y ddau gwmni gymysgedd o ddramâu safonol Cymraeg a rhyngwladol, gan deithio Cymru gyda'u harlwy. Cnewyllyn o actorion a gasglwyd gan Emily Davies oedd sylfaen Cwmni Theatrig. Yn y pen draw newidiodd y Cwmni yma gywair eu harddull mewn ateb i ddulliau ceidwadol Cwmni Theatr Cymru, ac aethant ymlaen i fagu dulliau Brechtaidd o gyflwyno perfformiadau.

Yn y man, o'r dalent broffesiynol ifanc a fagwyd yn rhannol gan Gwmni Theatr Cymru, tyfodd yr awydd yn rhai o'r actorion i sefydlu eu cwmnïau bychain eu hunain, nid yn unig er mwyn arbrofi gyda dulliau newydd o gyflwyno theatr, ond hefyd i'w cynnal eu hunain fel artistiaid yn eu proffesiwn dewisedig. Daeth Theatr yr Ymylon o'r pair hwn, y Theatr Ddieithr, Theatr O, ac ymddangosodd Theatr Bara Caws, Theatr Crwban, Cwmni Cyfri Tri, a Hwyl a Fflag yn y man, ynghyd â chwmnïau 'theatr mewn addysg' eraill. O'r pair hwn hefyd yr ymddangosodd Brith Gof, un o'r cwmnïau Cymraeg a rhyngwladol mwyaf cynhyrfus ac egnïol ym maes y theatr yn Ewrop yn yr wyth degau a'r naw degau. Felly, llanwyd y gwagle o golli Cwmni Theatr Cymru i gychwyn gan Gwmni Theatr Gwynedd, ac yna gan nifer o gwmnïau eraill fel Bara Caws, Sgwâr Un, Hwyl a Fflag, Gorllewin Morgannwg a Dalier Sylw. Fel yr awgrymodd Gareth Miles: 'Cafwyd gan y cwmnïau hynny, am gyfnod, gynyrchiadau dychmygus a beiddgar a heriai drahaustra'r Torïaid, gan fflangellu'r polisïau economaidd, diwydiannol a chymdeithasol a ddifrodai gymunedau ledled Cymru ac a danseiliai ei hunaniaeth genhedlig'. (*Barn*, Atodiad Theatr, Mawrth 2002)

THEATR BARA CAWS

Sefydlwyd Theatr Bara Caws yng Nghaernarfon yn 1976. O'r dechrau, y bwriad oedd teithio o gylch yr hen Wynedd i berfformio gweithiau a seiliwyd ar themâu a dyfai o'r bywyd lleol, yn hanesyddol ac yn gyfredol. Tyfodd eu cylchdeithiau i gynnwys Cymru gyfan, a llawer o'u canolfannau perfformio yn neuaddau ac ysgolion mewn cymunedau lleol. Crëwyd eu perfformiadau o syniadau gwreiddiol a thrafodaethau rhwng actorion y cwmni; crisialwyd y rheiny yn sgriptiau, a chyhoeddwyd rhai o'r sgriptiau yn y man. Yn Eisteddfod Genedlaethol Wrecsam yn 1977 y perfformiwyd gwaith cyntaf Bara Caws, a hynny'n rifiw o'r enw *Croeso i'r Royal*. Ymhlith y criw actorion oedd yn gyfrifol am sefydlu'r cwmni yr oedd perfformwyr fel Iola Gregory, Dyfan Roberts, Falmai Jones a Mei Jones. Blinid y criw gan yr hyn a ddigwyddai ym myd y ddrama yng Nghymru yn y saith degau. Ond nid oeddynt yn siŵr pa fath o ymateb a fyddent yn ei gael i'w sioe gyntaf. Oherwydd llwyddiant ffurf y rifiw cawsant hyder i fynd yn eu blaenau i greu *Bargen* (1978), eu sioe gymunedol gyntaf, gan gredu bod angen y math yma o weithgarwch theatr ar y pryd. Erbyn y naw degau yr oedd actorion Bara Caws wedi hen brofi gwerth eu hawydd o fynd â'r theatr at y bobl, a pherfformio yng nghalon y gymuned. Canfod cynulleidfa newydd a wnaethant, o fath cwbl wahanol i'r arfer mewn theatr brif ffrwd, trwy berfformio sioeau ysgafn ar gyfer oedolion yn awyrgylch

profiadau theatrig i bobl na fyddent fel arfer yn mynychu'r theatr. Fel yr awgrymodd Gwenan Mared yn Atodiad Theatr *Barn* (Mawrth 2002): 'Peint, ffag, cnawd noeth a gwatwar y sefydliad – be arall mae rhywun ei angen? (Llonydd, *air filter* a nofel swmpus hwyrach, ond mae'n siŵr mod i'n dechrau dangos fy oed!).' Daeth y sioeau hyn yn boblogaidd nid yn unig o fewn cylch cymunedol, ac yn arbennig yng ngogledd Cymru o'r saith degau ymlaen, ond hefyd fel arlwy amgen yn ystod eisteddfodau cenedlaethol. Yr oedd rhai o'r sioeau hyn yn blwyfol, eraill yn anelu at ddychanu swyddi a sefydliadau cenedlaethol. Yn sicr roedd perfformio yn y sioeau hyn yn estyn maes actorion a chyfarwyddwyr, a dychymyg y sawl a'u cyfansoddodd. Gyda chymysgedd o jôcs, canu, ad-libio a sgerbwd o ddeialog a ragbaratowyd, gyda chroestoriad o gymeriadau ifanc a hen, o gyffredin a bonedd sefydliadol, yr oedd digon o fin i'r cynnwys ac i'r gyfathrach â chynulleidfaoedd i gadw unrhyw actor ar flaen ei draed yn y sioeau hyn. Bara Caws oedd un o'r cwmnïau proffesiynol bychain mwyaf llwyddiannus ym maes sioeau clybiau. Teithient i fannau na fentrodd cwmnïau teithiol o'r blaen.

Ni ddisgwylid ymateb beirniadol prif-ffrydlif i'r sioeau hyn oherwydd eu pwrpas yn syml oedd adlonni mewn tafarn. Esboniodd Gareth Evans, wrth adolygu'r sioe *Y Bonc Fawr* gan Bara Caws yn Atodiad Theatr *Barn* (2005–6): 'Yn y bôn, nid oes ots fod y sgript yn llawn ystrydebau, y strwythur braidd yn llac a'r cymeriadu'n bras – yn enwedig ar ôl peint neu ddwy. Unig ddiben y sioe yw diddanu'i chynulleidfa, ac yn yr ystyr hwn roedd "Y Bonc Fawr" yn llwyddiant ysgubol.' Adlewyrchai'r farn hon yr awydd mewn cwmnïau i adlonni ar wahanol lefelau, ac i ateb gofynion lled-eang cymdeithas.

CYMDEITHAS Y CELFYDDYDAU PERFFORMIO CYMRAEG, 1982

Yn 1982 ffurfiwyd Cymdeithas y Celfyddydau Perfformio Cymraeg, sef corff a gynrychiolai'r celfyddydau perfformio yng

Nghymru. O'r cychwyn adlewyrchodd yr aelodaeth ystod amrywiol o gwmnïau a grwpiau oedd yn ymwneud â'r celfyddydau perfformio ar hyd a lled y wlad. Roedd yn wyneb cyhoeddus i'r celfyddydau perfformio, ac yn fforwm lle gellid trin a thrafod materion o ddiddordeb neu o bwys. Trwy gyfarfod yn rheolaidd darparodd y Gymdeithas gyfle unigryw i berfformwyr y celfyddydau gyfarfod a chyfnewid syniadau a gwybodaeth. Bu'r cwmnïau Cymraeg yn cyfarfod yn rheolaidd i drafod nifer o faterion cyfoes a effeithiai'n uniongyrchol ar y theatr Gymraeg. Ystyrient hefyd gydlynu teithiau'r cwmnïau hynny a berfformiai yn y Gymraeg, a chyd-drefnwyd Pabell y Theatrau'n flynyddol ar faes yr Eisteddfod Genedlaethol. Ar derfyn y naw degau un o orchwylion y pwyllgor oedd cyd-farchnata perfformiadau drama'r Eisteddfod Genedlaethol.

Roedd y saith degau hwyr yn gyfnod o ehangu cyffredinol ac arbenigo cynyddol yn y theatr Gymraeg. Daeth nifer o actorion a chyfarwyddwyr i awchu am gyfle i archwilio'n fwy trwyadl Theatr mewn Addysg, Theatr i Blant, a theatr arbrofol a chymunedol. Yn raddol sefydlwyd y cwmnïau llai a deithiai'n achlysurol, fel Theatr yr Ymylon, y Theatr Ddieithr a Theatr O. Yn ogystal, datblygodd rhai cwmnïau'n lleol a oedd ynghlwm wrth yr adeiladau newydd, fel Cwmni Theatr y Werin a arbenigai ym maes Theatr mewn Addysg. Ymhlith cynrychiolwyr amlycaf yr awydd i 'ddatganoli' oedd Cwmni Theatr Bara Caws a Theatr Crwban. Erbyn 1980 ymddangosodd cynlluniau egnïol Brith Gof, ac yna Cwmni Cyfri Tri, a Hwyl a Fflag yn 1981.

Yn ystod y cyfnod hwn bu cryn lawer o ddadlau yn y wasg, ac mewn cyfarfodydd, yn arbennig ar faes yr Eisteddfod Genedlaethol, gwyntyllwyd cwynion ynglŷn â'r tueddiadau newydd hyn. Mwrniai un garfan dranc cwmni canolog Cwmni Theatr Cymru. Gwelai'r garfan arall yr angen am newidiadau dybryd, a chroesawent y tueddiadau newydd i feithrin cwmnïau bychain proffesiynol gyda'u hamrywiaeth o gyfraniadau arbrofol

Rhoddodd y dramâu hyn gyfle i actorion, cyfarwyddwyr a thechnegwyr ymarfer eu crefft yn rymus ar lwyfannau, ac i gynulleidfaoedd werthuso deunydd a oedd yn her i'w profiad o theatr.

Daeth cyfnod gweithredu Theatr yr Ymylon i ben oherwydd anghydfod ynghylch dyfodol y cwmni pan ymddiswyddodd nifer o aelodau'r Bwrdd Rheoli, gan gynnwys pobl theatr profiadol fel Meic Povey, Christine Pritchard, David Lyn, Geraint Jarman a Branwen Iorwerth. Roedd rhai am weld y cwmni'n datblygu o fod yn ddim mwy nag efelychiad o Gwmni Theatr Cymru. Ond roedd awydd i greu cwmni o actorion parhaol er mwyn datblygu *ensemble* a sefydlu cyfarwyddwr artistig parhaol, a dramodydd a fyddai'n ysgrifennu'n benodol ar gyfer yr actorion craidd. Nid oedd y Bwrdd Rheoli'n cytuno. Wedi hynny datblygodd yn gwmni teithiol sylweddol. Yr oedd ganddo ei theatr fach ei hun mewn festri capel a addaswyd at bwrpas rihyrsio a pherfformio yng Nghaerdydd. Bwriad sylfaenol y cwmni oedd perfformio gwaith gwreiddiol ac arbrofol newydd. Eto i gyd, y cynyrchiadau a roddodd iddo statws cwmni blaengar ar y pryd oedd perfformiadau o waith Saunders Lewis, sef *Siwan* a *Gymerwch Chi Sigarét?*

Sefydlwyd Cwmni Theatr Gwynedd ym Mangor yn 1986 gyda chefnogaeth Cyngor Celfyddydau Cymru a Chyngor Sir Gwynedd. Cyflogwyd actorion, technegwyr, rheolwyr llwyfan a chynllunwyr fel y deuai'r angen. O'r dechrau penderfynwyd bod tair rhan i bolisi artistig y cwmni, sef llwyfannu'r clasuron Cymraeg, perfformio dramâu newydd, a llwyfannu clasuron y theatr ryngwladol. Am flynyddoedd, Cwmni Theatr Gwynedd oedd yr unig gwmni theatr yn yr iaith Gymraeg â'i gartref mewn theatr broffesiynol oedd yn ymroi i ddarparu theatr boblogaidd a chyraeddadwy. Cydweithiodd y cwmni ar brydiau gyda chwmnïau eraill a chyfarwyddwyr o'r tu allan. Yr oedd i'w gynnyrch ddimensiwn Ewropeaidd gan iddo berfformio, er enghraifft, weithiau dramodwyr Sbaenaidd a Ffrengig. Hyrwyddodd y cwmni sesiynau ymarferol mewn gwaith technegol yn Theatr Gwynedd a theithiodd dri chynhyrchiad y flwyddyn trwy Gymru.

PERTHYN

Perthyn, gan Meic Povey, oedd y ddrama gomisiwn yn Eisteddfod Genedlaethol Porthmadog 1987. Roedd ei thema, a oedd yn seiliedig ar losgach, yn feiddgar, ac yn rhannol oherwydd hynny fe gafodd y ddrama driniaeth helaeth yn y wasg. Ond un o'r nodweddion pwysicaf ynglŷn â'r perfformiad oedd y modd y defnyddiwyd y llwyfan ei hun, yn unol â chyfarwyddiadau'r dramodydd. Ar flaen y sgript cafwyd braslun o'r cynllun llwyfannu a thrwy gydol ei gynnwys nodwyd canolfannau manwl a gyfeiriai at berfformio'r golygfeydd amrywiol. Rhannwyd realiti'r ddrama yn syml a diwastraff, heb angen newid setiau o unrhyw fath heblaw ambell ddodrefnyn a oedd yn angenrheidiol i'r chwarae. Yr oedd yn rhaid i gynulleidfa'r theatr, felly, ddychmygu'r sefyllfa trwy arwyddion yn y ddeialog, trwy effaith golau, trwy sain, trwy fân ddécor, a thrwy ddefnydd o'r llwyfan rhanedig gan y cymeriadau. Yr oedd hyn yn rhywbeth newydd i'r llwyfan Cymraeg. Gwelai rhai adolygwyr adlais o dechnegau teledol oedd yn hysbys i Povey fel dramodydd teledu. Golygai hyn dechneg o gynnydd o olygfeydd bychain a wibiai'n llithrig o un lleoliad i'r llall. Nid oedd hyn yn newydd o bell ffordd yn hanes llwyfannu yn theatr y gorffennol. Ond yn sgil y setiau naturiolaidd a'r golygfeydd realistig meithion a welwyd ar lwyfannau'r theatr Gymraeg ers tri chwarter canrif, yr oedd ymdriniaeth Povey yn ffres ac yn chwyldroadol. Yn *Perthyn* symudai'r chwarae yn ôl a blaen o'r gorffennol i'r presennol, yn ôl dadansoddiad seicolegol y gwrthdaro rhwng cymeriadau. Roedd y dechneg yma o lwyfannu moel i ddylanwadu ar waith nifer o awduron o hyn ymlaen, ac ar natur perfformio eu gwaith ar lwyfan. Wrth

33. *Cwmni Theatr Gwynedd a'i gynhyrchiad cyntaf yn 1986, mewn addasiad o ffynhonnell lenyddol, sef y nofel* O Law i Law, *ar gyfer y llwyfan.*

adolygu'r perfformiad, yr oedd gan Gwynne Wheldon hyn i'w ddweud: 'Cafwyd cyfarwyddo taclus o fewn y mannau chwarae cyfyng a llwyfannu addas i olygfeydd byrion. Roedd yr arddull yma'n gorfodi aelodau'r gynulleidfa i ddefnyddio'u dychymyg ynglŷn â'r lleoliadau a hefyd i ganolbwyntio ar y geiriau a'r actio.' (Medi 1987)

DYLANWAD THEATR ODIN, 1980

Ymddangosodd Theatr Odin yng Nghymru yn 1980. Teithiodd y cwmni trwy Gymru, gan weithio gyda chymunedau lleol ac actorion proffesiynol. O ganlyniad cafodd eu gwaith ddylanwad ar y theatr Gymraeg trwy weithgareddau ac arbrofi gwahanol gwmnïau ac unigolion, gan gynnwys Mike Pearson a Brith Gof, Jeremy Turner ac Arad Goch. Canolbwyntiai Eugenio Barba a Theatr Odin ar sgiliau'r perfformiwr, trwy wahanol ymarferion corfforol. Adleisiai'r ymarferion hyn waith symud gymnastaidd, ynghyd ag elfennau dawns o wahanol ddiwylliannau'r byd. Arbrofi oedd rhan fawr o'r broses, a gwthio mynegiant i eithafion newydd. Roedd y gwaith yma'n atyniadol i grwpiau fel Brith Gof ac Arad Goch am na ddibynnai'n llwyr ar iaith, a medrent chwistrellu elfennau dramatig o ffynonellau gwerinol a mytholegol. Roedd cwmnïau fel Brith Gof yn sefydlu eu gwaith theatr ar elfennau gweladwy a chorfforol, a cheisient ddarganfod mynegiant dramatig gwreiddiol yn y theatr Gymraeg. Aeth Brith Gof ati i weithio gyda chymunedau lleol er mwyn darganfod llais unigryw trwy'r ffurf wreiddiol yma ar fynegiant. Yn y cyfamser, prif amcanion prif ffrwd y theatr Gymraeg oedd ceisio anelu at theatr genedlaethol, gan roi sylw naill ai i Gwmni Cenedlaethol canolog, neu strwythur ffederal. Anelid y gwaith theatr at berfformio yn y rhwydwaith o theatrau swyddogol. Golygai esiampl Theatr Odin fod Brith Gof, ac ambell gwmni arall fel Arad Goch, yn anelu eu gwaith theatr at y gymuned leol ac at adeiladau fel ysguboriau, hen adfeilion a chapeli a hyd yn oed meysydd awyr agored. O hyn ymlaen ymddangosodd dwy ffrwd yng ngweithgareddau'r theatr Gymraeg. Ar y naill law, yr oedd y cwmnïau a fynnai arbrofi a gwthio theatr i gyfeiriad *avant garde*, ac ar y llall, y sawl a welai ddyfodol y theatr Gymraeg naill ai mewn theatr cwmni cenedlaethol neu strwythur ffederal.

Yn 1980 cefnogodd Cyngor Celfyddydau Cymru ryw bedwar ar ddeg o gwmnïau'n ariannol, gan gynnwys Cwmni Theatr Cymru, a dderbyniai'r siâr fwyaf o'r gacen. Cefnogodd y Cyngor gwmnïau fel Theatr Crwban am eu bod yn gwasanaethu ysgolion a chymdogaethau lleol. Gweithredodd Arad Goch trwy deithio'i gynnyrch, a pherfformiai Theatr Gorllewin Morgannwg nid yn unig yn lleol ond hefyd yn y theatrau sefydlog fel Theatr Clwyd. Yn y pen draw torrodd y cwmni yma eu harfer o greu sioeau trwy gydweithrediad actorion a chyfarwyddwyr, a dechrau annog dramodwyr i ysgrifennu sgriptiau iddynt, gan gychwyn ysgol haf i ddarpar ddramodwyr. Dilynai hyn arfer cwmni Hwyl a Fflag o annog dramodwyr i ysgrifennu iddynt.

BRITH GOF
Plannwyd hedyn Brith Gof ym mwrlwm gweithgareddau arbrofol a ymddangosodd yn gynnar yn saith degau'r ugeinfed ganrif yng Nghymru. Ymddiddorodd rhai unigolion goleuedig yn y cwmnïau theatrig proffesiynol bychain mewn cysyniadau arloeswyr fel 'dyfeisio'ac 'arbrofi', y 'corfforol' a 'ffocws ar leoliad', yn enwedig yn sgil ymweliadau Theatr Odin â Chymru. Yn ogystal, yr oedd rhai perfformwyr am arbrofi gyda chyfoeth chwedlau a hanes y wlad, gan ddefnyddio llwyfannau hynod fel capeli a chestyll, adfeilion a thirlun, er mwyn rhoi profiad unigryw i gynulleidfaoedd. Yn sgil y bwrlwm yma o ddylanwadau, ffurfiwyd Brith Gof yn 1981 gan Lis Jones a Mike Pearson. Bu'r ddau yn aelodau o'r Cardiff Laboratory Theatre, cwmni arbrofol o berfformwyr. Ar ôl iddynt arbrofi am gyfnod gyda chynyrchiadau chwyldroadol, symudodd Brith Gof i Aberystwyth i weithio gyda

myfyrwyr yn y brifysgol, a hefyd mewn sefyllfaoedd gwledig, gan sefydlu prosiectau mewn pentrefi fel Llangeitho. Perfformiadau stryd oedd nifer o'r rhain, ac o safbwynt eu cynnwys, seiliwyd hwy ar fythau a storïau'r Cymry, deunydd oedd yn weddol hawdd ei addasu ar gyfer gwaith dramatig. Yn ôl y cwmni, roedd hi'n bosib dehongli'r deunydd yma yn weddol rwydd ar gyfer ei lwyfannu. Yng nghyfnod sylfaenol eu gwaith perfformiwyd *Blodeuwedd* yng nghastell Harlech ac o'r dechrau yr oedd ganddynt ddiddordeb yn y mannau y lleolid eu perfformiadau.

Yn ail gyfnod eu gwaith, dechreuwyd chwilio am fannau i lwyfannu oedd yn amgenach na theatrau sefydlog, ac yn fannau hollol wahanol o ran eu hawyrgylch. Perfformiwyd *Ann Griffiths*, er enghraifft, mewn capeli, lle roedd y gofod perfformio yn gyfyng, a hynny mewn pulpud neu sêt fawr. Yn y cyfnod hwn, hefyd, gwelwyd elfennau mwy gwleidyddol yn eu gwaith, er enghraifft yn eu perfformiad o *Guernica*. Ar gyfer y fenter hon ymunodd y cwmni â rhai o actorion ifanc Cwmni Theatr Cymru. Roedd Brith Gof erbyn hyn yn ymhél â thestunau gwleidyddol a fyddai'n ystyrlon i gynulleidfa Gymraeg, ac ar ben hynny destunau oedd yn cynnig y posibilrwydd o ddefnyddio technegau theatrig anarferol. Er enghraifft, dechreuwyd defnyddio gofodau actio gweddol eang er mwyn cynnwys gwaith grwpio sylweddol, symudiadau enfawr a delweddau cyfansawdd. Rhoddwyd pwyslais ar ddefnyddio cryn lawer o fiwsig ac yn lle defnyddio deialog eiriol, chwistrellwyd cyfresi o ganeuon i berfformiadau. Seiliwyd rhai o'r technegau ar draddodiad llafar y bregeth.

Roedd gan Brith Gof ddiddordeb mewn defnyddio holl gyfoeth artistig hanes y theatr a hynny yng nghyd-destun traddodiadau diwylliant Cymru. Buont wrthi'n creu theatr wleidyddol yn ystod yr wyth degau, ond yn raddol daeth yr awydd i symud ymlaen o'r themâu a ymddangosodd yn sgript *Guernica*, ac yn *Pandaemonium*, a seiliwyd ar drychineb Senghennydd. Yn ôl Mike Pearson, dychwelwyd at syniadau sylfaenol y cwmni, gan

34-5. Cynnyrch arloesol Cwmni Brith Gof a flodeuodd yn yr wyth degau. Cynhyrchiad Brith Gof o'r ddrama Haearn, *yng Ngweithfeydd Glo Prydain, Tredegar. Cyfuniad ydoedd o*

*actio, opera, neidio bungee, band pres, corau unedig, lleisiau
di-gyrff a sgrinau taflunio mewn hen weithdy anferth.*

ail gydio mewn theatr mwy 'barddonol', a mwy *avant garde*. Aethpwyd i gyfeiriad themâu ehangach fel rhyfel, cyflwyniad a ysbrydolwyd gan beintiadau Goya. Cydweithiodd Brith Gof â chwmnïau y tu allan i Gymru ar derfyn yr wyth degau, gan ymuno am un prosiect theatrig â grŵp Cantonaidd yn Hong Kong. Yna ymddangosodd *Pax*, sef cyfres o berfformiadau a seiliwyd ar heddwch. Eu bwriad yn awr oedd cynllunio cyflwyniadau eangfrydig megis eu gwaith ar *Gododdin*. Bwriad y cwmni, wrth weithio ar dechnegau theatr hollol chwyldroadol o'u cymharu â phrofiad y theatr gynhenid yng Nghymru, oedd meithrin cynulleidfa, yn araf, i dderbyn y fath dechnegau anghyfarwydd. Er mwyn hyrwyddo hyn, penderfynwyd cwtogi ar faint cynulleidfaoedd, a'u cadw'n fwriadol fychan. Defnyddiwyd canolfannau perfformio anghyffredin, fel adfeilion, ffatrïoedd gwag a fforestydd, a hynny'n aml mewn mannau anghysbell. Bu perfformiadau Brith Gof ar eu hanterth yn sialens soffistigedig i synhwyrau, i deimladau, ac i ddisgwyliadau cynulleidfaoedd yng Nghymru. Roedd *Yr Ymfudwyr* (1983) yn ymgais i ddod o hyd i brofiadau rhai ymfudwyr i'r Wladfa yn 1865, wrth i'r perfformio ddatgelu eu gobaith, eu hofnau a'u breuddwydion. Yn *Gwaed neu Fara* ac *Ann Griffiths*, yn *Ymfudwyr a Rhydcymerau*, pwysleisiwyd nodweddion hanesyddol a diwylliannol elfennau a oedd yn hysbys i gynulleidfaoedd yn eu cynyrchiadau. Yn y sioeau *Pandaemonium*, *Y Gadair Ddu* a *Gododdin* yr oedd adleisiau tebyg. Yn y perfformiad *Du a Gwyn* (1986), defnyddiwyd elfennau technolegol y ffilm, tâp fideo, a miwsig electronig i ddosrannu cynnwys y deunydd ac apelio at gynulleidfa iau. Yn *Haearn*, cyflwynwyd y profiad o weithio trwy elfennau technolegol a greodd wynt, glaw ac eira. Yn hyn oll, un o amcanion y cwmni oedd rhoi profiad deinamig i gynulleidfa, a thrwy hynny brofiad theatrig. Hyd yn hyn ni chyffyrddodd unrhyw gwmni theatr yng Nghymru â godreon gwaith mor radical. Yn ei erthygl arbennig, 'Special worlds, secret maps: A

36. *Theatr yr* avante garde *yng Nghymru. Eddie Ladd yn cyflwyno'i fonolog ddramatig,* Al Pacino, *mewn arddull amlgyfryngol yn Theatr Chapter, Hydref 2000.*
(Barn/Theatr, *Hydref 2000*)

Poetics of Performance' (*Staging Wales*), cloriannodd Mike Pearson nodweddion y theatr yr anelai Brith Gof ati:

Welsh experimental theatre is created within a specific social and cultural milieu. The degree to which it accepts, embraces, questions or refutes the conventions, the proscribed and recurring practices of this context, creates the tension in and around the work. It is always for, and against, chapel, Eisteddfod and the politics of nationalism. It remains sceptical of authenticity and orthodoxy. To challenge and to create identities may be its ultimate objective.

Ar ôl gweithio gyda Brith Gof am gyfnod, penderfynodd Eddie Ladd weithio ar ei liwt ei hun gan estyn elfennau o dechnegau Brith Gof i lunio cyflwyniadau monolog. Seiliwyd prif themâu ei gwaith hithau ar broblemau cymunedol. Defnyddiai elfennau corfforol, gan gynnwys dawns a meim, ynghyd â ffurfiau technolegol fel ffilm a fideo, i gyflwyno deunydd ei hymchwil ddramatig.

Yn 1988 sefydlwyd Dalier Sylw i ateb yr angen am gwmni theatr Cymraeg yng Nghaerdydd. Nod y cwmni oedd comisiynu dramâu newydd a chyfieithiadau gan awduron Cymraeg, llwyfannu cynyrchiadau gweledol a heriol o ddramâu testunol, a datblygu gwaith dwyieithog. Cyfarwyddydd artistig cyntaf y cwmni oedd Bethan Jones. Un o ddatblygiadau gweithredol y cwmni hwn oedd cyhoeddi sgriptiau a berfformiwyd ac a gomisiynwyd ganddynt, er enghraifft, dramâu gwreiddiol fel *Bonansa* gan Meic Povey, *Y Cinio* gan Geraint Lewis, *Hunllef yng Nghymru Fydd* gan Gareth Miles, *Fel Anifail* gan Meic Povey, *Epa yn y Parlwr Cefn* gan Siôn Eirian, *Tair* gan Meic Povey, a chyfieithiadau fel *Croeso Nôl* gan Tony Marchant ac *I* gan Jim Cartwright. Y ddrama olaf i Dalier Sylw ei llwyfannu oedd *Radio*

Cymru (Wiliam Owen Roberts) yn Chapter, Caerdydd, yn 2000. Roedd hi'n ddrama dda ac yn gynhyrchiad grymus, yn ben ar weithgareddau'r cwmni llewyrchus hwn ers ei sefydlu yn 1988. Ymhlith cynnyrch ychwanegol y cwmni yr oedd hybu ysgrifennu newydd yn y Gymraeg a chefnogi awduron ac actorion yn y theatr.

Yn 2000 ffurfiwyd Sgript Cymru fel cwmni perfformio dwyieithog, yn tyfu allan o weithgareddau blaenorol Dalier Sylw. Enillodd y cwmni hwn yr hawl i ddarparu theatr ac i hybu dramodwyr i ysgrifennu ar gyfer y theatr yng Nghymru. Cynhyrchiad cyntaf Sgript Cymru oedd drama Meic Povey, *Yr Hen Blant* (cyfarwyddwraig Bethan Jones) yn yr Eisteddfod Genedlaethol yn Llanelli, ynghyd â *Diwedd y Byd* (cyfarwyddwraig Sian Summers), gan yr un awdur. Datblygwyd gwaith sawl dramodydd cyfoes, a hogi eu talentau ar lwyfannau'r cwmnïau hyn. Cyfeiriwyd eisoes at Gareth Miles a Siôn Eirian, Geraint Lewis a Meic Povey, hwythau'n cyfoethogi'r llwyfan Cymraeg. Rhoddodd Sgript Cymru hwb i gyhoeddi dramâu, sefyllfa a fu mor dlawd ers tro byd.

THEATR MEWN ADDYSG

Ar eu hanterth yr oedd gweithgareddau Theatr Mewn Addysg yng Nghymru ynghlwm wrth waith wyth cwmni perfformio, sef Cwmni'r Frân Wen, Theatr Outreach, Arad Goch, Theatr Powys, Theatr Gorllewin Morgannwg, Spectacle, Theatr Iolo a Theatr Gwent. Ar un adeg Cymru oedd yr unig wlad yn y byd â chwmni theatr proffesiynol yn arbenigo ar waith i bobl ifanc ymhob sir. Yn ystod pum mlynedd ar hugain olaf yr ugeinfed ganrif fe welwyd tuedd ymhlith rhai cwmnïau, yn enwedig cwmnïau â'u bryd ar arbrofi, i wyro oddi ar draddodiadau canolig realistig a chlasurol prif ffrwd theatr, yn ogystal â'r dylanwadau a ddeuai o Loegr. Dylanwadodd syniadau a gwaith ymarferol arloeswyr fel Brecht, Grotowski, Boal, Beck a Brook ar gyfarwyddwyr ac actorion y cwmnïau arbrofol hyn. Gwelwyd bod elfennau'r theatr Epig, y theatr Dlawd a theatr y Darostyngedig, yn llawn posibiliadau datblygu ac yn rhoi cyfle i ddefnyddio arddulliau theatr gorfforol, weledol a delweddol. Dangosodd perfformiadau Brith Gof eisoes y ffordd i fanteisio ar y nodweddion hyn. Tro'r cwmnïau Theatr mewn Addysg oedd hi bellach. O ganlyniad, heriwyd nodweddion traddodiad y theatr 'ganol ffordd', fel y galwyd hi gan rai sylwebyddion. Cafwyd cyfle i fynd i'r afael â rhai o'r cwestiynau sylfaenol ynglŷn â bwriad a hanfodion, effaith a ffiniau theatr.

Roedd ymdrechion Jeremy Turner i fagu arddull fywiog,

37. Cynhyrchiad Arad Goch o Aderyn Glas Mewn Bocs Sgidiau, *gan Sian Summers. Dyma gwmni theatr proffesiynol yn canolbwyntio ar gyflwyno theatr i blant yn rheolaidd.*
(Barn/Theatr, *Rhagfyr/Ionawr 2004*)
Llun: Andy Freeman

gorfforol i'w gynyrchiadau gyda'i gwmni Arad Goch yn enghraifft o'r beiddgarwch yma. Ysbrydolwyd Turner gan waith Jacques Lecoq, y cyfarwyddwr enwog o Baris, pan ddaeth hwnnw i gynhadledd yng Nghaerdydd. Un o'r dylanwadau mwyaf grymus ar waith Lecoq oedd traddodiad y *commedia dell'arte*, a ffynnodd yn yr Eidal o'r unfed ganrif ar bymtheg ymlaen, ac a ymledodd i fannau eraill yn Ewrop yn yr ail ganrif ar bymtheg. Traddodiad anterliwtiol oedd hwnnw â phwyslais mawr ar waith corfforol ac elfennau byrfyfyr a chomedïol, ynghyd â chanu a dawnsio a chlownio. Fe welodd Turner i hyn adleisio traddodiad yr anterliwt Gymraeg. Aeth ati i fabwysiadu technegau cyffelyb yn ei gynyrchiadau i Gwmni Cyfri Tri, gan gychwyn yn 1983 trwy berfformio mewn dulliau a oedd yn gyfuniad o anterliwt a *commedia* yn y sioe *Y Mawr, y Bach a'r Llai Fyth*. Daeth *Dyrchafiad Dyn Bach* dair blynedd ar ôl hynny, ac yn ddiweddarach, *Ffrwgwd y Tad a'r Mab*. Roedd rhaid cyfleu themâu dwys, a bwriad Turner wrth ddefnyddio'r arddulliau arbrofol hyn oedd creu hwyl yn y theatr trwy gyfrwng cyfuniad o fynegiant corfforol, delweddau ystumiol, ystrydebau bwriadol ac elfennau camp ac amrwd.

Ar ôl cydweithio â Jeremy Turner, aeth Sian Summers, hithau'n gyfarwyddwraig i gwmni Rhiniog, ati i weithio gydag arddull debyg yn ei sioe *Brawd Herod*. Roedd arddull y sioe hon, a hysbysebwyd fel 'anterliwt fodern', yn gyfuniad o glownio, camu i mewn ac allan o gymeriad, mydr ac odl, a pherthynas agos â'r gynulleidfa. Ymddangosodd yr arddulliau hyn eisoes yng ngwaith cwmnïau fel Bara Caws a Theatr Gorllewin Morgannwg, ac roedd yn fodd i roi stamp cynhenid Gymreig ar waith theatr.

Nododd Jeremy Turner i rhwng 70,000 a 80,000 o blant weld o leiaf un cynhyrchiad theatr byw yn eu hysgolion bob blwyddyn yng Nghymru ('I Glustiau Plant Bychain', *Barn*, Atodiad Theatr, Ionawr 2005). Dros y blynyddoedd magodd y cwmnïau hyn berthynas agos ag ysgolion, y plant a'r athrawon yn eu dalgylch, a golygodd gydweithredu o safbwynt paratoi ac actio deunydd, yn ogystal â darparu gweithgareddau addysgol a ddilynai'r profiad theatr ei hun. Y prif syniad y tu cefn i'r holl weithgaredd yma oedd paratoi a chyflwyno deunydd dyfeisgar, addysgol ac adloniadol, gwaith a fyddai'n herio ac yn ymestyn meddwl a dychymyg y plant. Meddai Jeremy Turner am y gwaith: '[mae'n] rhoi'r plentyn – a'i sefyllfa, ei deimladau, ei ddyheadau, ei ofnau a'i fywyd – yng nghanol y weithred greadigol'. Yr oedd y gweithgaredd yma yng Nghymru yn rhan o fudiad byd-eang, ac yn rhan o waith y Gymdeithas Ryngwladol ar gyfer Theatr i Blant a Phobl Ifanc. Hybodd dros saith deg o wledydd y math yma o theatr.

Roedd y broses o greu rhaglen Theatr mewn Addysg yn cynnwys ymchwil a dyfeisio, trafod a pharatoi ar gyfer cynulleidfaoedd neilltuol, a golygai lawer o ddychymyg ar ran actorion a chyfarwyddwyr, athrawon a chynulleidfaoedd o blant o wahanol oedrannau. Ychwanegodd Jeremy Turner: 'mae'r fath agosatrwydd yn mynnu didwylledd yn y cymeriadu, hygrededd yn y sefyllfa a theatricalrwydd dyfeisgar; does unman i guddio na llawer o dechnoleg i ddibynnu arno.' Bu'r gyfarwyddwraig Sian Summers yn gweithio gyda Turner, ac yr oedd hi hefyd yn credu bod elfennau yn y traddodiad a allai fod yn 'chwa o awyr iach i'n theatr gyfoes – yn enwedig yr elfennau clownio a'r berthynas â'r gynulleidfa, y camu i mewn ac allan o gymeriad a'r mydr ac odl.' Credai'r ddau gyfarwyddwr hyn fod 'atgyfodi'r anterliwt fel un ffordd i roi stamp gynhenid Gymreig ar waith theatr, ac adfer cyfle a gollwyd yn y gorffennol.'

Y THEATR A'R EISTEDDFOD, 1990
Mewn rhaglen radio yn 1988, a neilltuwyd ar gyfer trafod hanes y ddrama a'r Eisteddfod Genedlaethol, cafwyd rhagarweiniad cryno gan Hywel Teifi Edwards ar gyswllt yr ŵyl a'r ddrama yn ystod dyddiau cynnar yr ugeinfed ganrif. I ddilyn hyn cafwyd sylwadau cynhwysfawr gan banel o arbenigwyr a roddodd sylw i'r

cyswllt rhwng yr ŵyl a'r theatr ers yr Ail Ryfel Byd. Yr oedd Bob Roberts yn bendant wrth grybwyll: 'Fe gafwyd cyfnod o ddramâu Gwenlyn Parry; dw i'n credu mai dyna'r cyfnod pryd mae'r ddrama Gymraeg fodern, y theatr fodern Gymraeg yn cychwyn.' Ac wrth drin cyfraniad penodol Cwmni Theatr Cymru a Wilbert Lloyd Roberts i'r Eisteddfod Genedlaethol, dywedodd: 'Fe roison nhw i'r Eisteddfod ryw chwistrelliad o newydd-deb ac o safon fel yr oedd safonau yn bod yn y cyfnod hwnnw.' Wrth i'r panel ymdrin â chefnogaeth ariannol yr Eisteddfod i'r ddrama a'r theatr, rhoddwyd enghraifft o'r arian sylweddol a neilltuwyd a'i fuddsoddi mewn perfformio yn Eisteddfod Genedlaethol Cwm Rhymni (1990). Bu comisiynau'r Eisteddfod a Chyngor y Celfyddydau ym maes perfformio yn sylweddol yn y cyfnod hwnnw yn ogystal â chefnogaeth i'r Fedal Ddrama. Cafwyd trafodaeth frwd ynglŷn â gwerth parhaol y cynnyrch tenau a ddeilliai'n flynyddol o gystadleuaeth y Fedal Ddrama, yn ogystal ag ansawdd y ddrama gomisiwn. Cofiai Elan Closs Stephens y cyffro a fu ganol y chwe degau pan ymddangosodd dramâu fel *Pros Kairon* (Huw Lloyd Edwards) a *Saer Doliau* (Gwenlyn Parry) hwythau'n ddramâu comisiwn. Y pryd hwnnw, meddai, daeth cyffro i'r ddrama Gymraeg. 'Dyna pryd ddoth yr elfen weledol, os leiciwch chi ... bod hi'n bwysig i chi weld drama yn ogystal â'i chlywed a'i darllen hi. Mi roedd y cyfnod yna'n gyffrous iawn. Ac i'r Eisteddfod mae'r clod am hynny. Pobl yn dod allan o'r dramâu yna ac yn siarad â'i gilydd.' Un o'r awgrymiadau mwyaf diddorol a ddeilliodd o'r rhaglen hon oedd awgrym Elan Closs Stephens o roi'r Fedal Ddrama, nid i ddramodydd am ddrama hir, gan ddisgwyl i'r sgript yn y gystadleuaeth honno ymddangos yn flynyddol, ond i gwmni amatur a ddeuai'n fuddugol yn y gystadleuaeth perfformio, cwmni a ymdrechodd, yn actorion, yn dechnegwyr ac yn gynhyrchydd, i gyrraedd y safon ar gyfer yr ŵyl. Ni wireddwyd y syniad yma hyd heddiw.

YSGOL GLANAETHWY

Yn 1990 sefydlwyd Ysgol Glanaethwy gan Cefin a Rhian Roberts. Ar ôl defnyddio gwahanol gyfleusterau mewn ysgolion o gylch Bangor a Phorthaethwy, adeiladwyd ac agorwyd stiwdio â chyfleusterau gweithdy ym Mharc Menai. O'r cychwyn pwyslais yr Ysgol hon oedd ar berfformio. Derbyniwyd gwahanol oedrannau ar gyfer y cyrsiau rhan amser a chanolbwyntiodd y tiwtoriaid ar sgiliau actio a chanu a dawnsio. Rhoddwyd cyfle i gystadlu ar wahanol lefelau ac mewn gwahanol wyliau, nid yn unig yng Nghymru, ond hefyd ledled Prydain a thramor. Yn ôl tystiolaeth un disgybl: 'yng ngwersi Glanaethwy ceid afiaith a brwdfrydedd yn rhan annatod o'r dysgu' (*Barn*, Atodiad Theatr, Awst 2005). Un o brif orchwylion yr ysgol oedd paratoi a chyflwyno sioeau cerdd ar gyfer llwyfan Theatr Gwynedd. Ymhlith y panorama o sgiliau eraill a ddysgwyd yn yr Ysgol oedd y modd i hybu ysgrifennu deialog, ymwneud â thechnegau coluro, gwisg a goleuo theatraidd, a chyfansoddi cerddoriaeth a senarios. Tyfodd gwaith Ysgol Glanaethwy yn batrwm o ddisgyblaeth a mynegiant o safon uchel ym myd perfformio yng Nghymru, a disgleiriodd ei hactorion mewn llawer maes proffesiynol yn sgil hynny.

18. Y perfformiwr mewn argyfwng

Yn 1992 lleisiodd yr academydd Roger Owen bryder ynglŷn â diffyg hyfforddiant i actorion yng Nghymru. Mewn sylwadau mor bell yn ôl ag 1979 (*Theatr y Cyfryngau*) eglurwyd safbwynt actor a dyfodd o fewn y system broffesiynol gan John Ogwen, yntau'n ymwybodol o gefndir amatur y theatr Gymraeg am ran helaeth o'i hoes. Gwerthfawrogai John Ogwen y profiad dwfn a gafodd llawer o actorion Cymraeg yn sgil hynny. Ond pwysleisiodd yr angen am ddisgyblaeth a thechneg, ac nid dibynnu ar ddawn gynhenid yn unig. Rhoddodd sylw i'r gyfathrach rhwng yr actor a'r gynulleidfa, gan gyfeirio at enghreifftiau o'i brofiad, o'r modd y mae'n rhaid i actor synhwyro ymateb cynulleidfa wrth i'r perfformiad fynd yn ei flaen: 'Ymateb yn fyw i'r hyn sydd yn digwydd o'i gwmpas yw un o arfau sylfaenol yr actor, a'r gallu i wrando ac ymateb yn gyflym.' Adleisiai geiriau Ogwen werth yr hyfforddiant a'r profiad proffesiynol a gafodd yn y theatr Gymraeg gyfoes. Meddai: 'Os yw greddf yr actor yn gweithio'n dda, yna mae'r teimlad y mae'n ei gynhyrchu yn ateb llawer o'r cwestiynau a gwneud y dewis yn haws, a gwaith y cynhyrchydd yw ei helpu gyda'r dewis o'r amrywiaethau a gynigir iddo.' Llwyddodd Cwmni Theatr Cymru, yr oedd John Ogwen yn aelod ohono, i gynnig gwaith a chysondeb a hyfforddiant i actorion yn y theatr Gymraeg.

Yn 1992 yr oedd safbwynt Roger Owen yn besimistaidd. Gyda datblygiad y ddrama a'r gyfres deledu, nid oedd yn bosib gofalu bod gwaith yn y theatr yn talu ffordd nac ar gael yn aml iawn. Iddo ef yr oedd eironi yn hyn. Awgrymodd na chynigiai cyfrwng y teledu na'i strwythur gyfle i hyfforddi actor. Byddai'r theatr Gymraeg, yr hyn oedd yn weddill ohoni, yn diodde'n enbyd oherwydd hynny. Cynigiodd nifer o unigolion, yn actorion, yn gyfarwyddwyr ac yn hyfforddwyr actio, syniadau ar gyfer adfer rhyw fath o hyfforddiant i'r actorion proffesiynol hyn. Ond nid oedd dim yn cael ei gyflawni, meddai Owen; siop siarad oedd y cyfan yn y naw degau. Y gofid oedd y byddai cenedlaethau o actorion cyn hir nad oeddynt wedi cael dim hyfforddiant na phrofiad mewn theatrau proffesiynol o gwbl. Roedd yn weddol amlwg bod anfanteision i hyn. Awgrymodd Ceri Sherlock ac eraill syniadau i adfer y sefyllfa. Yr angen oedd i sefydlu grwpiau *ensemble* ar gyfer cysondeb a pharhad gweithgaredd theatrig. Ni ddeuai dilyniant profiad a safonau os na wneid hyn. Yn y gorffennol bu gwaith grwpiau fel Theatrig, Brith Gof a Theatr Gorllewin Morgannwg yn dyst i gryfderau gwaith *ensemble*. Yn ychwanegol at hynny, yn ôl Roger Owen, yr oedd angen cyfarwyddwyr i ganoli gwaith *ensemble*, pobl â gweledigaeth ac â dyfalbarhad, pobl o safonau arbennig i arwain y theatr Gymraeg tua'r dyfodol.

YMDDANGOSIAD ATODIAD THEATR *BARN*, 1993

Yn rhifyn Hydref 1993 o'r cyfnodolyn *Barn*, ymddangosodd atodiad theatr cyntaf y cylchgrawn. Ei fwriad oedd adlewyrchu gweithgaredd theatrig yng Nghymru. Meddai Menna Baines, y golygydd ar y pryd: 'Adlewyrchu'r bwrlwm hwnnw yw rhan o'r bwriad wrth lansio "Theatr", gan geisio ar yr un pryd godi trafodaeth adeiladol ynghylch natur a chyfeiriad yr holl weithgaredd.' O hynny ymlaen gwireddwyd amcanion y golygydd, a gwelodd tudalennau'r atodiad hwnnw lawer iawn o wyntyllu barn ac o adolygu perfformiadau.

O chwarter i chwarter cafodd cyfarwyddo, ysgrifennu, cynllunio a pherthynas theatr â'r celfyddydau eraill sylw. Ymddangosodd lliaws o erthyglau swmpus ar bob mathau o bynciau'n ymwneud â gwaith ymarferol cyfarwyddo, perfformio a llwyfannu dramâu. Un o'r datblygiadau mwyaf calonogol fu'r cyfle i adolygwyr a beirniaid adlewyrchu eu barn ar ystod eang o berfformiadau amrywiol a ymddangosodd ar lwyfannau Cymru. Yr oedd hyn, wrth gwrs, yn faromedr gwerthfawr i gloriannu ac i werthuso cyfraniad amrywiol artistiaid y theatr.

Yn 1994, er enghraifft, ymddangosodd erthygl gan y cynllunydd Eryl Ellis, yntau'n sgwrsio am ei waith proffesiynol ymarferol yn y theatr. Yr oedd hyn yn ddimensiwn gweddol newydd yn y Gymraeg. Rhoddodd sylw i gynllun set a gynlluniodd i berfformiad o *Awe Bryncoch* yn y theatr. Yr oedd Ellis eisoes wedi cynllunio setiau i gynyrchiadau yng Nghymru a thu hwnt. Derbyniodd radd mewn celfyddyd gain yn Wolverhampton, gweithiodd am dair blynedd gyda Chwmni Cyfri Tri, ac yna aeth am gwrs blwyddyn i ddysgu cynllunio llwyfan. Aeth yn syth i weithio i gwmni'r Royal Shakespeare ac yna bu'n gweithio yn Llundain ac yn yr Almaen. Yng Nghymru cynlluniodd i gynyrchiadau fel *Siwan* (Theatrig) a *Baccai* (Dalier Sylw). 'Mae o fel jazz gweledol, mewn ffordd,' meddai, 'dyna ydi cynllunio i mi; synthesis gweledol.' Dyna'i farn wrth iddo drafod y broses o gynllunio set i'r llwyfan, gwaith a olygai gydbwyso cymaint o wahanol elfennau. 'Mater o drin y geiniog a'r ddimai'n synhwyrol a rhesymol yw'r mater yn y bôn,' meddai. 'I gychwyn, mater o fynd at eiriau'r ddrama i weld faint o olygfeydd sydd ar gael yno. Rhaid yw darganfod sut mae'r ddrama'n symud, be ydy rhythm y ddrama.' Yr allwedd wedyn fyddai trafod gyda'r cyfarwyddwr a dod o hyd i rywbeth ym mhrofiad y cynllunydd, rhywbeth oedd yn gweithio, rhywbeth oedd yn bragmatig. Gwthiai hynny i'w ffiniau, yn artistig ac yn weledol. Roedd rhaid i bob dim a gynigiwyd weithio 'o fewn gramadeg yr iaith weledol'. Roedd rhaid cwmpasu nid yn unig y set, ond ystyried hefyd y celfi a'r cefndir, a gwisgoedd y cymeriadau a drigai o fewn y set. Yn ogystal â hyn, roedd angen cydbwyso'r holl awgrymiadau a ddeuai, yr holl syniadau, gyda'r amgylchiadau technegol, yn arbennig y goleuo.

Yn y pen draw, gwaith pragmatig oedd gwaith y cynllunydd, gweld y posibiliadau, ond gweld y problemau a'r rhwystrau hefyd. Wrth baratoi cynhyrchiad, gwelai Ellis fod yna fantais i drafod a dadlau am bob dim yn y theatr, a chwestiynu pob dim. 'Rhaid bod rheswm i bob dim wrth gyfansoddi cynhyrchiad yn y theatr,' meddai. Credai Eryl Ellis iddo elwa o weithio tu allan i Gymru fel rhan o'i brentisiaeth yn y gelfyddyd o gynllunio. Rhoddodd hyn iddo'r wybodaeth ymarferol o ddysgu am dechneg glasurol y gelfyddyd. Ei gyfraniad ar ôl hynny oedd defnyddio'r dechneg, ei haddasu a rhoi 'slant' personol iddi. Cloriannodd Ellis ei waith fel cynllunydd yn y theatr trwy ddweud: 'Archwilio themâu, eu hadlewyrchu, dylunio cymeriadau, creu awyrgylch, pwyso a mesur y math o theatr mae'r cynhyrchiad yn digwydd ynddi, creu byd newydd, cryno, cyfuniad o reddf yr artist a defnyddio technegau'n effeithiol.'

STRATEGAETH NEWYDD

Ymddangosodd dogfen yn 1993 yn amlinellu strategaeth Cyngor Celfyddydau Cymru a'u hamcanion o safbwynt y theatr. Cynhwysodd y ddogfen sylwadau ar ariannu, ar arweiniad i'r tymor hir, ar feini adeiladu theatr broffesiynol, ar theatr yn y Gymraeg, theatr amatur, theatr pobl ifanc, cydweithredu rhyngwladol a rhaglen ymgynghori. Rhagflaenydd oedd y ddogfen ymgynghorol hon ar theatr i ddatganiad pellach yn y dyfodol a fyddai'n 'cynnig argymhellion manwl ynglŷn â sut y cynigiai strwythur cyllido newydd y celfyddydau ddadansoddiad o ddata ar gynulleidfaoedd, cyflogaeth, cynyrchiadau, ac yn y blaen, fel canllaw i waith cynllunio.'

Mewn nodiadau ar arweiniad ar gyfer y tymor hir, awgrymai'r ddogfen 'greu theatr broffesiynol gynhenid Gymreig a fydd, yn ei hansawdd, a'i hamrywiaeth, a'i harbenigrwydd, yn gwneud cyfraniad hanfodol i ddiwylliant newidiol Cymru ac i'r celfyddydau ym Mhrydain'. Byddai hyn yn sicrhau cyfle i bob unigolyn brofi'n rheolaidd neu gyfranogi o theatr fyw o fewn pellter rhesymol i'w ch/gartref, ei g/waith neu ei ch/ganolfan astudio. Er bod argymhelliad yn y ddogfen (fel a gafwyd yn adroddiad Cyngor y Celfyddydau, 'Blaenoriaethau ar Waith', 1984) y dylid datblygu 'hunaniaeth artistig a phoblogrwydd dilys' o dwf parhaus perfformwyr a chynulleidfaoedd, nid oedd fawr o sôn yn y datganiad hirwyntog hwn am feithrin a datblygu cyfraniad dramodwyr a darpar ddramodwyr o safon ar gyfer prif ffrwd y theatr Gymraeg.

GWOBR EMILY DAVIES

Dyfarnwyd Gwobr Deithio Emily Davies, a gynigiwyd bob dwy flynedd, i Menna Price yn 1994. Crëwyd y wobr o ganlyniad i weledigaeth myfyrwyr a fu'n astudio dan Emily Davies yn ystod ei chyfnod yng Ngholeg y Brifysgol Aberystwyth, ynghyd â'i chyfnod fel cyfarwyddwr artistig Cwmni Theatr Cymru. Cred Emily Davies oedd y dylai pobl a weithiai'n broffesiynol ym myd y theatr ehangu eu gorwelion gymaint â phosib trwy astudio theatr mewn diwylliannau y tu allan i Gymru, a defnyddio'r profiad hwnnw i gyfoethogi'r theatr gynhenid. Nod Menna Price, derbynnydd cyntaf y wobr honno, a fu'n gweithio gydag Arad Goch a gyda'r West Yorkshire Playhouse, oedd ehangu ei phrofiad fel darpar gyfarwyddydd theatr. Ei bwriad, gyda'r wobr, oedd mynd at Roberto Bacci, o gwmni Compagnia Laboratorio di Pontedera yn yr Eidal, at Eugenio Barba o'r Odin Teatret yn Nenmarc, ac at gwmni Gardzienice yng Ngwlad Pwyl. Mewn erthygl gynhwysfawr, adroddodd Menna Price ei phrofiad o weithio gyda chwmni Roberto Bacci yn yr Eidal (*Barn*, 1996). Gwelodd y cwmni'n paratoi cynhyrchiad a seiliwyd ar thema amser, gan ddechrau gyda syniad yn y gerdd epig *Odyssey* gan Homer, ond heb sgript benodol o gwbl. Yn rhan gyntaf ei phrofiad gwelodd y cwmni o actorion yn cael penrhyddid i chwilio'r testun am gymeriadau ac elfennau oedd o ddiddordeb iddynt. Yr oedd y broses gyntaf yma'n rhydd o ymyrraeth cyfarwyddwyr. Ar ôl creu golygfeydd o waith byrfyfyr gwahoddwyd Roberto Bacci i mewn i weld ffrwyth eu hymchwil ac i ddewis y golygfeydd a fyddai'n debyg o weithio yn y theatr. Yn ail ran y broses cymerodd Bacci yr awenau a moldio'r deunydd yn waith cyflawn, gan weithio'n fanwl ar broblemau a rhwystrau ymarferol a thechnegol. Yn 1998 rhoddwyd cyfle i Dafydd Llywelyn, dan yr un amodau, i deithio i Montreal i dreulio cyfnod yn y Centre des Auteurs Dramatiques, canolfan a hyrwyddai ddramodwyr yn yr iaith Ffrangeg. Aeth Rhys Miles Thomas yr un flwyddyn i'r Ariannin. Ei fwriad oedd edrych ar theatr ac ar ddulliau dawns i ddweud straeon, er mwyn gweld sut y cyfunai gwahanol ffurfiau o berfformio draddodiadau a diwylliannau'r bobl oedd yn byw yno, gan gynnwys disgynyddion yr ymfudwyr Cymreig a'r Indiaid brodorol. Dangosodd ei ymchwil sut y gallai theatr a dawns chwalu ffiniau rhwng pobl. Yn y pen draw, ni allai'r profiadau eang hyn ond cyfoethogi'r theatr Gymraeg.

DYLANWADAU TRAMOR AR Y THEATR GYMRAEG

Datblygodd y theatr amatur yng Nghymru yn ystod yr ugeinfed ganrif fel adlais o brif ffrwd theatr naturiolaidd gorllewin Ewrop. Yn ystod rhan olaf y ganrif honno, fodd bynnag, gwelwyd llawer o ymchwilio ac arbrofi er mwyn creu technegau, ffurfiau ac arddulliau theatraidd amgenach na'r confensiynol. Dylanwadodd nifer o'r elfennau radical hynny ar waith y theatr broffesiynol.

Yn ystod deng mlynedd ar hugain olaf yr ugeinfed ganrif trodd nifer o artistiaid y theatr eu cefn ar ddylanwadau'r theatr Saesneg, gan edrych tuag at waith arloeswyr theatr yn Ewrop, er mwyn ehangu eu gorwelion ac ail asesu eu gwaith a'u gweledigaeth. Darganfuwyd rhyddid creadigol yng ngwaith rhai o feistri theatr arbrofol Ewrop, gwaith Eugenio Barba, Grotowski,

Lecoq a Dario Fo. Gwelwyd y dylanwadau hyn yn gryf ar rai cwmnïau proffesiynol bychain, gan gynnwys cwmnïau theatr mewn addysg. Gwelwyd effaith syniadaeth ac ymarferion Ewrop eisoes ar gwmnïau fel Brith Gof. Galluogai hyn iddynt herio confensiynau a disgwyliadau. Aeth awduron a chyfarwyddwyr ac actorion ati i atgyfnerthu dulliau cynhenid traddodiadol o gyflwyno a pherfformio gan greu technegau ac arddulliau cyfoes ac arbrofol. Wrth iddynt gyflwyno hen stori Gymraeg a thrwy iddynt ddefnyddio arddull ddatodedig gyfoes, llwyddodd cynhyrchiad Arad Goch o *Taliesin* yng Nghymru a thramor.

Cydnabyddodd Mike Pearson ddylanwadau o gyfeiriad Ewrop ar waith ei gwmni Brith Gof, yn arbennig ddylanwad syniadaeth a gwaith ymarferol Grotowsi ac Artaud. Bu dylanwadau Ewropeaidd ar ein drama a'n theatr trwy gydol yr ugeinfed ganrif, ac mae hyn yn destun ymchwil pellach. Cofiwn fod dylanwad y Naturiolwyr, gan gynnwys Ibsen, yn gryf ar ddramodwyr dechrau'r ugeinfed ganrif a gwaith Pinter a Beckett, er enghraifft, ac ar Gwenlyn Parry yn nes ymlaen yn ystod yr ugeinfed ganrif. Bu dylanwad cyfarwyddwyr fel Reinhardt a Komisarzersky yn gryf ar basiantau'r tri degau, ac mae dylanwadau'n gryf ar y bobl ifanc sydd wedi mynychu cyrsiau yn Ewrop ar ddiwedd yr ugeinfed ganrif a chychwyn yr unfed ganrif ar hugain.

CYFRANIAD CYNAN I BASIANTRI'R EISTEDDFOD

O gofio ebychiad coeglyd Saunders Lewis yn ei ddrama *Eisteddfod Bodran*, sef 'Sblash yr orsedd sy'n plesio', felly y gellir cyfeirio at gyfraniad Cynan i basiantri'r ŵyl genedlaethol yn ystod yr ugeinfed ganrif wrth iddo, yn bennaf fel Archdderwydd, ychwanegu at theatreg Gorsedd y Beirdd.

Cofier i Cynan fabwysiadu mantell prif gynlluniwr pasiantau'r tri degau yng ngogledd Cymru. Gwnaeth ei farc fel cynlluniwr ysblander saith o basiantau, sef sioeau castellog yng

Nghonwy a Chaernarfon, yna yn St George's Hall, Lerpwl, gerddi Cwfaint Caergybi, a phafiliwn Eisteddfodau Cenedlaethol Llangefni a Llandudno. Yn dilyn y profiadau ysblennydd hyn, achlysuron a suddodd i brofiad miloedd o edmygwyr yn eu tro, hawdd gweld Cynan yn gafael ar brif seremonïau'r Eisteddfod Genedlaethol a'u troi'n basiantau a foddiai gynulleidfaoedd mewn pafiliwn ac o flaen set deledu. Defnyddiodd ddeunydd crai Iolo Morganwg a'i droi'n 'sblash'. Mewn erthygl yn *Llwyfan* 3, 1969, datgelodd Cynan ei brif ddiddordebau o blith gweithgareddau Gorsedd y Beirdd. Y peth cyntaf a wnaeth oedd ennill y llwyfan i'r bobl arwisgedig, ac nid i gynffonwyr a phwysigolion lleol. Trefnodd fod grisiau'n esgyn i gefn y llwyfan mawr er mwyn cynnal ysblander y gorseddogion, ac i ychwanegu at ysblander y darlun llwyfannol. Y trefnydd llwyfan, megis mewn theatr go iawn, oedd un o'r bobl bwysicaf yn y broses flynyddol. Yr oedd sgript yr achlysur yn nwylo medrus Cynan ei hun. Datblygodd bwysigrwydd prif elfennau'r pasiant, sef cyflwyno'r orsedd i gychwyn, clywed larwm y corn gwlad, banllefau'r organ, ymdeithgan yr Orsedd, yr orymdaith, a chario'r cleddyf mawr a'r faner. Yr oedd elfennau theatricalaidd i'r cyfan wrth i liwiau'r gwisgoedd a'r goleuo ychwanegu at y *mise en scène* gweladwy. Yn gefndir i'r pasiant datblygwyd yr haen offerynnol a lleisiol, gan gynnwys alawon gwladgarol traddodiadol fel 'Ymadawiad y Brenin', 'Difyrrwch Gwŷr Morgannwg' ac 'Ymdaith Gwŷr Harlech'. Rhoddodd Cynan bwyslais arbennig ar gyflwyno'r Corn Hirlas, cyflwyno'r Aberthged, a dwyster gweddi'r Orsedd, heb anghofio ei *pièce de résistance*, y ddawns flodau (o 1935 ymlaen). Tyfodd y pasiantri yma i'r fath raddau fel y daeth yn rhan annatod o fytholeg yr Eisteddfod Genedlaethol, ac o naws theatraidd a pherfformiadol yr ŵyl honno.

CWMNI THEATR Y DYFODOL

Roedd sefydlu'r cwmni yn 1997 yn ymdrech i adfywio sefyllfa'r theatr Gymraeg ar y pryd, a hynny o safbwynt y perfformwyr proffesiynol eu hunain. Morfudd Hughes a Wynford Ellis Owen a fu'n gyfrifol am sefydlu'r cwmni a hynny ar sail egwyddor herio safonau cymeriadu yn y theatr Gymraeg trwy ddefnyddio dull 'newydd' o ymarfer. Treuliodd Morfudd Hughes gyfnodau yn Rwsia yn astudio gwyddor actio, ac roedd hi'n llawn argyhoeddiad bod angen cyfeiriad newydd ar actorion Cymraeg.

Roedd yr hyfforddiant yn cynnwys ymarfer i gychwyn tua chwe wythnos cyn y perfformiad cyntaf, a'r actorion hwythau'n ymchwilio i hanes cyfnod y ddrama yn ogystal â chefndir y cymeriadau eu hunain. Y bwriad oedd y byddai pawb yn rhannu'r wybodaeth ac yn cyd-ddysgu dros gyfnod y paratoi. Yn null Stanislavski, roedd angen i bob un o'u cymeriadau argyhoeddi'r gynulleidfa eu bod nhw wedi byw yn ystod cyfnod cefndir y ddrama. *Siwan* (Saunders Lewis) oedd cynhyrchiad cyntaf un y cwmni hwn. Nod y dechneg hon oedd ceisio, cam wrth gam, adeiladu darlun cyflawn o sut le oedd Cymru yn 1231. Roedd hi'n dechneg a ymdebygai i dechnegau theatr y bedwaredd ganrif ar bymtheg, a'r modd yr aethpwyd ati i gyflwyno dramâu hanesyddol a thrasig Shakespeare mewn dulliau naturiolaidd manwl, gan lynu'n glòs ac yn drwyadl at naws cyfnodau hanesyddol. Dyma oedd techneg Dug Saxe-Meiningen, wrth iddo geisio darlunio cyfnodau hanes yn fanwl fanwl yn ei setiau, ei gymeriadu, yn enwedig ei ddyrfaoedd realistig, a'i offer a'i wisgoedd dilys. Byr oedd hoedl perfformio Cwmni Theatr y Dyfodol.

CYFLWR ACTIO AR DDIWEDD Y GANRIF

Ddiwedd 1995 dosbarthwyd holiadur yn enw Cyngor y Celfyddydau, yr Eisteddfod Genedlaethol a Chymdeithas Ddrama Cymru, ymysg cwmnïau amatur gogledd Cymru, i holi am yr angen am hyfforddiant mewn sgiliau theatr. Roedd yr ymateb yn un brwdfrydig a threfnwyd nifer o sesiynau ar leisio, symud, gwaith byrfyfyr ac actio'r is-destun.

Yn *Golwg*, Gorffennaf 1997, fe ysgrifennodd Daniel Evans erthygl am angen hyfforddi actorion yng Nghymru. Mynegodd fod diffyg hyfforddi'n rhemp ar y llwyfan ac ar deledu. Awgrymodd mai diffyg hyfforddiant a sgiliau oedd prif wendid y theatr Gymraeg. Meddai: 'mae sgiliau wedi rhoi hyder a rhyddid i mi heb amheuaeth. Os yw eich bryd ar actio llwyfan, mae sgiliau'n hollol hanfodol. Ewch i hyfforddi trwy gymryd cwrs ymarferol, yn ogystal ag academaidd os mynnwch.' Mewn erthygl yn *Golwg*, Mai 1997, cwynodd yr actor Wynford Ellis Owen a'r cyfarwyddwr Ceri Sherlock am ddiffyg adnoddau i feithrin y talent actio oedd ar gael yng Nghymru, gan amlinellu darpariaethau ar gyfer denu'r actorion ifanc i ymhél â'r gelfyddyd yn eu gwlad eu hunain. Awgrymwyd rhai camau hyfforddi, a chrybwyllwyd rhai rhwystrau, yn eu plith y broblem o din-droi o fewn strwythur cyfyng actio ar deledu. Meddai Ellis Owen: 'Yr her ydi meithrin a chadw'r dalent ifanc sydd ganddom ni yng Nghymru, fel nad ydyn nhw'n teimlo'r awydd i groesi Clawdd Offa hefo'u crefft.' Yn ôl y ddau brofiadol yma, wrth i'r 'genedl symud tua diwedd y mileniwm' nid oedd yna theatr Gymraeg o unrhyw sylwedd i gynnal y talentau cynhenid yn amatur nac yn broffesiynol. Nid oedd ysgrifennu arwyddocaol i'r theatr, nid oedd cwmnïau o unrhyw sylwedd yn ffynnu, ac nid oedd strwythur deinamig gan unrhyw sefydliad yn y wlad, gan gynnwys Cyngor y Celfyddydau. Yn niwedd y chwe degau a thrwy gydol y saith degau roedd gobaith i'r ddrama a'r theatr Gymraeg ond erbyn hyn tyfodd rhyw barlystod drwy'r cyfan.

Daeth yr ysfa i wasgaru adnoddau ariannol a chreu cwmnïau bychain gan obeithio y byddai hynny'n dwyn gwellhad ac achubiaeth. Collwyd y ffordd wrth fynd ar y trywydd yma. Ni ddaeth fawr ddim allan o'r duedd hon ond yr anialwch dramatig ac artistig a gafwyd yn y naw degau. Llusgwyd talentau oddi ar y llwyfan i fyd cywasgedig a llyffetheiriol teledu. Gwelwyd y rhan fwyaf o adnoddau dramatig y theatr yn gwyro i gyfeiriad *Pobol y Cwm*. Cafwyd bod actorion yn gorfod ennill eu tamaid trwy adael y llwyfan am stiwdio, gan adael y theatr fyw sylweddol am sebon nosweithiol, a chefnu ar strwythur a allasai fod yn fanna i'r theatr Gymraeg, sef rhwydwaith o gwmnïau bychain yn bwydo Cwmni Cenedlaethol, ac ysgrifenwyr yn bwydo'r llwyfan hwnnw gyda deunydd teilwng o genedl wâr. Yr oedd erthygl Wynford Ellis Owen a Ceri Sherlock yn frith o syniadau crafog, ac ar yr un pryd yn destament trist iawn i gyflwr y ddrama a'r theatr ar derfyn yr ugeinfed ganrif.

GOBAITH NEWYDD?

Ymddangosodd awdur beiddgar newydd, sef Aled Jones Williams, i herio beirniaid yr Eisteddfod Genedlaethol i ddechrau, ac yna i osod sialens i gyfarwyddwyr ac actorion y theatr Gymraeg. Ysgrifennodd ddramâu llwyfan cignoeth, gan ennill gwobrau yng nghystadlaethau'r Eisteddfod Genedlaethol. Nododd beirniaid ei ddrama un act yn Eisteddfod Bro Dinefwr (1996) fod 'ffresni eithriadol' yn ysgrifennu'r dramodydd hwn. Amrywiai'r gwaith rhwng ysgrifennu cignoeth cwrs iawn a delweddau barddonol, telynegol, hynod o sensitif. Apeliai'r ddrama drwyddi at y synhwyrau gan symud trwy feri-go-rownd o emosiynau, er nad oedd yr iaith na'r cynnwys at ddant pawb a fynychai'r perfformiadau. Ym Mro Colwyn (1995) derbyniodd ran o'r wobr am ddrama lwyfan o leiaf un awr o hyd. Drachefn, gwelodd y beirniaid fod yma dalent 'sydd yn haeddu sylw pellach' er i gynnwys y ddrama ei hun ymddangos fel 'cawdel anhrefnus sydd wedi llifo o'r is-ymwybod yn ddi-reol'. Gwelsant egni creadigol diamau yn y gwaith a gynhwysai 'ddelweddau gweledol effeithiol, mynegiant byrlymus, a dynoliaeth uwch popeth'.

38. Llwyfan moel i berfformiad o'r fonolog Sundance *(Aled Jones Williams) gan yr actor Owen Arwyn, yn Eisteddfod Genedlaethol 1990. Sylwer ar set minimalistig caeth y cynhyrchiad, a chyn lleied o offer llwyfan oedd i'r chwarae.*
(Barn/Theatr, *Hydref 2005*)

Ar y dechrau ni fentrodd yr un cwmni lwyfannu ei waith, ond yn 1997 daeth cynlluniau i lwyfannu dwy ddrama. Cafodd weithdy ar ei ddrama *Pêl Goch* (Bro Colwyn) gyda chyfarwyddwraig ac actorion proffesiynol. Yn ei dyb ef dysgodd y dramodydd dri pheth o'r profiad hwnnw, sef 'mai sgriptiau sydd gen i ac nid dramâu; mai cymuned greadigol ydi drama rhwng awdur a'i sgript, actorion a'u doniau, cyfarwyddwraig a'i dychymyg; a bod gen i'r hawl i gynnig gwaith mwy arbrofol ei naws ac yn nwylo actorion fod hynny yn brofiad a eill brocio'r meddwl, gwneud i ni wingo a thorri rhigol y cyfarwydd, saff.'

Aeth pumed drama'r awdur yma ar daith yn 1999, wrth i Theatr Bara Caws berfformio *Sundance* trwy Gymru. Yn ei hadolygiad awgrymodd Bethan Gwanas mai hon oedd drama orau'r awdur hyd yn hyn (*Barn*, 1999). Llwyfan symbolaidd oedd yn gefndir i gynnwrf sgitsoffrenig y prif gymeriad, a ddioddefai'n rhannol o effaith ei fam arno ers yn blentyn. Dihangai i'r pictiwrs cowbois a byw'r gorthrwm a'r trais a gafwyd ar y sgrin yn ei fywyd ef ei hun. Monolog rymus oedd y ddrama hon, gwaith oedd yn torri tir newydd yn y theatr Gymraeg, yn rhannol oherwydd ei beiddgarwch a'r modd y bygythiai'r synhwyrau â delweddau geiriol a gweladwy ar lwyfan. Yn ei llith awgrymodd yr adolygydd: 'Mae'n rhaid fod y rhan yma yn fêl ar dafod unrhyw actor; sialens yn sicr, ond bobol, y fath ... mae'n anodd dod o hyd i air addas. Rhowch o fel hyn, mi ddylai actorion fod yn baglu dros ei gilydd am y rhan yma. Mae'n mynd o'r llon i'r lleddf fel sloth ar asid, ac mae'r clyfrwch geiriol yn feddwol.'

YR ARGYFWNG YN GWAETHYGU

Erbyn 1998 roedd hi'n argyfwng enbyd ar y theatr Gymraeg. Collodd rhai cwmnïau bach nawdd Cyngor y Celfyddydau, ac nid oedd fawr o ddramâu gwreiddiol yn cael eu hysgrifennu o gwbl. Nid oedd fawr o gwmnïau amatur ar ôl a berfformiai'n gyson, a'r rheiny oedd ar gael yn dewis deunydd ysgafn neu gyfieithiadau. Nid oedd fawr o ddiddordeb ymhlith y cyhoedd i fynychu theatrau sefydlog neu deithiol yng Nghymru. Adlewyrchwyd hyn gan y dirywiad yn niferoedd y cynulleidfaoedd oedd yn gwylio dramâu yn y theatrau. Ymddiswyddodd Valerie Williams fel gweinyddydd Theatr Ardudwy oherwydd bod cyn lleied o bobl yn mynychu'r theatr. Ei hymateb i'r sefyllfa drist hon oedd yr angen i sefydlu theatr genedlaethol er mwyn ceisio denu'r bobl yn ôl i'r theatr. Yr oedd Cyngor y Celfyddydau eisoes wedi penodi swyddog i ymgymryd â'r gwaith o helpu cwmnïau perfformio i farchnata eu cynnyrch.

Lleisiwyd pryder nad ymddangosai fawr ddim deunydd newydd nac awduron newydd trwy'r gyfundrefn eisteddfodol. Nid oedd fawr ddim cyfle i actorion proffesiynol a lyncwyd gan y teledu, na'r sawl a wnaeth eu marc y tu allan i Gymru, i ddychwelyd i'r theatr Gymraeg i ymhél â dramâu llwyfan safonol, gan gynnwys y 'clasuron' Cymraeg. Doedd fawr ddim o berfformio dramâu Saunders Lewis, John Gwilym Jones, Huw Lloyd Edwards ac eraill ar lwyfannau Cymru.

Roedd pryder cynyddol fod cyn lleied o bobl yn dod i gefnogi arlwy denau'r theatr Gymraeg yn y cyfnod enbyd hwn. Tila, er enghraifft, oedd cynulleidfaoedd i gynhyrchiad diwethaf Cwmni Theatr Gwynedd, sef *Y Dyn Hysbys*. Mor enbyd oedd y sefyllfa fel y dosbarthodd y Cwmni holiadur er mwyn ceisio darganfod y ffyrdd gorau o farchnata'i gynyrchiadau. Cri eironig Jerry Hunter (golygydd *Taliesin*) yn 1999 oedd: 'ni allaf gofio'r tro diwethaf imi weld drama lwyfan Gymraeg a oedd o ddifrif calon yn taro deuddeg'. Nid llef un yn llefain yn yr anialwch oedd hyn, ond barn nifer fawr o bobl a gymerai ran mewn sgyrsiau a chynadleddau ac mewn trafodaethau flwyddyn ar ôl blwyddyn ym mhabell ddrama'r Eisteddfod Genedlaethol ac yng ngholofnau wythnosol y wasg.

Ddechrau 1999, cyhoeddodd Cyngor y Celfyddydau ddrafft o argymhellion strategaeth newydd. Ym mis Mawrth y flwyddyn honno cadarnhawyd bod y Cyngor yn ymrwymedig i gyflwyno gweledigaeth newydd ar gyfer y ddrama yng Nghymru a fyddai'n rhoi gwasanaeth gwell a mwy cynaladwy i'w phobl. Roedd yn cynnwys lleihau arian refeniw'r cwmnïau drama er mwyn rhyddhau mwy o arian ar gyfer prosiectau penodol, gan ffurfio cwmni ym Mangor, a fyddai'n bwerdy theatr yng Ngwynedd i gynhyrchu a theithio yn y Gymraeg, a rhoi mwy o arian i Clwyd Theatr Cymru i sefydlu cwmni perfformio i gynhyrchu gwaith o safon yn Saesneg. Agorodd y cynlluniau hyn nyth cacwn o feirniadu a chyhuddo am ben Cyngor y Celfyddydau.

Ar ôl y fflach o weithgaredd amrywiol ac arbrofol a ymddangosodd o blith y cwmnïau proffesiynol wedi diflaniad Cwmni Theatr Cymru yn yr wyth degau, disgynnodd y theatr Gymraeg i'r gwaelodion ddechrau'r naw degau, yn rhannol oherwydd diffyg arweiniad priodol gan Gyngor y Celfyddydau.

Yn awr, ymddangosodd yr awydd drachefn i ailennyn y ddadl ynglŷn â theatr genedlaethol, a'r ffurf briodol iddi. Pan benderfynodd Cyngor y Celfyddydau arallgyfeirio eu polisïau yn ystod y naw degau, gan anelu at sefydlu cwmnïau prif ffrwd yn rhagflaenydd i theatr genedlaethol y dyfodol, yr ofn ymhlith rhai oedd y byddai'r cwmnïau proffesiynol llai yn dioddef yn enbyd. Bu'r cwmnïau hyn yn flaengar trwy gydol yr wyth degau yn meithrin arddulliau ffres ac egnïol ar lwyfan y perfformio. Gwelwyd gwrthdrawiad hefyd yn y drafodaeth rhwng y sawl oedd am weld parhad yn yr amrywiaeth theatraidd ac arbrofi gan gwmnïau proffesiynol bychain wrth greu eu dramâu eu hunain, a'r rheini oedd am weld dramodwyr yn cael y cyfle i ysgrifennu dramâu o safon. Yn ystod y cyfnod hwn hefyd, cododd mwy nag un llais profiadol i resynu at y bwlch rhwng amatur a phroffesiynol yn y theatr Gymraeg, a hynny mewn gwlad mor fach, gyda chefndir amaturaidd mor hir i'w theatr. Meddai Lisa Lewis yn 1999: 'Rhaniad sinigaidd yw'r ddeuoliaeth broffesiynol/ amaturaidd, ac mae'n ddiffiniad mwy cymwys mewn cyd-destun Seisnig. Mewn gwlad a chanddi amryfal draddodiadau perfformio – y traddodiad llafar, y traddodiad barddol, y pulpud, a holl ystod perfformio eisteddfodol (o'r ysgol i'r Genedlaethol) – y mae rhaniad o'r fath yn sarhaus.'

Yn y gyfres 'Papurau Gregynog' (Sefydliad Materion Cymreig, 1998) ymddangosodd papur yr ymgynghorydd celfyddydol David Clarke, cyn-gyfarwyddwr canolfan Chapter, Caerdydd. Er mai trafod yn bennaf sefyllfa'r theatr Saesneg yng Nghymru a wnâi, awgrymai ei bod hi bron ar ben ar y ddrama yng Nghymru. Meddai:

> [nid] yw actorion yn cael digon o amser i ymarfer eu crefft yng Nghymru a'n bod ni mewn peryg o fodloni ar wneud dim ond yr hyn sydd raid er mwyn cadw'r gelfyddyd yn fyw. Un o'r materion yn ymwneud â'i bywyd diwydiannol

y mae'n rhaid i wlad fach bryderu amdano yw ei bod yn bosib caniatáu i ymarfer ddirywio tu hwnt i lefel cynaliadwy a chyrraedd yn y diwedd fan lle nad oes unrhyw ymarfer o gwbl heblaw yn ysbeidiol ac anghyson.

Soniodd Clarke i gwmnïau arbrofol a deinamig fel Brith Gof ac Y Cwmni, wneud gwaith arloesol arbennig iawn yn saith degau'r ganrif, a'u bod yn ysbardun i actorion a chyfarwyddwyr ifanc fentro mewn ffurfiau arbrofol a oedd yn iechyd i'r theatr Gymraeg. Ond ofnai fod yr hyder a'r mentro yma wedi eu handwyo a'u dileu i raddau helaeth gan dactegau a diffyg polisïau cadarnhaol Cyngor Celfyddydau Cymru yn ystod chwarter olaf y ganrif. Meddai: 'Nid oes gan berfformwyr ifanc talentog Cymru a gwneuthurwyr theatr unrhyw strwythur er mwyn cynllunio ar gyfer y dyfodol. Heb ffocws maent yn symud i ffwrdd i weithio ym mha le bynnag y caiff eu gwaith ei gydnabod a'i gynnal yn fwy cyson.' Paratowyd cynllun ar gyfer y mileniwm yn 1998, sef Theatr Dwy Fil. Y syniad oedd dathlu 'cyfoeth ac amrywiaeth' y theatr yng Nghymru trwy gynyrchiadau Cymraeg eu harddull a'u cynnwys, a hynny er mwyn sicrhau bod ardaloedd trwy Gymru yn cael trawsdoriad o wahanol fathau o theatr. Bu sawl cwmni'n trafod y cynllun o gydweithio'n agosach â'i gilydd er mwyn dangos 'cyfoeth ac amrywiaeth' y theatr Gymraeg, a chynyddu'r cyfleoedd i bobl weld cynyrchiadau a chodi proffil y gelfyddyd trwy Gymru benbaladr.

Yn ogystal â chefnogaeth Cymdeithas Theatr Cymru y gobaith oedd mai man cychwyn fyddai cynllun Theatr Dwy Fil i gryfhau sylfeini'r theatr Gymraeg ar ddechrau mileniwm newydd. Ystyrid y cynllun fel cyfle i gryfhau'r seiliau ariannol, i gynyddu cynulleidfaoedd a magu rhagor o ddiddordeb yn y theatr, i sicrhau proffil uwch, ac fel ysbardun ar gyfer ysgrifennu newydd a mwy beiddgar a chyffrous. Partneriaid Theatr Dwy Fil oedd Arad Goch, Bara Caws, Cwmni'r Frân Wen, Cwmni Theatr Gwynedd,

Cymdeithas Theatr Cymru, Dalier Sylw, Eisteddfod Genedlaethol Cymru, Theatr Clwyd, Theatr Gorllewin Morgannwg a Theatr Powys.

SGRIPT CYMRU

Sefydlwyd Sgript Cymru yn 2000, yn gwmni i annog perfformio ac i symbylu ysgrifenwyr newydd yn y Gymraeg a'r Saesneg. Meddai Elen Bowman, cyfarwyddwraig cyswllt y cwmni yn 2005: 'mae Sgript Cymru yn ymroddedig i ddatblygu a meithrin lleisiau newydd ond mae'r theatr Gymraeg yn parhau i fod mewn sefyllfa druenus iawn.' O'r cychwyn chwiliodd y cwmni am ddeunydd newydd i'w gyflwyno ar lwyfan. Rhan o'i waith oedd cynnig comisiynau i ddramodwyr sefydlog, ond yr oedd darpariaeth hefyd i helpu ysgrifenwyr newydd i ddatblygu eu sgriptiau.

Mewn sgwrs ag Angharad Elen datgelodd Elen Bowman ychydig o'i phrofiad fel cyfarwyddwraig. Derbyniodd ei hyfforddiant fel actores yn The School of the Science of Acting a bwysleisiai waith corfforol fel gwaith *trapeze* ac acrobateg. Yna aeth ymlaen i dderbyn hyfforddiant ym Moscow, a darganfu fod hyfforddi'r actor yn y wlad honno yn golygu ymhél â nifer fawr o wahanol ddulliau o actio. Cyfaddefodd fod profiad o berfformio ar lwyfan wedi rhoi persbectif gwerthfawr iddi fel cyfarwyddwraig. Am gyfarwyddo meddai: 'Her y cyfarwyddwr ydi darganfod iaith fydd yn helpu'r actor yn ymarferol,' ac un o'r elfennau pwysicaf yn y broses oedd 'gofyn cwestiynau sy'n helpu'r actor i greu lluniau i'r cymeriad. Erbyn diwedd y cyfnod ymarfer, bydd y lluniau yma yn ymddangos yn naturiol wrth i'r actor berfformio.' O ganlyniad i brofiadau a gafodd yn Rwsia, gwelodd werth mewn trafod cynhyrchiad gyda chynulleidfa ar ôl perfformiad, yn arbennig wedi perfformiad cyntaf y ddrama. 'Dwi'n dueddol,' meddai, 'o holi'r gynulleidfa am eu barn yn syth ar ôl perfformiad. Mae barn ddidwyll y gynulleidfa yn amhrisiadwy.'

'Y PWERDY' 2000

Yn 2000 ymddangosodd papur Cyngor y Celfyddydau, sef 'Pedwar ar Ddeg o Gwestiynau Allweddol ar gyfer ymgynghori ynglŷn â Chwmni Theatr Cenedlaethol newydd y "Pwerdy".' Roedd hwn yn ddechrau cyfnod o ymgynghori ynglŷn â sefyllfa'r theatr Gymraeg a hynny ar gyfer y dyfodol. Yr oedd ymateb Cymdeithas Theatr Cymru i'r papur yn un cyfrifol yng nghyd-destun natur a chyfeiriad y theatr. Nodwyd y pwysigrwydd o roi'r gynulleidfa yn gyntaf, a sicrhau deunydd addas ar ei chyfer trwy gyflwyno theatr o'r ansawdd gorau, gan sicrhau bod y ddarpariaeth honno yn fwy poblogaidd ei naws yn y blynyddoedd cynnar er mwyn denu cynulleidfa. Rhaid oedd hybu ymhlith y gynulleidfa y teimlad fod y 'Pwerdy' yn perthyn iddyn nhw, yn eu cyffroi ac yn peri iddynt fod eisiau gwylio ei gynyrchiadau o flaen atyniadau eraill. Ymhlith argymhellion y Gymdeithas oedd sicrhau bod y 'Pwerdy', er yn genedlaethol, hefyd yn gweithredu'n effeithiol ar lefel leol ymhob rhan o Gymru, ac yn gwneud hyn trwy rwydwaith o ganolfannau perfformio ledled y wlad. Gobaith y Gymdeithas oedd y byddai 'Pwerdy' yn ymweld â chanolfannau'n rheolaidd. Rhaid oedd sicrhau marchnata effeithiol, gyda digon o gyllid ar gyfer yr amryfal ddulliau o farchnata, a hefyd ar gyfer creu tîm cryf o swyddogion datblygu a fyddai'n gweithio yn y maes. Rhaid oedd 'galw am gomisiynu ymchwil er mwyn sicrhau y byddai gan swyddogion y "Pwerdy" wybodaeth am ddiddordebau ac arferion diwylliannol y gynulleidfa.' (*Galwad*, Mai 2000) Roedd yr argymhellion ymarferol hyn yn adleisio agwedd broffesiynol Cymdeithas Theatr Cymru at sefydlu tir sicr ar gyfer y posibilrwydd o gael Cwmni Theatr Cenedlaethol yn y dyfodol agos. Bwriad Cyngor Celfyddydau Cymru oedd ceisio creu Pwerdy i'r theatr Gymraeg a'r awgrym oedd sefydlu hwnnw yng Ngwynedd, gyda'r bwriad iddo dyfu yn y pen draw yn gorff cenedlaethol.

THEATR A'R CYNULLIAD

Mewn cyd-destun gwleidyddol, roedd sefydlu'r Cynulliad, ei swyddogaeth a'i ymgorfforiad o genedligrwydd, yn sicr o ddylanwadu ar y theatr Gymraeg mewn rhyw fodd neu'i gilydd. Yr oedd cryn lawer o ddyfalu ynghylch beth fyddai'r effaith ar y celfyddydau'n gyffredinol ymhlith nifer o unigolion a chyrff a gefnogai'r theatr yng Nghymru. Gwyntyllodd Ceri Sherlock y mater mewn cyfres o nodiadau goleuedig (*Barn*, Atodiad Theatr, Gorffennaf 2000), ac yntau wedi ei benodi'n ymgynghorydd i'r Cynulliad yng nghyd-destun yr archwiliad i ddyfodol y celfyddydau yng Nghymru. Mewn nodiadau ymylol, fel y galwodd hwy, trafododd Sherlock bwysigrwydd y dyfodol, gan bwysleisio'r angen i roi cyfle i bobl ifanc fynegi eu hunain drwy theatr, yn ysgrifenwyr ac yn berfformwyr. Anogodd adeiladu ar rwydwaith o weithgareddau 'perfformiadol' oedd eisoes yn bod yng Nghymru, sef theatr ar gyfer pobl ifanc, theatr ieuenctid, theatr mewn addysg, drama gymunedol a drama yn y gymuned. Anelodd Sherlock ei thesis i gyferiad amgenach na'r 'theatr destunol' oedd yn rhan gref o'r traddodiad theatrig a dramatig Cymraeg. Cyfeiriodd at y gofodau, y 'llwyfannau' bychain oedd yn bod ar hyd a lled y wlad, a oedd yn addas ar gyfer creadigrwydd cymunedol. Canolbwynt dadl Sherlock, yng nghyd-destun gofynion dyfodol y theatr yng Nghymru, oedd pwysigrwydd medru dal diddordeb a dychymyg pobl ifanc yn y ffaith fod yna ddiwylliant theatrig amgen na'r traddodiad 'testunol', sef yr arbrofi eangfrydig a ddigwyddodd yn y maes 'perfformiadol', yn arbennig trwy Ewrop ac America, yn ystod yr hanner canrif diwethaf. Yr agosaf y daeth perffomio yng Nghymru at y maes hwnnw oedd arbrofion disglair Mike Pearson a Brith Gof. Er mwyn meithrin talent 'perfformiadol' ar gyfer dyfodol y theatr, nododd Sherlock bwysigrwydd 'hyfforddiant, wedi'i wreiddio yn y grefft'. Pwysleisiodd hefyd yr ymwybyddiaeth ddramaturgaidd a'r sensitifrwydd hynny at y profiad cyffredin oedd yn clymu perfformwyr, cynulleidfa, 'testun' a gofod, gyda pharch tuag at 'y perfformiadol' ym mha ffurf bynnag – agweddau ar weithred y dylid eu miniogi a'u puro. Rhaid oedd cael yr 'hyfforddiant sy'n briodol i'r cyd-destun, a'n cyd-destun ni – Cymru'.

GRAHAM LAKER

Bu farw Graham Laker ym mis Tachwedd 2001. Roedd yn gyfarwyddwr dawnus, yn feirniad treiddgar ac yn ddarlithydd drama poblogaidd. Fel cyfarwyddwr theatr bu'n gyfrifol am lwyfannu nifer o gynyrchiadau cofiadwy, yn eu plith *O Law i Law*, *Y Gelli Geirios*, *Y Tŵr*, *Cylch Sialc*, *Enoc Huws*, *Awe Bryncoch* ac *Amadeus*. Daeth i Fangor ar ddiwedd y saith degau fel darlithydd yn Adran Ddrama'r Brifysgol. Dyma ddechrau cysylltiad ffrwythlon â Theatr Gwynedd, a gynhwysai gynyrchiadau gan fyfyrwyr, sioeau haf ac yna, rhwng 1990 ac 1997, fel cyfarwyddwr artistig Cwmni Theatr Gwynedd. Yn y man, dychwelodd i ddarlithio yn Adran Theatr, Ffilm a Theledu Prifysgol Cymru Aberystwyth.

Cafwyd cyfarfod coffa i'r cyfarwyddwr Graham Laker yn ystod Eisteddfod Genedlaethol Eryri a'r Cyffiniau yn 2005. Yn Theatr Gwynedd ymgasglodd yr actorion a fu mewn nifer o'i gynyrchiadau dros y blynyddoedd, er mwyn cyflwyno golygfeydd o groestoriad o'r perfformiadau hynny. Adlewyrchodd yr achlysur hwn y cyfoeth o ddramâu a ddewiswyd i'w llwyfannu gan y cyfarwyddwr talentog a byrlymus hwn yn ystod ei gyfnod ym Mangor ac Aberystwyth.

Trwy wahoddiad Cymdeithas Theatr Cymru traddododd Graham Laker ddarlith yn Eisteddfod Genedlaethol Môn 1999 yn dwyn y teitl pryfoclyd, 'Cefnu ar baneidiau te a'r soffa gyfforddus'. Ynddi trafododd y broses o gydweithio rhwng dramodydd a chwmni cynhyrchu, cyn mynd ati i rannu ei weledigaeth am bosibiliadau dilyffethair y theatr fyw fel llwyfan ar gyfer y dychymyg. Yn ei ddarlith nododd ac awgrymodd nifer o bwyntiau pwysig iawn o safbwynt natur a chyfeiriad drama a theatr. Gresynai fod dramodwyr yn cyfyngu eu gweledigaeth i ryw dri chymeriad ac un set. Gwelodd bosibiliadau gweledigaeth ehangach a mwy dychmygus i'r llwyfan. Cyfeiriodd at duedd iach a chynyddol theatr yr ugeinfed ganrif i ehangu gorwelion llwyfannol ac i gwmpasu llawer mwy o rym dychymyg mewn dramâu a chynyrchiadau. Rhaid oedd torri allan o gyfyngder y set realistig a'r weledigaeth naturiolaidd. Gwelodd iechyd mewn rhoi'r cyfle i actorion berfformio nifer o gymeriadau o fewn un ddrama ac un cynhyrchiad. Yr oedd ei sylwadau yn y ddarlith hon yn iechyd i ddarpar ddramodwyr, actorion a chyfarwyddwyr (*Galwad*, Mai 2000). Y mae tystiolaeth y dramodydd William R. Lewis (*Barn*, Atodiad Theatr, 1999) ar ôl iddo ysgrifennu'r ddrama gomisiwn *Ffrwd Ceinwen* ar gyfer Eisteddfod Genedlaethol Môn yn 1999 a chydweithio â'r cyfarwyddwr Graham Laker, yn ategu'n gryno y farn a roddwyd gan Saunders Lewis yng ngoleuni ei brofiad o weithio gyda chyfarwyddwyr theatr flynyddoedd ynghynt. Y mae William R. Lewis yn cyfeirio at y modd yr oedd Laker yn cyfiawnhau 'gweithredoedd a theimladau, [ac yn] rhoi'r rheswm amdanyn nhw bob tro'. Meddai Lewis: 'Canlyniad hyn, wrth gwrs, ydy llawer mwy o gwestiynu a mwy o hunan-feirniadaeth nag y mae rhai dramodwyr yn hoffi.'

Pwysleisiodd Laker ei bod hi'n bwysig i gynulleidfaoedd Cymraeg weld gwaith meistri fel Molière a Tsiecof a Brecht yn eu hiaith eu hunain. Credai y dylai fod cwmni prif ffrwd, fel Cwmni Theatr Cymru, yn teithio trwy'r wlad yn gyson, gyda chyfle i hyfforddi actorion, technegwyr, cyfarwyddwyr a dylunwyr proffesiynol. Gresynodd na allai actorion Cymraeg profiadol gyflawni mwy nag un prosiect theatr bob blwyddyn. Nid oedd yn bosib meithrin sgiliau llwyfan dan y fath amodau. Er i Graham Laker bwysleisio pwysigrwydd mudiad theatr gymuned yn y theatr Gymraeg, eto i gyd rhaid oedd cael cwmni prif ffrwd i fynd â dramâu mawr y byd ar daith ar brif lwyfannau Cymru.

THEATR GENEDLAETHOL CYMRU

Wrth gyflwyno rhifyn cyntaf *Llwyfan* (Haf 1968) pwysleisiodd Wilbert Lloyd Roberts mai 'un ymhlith nifer o sefydliadau cenedlaethol yw Theatr Genedlaethol a fydd yn helaethu diwylliant a chyfoethogi bywyd cenedl'. 'Ei bwriad,' meddai, 'yw anelu at safonau uchaf o gyflwyno a pherfformio, a dyry ddiddanwch creadigol byw i bawb a'i myn.'

Fel y gwelsom, cyfarfu caredigion y theatr Gymraeg yn Rhagfyr 1999 i drafod y syniad o greu Theatr Genedlaethol i Gymru. O fewn pedair blynedd gwelwyd geni Theatr Genedlaethol. Roedd Menna Baines yn rhagweld yr angen a'r rhagoriaeth o gael theatr genedlaethol wrth iddi grybwyll yn 1999 (*Taliesin*): 'Mae hi'n hen bryd inni gael sefydliad theatr sydd â chyfrifoldeb penodol dros fynd â gwaith prif ffrwd o safon i bob rhan o Gymru, sy'n annog ysgrifennu newydd hefyd, ac sy'n cynnig cyfleoedd hyfforddi i actorion, cyfarwyddwyr, awduron a staff technegol.'

Mewn erthygl arbennig yn *Barn* (Tachwedd 2007) sylwodd un o feirniaid theatr craffaf yr Alban fod camau'r wlad honno i sefydlu theatr genedlaethol yn wahanol i'r hyn a gafwyd yng Nghymru. Yr oedd y gwahanol elfennau a aeth i'r pair yn yr Alban er mwyn paratoi i sefydlu'r Theatr Genedlaethol yno, yn atgoffa dyn o rai o gyffroadau mwyaf arwyddocaol a grymus y theatr Gymraeg yn ail hanner yr ugeinfed ganrif, gan gynnwys llwyfannu cyson drydanol Theatr Bara Caws a gwefr chwyldroadol Brith Gof. Adlewyrchwyd hyn yng ngeiriau'r Sgotyn Mark Fisher yn *Barn*: 'Dychmygwch theatr genedlaethol heb garpedi cochion, heb lwyfannau enfawr, heb bartïon ysblennydd. Dychmygwch theatr genedlaethol sy'n fodlon perfformio mewn neuadd bentref, sy'n perfformio dramâu mewn coedwigoedd yn ogystal â llwyfannu cynyrchiadau clasurol mewn gwyliau rhyngwladol.'

Mewn cyfres o nodiadau (*Galwad*, 2003) ar enedigaeth Theatr Genedlaethol Cymru yn 2003, cyfeiriodd Lyn T. Jones, cadeirydd y theatr, y byddai'r cwmni newydd yn cyflogi tua phymtheg o staff, a grŵp o tua chwech o actorion llawn amser 'a fydd yn galon i'r cyfan'. Nododd y byddai'n hanfodol bwysig 'ein bod ni'n datblygu a meithrin sgrifenwyr a dramodwyr gan nad oes digon o ddramâu newydd yn y Gymraeg'. Nid oedd yr addewid yma'n amlwg iawn ymhlith y ffrwd gyntaf o ddramâu a ymddangosodd dan enw'r Theatr Genedlaethol yn ystod ei thair blynedd gyntaf. Pwysleisiodd Gareth Miles 'y byddai'n ofynnol i unrhyw sefydliad a ddeisyfai'r hawl i'w alw ei hun yn "Theatr Genedlaethol Cymru" gynhyrchu swmp o waith gwych i ategu ei chais am gydnabyddiaeth o'r fath' (*Taliesin* 1999).

O edrych yn ôl ar gynnyrch y theatr Gymraeg dros yr ugeinfed ganrif, ni ellir yn hawdd gyffesu fod yna 'swmp' o ddramâu o safon y gellid fod wedi seilio theatr genedlaethol arno. Y pwyslais, yn ôl cadeirydd y cwmni cenedlaethol newydd, oedd mai cwmni teithiol cenedlaethol yn perthyn i Gymru benbaladr fyddai'r Theatr Genedlaethol hon. 'Ni fydd yn perthyn i un adeilad theatr, nac i un ardal, nac i un rhanbarth', er bod y cyfanswm llethol o actorion a fyddai'n ymddangos yng nghynyrchiadau'r tair blynedd gyntaf yn ogleddwyr. Pwysleisiai'r cadeirydd, 'mewn gwirionedd rhaglen a fydd yn rhoi mwynhad, a fydd yn cynnig adloniant, ond ar yr un pryd yn gwneud i'r gynulleidfa feddwl. Os llwyddwn ni i wneud hynny, fe fyddwn ni chwarter y ffordd at gael y gynulleidfa'n ôl.'

Penodwyd Cefin Roberts yn gyfarwyddwr artistig y Theatr Genedlaethol yn 2003. Y bwriad oedd cynnig y canlynol:

Arddull theatr gyffrous a chyfoes wedi ei sylfaenu ar draddodiad theatrig Cymru ac ar ei diwylliant; rhaglenni gwaith yn cynnwys amrywiaeth o genres; darpariaeth o gyfleoedd ar gyfer hyfforddiant a datblygiad gyrfaol; sefydlu enw da i'r cwmni ac i ddrama wedi'i chynhyrchu yng Nghymru ar y llwyfan ddrama ryngwladol; meithrin gwaith newydd yn yr iaith Gymraeg; sicrhau fod y cynyrchiadau yn hygyrch i'r gynulleidfa ehanga bosib.

Yn y cyfamser, penodwyd ychwaneg o staff i'r cwmni, gan gynnwys rheolwr marchnata a rheolwr cyffredinol. Ar ôl cyfnod o archwilio, penodwyd pedwar actor craidd cyntaf y cwmni. Eu pwrpas oedd cymryd rhan yn rhai o berfformiadau'r cwmni a hefyd wneud gwaith 'ymestyn' mewn ysgolion ac yn y gymuned, derbyn hyfforddiant mewn technegau theatr ac ymgymryd ag ambell brosiect theatrig.

Bwriad y cwmni, yn ôl y datganiadau printiedig yn ei raglenni, oedd cynnig cynyrchiadau llwyfan o safon ar gyfer y gynulleidfa ehangaf posib ac:

arddull theatr gyffrous a chyfoes wedi ei sylfaenu ar draddodiad theatrig Cymru ac ar ein diwylliant, rhaglenni gwaith mewn sawl 'genre' fydd yn apelio at gynulleidfaoedd prif ffrwd yn mhrif theatrau Cymru, meithrinfa i 'ensemble' o 'actorion craidd' a chyfleoedd cyson i actorion gwadd, awduron ac ymarferwyr theatr eraill, â chyswllt gydag ysgolion, colegau, cymdeithasau a chymunedau ar hyd a lled y wlad.

Eu cynhyrchiad cyntaf oedd drama Meic Povey, *Yn Debyg Iawn i Ti a Fi*. Dilynwyd hyn gan berfformiadau o *Un Briodas, Dwy Ystafell*, ac yna *Ac Eto Nid Myfi* yn Eisteddfod Genedlaethol Casnewydd yn 2004. Yn hydref yr un flwyddyn, perfformiwyd *Romeo a Juliet* (Shakespeare) o gwmpas theatrau Cymru. Yn ystod gwanwyn 2005 teithiodd y cwmni gyda chynhyrchiad o *Tŷ ar y Tywod* gan Gwenlyn Parry. Ar gyfer Eisteddfod

Genedlaethol Eryri yr haf hwnnw paratowyd *Sundance* gan Aled Jones Williams, *Hen Rebel*, drama gerdd yn seiliedig ar hanes Evan Roberts a Diwygiad 1904–5, a theyrnged gerddorol i J. Glyn Davies, sef *Sgidie Bach i Ddawnsio*, yn y pafiliwn.

Roedd ymateb adolygwyr theatr i gynyrchiadau cyntaf y Cwmni Theatr Cenedlaethol yn un cymysg ac ar brydiau'n feirniadol hallt, yn arbennig ar ôl iddynt berfformio *Romeo a Juliet* ym misoedd olaf 2004. Roedd yr adolygydd Dafydd Llewelyn yn llym yn *Barn* (Ionawr 2005), ac yn gresynu at orlwythder y set, yr actio ffwndrus, a'r defnydd o'r Saesneg ar brydiau yn y perfformiad. Roedd ymateb Ceri Sherlock yn fwy hallt fyth yn *Golwg*. Gwelodd ef y fenter yn drychineb. Meddai: 'Roedd yna or-ymadroddi cas, gor-ystumio pantomeim, comedi tebyg i *Ma' Ifan 'Ma'*, set a gwisgoedd retro o'r 1970au. Beth oedd arwyddocâd y set bwrdd gwyddbwyll, y miwsig a'r goleuo di-ystyr ac anghyson? A beth am y simsanu rhwng Cymraeg a Saesneg?'

Yn wir, wrth syllu ar y dewis o ddramâu a berfformiwyd yn ystod tair blynedd gyntaf y cwmni cenedlaethol hwn, rhyw gymysgedd o'r diweddar a'r newydd fu'r cynnyrch, oddieithr un clasur Saesneg, a hynny heb rhyw lawer o fflach yn y driniaeth ohonynt ar lwyfan. Yr oedd y rhan fwyaf o'r actorion yn ifanc a lled brofiadol, nid y talentau grymus a ddisgwylid ar lwyfan o'r statws yma. Yr oedd ymateb yr adolygwyr i'r cynnyrch yma yn llugoer ar y cyfan, heb adlewyrchu fawr ddim o'r cynnwrf, y wefr a'r cyffro a ddilynai gynnyrch Cwmni Theatr Cymru yn ôl yn saith degau'r ganrif flaenorol. Disgwyliwyd dramâu cyffrous, cyfarwyddo grymus, ac actio llewyrchus, ond ni welwyd ond ychydig o hyn. Hynny yw, siomedig oedd y cynnyrch a'r ymateb ar y cyfan. O safbwynt defnydd o set, yr oedd ymateb Dafydd Llewelyn i gynhyrchiad *Cysgod y Cryman* (Hydref 2006) yn ddeifiol:

Gwnaed cymaint o ddefnydd o'r llwyfan crwn symudol – gan ei ddefnyddio fel cyfrwng teledyddol i doddi o'r naill olygfa i'r llall – fel ei fod ar brydiau'n syrffedus ac yn fwrn, ac yn atgoffa rhywun o'r gyfres *Magic Roundabout*. Yn waeth na hynny, fel yng nghynhyrchiad yr *Hen Rebel* defnyddiwyd lluniau amrywiol yn gefndir i ddynodi'r gwahanol leoliadau. Ni welaf unrhyw ddiben i'r delweddau hyn – siawns nad yw'r gynulleidfa'n meddu ar ddigon o grebwyll a dychymyg i ddeall union leoliad y chwarae o'u blaenau.

Wrth adolygu cynhyrchiad y cwmni o *Tŷ ar y Tywod* (Gwenlyn Parry) ym Mai 2005, cyfeiriodd Roger Owen at ddylanwad teledu ar y theatr gyfoes. Meddai: 'Mae dylanwad teledu – ar wyliwr ac actor fel ei gilydd – wedi bod mor affwysol nes bygwth tanseilio hygrededd arddull a gwerthoedd theatraidd Gwenlyn Parry.' Roedd Menna Baines eisoes wedi cyfeirio at y diffygion hyn yn *Taliesin* 1999: 'Mae hi'n theatr fenthyg mewn ffordd arall hefyd: yn rhy aml mae ôl teledu arni, gydag actorion ifanc, yn enwedig, fel petaent heb sylweddoli bod yna wahaniaeth rhwng actio ar lwyfan o flaen cynulleidfa fyw ac actio o flaen camera.'

Am safon yr actio yn *Tŷ ar y Tywod*, bu Dafydd Llewelyn yn llym ei adolygu:

> Yn ddi-os, un o wendidau canolog y cynhyrchiad diweddaraf oedd safon yr actio. Rwyf wedi nodi hyn droeon yn y gorffennol, ac rwy'n parhau i lynu'n gwbl bendant at fy nghred: annoeth, ac annheg yw rhoi cymaint o gyfrifoldeb ar ysgwyddau actorion ifanc a chymharol ddibrofiad. Ar bob cyfri, dylid caniatáu i actorion ifanc gysgodi a gwylio actorion profiadol yn mynd ati i roi cig ac esgyrn ar gymeriad, ond ni ddylent droedio'r llwyfan yn enw'r Theatr Genedlaethol onibai eu bod wedi eu

trwytho'n gyflawn yn eu crefft ac wedi magu digon o bresenoldeb i gyfareddu'r gynulleidfa.

Yn ystod pedair blynedd gyntaf y cwmni cenedlaethol, fe lwyfannwyd dramâu mewn canolfannau y tu allan i ddalgylch y prif theatrau, ac fe welwyd perfformiadau ar lwyfannau yn Llandudno; Theatr Brycheiniog; Theatr y Stiwt, Rhos; Theatr y Lyric, Caerfyrddin; Theatr y Gromlech, Crymych a'r Riverside Studios yn Llundain.

Cafwyd cyfnod o berfformio'r 'clasuron' yn 2006, ond tenau

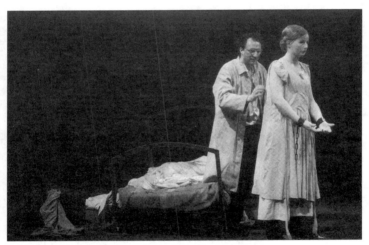

39. *Perfformiad Theatr Genedlaethol Cymru o'r clasur* Tŷ ar y Tywod *(Gwenlyn Parry), mewn set syml, lle gosodwyd dodrefn y tŷ ar ongl i gyfleu y seiliau'n suddo i'r tywod. Atgyfnerthodd hyn y naws forwrol gyffredinol gan roi'r argraff bod y dodrefn yn cael eu taflu gan donnau'r môr, neu'r naws swreal gyda'r bydolwg groesgongl yn adlewyrchu troeon dychymyg rhyfedd Gŵr y Tŷ.*
(Barn/Theatr, *Gorffennaf/Awst 2005*)

iawn oedd y llwyfannu, ac fe ymddangosai cryn lawer o'r actio a'r cyfarwyddo yn sigledig ar lwyfan y Theatr Genedlaethol yn y cyfnod hwn. Yr unig berl o berfformiad yn y cynhyrchiad mwyaf llwyddiannus hyd yn hyn, oedd ymddangosiad Jonathan Nefydd fel Mistar Bustl mewn cyfieithiad o waith Molière. Cafwyd ymateb ffafriol gan Roger Owen i'r cynhyrchiad o *Y Pair* (Arthur Miller) yn 2007. Meddai: 'O ganlyniad i gyfarwyddo celfydd Judith Roberts, gwthiwyd realaeth ymddangosiadol y testun o'r neilltu, a rhyddhawyd grym a chymhlethdod theatraidd y digwyddiad. Datgelwyd *The Crucible* fel drama sy'n atgynhyrchu profiad y ddrama yn y theatr.'

Cynhyrchiad mwyaf llwyddiannus y cwmni wedi'r cyfnod cyntaf hwn oedd cyflwyniad o'r ddrama *Iesu* (Aled Jones Williams) yn Eisteddfod Genedlaethol Caerdydd yn 2008. Mentrwyd ar ddrama a gafodd gryn sylw beirniadol cyn ei llwyfannu, ond llwyddwyd i gyffroi cynulleidfaoedd a beirniaid theatr gyda chynhyrchiad disglair. Dywedodd Paul Griffiths am safon yr actio yn y cynhyrchiad hwnnw: 'yn sicr, dyma godi'r trothwy ar safon perfformio yng Nghymru'r dyddiau yma' (*Y Cymro*, Hydref 2008). Aeth ymlaen i longyfarch y cyfarwyddwr Cefin Roberts, 'am gyfarwyddo'r cyfan yn llwyddiannus ar y cyfan, ac ambell olygfa – fel y daith i Jeriwsalem ar gefn y ceffyl pren, yr adlais celfydd iawn o Fae Guantanamo yn y treisio a'r ddau fyd yn y diweddglo – yn gweithio'n dda'.

Ond Gwenan Mared a welodd werth theatrig y perfformiad hwnnw wrth iddi ymdrin yn synhwyrus â'r cynhyrchiad fel cyfanwaith: 'Dyma, wedi'r cwbl, yw un o brif swyddogaethau theatr, yn enwedig Theatr Genedlaethol: gofyn cwestiynau, edrych ar bethau o'r newydd, creu trafodaeth. Yn bendant, fe sicrheir bod hynny'n digwydd yma, trwy gyfrwng gwreiddioldeb Aled Jones Williams, effeithiau llwyfan, sŵn a goleuo rhyfeddol, cast *ensemble* llwyddiannus, a dawn cyfarwyddo digamsyniol Cefin Roberts' (*Barn*, Medi 2008).

Wrth edrych yn ôl ar yr ymdrech 'helbulus' i sefydlu Cwmni Theatr Cenedlaethol yng Nghymru, ysgogwyd Gareth Miles i wneud y sylwadau canlynol:

> Methiant neu ymgais farw-anedig a fu pob cwmni theatr dwyieithog a arfaethwyd neu a sefydlwyd yng Nghymru, o gwmnïau Howard de Walden hyd at Sgript Cymru. Parchwn dalentau tramor, dysgwn ganddynt, ond peidiwn â'u heilunaddoli. Mae angen Theatr Genedlaethol ar y Cymry am eu bod yn genedl. Ond mae'r sawl sy'n mynnu y dylai Cymru feddu ar Theatr Genedlaethol am ei bod hi'n genedl yn darostwng y theatr i fod yn llawforwyn i'w ddaliadau gwleidyddol ef ei hun. Cymru yw Cymru ac mae'n rhaid ei chymryd fel y mae, ac nid fel y dymunem iddi fod. Siomwyd Saunders Lewis am nad Ffrainc mohoni, Ian Rowlands am nad Iwerddon ydyw, Ceri Sherlock am nad yw'n wtopia Lychlynnaidd a Paul Griffiths am na chaiff ynddi yr arlwy theatrig y mae'n ei fwynhau yn Llundain.

Yn ystod y flwyddyn neu ddwy ganlynol daeth cynnyrch a gweithredu'r cwmni cenedlaethol dan lach y beirniaid o sawl cyfeiriad ac am nifer o resymau. Yn ôl ystadegau swyddogol Cyngor y Celfyddydau doedd y cwmni hwn ddim wedi cyrraedd y targedau o gynnydd mewn cynulleidfaoedd theatr a osodwyd gan y Cyngor ei hun. Roedd hyn yn codi'r cwestiwn sylfaenol am y math o arlwy yr oedd y Cwmni yn ei gynnig.

Daeth y beirniadu i'w anterth yn 2010 pan berfformiwyd *Y Gofalwr* (cyfieithiad Elis Gwyn o ddrama Pinter). Nid oedd y dewis yn un poblogaidd gan gynulleidfaoedd. Perfformiodd y cwmni trwy Gymru i gynulleidfaoedd tenau ar y cyfan. Nid oedd y beirniaid a'r sylwebyddion theatr yn hapus â'r cynhyrchiad ychwaith. Er i'r actio, y llwyfannu, y cyfarwyddo a'r elfennau

40. Trefor Selway a Elisabeth Miles yn eu biniau mewn
cynhyrchiad Theatr Genedlaethol o Diweddgan, *(Beckett).*
Roedd y cynhyrchiad hwn yn adlewyrchu'r modd yr oedd y
theatr Gymraeg broffesiynol yn cymryd arni fantell cyflwyno
clasuron y byd a fu dros y blynyddoedd yn nwylo egniol y
theatr amatur.
(Barn, *Tachwedd 2007*
Llun: Theatr Genedlaethol Cymru

technegol ddod dan lach nifer o feirniaid praff, serch hynny, meddai Gruffudd Owen yn *Barn* (Mawrth 2010): 'mae hwn yn gynhyrchiad da, tynn a chwbl deilwng o'r cwmni. Mae'n haeddu cael ei wylio a'i fwynhau a'i drafod, yn hytrach na'i glodfori fel campwaith neu ei gollfarnu fel arwydd o dranc y theatr Gymraeg.' Roedd gan Paul Griffiths eiriau brathog wrth orffen ei adolygiad o'r cynhyrchiad. 'Felly mae arna i ofn,' meddai, 'mai methiant arall oedd y cynhyrchiad hwn, sy'n cynnwys holl wendidau cyson cyfnod Cefin wrth y llyw; gorddibyniaeth ar ddeunydd cyngwmnïau drama Cymraeg, cyfieithiadau sigledig, castio anghywir, absenoldeb actorion cydnabyddedig, setiau rhy fawr ac anymarferol a dim gweledigaeth gyffrous a mentrus' (*Y Cymro*, Chwefror 2010).

Roedd Cefin Roberts, y cyfarwyddwr artistig, eisoes wedi

gwneud datganiad ei fod am roi'r gorau i'w swydd, ac felly ar ôl saith mlynedd o geisio sefydlu theatr o safon dan y teitl Theatr Genedlaethol Cymru, tasg Bwrdd y Cwmni bellach oedd darganfod modd i lywio'r fenter i'r dyfodol.

Rhyw ddwy flynedd cyn hyn yr oedd Theatr Genedlaethol yr Alban wedi cychwyn ar ei gwaith o berfformio i gynulleidfaoedd, a hynny gyda strwythur a chynllun hollol wahanol i'r hyn a gafwyd gan y Theatr Genedlaethol Gymraeg o'i chychwyn. Bwriad Theatr yr Alban oedd dechrau trwy berfformio i gynulleidfaoedd lleol mewn theatrau lleol a hynny gyda deunydd dramatig newydd. Nid oedd polisi Theatr yr Alban mor eangfrydig a 'chenedlaethol' a mawreddog â'r hyn a gafwyd yng Nghymru chwe blynedd ynghynt. Yn wir, pan sefydlwyd y National Theatre of Wales ar derfyn 2009, dilyn patrwm yr Alban a wnaethpwyd, sef cychwyn eu gwaith perfformio mewn mannau lleol, gyda deunydd newydd a oedd wedi ei foldio o weithgaredd lleol, ond gyda chymorth cyfarwyddwyr a chrynswth o actorion proffesiynol. Er bod y cynnyrch sylfaenol yn sigledig, er enghraifft perfformiad *A Good Night Out in the Valleys*, o leiaf yr oedd yr ymdrech i fynd â gweithgareddau theatr genedlaethol i galon y boblogaeth yn un iach a chynhyrfus.

CYFARWYDDO – GWAED NEWYDD

Yng ngwanwyn 2004 cafodd Gwyneth Glyn y cyfle i gyfarwyddo ei drama ei hun, sef *Ar y Lein*, gyda Chwmni Bara Caws. Un o ragoriaethau'r cwmni hwn ers blynyddoedd oedd rhoi'r cyfle i actorion ac i gyfarwyddwyr, rhai ar eu prentisiaeth, i fod yn gyfrwng i gyflwyno deunydd newydd a grymus ar lwyfannau ledled Cymru. Mewn erthygl yn *Barn* (Ebrill 2004), trafododd Gwyneth Glyn y profiad o gyfarwyddo gyda chwmni Bara Caws, ac ymddangosodd ei datganiadau am y broses yn egnïol a goleuedig. Cyfaddefodd ei bod yn ofnus cyn cychwyn ond ei bod wedi ymgartrefu'n gyflym i naws y cwmni: 'roedd ymdeimlad braf

41. Sion Pritchard (Sami) yng nghynhyrchiad Theatr
Genedlaethol Cymru, 'Bobi a Sami a Dynion Eraill'.
(Wil Sam, Y Dyn Theatr, *Gwasg Carreg Gwalch*)

o adnabod rhwng pawb, gan neilltuo'r angen am unrhyw ymarferion-torri'r-iâ ffuantus.' Gwelodd y broses o gyfarwyddo fel parhad a chyflawniad y broses o ysgrifennu. Gan mai ei drama ei hun roedd hi'n ei chyfarwyddo roedd hi'n onest wrth ddweud ei bod wedi derbyn syniadau gan y ddau actor yn ei gofal am addasu ac ailwampio ambell beth yn y sgript. Roedd hi'n amlwg fod y gyfarwyddwraig ifanc yma'n ymwybodol o ofynion y broses o greu perfformiad i'r llwyfan. Meddai:

> Deuthum yn ymwybodol yn fuan iawn o'r ddeuoliaeth arbennig sy'n perthyn i waith cyfarwyddwr; yr angen, ar un llaw, i weld y ddrama o bell fel cyfanwaith artistig, a'r angen, ar y llaw arall, i ddeall a gwerthfawrogi manylion mecanyddol y cyfanwaith hwnnw ... Cydbwysedd a

42. *Mei (Bryn Fôn) a Lora (Fflur Medi Owen) yng nghynhyrchiad Theatr Bara Caws o addasiad Bryn Fôn* Deryn Du *(Black bird) gan David Harrower.* Gwanwyn 2010.

hyblygrwydd sydd wrth wraidd crefft cyfarwyddwr, y gallu i weld y ddrama ag un llygad drwy chwydd-wydr, a'i gweld drwy delisgop â'r llygad arall. Rhaid cysoni'r ddau olwg yma, a sylweddoli mai drwy aildrefnu'r manion dan y chwydd-wydr y mae effeithio'r hyn a welir drwy'r telisgop (sef yr hyn a welir, maes o law, gan y gynulleidfa).

Y mae cynnwys llith Gwyneth Glyn am grefft cyfarwyddo yn y theatr Gymraeg heddiw yn beth unigryw ac yn batrwm i eraill ei ddilyn. Mae cynnwys elfennau technegol priodol yn ei thrafodaeth yn dangos ei bod hi'n sensitif i holl *mise en scène* llwyfannu. Meddai am gydweithrediad gweddill y criw llwyfannu: 'rhoddai eu hamrywiol berspectif hwy ongl wahanol ar bethau, gan f'atgoffa'n gyson o bwysigrwydd synnwyr cyffredin.' Dangosai argraffiadau Gwyneth Glyn aeddfedrwydd yn y dasg gymhleth a dyrys o greu uned ar lwyfan y theatr.

CYNLLUNWYR CYFOES

O'r holl adnoddau a'r sgiliau sydd wrth law i gyfarwyddwr yn y theatr i'w gynorthwyo i baratoi perfformiad ar gyfer y llwyfan, nid oes yr un sydd yn bwysicach na chyfraniad y cynllunydd. Gyda chyfleoedd i artistiaid ifanc dderbyn hyfforddiant i'w paratoi ar gyfer gyrfa yn y theatr, nid yw'n rhyfedd gweld gwaed newydd yn llifo i'r cyfeiriadau hyn yng Nghymru.

Hyfforddwyd Guto Humphreys a Gwyn Eiddior yng Ngholeg Brenhinol Cerdd a Drama Caerdydd, gan fwrw eu prentisiaeth yno fel darpar gynllunwyr llwyfan. Yn Eisteddfod Genedlaethol Caerdydd 2008, gwelwyd gwaith cynllunio'r ddau ar lwyfannau'r ddinas.

Wrth drafod ei waith yn cynllunio set ar gyfer cynhyrchiad Theatr Genedlaethol Cymru o *Esther* (Saunders Lewis), yr oedd Guto Humphreys yn bendant ei farn ynglŷn â rôl cynllunydd yn y theatr, sef: 'helpu i greu priodas rhwng cynllun, set, goleuo ac actorion, gan ofalu peidio â boddi cynhyrchiad drwy or-gynllunio'. Ar gyfer Eisteddfod Genedlaethol Caerdydd cynlluniodd Humphreys set cyflwyniad cwmni Bara Caws o'r ddrama *Yr Argae*, a Gwyn Eiddior yntau set ar gyfer cynhyrchiad y Theatr Genedlaethol o'r ddrama *Iesu*. Cytunai'r ddau mai: 'un o brif swyddogaethau'r cynllunydd theatr ydy cael gafael ar hanfod y ddrama'. Yr oedd angen i 'rywbeth gydio yn nychymyg y cynllunydd,' meddent, 'boed hynny'n ddelwedd, yn llinell neu'n rhywbeth y mae rhywun wedi ei ddweud ynglŷn â'r ddrama.' (*Barn*, Hydref 2008)

Roedd angen i Guto Humphreys, wrth baratoi set ar gyfer *Yr Argae*, ymgiprys â lleoliad y chwarae, a daeth o hyd i hynny: 'y frawddeg y gwnes i fachu arni oedd bod y dafarn arbennig hon yn cynnig cysur i'r cymeriadau.' Cynlluniodd amgylchfyd a gynigiai loches iddynt, a'r ymdeimlad o wres o'u cylch. Ond yr oedd hefyd am gynnwys y syniad o fyd oer a bygythiol oddi allan i'r dafarn. Meddai Guto Humphreys wrth wynebu her cynllunio: 'Does 'na ddim llawer o amgyffred ynghylch gwaith cynllunio yng Nghymru. Fel cenedl, ein tuedd, o bosib, ydy poeni am y geiriau yn hytrach na'r gweledol, yn enwedig yn y theatr.' Dyma farn Gwyn Eiddior am yr her fwyaf i'r cynllunydd: 'Gan mai cymharol fach ydy'r gynulleidfa yng Nghymru, rydan ni'n gorfod trio plesio canran helaeth o'r gynulleidfa honno, ac mae hynny'n gallu bod yn broblem. Wedi dweud hynny, tra bydd pobl yn gwerthfawrogi celfyddyd theatr, dwi'n credu bod yna ddyfodol i'r gelfyddyd honno.' Wrth roi cyfle o'r math hwn i do newydd o berfformwyr a thechnegwyr fagu profiad a hyder yn y theatr Gymraeg, y mae gobaith sicrach i ddyfodol y gelfyddyd.

SIOEAU CERDD

Daliai'r sioe gerdd i fod yn gyfrwng poblogaidd yn y theatr amatur Gymraeg ar ôl troad y ganrif, yn enwedig mewn ysgolion, colegau a rhaglenni eisteddfod. Un o binaclau adloniant Eisteddfod yr

Urdd yng Nghaerdydd yn 1995 oedd perfformiad disglair o *Les Misérables* yn y Gymraeg, gan gwmni atgyfodedig Ieuenctid yr Urdd yng Nghanolfan y Mileniwm. Yn dilyn arfer y cwmni gwreiddiol hwn rhwng 1973 a 1988, rhoddwyd cyfle i berfformwyr ifanc baratoi a llwyfannu eu gwaith dan amgylchiadau proffesiynol mewn theatr yn y Bae. Bu ymateb yr adolygwyr i'r cynhyrchiad sgleingar yn gadarnhaol. Gwerth y sioeau cerdd cyfansawdd hyn yw eu bod yn fagwrfa i dalentau actio, canu, elfennau technegol ac offerynnol, a sgriptio grymus. Yn hyn o beth rhoddant gyfle i artistiaid y dyfodol aeddfedu cyn mentro o bosib ar yrfaoedd yn y celfyddydau perfformio.

Y DDRAMA A'R EISTEDDFOD

Ceisio bod yn fagwrfa fu prif nod yr Eisteddfod Genedlaethol flynyddol, magwrfa i dalentau yn yr amrywiol gelfyddydau. Bu cyfnodau pan gyfeiriwyd at y ddrama a'r theatr fel Sinderela'r ŵyl. Ac eto gwelwyd cyfnodau o ddisgleirdeb ar ei llwyfan perfformio. Yr oedd cynnyrch yr 'oes aur' yn chwech a saith degau'r ugeinfed ganrif yn llifeirio o dalent ysgrifennu ac actio. Bu llewyrch ysbeidiol wrth lwyfannu dramâu Meic Povey, Siôn Eirian ac eraill yn yr ŵyl. Ond mae'n deg cofio na fu rhyw lawer o berfformio ar y cynnyrch ysgrifenedig yn y cystadlaethau llunio dramâu hirion a byrion. Yn ei adolygiad o ddrama'r ŵyl mae Dafydd Llewelyn yn gwyntyllu'r ffaith hon (*Barn*, Hydref 2006). Mae'n cyfeirio at arfer yr Eisteddfod o gynnig llwyfannu'r dramâu buddugol ysgrifenedig, heb wireddu'r cynnig na'r addewid o flwyddyn i flwyddyn. Meddai:

> Pe bai cystadleuwyr yn gwybod i sicrwydd bod y gwaith buddugol i'w lwyfannu'n llawn (ac nid darlleniad o'r gwaith) gan gwmni proffesiynol yn yr Eisteddfod ganlynol, gall fod yn ysgogiad, ac yn nod i anelu ato. A phe byddai'r beirniaid o'r farn nad oedd teilyngdod, o leiaf byddai gan

yr awduron ddeuddeng mis i weithio gyda chwmni proffesiynol, er mwyn datblygu'r egin ddrama a'i gweld yn tyfu ac yn siapo.

GAIR I GALL

Mewn erthygl gan Gareth Miles codwyd pwynt gwerthfawr i'w ystyried yng nghyd-destun dyfodol y theatr Gymraeg (*Barn*, Hydref 2000). Pwysleisiodd y dylid cofio'r traddodiad gwerthfawr o theatr amatur a fu gennym yng Nghymru a hyderai y gallai'r theatr broffesiynol a'r amatur fod ar eu hennill petai'n bosib iddynt ymrwymo ar brydiau i berfformio ynghyd ar lwyfannau'r dyfodol. Erbyn 2009 roedd y theatr amatur i raddau'n dioddef. Gwelwyd llai o gystadlu yn y gwyliau drama a'r rheiny'n bwydo cystadlaethau perfformio un act yr Eisteddfod Genedlaethol. Yn y flwyddyn honno yr oedd Gŵyl Ddrama Pantyfedwen, a fu hyd yn ddiweddar yn denu nifer fawr o gwmnïau o bob rhan o Gymru, wedi mynd i'r wal. Roedd llai o gwmnïau hefyd yn mentro i ŵyl flynyddol Corwen. Rhoddwyd y gorau i gystadleuaeth perfformio'r ddrama hir yn yr Eisteddfod ers tro byd. Cafwyd i raddau bod llwyfan perfformio dramâu un act yn yr ŵyl yn faromedr o sefyllfa'r theatr amatur leol yng Nghymru. Ac eto mewn meysydd eraill y mae'r amatur yn ennill ei lwyfan. Ailsefydlwyd Cwmni Theatr Ieuenctid yr Urdd gyda chynhyrchiad llwyddiannus o *Les Misérables* yng Nghanolfan y Mileniwm yn 2005. Ar ôl cyfres o sgyrsiau ynglŷn â photensial y ddrama Gymraeg mewn festri fe sefydlwyd Cwmni Cydweithredol Troed-y-rhiw, Ceredigion, yn 2005. Roger Owen o Brifysgol Aberystwyth oedd cyfarwyddwr y cwmni hwnnw. O fewn pedair blynedd roedd y cwmni wedi llunio a llwyfannu un ar ddeg o gynyrchiadau. Llwyfannu'r ddrama fydryddol *Meini Gwagedd* (Kitchener Davies) oedd un o'u cynyrchiadau llwyddiannus. Yn 2009 ymroddodd y cwmni i berfformio *Siwan* (Saunders Lewis). Yn unol â pholisi'r cwmni, perfformiwyd y ddrama honno mewn lleoliadau syml gan gynnwys festri capel a thirlun hollol wledig yn Nhroed-y-rhiw. Fe'i llwyfannwyd dros gyfnod o ddiwrnod cyfan, ac yn ystod y perfformiad, a rhwng golygfeydd, rhoddwyd cyfle i'r gynulleidfa drafod perthynas theatr, yr actorion a chynulleidfa'r Gymru gyfoes â'i gilydd. Erbyn 2009 roedd y cwmni wedi creu partneriaeth â thros 400 o gymdogaethau.

Ar derfyn degawd cyntaf y ganrif newydd ymddangosodd nifer o gynyrchiadau amrywiol eu safon yn y calendr theatrig, cyflwyniadau a deithiodd, fel y bydd ein theatr beripatetig Gymraeg ers canrif bellach. Cyd-gynhyrchiad rhwng Theatr y Sherman, Caerdydd a Theatr Genedlaethol Cymru o waith gwreiddiol Dafydd James oedd *Llwyth* yn 2010. O'i chychwyn yn teithio trwy Gymru, llwyddodd i ddenu gorlwyth o gynulleidfaoedd. Dyma'r math o ddrama Gymraeg 'sydd yn gallu teithio,' meddai mwy nag un adolygydd. Ail-gydiodd ei thaith a symud i Lundain, i Ŵyl Caeredin ac yna i Taiwan. Wrth iddi deithio a denu cynulleidfaoedd di-Gymraeg, darparwyd ffenomenom newydd i dechnoleg y theatr frodorol, sef is-deitlo yn Saesneg.

Llwyfanwyd y ddrama *Llanast*, cyfieithiad Gareth Miles o *Art* gan Yasmina Reza, mewn nifer o ganolfannau trwy Gymru yn 2012, gan dderbyn llawer o ganmoliaeth o safbwynt y cyfarwyddo a'r actio. Meddai adolygydd *Y Cymro*:

> Adlewyrchwyd ymateb y gynulleidfa i'r eiliadau o hiwmor, elfennau o ffars, cyffroadau teimladwy ac ergydion o bathos, trwy gydol yr awr a hanner o berfformio cytbwys, cyson a chelfydd.

Addaswyd *The Tempest* Shakespeare gan Gwyneth Lewis i'w pherfformio yn Eisteddfod Genedlaethol Bro Morgannwg yn 2012. Dyma gyflwyno clasur i gychwyn cyfnod newydd yn hanes y Theatr Genedlaethol dan ofal Arwel Gruffydd y Cyfarwyddwr Artistig. Perfformiwyd *Y Storm* ar y maes mewn pabell fawr, megis pabell syrcas, a'i chyfarwyddo gan Elen Bowman. Dyma a ddywed adolygydd *Y Cymro* am y llwyfannu:

Roedd triniaeth Elen Bowman o gychwyn y chwarae pan sefydlir natur y storom sydd yn golchi'r llong i greigiau'r ynys ac yn gwthio'r cyfran o gymeriadau i'w tynged, yn aml-gyfryngol ac yn gosod patrwm grymus y chwarae ar gyfer gweddill y digwydd. Yna, wrth i'r goleuadau godi, darganfyddir mai yn awyrgylch syrcas y gosodir y chwarae. Mae'r ffurf honno yn cyfateb yn esmwyth i natur hudol a ffantasiol y ddrama. Wrth i'r chwarae ddatblygu cafwyd bod strwythur y 'big top' yn addas i bob math o ddigwydd hud a lledrith, a hynny o olygfa i olygfa. Llwyddodd y cyfarwyddwr i afael yn nulliau Shakespeare o newid cywair dramatig o olygfa i olygfa, o sefydlu cysylltiadau, o natur y gwrthdaro cyson, o fwrw'r stori ymlaen ac o ddatgelu tynged y cymeriadau'n gelfydd. Roedd Shakespeare yn gwybod yn dda am y triciau theatrig i dynnu sylw ei gynulleidfa, ei hoelio a'i thynnu i mewn i'r gwrthdaro. A dyna oedd stamp llwyddiannus y cyfarwyddwr yn y cynhyrchiad yma, sef y gallu i leoli'n ystyrlon ac i ddiweddaru cynnwys y ddrama mewn cyd-destun modern.

Y duedd yn y cynyrchiadau theatrig hyn ar derfyn degawd cyntaf y ganrif newydd yw symleiddio'r llwyfannu, drwy symud o gyfeiriad naturiolaidd traddodiadol i weledigaeth y set minimalistaidd, yn arbennig yng nghyswllt perfformio *Dyled Eileen*, *Llanast* a *Hwyliau'n Codi*. Bu tuedd arall hefyd i ddefnyddio amgylchfydoedd realistig megis a welwyd yn *Y Bont* ac yn *Tir Sir Gâr*. Ar y naill law, perfformiwyd golygfeydd yn yr awyr agored o gwmpas tref Aberystwyth, a gwahanol ystafelloedd yn Amgueddfa Sir Gaerfyrddin wrth gyflwyno'r llall. Yn y ddau gyswllt peri i'r gynulleidfa symud o leoliad i leoliad oedd

43. *Perfformwyr y Theatr Genedlaethol ar ei newydd wedd, dan gyfarwyddyd Elen Bowman, yn cyflwyno* Y Storm, *cyfieithiad Gwyneth Lewis o waith Shakespeare, mewn pabell yn Eisteddfod Genedlaethol y Fro, 2012.*
(*Theatr Genedlaethol Cymru*)

dymuniad y cyfarwyddwr a chynnwys y ddrama, hynny yw, symud gyda'r digwydd. Wrth gwrs, nid yw minimalisteg llwyfannu, perfformio awyr agored na symud cynulleidfa o leoliad i leoliad yn beth chwyldroadol o bell ffordd. Mae holl hanes y ddrama yn frith o ddehongliadau theatrig o'r math yma. Rhyddhau drama o garchar naturiolaeth yw'r duedd hon ers tro bellach.

Gyda'r dehongliadau minimalistaidd hyn mae arbrofi'r theatr Gymraeg gyfredol yn rhoi mwy o gyfle a sialens hwyrach i gyfarwyddwyr a thechnegwyr y theatr ddehongli gwaith dramatig mewn ffyrdd celfydd a chyffrous, ac i ddramodwyr adleisio hyn yn eu sgriptiau.

Ôl Nodyn

Os ydym am weld dyfodol llewyrchus a disglair i'r theatr Gymraeg rhaid gobeithio y daw o'n plith ddramodwyr a chyfarwyddwyr, actorion a thechnegwyr sydd â gweledigaeth newydd egnïol, er mwyn gwthio ffiniau perfformio i lefelau grymus a gwefreiddiol. Mae rhai o'r gynulleidfa yn dal i gofio'r wefr a deimlwyd o fynd i'r theatr yng nghyfnod llewyrchus Cwmni Theatr Cymru yn chwe degau a saith degau'r ugeinfed ganrif, ac eraill yn cofio grym anturus, arbrofol ac ysgytwol cwmnïau fel Brith Gof yn yr wyth degau. Y mae angen unigolion ar y theatr Gymraeg a fydd yn ddigon dewr i herio traddodiad ac yn ddigon anturus i wthio gweledigaeth ffres drwy hen wythiennau. Ond rhaid cofio hefyd fod angen gweinyddwyr a gwleidyddion o gyffelyb anian ac awydd i gefnogi celfyddyd sydd yn rhan o feini cymdeithas wâr. Yr hyn sydd ei angen, meddai'r dramodydd Gareth Miles yw:

> Cyfarwyddwyr, actorion, awduron a thechnegwyr proffesiynol yn cyfrannu'r sgiliau a ddatblygir gan hyfforddiant ac ymarfer beunyddiol, a'r gwirfoddolwyr ewyllysgar yn rhoi o'u hegni a'u brwdfrydedd; ymwybyddiaeth y garfan broffesiynol o syniadau a thueddiadau rhyngwladol yn gwarchod y gwirfoddolwyr lleol rhag plwyfoldeb a hwythau'n gyswllt bywiol rhwng Mudiad y Ddrama, fel y'i gelwid ar ddechrau'r ganrif ddiwethaf, a gwerin ein gwlad. Mae datblygiad o'r fath yn bosib.

Ategir hynny gan yr academydd a'r beirniad theatr Lisa Lewis: 'Mae theatr yn agosach atom nag y tybiwn. Mae hi'n fyw ac yn iach ar y stryd, ac ym mhasiant yr ysgol a'r capel, ac mewn myrdd o amgylchiadau gwahanol. Yr un peth sy'n hanfodol yw ei bod yn fyw, ac yn weithgaredd a ffurfiolir ac a strwythurir mewn modd arbennig, a bod y sawl sy'n gwylio yn ymwybodol bod perfformiad yn digwydd.' (*Taliesin* 1999)

Llyfryddiaeth

Adams, D., 'Mae gennym un diolch ...' *Barn*, Atodiad Theatr, (Mehefin 1996), 27–9.

Adams, D., *Stage Wales, Changing Wales*. Gwasg Gomer, (1996).

Ashton, G., 'Nodyn ar berfformio Anterliwt,' *Drama*, (Haf 1959).

Ashton, G. M. (gol.), *Anterliwtiau Twm o'r Nant*. Gwasg Prifysgol Cymru, (1964).

Ashton, G. M. (gol.), *Hunangofiant a Llythyrau Twm o'r Nant*. Gwasg Prifysgol Cymru, (1948).

Avent, R., *Cestyll Tywysogion Gwynedd*. HMSO, (1983).

Baines, M., 'Actorion vs Awduron. Pwy Biau'r Sgript?' *Barn*, Atodiad Theatr, (Hydref 1996), 34–6.

Baines, M., 'Cwmni ar Groesffordd: Holi Tim Baker', *Barn*, Atodiad Theatr, (Mehefin 1994), 35–7.

Baines, M., 'Argyfwng y Ddrama Lwyfan', *Taliesin*, Cyf. 105/106, (Gwanwyn/Haf 1999), 13–15.

Baines, M., 'Atgyfodi Cwm Glo', *Barn*, Atodiad Theatr, (Mawrth 1995), 28–9.

Baines, M., 'Cloddio Haenau'r Co' (Meic Povey), *Barn*, Atodiad Theatr, (Rhagfyr 1996–Ionawr 1997), 88–9.

Baker, M. (gol.), *Y Ddrama yng Nghymru: Strategaeth Genedlaethol ar gyfer y Celfyddydau a'r Cyfryngau*. Cyngor y Celfyddydau, (1993).

Bogdanov, M., '"Ble mae Cymru?" Theatr Genedlaethol', *Barn*, Atodiad Theatr, (Tachwedd 1995), 26–7.

Brith Gof, *Y Llyfr Glas*. Caerdydd, Brith Gof, (1995).

Brith Gof, 'A Welsh Theatre Company' 1981-1985. Pontypŵl, Mid Wales Litho, (1985).

Chadwick, N. K., *The Druids*. 1966. University of Wales Press, (1997).

Clancy J. P., 'Gwenlyn Parry a Barddoniaeth Theatr', *Ysgrifau Beirniadol*, XXI, (1996), 212–21.

Clarke, D., 'Cyflwr y Celfyddydau'. Papurau Gregynog. Sefydliad Materion Cymreig, (1998).

Clarke, P. (gol.), *Act One Wales*. Seren, (1997).

Counsell, C., *Signs of Performance*. Routledge, (1996).

Dafydd, Ll., 'Actorion di-waith yn chwilio am rannau newydd', *Golwg*, (29 Tachwedd, 2007).

Dafydd, M. ap (gol.), *Eic Davies: Cyfrol Deyrnged*. Gwasg Carreg Gwalch, (1995).

Dafydd, M. ap, '"Y Mymryn bach yna": sgwrs â Wil Sam. 69–76. *Llifeiriau,* Wil Sam. I'r Golau. Cyfres Dramâu Diweddar. Gwasg Carreg Gwalch, (1997).

Davies, A. T., 'Dylanwadau: Saunders Lewis mewn ymgom ag Aneirin Talfan.

Davies, D. R., 'Dau Broffwyd y Ddrama yng Nghymru', *Y Llenor*, 16/4 (Gaeaf 1937), 221–227.

Davies, D. R., 'Dau Gwmni Drama a Rhys Lewis', *Y Llenor*, 30 (Haf 1951), 83–9.

Davies, D. T., 'Drama', *The Welsh Outlook*, 20 (Tachwedd 1933), 330–3.

Davies, D. T., 'Ymateb i'r Parch Tywi Jones', *Y Darian*, (4 Mawrth), 5, (18 Mawrth), 8, (25 Mawrth), 5, (1920).

Davies, D. T., 'Welsh Folk Drama: its Future', *The Welsh Outlook*, 7 (Mawrth, 1920), 65–6.

Davies, G., 'Drama'r Ymylon', *Drama* (Gwanwyn 1960). 23–26.

Davies, H. W. (gol.), *Llwyfannau Lleol*. Gwasg Gomer, (2000).

Davies, H. W. (gol.), *Now you're Talking*. Parthian, (2005).

Davies, H. W., 'Saunders Lewis a Theatr Garthewin', *Ysgrifau Beirniadol*, XXI (1996), 169–83.

Davies, H. W., *Saunders Lewis a Theatr Garthewin*. Gwasg Gomer, (1995).

Davies, H. W. (gol.), *Y Theatr Genedlaethol yng Nghymru*. Gwasg Prifysgol Cymru, (2007).

Davies, J., *Y Celtiaid*. Hughes a'i Fab, (2001).

Davies, J., *Hanes Cymru*. Penguin Books, (1992).

Davies, M., 'Traddodiad Llenyddol y Rhondda', Traethawd Prifysgol Cymru, (1981).

Davies, M. I., *Gwaith James Kitchener Davies*. Gwasg Gomer, (1980).

Davies, S., *Crefft y Cyfarwydd*. Gwasg Prifysgol Cymru, (1995).

Eames, M., '"Nid Adloniant Pnawn Gwener Gwlyb": Theatr Mewn Addysg', *Barn*, Atodiad Theatr (Hydref 1993), 39–40.

Edwards, A. R. a J. H. Jones (gol.), *Dramâu Cymraeg Hir*. Aberystwyth, Llyfrgell Ceredigion, (1957).

Edwards, A. R. a J. H. Jones (gol.), *Dramâu Cymraeg Un Act*. Aberystwyth, Llyfrgell Ceredigion, (1955).

Edwards, E., '"Pontiwr Rhwng Dau Gyfnod": Drama R. G. Berry. *Barn*, Atodiad Theatr (Mawrth 1995), 33–5.

Edwards, E., 'Golygyddol: Theatr Genedlaethol', *Drama* (Haf 1959), 3–5.

Edwards, E., '*Y Gŵr o Wlad Us* (Huw Lloyd Edwards): Astudiaeth', *Barn* 37 (Tachwedd 1965), 24–25; 39 (Ionawr 1966), 88–89; 40 (Chwefror 1966), 114–115; 41 (Mawrth 1966), 113–114; 42 (Ebrill 1966), 171–172.

Edwards, E., '*Siwan*: Astudiaeth', *Barn*, 43 (Mai 1966), 199–200; 44 (Mehefin 1966), 229–230.

Edwards, E., *Llawlyfr Actio*. Gwasg Gomer, (1970).

Edwards, E., *Llawlyfr Cynhyrchu*. Gwasg Gomer, (1980).

Edwards, E. (gol.), *Theatr y Cyfryngau*. Gwasg Christopher Davies, (1979).

Edwards, H. Ll., 'Holi awdur y ddrama: *Y Gŵr o Wlad Us*', *Barn*, 53 (Mawrth 1967), 129–130.

Edwards, H. T., *Codi'r Hen Wlad yn ei Hôl*. Gwasg Gomer, (1989).

Edwards, H. T., *Codi Llen*. Gwasg Gomer, (1998).

Edwards, H. T., Wythnos yn Hanes y Ddrama yng Nghymru (Astudiaethau Theatr Cymru, 4) (11-16 Mai 1914) Cymdeithas Theatr Cymru, (1984).

Edwards, H. T., *Arwr Glew Erwau'r Glo*. Gwasg Gomer, (1994).

Edwards, H. T., *Gŵyl Gwalia: Yr Eisteddfod Genedlaethol yn Oes Aur Victoria 1858–1868*. Gwasg Gomer, (1980).

Edwards, M., *Ar Lwyfan Awr*. Gwasg Tŷ ar y Graig, (1977).

Edwards, M. (gol.), *Gŵr wrth Grefft: Cyfrol Deyrnged John Ellis Williams*. Gwasg Gomer, (1974).

Edwards, M., 'Yr Actor', *Drama* (Haf 1960) 8–10.

Edwards, M., 'Yr Actor', *Llwyfan* 2 (Gwanwyn 1969).

Edwards, M., *Llawlyfr Llafar*. Christopher Davies, (1978).

Edwards, R., 'Y Ddrama fel Celfyddyd', *Drama* (Haf 1959), 10–15.

Edwards, T., *Gwaith Twm o'r Nant*. Llanuwchllyn: Ab Owen, (1909).

Eirian, S., 'Argyfwng y Ddrama Lwyfan', *Taliesin*, (Gwanwyn/Haf 1999), 105/6.

Eirian, S., 'Chwilio Llwyfan', *Barn*, Atodiad Theatr (Mehefin 1998), 34–5.

Evans, B. G., 'Beirniadaeth ar y ddrama newydd', *Wales* (1914), 44–47; 97–101.

Evans, E., *Y Ddrama yng Nghymru*. Lerpwl, Hugh Evans, (1947).

Evans, G. D., 'Gweddw dawn heb ei chrefft', *Drama* (Gwanwyn 1960), 7–9.

Evans, G. G., 'Merched Llwyfan Twm', *Barn*, Atodiad Theatr (Mawrth 1996), 34–36.

Evans, G. G., 'Yr Anterliwt Gymraeg', *Llên Gymru*, 5 (1922), 68–70.

Evans, G. G., 'Elis y Cowper: yr Anterliwtiwr Arall', *Barn*, Atodiad Theatr (Medi 1995), 26–27.

Evans, G. G., *Elis y Cowper*. Cyfres Llên y Llenor. Gwasg Pantycelyn, (1995).

Evans, M. (gol.), *Y Fo – Guto*. Gwasg Carreg Gwalch, (2000).

Evans, M. (gol.), *Gŵr wrth Grefft: J. Ellis Williams*. Cyngor Llyfrau Cymraeg. (1974), 36–47.

Fisher, F. G., 'Y Ddrama Farddonol a Chwaeth Dda yn y Theatr', *Drama* (Haf 1959), 16–20.

Ford, P., 'The Poet as *Cyfarwydd* in Early Welsh Tradition', *Studia Celtica*, X/XI (1976), 152–162.

Frazer, G., *The Golden Bough*. Oxford University Press, (1994).

Griffith, H., 'Yr actor yng Nghymru', *Y Faner* (12 Tachwedd, 1947), 5.

Griffith, H., 'Yr actor yng Nghymru', *Y Cymro* (14 Tachwedd, 1947), 7.

Griffith, W. J., 'Antur y Ddrama', *Storïau'r Henllys Fawr*. J. D. Lewis, (1938), 77–106.

Griffiths, B., *Y Dieithryn wrth y Drws: Thema allweddol yng ngwaith Saunders Lewis* (Astudiaethau Theatr Cymru, 6). Cymdeithas Theatr Cymru, (1993).

Griffiths, B., *Saunders Lewis* (Writers of Wales). Gwasg Prifysgol Cymru, (1989).

Griffiths, J., 'Y Gomedi Gymraeg', *Drama* (Gwanwyn 1960), 11–13.

Gruffydd, W. J. Antur y Ddrama. *Storïau'r Henllys Fawr*, Gwasg Aberystwyth (1938), 77–106.

Gruffydd, W. J., 'Adolygiad ar waith Beriah Gwynfe Evans', *Y Beirniad*, 1 (1911), 214–217.

Gruffydd, W. J., *Llenyddiaeth Cymru o 1450 hyd 1600*. Hugh Evans (1922), 69–70.

Howells, G., *Catalog Dramâu Cymraeg 1950–1979*. Cyngor Llyfrau Cymraeg, (1980).

Howells, W., *Mynegai Cyfansoddiadau a Beirniadaethau Eisteddfod Genedlaethol Cymru 1900-1990*. Cyngor Sir Dyfed, Adran Gwasanaethau Diwylliannol, (1992).

Humphreys, E., *Theatr Saunders Lewis* (Astudiaethau Theatr Cymru,1). Cymdeithas Theatr Cymru, (1979).

Humphreys, E., *Llifeiriau*. 66–68. I'r Golau. Cyfres Dramâu Diweddar. Gwasg Carreg Gwalch, (1997).

Hunningher, B., *The Origins of the Theater*. Hill and Wang, (1961).

Hywyn, G. (gol.), *Ar Draws ac ar Hyd: John Gwilym Jones*. Gwasg Gwynedd, (1986).

Ifans, D. a Rh., *Y Mabinogion*. Gwasg Gomer, (1983).

Ifans, Rh., 'Celfyddyd y Cantor o'r Nant', *Ysgrifau Beirniadol*, XXI (1996), 120–46.

Ifans, Rh., '*Cân di bennill ...?*' *Themâu Anterliwtiau Twm o'r Nant*. Papurau Ymchwil y Ganolfan Uwchefrydiau Cymreig a Cheltaidd, (1998).

Isaac, N., 'Cyfraniad Colegau Addysg Cymru i'r Ddrama Gymraeg', *Llwyfan: Cylchgrawn Theatr Cymru* 2 (1969), 8–9.

Jenkins, D. (gol.), *Kate Roberts. Erthyglau ac Ysgrifau Llenyddol*. Christopher Davies, (1978).

Jenkins, E., *Adroddiad Blynyddol 1995/96*. Cyngor Celfyddydau Cymru, (1996).

Jones, A., *National Theatres in Context: France, Germany, England and Wales*. Gwasg Prifysgol Cymru, (2007).

Jones. A. Ff., '*Dinas Barhaus*? Wil Sam a'i Ymchwil', *Barn*, Atodiad Theatr (Medi 1995), 31–3.

Jones, A. J., 'Does Wales Need the Drama?' *The Welsh Outlook* (1914), Rhifyn 1. 254–256.

Jones, A. R. a G. Thomas (gol.), *Presenting Saunders Lewis*. Gwasg Prifysgol Cymru, (1983).

Jones, B., '"Edrych Ymhellach": Theatr Genedlaethol', *Barn*, Atodiad Theatr (Mehefin 1998), 32.

Jones, B. (gol.), *Kate Roberts. Cyfrol Deyrnged*. Gwasg Gee, (1969).

Jones, B. L., 'Llangefni a'r Ddrama', *Yr Arloeswr* (Calan 1958), 45–47.

Jones, D., '"Arian, Talent a Chartref: Theatr Genedlaethol', *Barn*, Atodiad Theatr (Mehefin 1995), 29.

Jones, D., *Black Book on the Welsh Theatre*. Iolo/Bozo. (1985).

Jones, D., *Hanes Bywyd Thomas Edwards*. Merthyr, (1849).

Jones, D. A., 'Awn i Gwrdd y Geiriau?' *Taliesin*, 105/6 (Gwanwyn/Haf 1999), 76–91.

Jones, D. G., '*Brad*', *Barn* 68 (Mehefin 1968), 219–22.

Jones, D. G., *John Gwilym Jones* (Astudiaethau Theatr Cymru, 3) Cymdeithas Theatr Cymru, (1981).

Jones, D. G., *Cofiant Idwal Jones*. Gwasg Aberystwyth, (1958).

Jones, D. G. a J. E. Jones (gol.), *Llwyfannau* (Cyfres Cwmpas). Gwasg Gee, (1981).

Jones, D. G., 'Agwedd ar thema *Blodeuwedd*', *Ysgrifau Beirniadol*, VII (1972), 209–234.

Jones, J. G. *Yr Arwr yn y Theatr* (Astudiaethau Theatr Cymru, 3). Cymdeithas Theatr Cymru, (1981).

Jones, D. G., 'Y Ddrama Ryddiaith' yn *Y Traddodiad Rhyddiaith yn yr Ugeinfed Ganrif*. Gwasg Gomer (1976), 211–240.

Jones, G., *Three Welsh Religious Plays*. Traethawd PhD (1939).

Jones, G. H., 'Y Ddrama yng Nheredigion', *Llwyfan* 4 (Haf 1970), 4–9.

Jones, G. R., 'Drama yn erfyn rhyddid Cenedl', *Drama* (Haf 1959), 6–7.

Jones, G. W., 'Siwan', *Taliesin*, 8 (1964), 30–51.

Jones, I., 'A surfeit of gravity – the importance of not being Earnest', *South Wales News*, (28 Ionawr, 1928).

Jones, I., 'Y Coleg a'r Ddrama Gymraeg', *The Dragon*, Michaelmas Term (1926).

Jones, I., 'More Pioneering Early Welsh Dramatic Ventures', *South Wales News*, (12 Ebrill, 1928).

Jones, I., 'The period of Silence. Pioneers of Welsh Drama', *South Wales News*, (26 Mawrth, 1928).

Jones, I., 'Yr Edrychwr', *Y Llwyfan* (Ionawr 1928).

Jones, I., 'Breuddwydion', *Y Llwyfan* (Rhagfyr 1927).

Jones, I., 'Y Brifysgol a'r Ddrama', *Y Llwyfan* (Chwefror/Mawrth 1929).

Jones, I., 'The Drama Class. An Idea for Village Communities', *South Wales News* (4 Hydref, 1927).

Jones, I., 'The Origins of our Drama: Twm o'r Nant's Interludes', *South Wales News* (3 Mawrth, 1928).

Jones, I., 'Twm o'r Nant a'i Dyrfa Lawen', *Cambria* (Ionawr 1932).

Jones, I., 'Y Ddrama yng Nghymru', *Cambria* (Gwanwyn 1930).

Jones, J. G., *Ar Draws ac ar Hyd* (Cyfres y Cewri 7). Gwasg Gwynedd, (1986).

Jones, J. G., '*Eisteddfod Bodran* a *Gan Bwyll* (Saunders Lewis): Adolygiad', *Lleufer* VIII (Gaeaf 1952), 197–203.

Jones, J. G., 'Dramâu Beriah Gwynfe Evans.' *Gwŷr Llên y Bedwaredd Ganrif ar Bymtheg*, gol. Dyfnallt Morgan. Llyfrau'r Dryw, (1968), 255–267.

Jones, J. G., *Swyddogaeth Beirniadaeth*. Gwasg Gee, (1977).

Jones, J. G., 'Ysgrifennu Drama', *Lleufer* XV (1959), 15–19.

Jones, J. G., 'Drama Heddiw', *Llên Doe a Heddiw*, gol. J. E. Caerwyn Williams. Gwasg Gee, (1964), 19–42.

Jones, J. T., 'Trafod Cyfieithu', *Drama* (Haf 1960).

Jones, Ll., *Francis George Fisher: Bardd a Dramodwr*. Caernarfon: Argraffwyr Gwynedd, (1983).

Jones, R. G., *Siwan*. Llyfrau'r Dryw, (1966).

Jones, R. M., *Llenyddiaeth Gymraeg* 1902–1936. Cyhoeddiadau Barddas, (1987).

Jones, T. G., 'Adolygiad ar gyfrol *Beddau'r Proffwydi*, W J Gruffydd', *Y Beirniad* 111 (1913), 134–5.

Jones, T. G., *Beirniadaeth a Myfyrdod*. Hughes a'i Fab, (1935).

Jones, T. G., 'Y Ddrama', *Baner ac Amserau Cymru*, (8 Mai, 1915).

Jones, T. G., 'Y Ddrama Gymraeg: Cystadleuaeth Aberystwyth', *Y Brython*, (19 Awst, 1920).

Jones, T. G., 'Y Ddrama yng Nghymru: Cystadleuaeth Aberystwyth. Y feirniadaeth', *Y Brython*, (22 Medi, 1921).

Jones, T J., 'Mary Lewis a'r Ddrama', *Drama*, (Haf 1960).

Lake, C., 'Cipdrem ar Anterliwtiau Twm o'r Nant', *Llên Cymru*, 21 (1998), 50–73.

Laker, G., 'Theatr Brif Ffrwd: Yr Angen. Theatr Genedlaethol', *Barn*, Atodiad Theatr (Medi 1995), 34–6.

Lewis, C. W, *Iolo Morganwg*. Gwasg Pantycelyn, (1995).

Lewis, D., *Lloffyn Dadleuon*, Hughes a'i Fab. (1871). 28–30; 49–52.

Lewis, D. W., *Llawlyfr y Llais*. Wrecsam, Hughes a'i Fab, (1893).

Lewis, E., 'Argyfwng y Ddrama Lwyfan', *Taliesin*, 105–6 (Gwanwyn/ Haf 1999), 21–2.

Lewis, J. S., Celfyddyd y Ddrama. *Y Darian* (1920), (20 Mai), 2, (27 Mai), 1, (10 Mehefin), 7.

Lewis, L., 'Argyfwng y Ddrama Gymraeg'. *Taliesin*, 105–6 (Gwanwyn/ Haf 1999), 30–4.

Lewis, L., 'Edrych i'r Dyfodol gyda Gobaith', *Cyntedd* (Haf 1998), 7.

Lewis, S., *Amlyn ac Amig*. Gwasg Gomer, (1940).

Lewis, S., *Blodeuwedd*. Gwasg Gee, (1948).

Lewis, S., *Brad*. Christopher Davies, (1958).

Lewis, S., *Buchedd Garmon*. Gwasg Aberystwyth, (1948).

Lewis, S., *Cymru Fydd*. Llyfrau'r Dryw, (1967).

Lewis, S., *Doctor er ei Waethaf* (Cyfres y Werin) Hughes a'i Fab, (1924).

Lewis, S., *Gymerwch Chi Sigarét?* Llyfrau'r Dryw, (1956).

Lewis, S., *Meistri'r Canrifoedd*. Gwasg Prifysgol Cymru, (1973).

Lewis, S., 'Mewn ymgom ag Aneurin Talfan Davies', *Taliesin*, 2 (1961), 5–18.

Lewis, S., *Problemau Prifysgol*. Llyfrau'r Dryw, (1968).

Lewis, S, 'Ysgrifau i'r *Faner*: yr Anterliwt', (27 Medi, 1950), 8.

Lloyd, D. T., 'Daniel Owen ar y llwyfan: 1909–1927', *Llên Cymru*, 10 (Ionawr–Gorffennaf 1968), 59–65.

Llwyd, B., 'Gweledigaeth Emily: Teyrnged i Emily Davies', *Cyntedd* (1992/93), 6.

Llywelyn-Williams, A., *Nes na'r Hanesydd*. Dinbych, (1968).

Miles, G., 'Theatr Cymru Fydd', *Taliesin*, 105/6 (Gwanwyn/Haf 1999), 43–55.

Millward, E. G., 'O'r Llyfr i'r Llwyfan: Beriah Gwynfe Evans a'r ddrama Gymraeg', *Ysgrifau Beirniadol*, XIV (1988), 199–220.

Millward, E. G., 'Yr Anterliwt: Cyfrwng i'w Atgyfodi', *Barn*, Atodiad Theatr (Rhagfyr 1993–Ionawr 1994), 52–4.

Morgan, Dyfnallt (gol.), *Gwŷr Llên y Ddeunawfed Ganrif*. Llandybïe, Llyfrau'r Dryw, (1966), 255–267.

Morgan, E. R., 'Theatr Fach Llangefni yn dyfod i oed.' *Llwyfan*, 3 (Haf 1969).

Morgan, G., '*Esther*, Saunders Lewis', *Barn*, 41 (1966), 143–4; 42 (1966), 170; 43 (1966), 201–2.

Morgan, P., 'Cefndir hanesyddol *Brad*', *Ysgrifau Beirniadol*, V (1970), 234–52.

Morgan, T. J., 'R. G. Berry', *Ysgrifau Beirniadol*, I (1965), 9–39.

Morys, Huw, *Y Rhyfel Cartrefol* (gol. Ff. M. Jones). (Testunau Bangor) Bangor, (2008).

Ogwen, J., 'Argyfwng y Ddrama Lwyfan', *Taliesin*, 105/6 (Gwanwyn/Haf 1999), 20.

Ogwen, J., 'Wilbert – Dadansoddwr', *Barn*, Atodiad Theatr, (Rhagfyr 1996-Ionawr 1997), 91.

Ogwen, J., *Hogyn o Sling*. (Cyfres y Cewri 16) Gwasg Gwynedd, (1996).

Owain, O. Ll., *Hanes y Ddrama yng Nghymru, 1850–1943*. Gwasg y Brython, (1948).

Owen, G., 'Mae 'na debot i fod', *Barn*, Atodiad Theatr (Rhagfyr 1993–Ionawr 1994), 50–1.

Owen, G., 'Wilbert – Arloeswr.' *Barn*, Atodiad Theatr (Rhagfyr 1996– Ionawr 1997), 90–91.

Owen, J., 'Argyfwng y Ddrama Gymraeg' *Taliesin*, 105/6 (Gwanwyn/Haf 1999), 38–42.

Owen, R., *Ar Wasgar: Theatr a Chenedligrwydd yn y Gymru Gymraeg 1979–1997*. Gwasg Prifysgol Cymru. (2003).

Owen, R., 'Gwers Hanes i'r Theatr Gymraeg', *Cyntedd* (1992/93), 7–11.

Owen, R., 'Hanes Hen Ddelfryd: Theatr Genedlaethol', *Barn*, Atodiad Theatr (Mehefin 1995), 27–8.

Owen, T. M., *Welsh Folk Costume*. Gwasg Gomer, (1959).

Parry, G., Y Busnes Sgrifennu 'Ma. *Llwyfan* 2. (Gwanwyn 1969) 15.

Parry, H., *Elen Roger: Portread*. Gwasg Pantycelyn, (2000).

Parry, T., *Baledi'r Ddeunawfed Ganrif*. Gwasg Prifysgol Cymru, (1935).

Parry, T., *Hanes Llenyddiaeth Gymraeg hyd 1900*. Gwasg Prifysgol Cymru, (1944).

Piggot, C. W., *The Druids*. Thames and Hudson, (1968).

Povey, M., 'Argyfwng y Ddrama Lwyfan', *Taliesin*, 105/6 (Gwanwyn/Haf 1999).

Presswood, R. E. (Cadeirydd), *Housing the Arts in Wales: Report of the Arts Council of Great Britain*. (1959).

Price, C., 'Portable Theatres in Wales 1842–1911', *Cylchgrawn Llyfrgell Genedlaethol Cymru*, IX (Haf 1955), 66.

Price, C., 'Some Welsh Theatre 1844–1870', *Cylchgrawn Llyfrgell Genedlaethol Cymru*, XII (Gaeaf 1961), 156–176.

Price, C. J., *The English Theatre in Wales in the Eighteenth and Early Nineteenth Centuries*. Gwasg Prifysgl Cymru, (1948).

Price, C. J., *The Professional Theatre in Wales*. Gwasg Prifysgol Cymru, Abertawe, (1984).

Price D. V. (gol.), Theatr. Llyfryn i ddathlu Gŵyl Ddrama Gymraeg Colegau Cymru. Gwasg Gee, (1963).

Phillips, D. Z., *Dramâu Gwenlyn Parry*. Gwasg Pantycelyn.

Price, M., 'Non Scuola', *Taliesin*, 105/6 (Gwanwyn/Haf 1999), 56–7.

Price C. The English Theatre in Wales. Gwasg Prifysgol Cymru. (1948).

Pwyllgor Adrannol y Bwrdd Addysg Gymraeg yng Nghyfundrefn Addysg Cymru, *Adroddiad: Y Gymraeg mewn Addysg a Bywyd*. (1927).

Rees, Ifor (gol.), *Dŵr o Ffynnon Felin Bach: Cyfrol i Goffau Canmlwyddiant Cynan*. Dinbych, Gwasg Gee, (1995).

Roberts, C., 'Ysgol Glanaethwy – y cefndir'. Cyfweliad ar dâp gyda'r awdur. (Gwanwyn 1995).

Roberts, G. M., '"Methu Torri dan y Tresi?" Y Ferch a Theatr Gyfoes Gymraeg', *Taliesin*, 105/6 (Gwanwyn/Haf 1999), 58–75.

Roberts, H., '"Rhyddhawyd Caledfwlch": Hanes Sefydlu'r Theatr Genedlaethol', *Galwad: Cylchgrawn Aelodau Cymdeithas Theatr Cymru* (Chwef. 2004).

Roberts, H., 'Argyfwng y Ddrama Gymraeg', *Taliesin*, 105/6 (Gwanwyn/Haf 1999), 35–77.

Roberts, H., 'Ymateb y Llywydd, Huw Roberts, i Strategaeth Ddrama Cyngor y Celfyddydau', *Galwad: Cylchgrawn Aelodau Cymdeithas Theatr Cymru* (Gwanwyn 1999).

Roberts, H., '"Theatr Pwy?" Theatr Genedlaethol', *Barn*, Atodiad Theatr (Mehefin 1995), 30–31.

Roberts, I., 'Rhagair i *Yr Argae*, cyfieithiad Wil Sam o *The Weir*, Conor McPherson', Sherman Cymru, Torri Gair, (2008).

Roberts, W., 'Chwareuon Crefyddol', *Y Gwyddoniadur Cymreig*, III (1891), 199.

Roberts, W. Ll., 'Ac yn y Dechreuad', *Cyntedd: Cylchgrawn Cymdeithas Theatr Cymru* (1992/93).

Rowlands, B., '"Cyfodi Proffwydi'r Tadau": *Beddau'r Proffwydi* gan

W. J. Gruffydd – Perfformiad Llangefni', *Barn*, Rhif 227/228 Nadolig (1981), 465–6.

Rowlands, I., '"Er Mwyn Cymru": Portread o'r Dramodydd Ian Rowlands a'r Ddrama yng Nghymru', *Golwg*, 29 (Ebrill 1999).

Rowlands, J. (gol.), 'Y Tŵr.' 65', *Cylchgrawn Gŵyl Gelfyddyd Coleg y Drindod, Caerfyrddin* (1965).

Rowlands, J., '*Saer Doliau* a'r Theatr Ddwl'. *Y Traethodydd* (Hydref 1968), 157–67.

Rowlands, J., 'Agweddau ar waith J. Gwilym Jones.' *Ysgrifau Beirniadol*, III (1967), 217–41.

Rowlands. J., *John Gwilym Jones* (Llên y Llenor) Gwasg Pantycelyn, (1988).

Rhoscomyl, O., 'Adolygiad ar Daith Cwmni de Walden trwy Gymru', *Western Mail*, (29 Gorffennaf, 1914).

Rhys, M., 'Argyfwng y Ddrama Gymraeg', *Taliesin*, 105/6 (Gwanwyn/Haf 1999), 28–9.

Rhys, M. a M. W. Thomas (gol.), *James Kitchener Davies: Detholiad o'i Waith*. Gwasg Prifysgol Cymru, (2002).

Shaw, B., 'The Theatre's Role and Function', *South Wales Daily Post*, (13 Mehefin, 1914).

Saunders, M., *Saunders Lewis* (Cyfres Bro a Bywyd) Cyhoeddiadau Barddas, (1987).

Siôn, M. W. (gol.), *Bro a Bywyd John Gwilym Jones*. Cyhoeddiadau Barddas, (1993).

Stephens, E. C., 'A Century of Welsh Drama', *A Guide to Welsh Literature 1900–1996*, gol. Dafydd Johnston. University of Wales Press, (1998).

Stephens, E. C., *Y Canol Llonydd: Darlith ar Ddramâu John Gwilym Jones*. (Astudiaethau Theatr Cymru) Cymdeithas Theatr Cymru, (1988).

Stephens, M. (gol.), *Y Celfyddydau yng Nghymru 1950–75*. Cyngor Celfyddydau Cymru, (1979).

Stephens, M. (gol.), *The Oxford Companion to the Literature of Wales*. Oxford OUP. (1986), 152–3.

Taylor, A. M. (gol.), *Staging Wales: Welsh Theatre 1979–1997*. University of Wales Press, (1997).

Thomas, G. (gol.), *Cyfrol Deyrnged John Gwilym Jones*. Christopher Davies, (1974).

Tomos, R., 'Holi Eryl Ellis: Pragmatiaeth a Gweledigaeth – Cynllunydd yn y Theatr Fodern', *Barn*, Atodiad Theatr (Rhagfyr 1993–Ionawr 1994), 46–9.

Tudur, G., 'Argyfwng y Ddrama Gymraeg', *Taliesin*, 105/6 (Gwanwyn/Haf 1999), 25–7.

Webster, R., 'Y Ffordd Ymlaen: Gweledigaeth', *Cyntedd* (Haf 1993), 6.

Williams, A. Ll., 'Dramodydd Delfryd Urddas: Saunders Lewis', *Drama* (Haf 1960).

Williams, C., *Wel Dyma Fo*. Cyhoeddiadau Mei, (1983).

Williams, I., *Kitchener Davies* (Llên y Llenor) Gwasg Pantycelyn, (1984).

Williams, I., *A Straightened Stage: A Study of the Theatre of J. Saunders Lewis*. Seren, Seren Books, (1991).

Williams, I. M., *Y Bom Atom ar y Llwyfan*. Llys yr Eisteddfod Bro Delyn, (1991).

Williams, J. E. C., *Y Storïwr Gwyddelig a'i Storïau*. Gwasg Prifysgol Cymru, (1972).

Williams, J. E., *Tri Dramaydd Cyfoes*. Gwasg Gee, (1961).

Williams, J. E., 'Cyhoeddi'r Ddrama', *Drama* (Gwanwyn 1960).

Williams, J. E., *Inc yn fy Ngwaed*. Llyfrau'r Dryw, (1963).

Williams, J. E., 'Llwyfan I', *Cylchgrawn Theatr Cymru* (Haf 1968), 9–10.

Williams, O. A., *Hanes y Ddrama Gymraeg ym Môn 1930–1975*. Gwasg y Bwthyn, (2008).

Williams, R., *Drama in a Dramatized Society*. Cambridge University Press, (1975). Williams, S. J., 'Rhagair', *Rhaglen Canmlwyddiant Cymdeithas y Ddrama Gymraeg*. Abertawe, (1969).

Williams, S. M., 'Argyfwng y Ddrama Gymraeg', *Taliesin*, 105/6 (Gwanwyn/Haf 1999), 18–19.

Williams, T. J., *Hanes y Ddrama Gymreig*. Bangor, Samuel Hughes, (1915).

Williams, W. C. (gol.), *Bro a Bywyd Gwilym R. Jones 1903–1993*. Cyhoeddiadau Barddas, (2001).

Williams, W. D., 'Y Dragon, abermo', *Drama* (Gwanwyn 1960), 15–17.

Mynegai

Rhestrir cwmnïau drama a theatr unigol dan y penawdau 'cwmnïau drama' a 'cwmnïau theatr'. Mae * yn dilyn y rhif yn cyfeirio at lun.

Aelwyd Angharad 101, 103
'Agor Drysau' (1966) 287
Al a Dorothy 283
Alban, yr, Theatr Genedlaethol 326, 334–5
Albert Hall, Abertawe 139, 140
Albert Hall, Llandrindod 132
Amanwy *gweler* Griffiths, David Rees (Amanwy)
Ann Griffiths 293, 296
Anouilh, Jean, *Teithiwr heb Bac* 195
anterliwt, yr 32, 33, 51–63, 71, 78, 79, 170, 219
gweler hefyd Cybydd; Ffŵl
ap Dafydd, Myrddin 282–3
Ap Glaslyn 82
Arch Noah 209
Archer, William, *Playmaking: A Manual of Craftsmanship* 126
Argoelws a Simonias 33–4, 49–50
Arifog 87
Artaud, Antonin 311
Arwyn, Owen 316
Ashton, Glyn 187
Awe Bryncoch 307, 324

Baccai 307
Bacci, Roberto 309–10
Banks, Iona 266*
Barba, Eugenio 291, 309, 310
Bargen (1979) 281, 282–3
Barn, atodiad theatr 306–08
Barrie, J. M. 126
Beck, Peter 299
Beckett, Samuel 21, 311
Diweddgan 334*
Bells, The 82
Bennett, Alan 21
Berkoff, Steve 21
Berry, R. G. 106, 113, 118, 123–5, 171, 185
Ail Ddechrau 114–16
Ar y Groesffordd 108, 117, 123, 139, 202
Asgre Lân 107, 117, 123, 135, 139
Dwywaith yn Blentyn 123, 198*
Ddraenen Wen, Y 123, 126, 140, 147, 153
Hen Anian, Yr 123
Noson o Farrug 139, 202

Betti, Ugo, *Ynys y Geifr* 264
Bledri ap Cydifor 19
Boal, Augusto 299
Bonc Fawr, Y 284
Bont, Y 343
Bowen, Evelyn, *Treftadaeth*, cyfaddas. 184
Bowman, Elen 321, 342
'box set' 67, 107–08
Brawd Herod 301
Brecht, Bertolt 160, 280, 299, 325
Cylch Sialc, Y 324
Mam Gwroldeb 242
Opera Pishin Tair, Yr 274
Brighouse, Harold, *Dewis Anorfod*, cyf. Magdalen Morgan 128
Brook, Peter 160, 299
Bruch, Max 215
Bryan, Robert 92–3
Burton, Richard 219–20, 233

Cadi Ha 46–7
Cadwaladr, Siôn 51
Canolfan Berwyn, Nant-y-moel 257
Canolfan Chapter, Caerdydd 257
cantawdau 80, 83–6, 111, 113
Capel y Garn, Bow Street 84
'Cartref i'r Celfyddydau' 227–8, 255, 257
Cartwright, Jim, I 298–9
Caseg Fedi 47–8
Celtiaid 14–15, 16–17
Central Hall, Abertawe 140
Chubb, Miss 191
Clarke, David 319–20
Cleaver, Emrys 104, 143, 195
Coleg Cartrefle, Wrecsam 242
Coleg Cerdd a Drama Caerdydd 231, 233, 240–1, 274, 338
Coleg Harlech 256
Coleg Hyfforddi Abertawe 242
Coleg Normal, Bangor 128, 242, 265
Cwmni Drama 274
Coleg y Barri 35, 62, 241, 242
Coleg y Brifysgol, Aberystwyth 169
Adran Ddrama 35, 244
Cymdeithas Ddrama Gymraeg 169
Cymdeithas Geltaidd 204
Coleg y Brifysgol, Bangor 246
Cymdeithas Ddrama 126, 153, 243
Chwaraewyr Coleg y Gogledd 152, 153, 219
Coleg y Drindod, Caerfyrddin 241, 242
comédie-française 49, 191, 233
commedia dell'arte 49, 56, 58, 287, 301

'comus' 16
'Creadur Symudliw, Y' 77
Croeso i'r Royal (1977) 281
Crowning of Peace, The 177
'Culhwch ac Olwen' 228
Cwmni Drama Cenedlaethol (1921) 151–2
Cwmni Drama Cymreig Cenedlaethol (1914) 130–2
Cwmni Theatr Cymru 194, 221, 224, 227, 229, 238, 247–8, 252, 255, 260–8, 274–6, 280, 286, 292, 293, 303, 305, 309, 325, 329, 346
   actorion 263*
   Adran Antur [Theatr Antur] 265, 268, 271, 275
   pantomeim 265
   gweler hefyd Cymdeithas Theatr Cymru
cwmnïau drama
   Aberaeron 140
   Aberdâr 101
   Aelwyd Betws-yn-Rhos 192
   Agored, Bodffordd 206
   Barlwyd 86
   Beddgelert 103
   Bethesda 103
   Blaenau Ffestiniog 103
   Bodfari 195, 198*, 202–03
   Bwlchgwyn 101
   Cadw Sŵn, Felin-fach 259
   Cefnmawr 101
   Cwmni y Gymdeithas Ddrama Gymreig, Lerpwl 152
   Cwmni'r Ddraig Goch, Caernarfon 101–02, 103, 112*, 135, 142, 152
   Cwmni'r Fenai 94
   Cwmni'r Gegin, Cricieth 250, 254*
   Cydweithredol Troed-y-rhiw 341
   Chwaraewyr Coleg y Gogledd, Bangor 152, 153, 219
   Eglwys Dewi Sant, Llundain 144
   Eisteddfod Genedlaethol Dinbych (1938) 192
   Gilfach Goch 205
   Gwaelod y Garth 123, 135
   Gwauncaegurwen 139
   Ieuenctid, Bodffordd 206
   John Hughes, Llannerch-y-medd 201
   King's Cross, Llundain 144
   Lerpwl 144
   Llandegfan 103
   Llanelli 139
   Llanllechid 101
   Llithfaen 103
   Llwyndyrys 62, 246*
   Merched, Bodffordd 206
   Pandy 187
   Penrhyndeudraeth 101
   Pontarddulais 138
   Ponterwyd 107
   Pont-rhyd-y-fen 140
   Pwllheli 87
   Rhiniog 301
   Rhosllannerchrugog 101
   Sir Ddinbych 192
   Tal-y-sarn 180
   Ton Pentre 87
   Trecynon 144, 172
   Treforys 139
   Trefriw 96, 86–7, 96, 98*, 99
   Treffynnon 96, 101, 102*
   Treorci 87
   Tylorstown 103
   Wesle Fach, Y, Pontarddulais 142–3
cwmnïau theatr
   Arad Goch 286–7, 291, 292, 299–302, 309, 311, 320; *Aderyn Glas Mewn Bocs Sgidiau* 300*
   Bara Caws 275, 280, 281–2, 285, 301, 316, 321, 326, 335; golygfa allan o *Deryn Du* 337*
   Brith Gof 265, 280, 285, 291, 292–8, 294*, 295*, 300, 306, 311, 320, 323, 326, 346
   Cwmni, Y 320
   Cwmni Mega 278
   Cwmni Theatr Clwyd 257
   Cwmni Theatr Gwynedd 62, 187, 279, 280, 281, 288–9, 318, 321, 324
   Cwmni Theatr Ieuenctid Cenedlaethol yr Urdd 238, 273–4, 339, 341
   Cwmni Theatr y Deau, y 34
   Cwmni Theatr y Dyfodol, y 313
   Cwmni Theatr y Werin 285
   Cwmni Theatrig 280, 306, 307
   Cwmni'r Frân Wen 287, 299, 321
   Cyfri Tri 280, 285, 286, 301, 307
   Chwaraedy Cenedlaethol Cymreig (Welsh National Theatre Limited) 182, 184–5, 188, 191
   Dalier Sylw 281, 287, 298–9, 307, 321
   Gorllewin Morgannwg 281, 292, 299, 301, 306, 321
   Hwyl a Fflag 280, 281, 285, 292
   Outreach 299
   Sgwâr Un 281

Spectacle 299
Theatr Crwban 280, 285, 286, 292
Theatr Ddieithr, y 275, 280, 285
Theatr Gwent 299
Theatr Iolo 299
Theatr O 275, 280, 285
Theatr Odin 291–2
Theatr Powys 299, 321
Theatr yr Ymylon 275, 280, 285, 288
Whare Teg 279
Cybydd 31, 34, 54, 56, 58
Cyfaill yr Aelwyd 75–6, 79, 86, 90
cyfarwydd, y 19, 21–3, 219
Cyfres Abertawe 127
Cyfres y Brython 127
Cynghrair y Ddrama Gymreig 163–7, 170
Cyngor Celfyddydau Cymru 166, 227–9, 235, 275,
    276, 279, 286, 288, 292, 308, 313, 320, 322
    'Blaenoriaethau ar Waith' (1984) 309
    dogfen strategaeth (1993) 308
    Housing the Arts in Wales (1959) 231–3
    'Polisi ar gyfer y Celfyddydau' (1965) 255
cyhoeddi sgriptiau 126–7
Cymdeithas Chwaraewyr Cymreig Lerpwl 192
Cymdeithas Ddrama Abertawe 120, 139–41, 153
Cymdeithas Ddrama Cymru 187, 313
Cymdeithas   Gristnogol   Gwŷr   Ieuainc
    Caernarfon 101
Cymdeithas Theatr Cymru 262, 272–3, 274,
    320, 321, 322
Cymdeithas y Celfyddydau Perfformio Cymraeg
    284–5
Cynan *gweler* Evans-Jones, Albert (Cynan)
Cynulliad Cenedlaethol Cymru 323–4

Darian, Y 133, 134
Davies, D. Haydn 162, 163, 201
Davies, D. J., *Maes y Meillion* 202
Davies, D. R. 165
Davies, D. T. 106, 118–20, 124, 134, 171, 185
    Ble Ma' Fa? 107, 119, 130
    Branwen 151
    Castell Martin 120, 140, 156
    Dieithryn, Y 120, 130
    Ephraim Harris 108, 119, 120, 130, 138,
        139, 143–4, 157
    Ffrois 120, 140
    Pelenni Pitar 140, 202
    Pwyllgor, Y 139
    Troi'r Tir 120
Davies, Dilys 201
Davies, Elidir 234

Davies, Emily 35, 224, 265, 267, 280
    gwobr Emily Davies 309–10
Davies, Herbert 34, 35
Davies, J. Kitchener
    Adar y To (Cwm Glo) 185
    Cwm Glo 185–7
    Cwm Glo, addas. Manon Rhys 187
    Meini Gwagedd 215–16, 341
(Davies), John Elwyn 215
Davies, Naunton 110
Davies, Ryan 242
de Walden, Howard 71, 119, 120, 121, 123, 130,
    131, 138, 139, 163, 165, 177, 179, 182, 187,
    189, 333
    Cwmni Drama Cenedlaethol Howard de
        Walden 132, 186
Deddf y Theatrau (1843) 65, 73
Deffroad, Y 135
Dennis, E. R. 172
Derwyddon 14–15, 16*, 17–18
'Dewch Adref fy Nhad', Mynyddog 74
Dewi Medi *gweler* Lewis, David (Dewi Medi)
Dic Shôn Dafydd 101, 135
Dickens, Charles 79
Dioddefaint, Y 30
Diwygiad Methodistaidd *gweler* Methodistiaeth
Donat, Robert 219
Dr Ivor Pugh 87
Drama (Cylchgrawn Cyngor Cenedlaethol Urdd
    Drama Cymru) 244
Drama (Cylchgrawn y Ddrama Gymraeg) 244
'Drama in Adult Education, The' (1921) 140, 164
dramâu (mathau)
    cerdd 66, 83, 88, 90, 94, 134, 169, 176
    comedi gegin 118
    crefyddol (mysterïau) 24–31, 32–3, 75–
        80; wagen basiant 29*
    crwydrol, o Loegr 48–9
    cymdeithasol 66, 123
    dirwestol 77, 79, 80, 111, 113, 114–16
    festri 80
    gwerinol 37–50
    hanes 82–3, 86, 89–95
    melodrama 70
    Miragl 45
    mydryddol 197, 214–18
    pasiant 176–9
Drinkwater, John 126
Du a Gwyn (1986) 296
Dulyn
    theatr y Pike 251
    Thear yr Abaty 141, 152

362

Dyfnallt *gweler* Owen, John Dyfnallt
Dyled Eileen 343
Dyn Hysbys, Y 318
Dyrchafiad Dyn Bach 301

Eben Fardd *gweler* Thomas, Ebenezer (Eben Fardd)
Educational Publishing Co., Wrecsam a Chaerdydd 127
Edwards, Emyr 273
Edwards, Huw Lloyd 194–5, 209–10, 227, 231, 242, 243, 249, 318
    Lefiathan, Y 274
    Llyffantod, Y 265, 274
    Pros Kairon 263, 303
Edwards, J. M. 101, 104
    gweler hefyd cwmnïau drama: Treffynnon; Owen, Daniel
Edwards, Meredith 189, 191, 233, 238–40, 244, 266*, 271–2
Edwards, O. M. 109–10, 137
Edwards, Peter 201
Edwards, Raymond 240–1, 244
Edwards, Thomas *gweler* Twm o'r Nant
Eiddior, Gwyn 338, 339
Eirian, Siôn 299, 340
    Epa yn y Parlwr Cefn 287, 298
Eisteddfod fawr y Bala (1789) 53
Eisteddfod Gadeiriol Eryri (1879) 81, 82, 88, 89
Eisteddfod Genedlaethol 321, 340
    Pabell y Theatrau 285
    seremoni'r Orsedd 17–18, 311–12
    Stiwdio Ddrama 229
    Tlws y ddrama 303
    Theatr y Maes 229
Eisteddfod Môn 137
Eisteddfodau Cenedlaethol Cymru
    Aberafan (1966) 262
    Abertawe (1926) 140
    Aberystwyth (1916) 137
    Bae Colwyn (1947) 204
    Y Bala (1967) 224, 225, 228, 242, 262
    Bangor (1902) 111; (1915) 102, 108, 121, 134–7, 142, 145; (1971) 265
    Y Barri (1920) 143; (1968) 229
    Bro Colwyn (1995) 315
    Bro Dinefwr (1996) 315
    Bro Morgannwg (2012) 342
    Caerdydd (1899) 88; (1938) 192, 201, 205; (2008) 332, 338
    Caerffili (1950) 211, 214
    Caergybi (1927) 142, 177
    Caernarfon (1906) 142; (1921) 138, 154; (1935) 174
    Castell-nedd (1934) 184, 185, 187–8
    Cwm Rhymni (1990) 303
    Dinbych (1939) 214
    Y Drenewydd (1965) 242
    Dyffryn Maelor (1961) 245
    Eryri a'r cyffiniau (2005) 324, 329–30
    Y Fenni (1913) 134
    Glynebwy (1958) 213
    Lerpwl (1884) 82
    Llandudno (1864) 82; (1963) 312
    Llandybïe (1944) 215
    Llanelli (1962) 243, 250
    Llangefni (1957) 208, 209, 312
    Llanrwst (1951) 219; (1989) 62
    Môn (1957) 216; (1999) 324, 325
    Pen-y-bont ar Ogwr (1948) 206
    Port Talbot (1932) 185
    Porthmadog (1987) 289
    Pwllheli (1925) 144
    Rhydaman (1922) 148, 177
    Wrecsam (1912) 130; (1933) 179; (1977) 281
    Ystradgynlais (1954) 34
Elfis 274
Elias, John 61–2, 68, 69*, 70, 204
Elis y Cowper 51
Elis, Islwyn Ffowc, *Cysgod y Cryman* 329–30
Ellis, Eryl 307–08
Ellis, T. E., *Pont Orewyn* 130
Elphin *gweler* Griffith, Robert Arthur (Elphin)
Endaf y Gwladgarwr 135
Eos Bradwen, *Owain Glyndŵr* 80
Etheridge, Ken 187, 245
Evans, Beriah Gwynfe 74, 76, 78–9, 83, 84, 85, 86, 89–95, 97, 154, 176–7
    Caractacus 90
    Caradog 90–1, 103, 142
    'Esther' 94
    Glyndŵr, Tywysog Cymru 142
    'Gormes, Gwrthryfel a Rhyddid' 92–4
    Llewelyn ein Llyw Olaf 86, 90, 102, 103, 142
    Owain Glyndŵr 82, 88, 89–90, 92, 103
    Welsh Historical Drama and How to Produce a Play, The 91–2, 95
    Ystori'r Streic 88, 92, 95, 103, 108, 135
Evans, Christmas 68
Evans, Clifford 179, 216, 233–4, 235
Evans, Conrad 163, 224
Evans, Daniel 314

Evans, David, *Jack, y Bachgen Drwg* 143
Evans, Emrys 186
Evans, Euros Rhys 274
Evans, Grey 263
Evans, Gwynne D. 244
Evans, Ifor L. 186
Evans, J. R. 259
Evans, Janet 187–8
Evans, Meredydd 252, 254
Evans, Nell 91
Evans, R. Alun 243
Evans, Rhys, *Llanbrynmair* 148
Evans-Jones, Albert (Cynan) 162, 171, 177, 178–
9, 188, 192, 197–9, 201, 206, 211–14
    Absalom fy Mab 216
    Darllenydd Cymraeg i'r Arglwydd
      Siambrlen 180–1, 186
    fel Twm Huws o Ben-y-Ceunant 212*
    Gorsedd y Beirdd 311–12
    Hen Ŵr y Mynydd 141, 216
    Meistr y Chwarae, addas. 62, 264
    yn 'Y Brenin Saul' 217*

Fay, Brodyr 141
Fenton 65
festrïoedd capel 100, 111–14
Fisher, F. G. 197, 206, 208–09, 210–11, 244
    'ddrama farddonol a chwaeth dda yn y
      theatr, Y' 217–18
    Ferch a'r Dewin, Y 208
    Merch yw Medwas 208
    Morwyn y Môr 208
Fisher, Mark 326–7
Fo, Dario 19, 21, 311
Folsan Fawr, Y 283
Fôn, Bryn 337*
Francis, J. O. 106, 118, 120, 124, 131, 133–4, 143,
177
    Adar o'r Unlliw 108
    Change 120, 130, 131, 188
    Deufor Gyfarfod, cyf. Magdalen Morgan
      108, 120–1
    Ffordd yr Holl Ddaear 140
    Gwyntoedd Croesion 126, 153
    Howell of Gwent 184
    Poacher, The 130, 134
    Potsiar, Y 108
Friel, Brian, *Torri Gair* 267

Ffred, Alun 187
Ffrwgwd y Tad a'r Mab 301
Ffŵl 31, 33–4, 46, 49–50, 53, 54–5, 56, 58, 60

Gadair Ddu, Y 296
Galsworthy, John 107, 122, 125, 126, 188
Galwad (cylchlythyr Cymdeithas Theatr Cymru)
272
Gardzienice, cwmni 309
Gielgud, John 220
Glyn, Gwyneth 337–8
    Ar y Lein 335
Gododdin 296
Goethe, *Ffawst* 82
Good Night Out in the Valleys, A 335
Gregory, Lady Augusta 141, 146
Gregory, Iola 281
Griffith, Gwilym 246*
Griffith, Huw 219, 233
    'Cyfle'r ddrama yng Nghymru' 204
Griffith, R. E. 273
Griffith, Robert Arthur (Elphin) 82, 83
    Y Bardd a'r Cerddor 88, 101, 103
Griffith, W. J., *Storïau'r Henllys Fawr* 148, 175-6
Griffiths, David Rees (Amanwy) 186–7
Griffiths, Paul 332, 333, 334
Groegiaid 14, 15–16, 34, 38, 39, 71
Grotowski, Jerzy 160, 299, 310, 311
Gruffydd, Arwel 342
Gruffydd, W. J. 89, 106, 110, 118, 121, 147, 163
    Beddau'r Proffwydi 102, 107, 108, 109,
      121–3, 135, 140, 142, 149, 202
    Dyrchafiad arall i Gymro 162
Guernica 265, 293–4
Guild of Welsh Playwrights, The 231
Gwaed neu Fara 296
'Gweddi Habacuc', Ambrose Lloyd 80
Gwenith Gwyn (1980) 267
'Gŵr Cadarn, Y' 31
Gwraig y Ffermwr 174
Gŵyl Ddrama Genedlaethol Garthewin (1950)
194; (1952) 220; (1954) 260
Gŵyl Ddrama Gymraeg Colegau Cymru (1963)
242
gwyliau drama 195, 203, 219, 341
    Aberdâr 123
    Bala, Y 203
    Caerdydd (1914) 130–2, 133, 138
    Corwen 203, 341
    Llangefni 208
    Môn (1942) 206
    Pantyfedwen 341
    Porthmadog 203
    Pwllheli 203; (1964) 250–1
Gwyn, Elis 253*

Gwynfor *gweler* Jones, T. O. (Gwynfor)
Gwynfryn, Hywel 278
Gymraeg mewn Addysg a Bywyd, Y (1927)
 162–3, 164
Gynhadledd, Y (1878) 80

Habimah 238–9
Haearn 294*, 295*, 296
Hanes y Ddrama Gymreig, T. J. Williams 108–
 09, 135–7
Hannan, Philip a'i wraig 65
Harcombe, Letitia 186
Harri 274
Harries, Nesta 264
Harrower, David, *Deryn Du, addas.* Bryn Fôn 337
Hela'r Dryw 55
Helyntion Teulu'r Hafod 135
Hen Rebel 329, 330
Hirnos a Gwawr 104
Hock, Stefan 179
Homer, *Odyssey* 309–10
Hopkins, Ted 130
Horniman, Miss 141
Houghton, W. S. 126
Howells, J. D., *Yr Arch Olaf* 181
Hughes, Emrys 211
Hughes, Ernest 163, 172, 185
Hughes, Jonathan 51
 Y Dywysoges Genefetha 58
Hughes, Mary, Abertawe 160–1
Hughes, Morfudd 313
Hughes, Phylip 242
Hughes, Richard 163
Hughes, T. Rowland, *O Law i Law* 290*, 324
Hugo, Victor, *Les Misérables* 339, 341
Humphreys, Emyr 250
Humphreys, Guto 338, 339
Hunter, Jerry 318
Hwyliau'n Codi 343
Hywel, Dafydd 263, 278, 279

Ibsen, Henrik 106, 108, 122, 124–6, 128, 145,
 146, 147, 149, 169, 311
 Dychweledigion, cyf. T. Gwynn Jones 147
 Rosmersholm 205
 Tŷ Dol, cyf. Ifor Williams 126, 147, 153, 214
 Ymhonwyr, Yr 142, 177–8
'Interlude' 33, 61, 76, 78
Iolo Morganwg 17, 312
Ionesco, Eugene 265
 Y Tenant Newydd 263
Iorwerth, Branwen 288

Isaac, Norah 35, 62, 241–2, 243
Iwerddon a'r Gwyddelod 22, 141, 146, 160, 170,
 250, 251–2, 333
 llys canoloesol 20*
 'shanachi' 22
 gweler hefyd Dulyn

Jac a'r Jereniym 279
Jac Glan-y-Gors, *Seren tan Gwmwl* 58
Jacob ac Esau 61
James, Dafydd, *Llwyth* 342
James, Glanffrwd 243, 264
James, Jack 201, 205
James, W. Emlyn 141
Jarman, Geraint 288
Jones, Bethan 298, 299
Jones, Brinley 157
Jones, Campbell 169
Jones, Caryl Parry 278
Jones, Dennis 201, 264
Jones, Dylan 263
Jones, Elen Roger 208
Jones, Emrys R. 202, 203
Jones, Emyr 264
Jones, Falmai 281
Jones, Gunstone 205
Jones, Gwilym R. 195
 Y Crocbren 180
Jones, Gwynn Hughes 257, 259–60
Jones, Harri Pritchard 247–8
Jones, Huw, Llangwm 51
Jones, Idwal 106, 126, 154, 163, 166, 169–71,
 182, 258
 Anfarwol Ifan Harris, Yr (1927) 169
 'Brifysgol a'r Ddrama, Y' 166
 'Drama Class: An Idea for Village
  Communities, The' 171
 'Ddrama yng Nghymru, Y' 171
 Pobl yr Ymylon (1926) 144, 150, 169, 170
Jones, J. O. 206
Jones, J. T. 244
Jones, Jack
 actio *Macbeth* 200*
 Land of my Fathers 205
Jones, John, Tal-y-sarn 68, 71
Jones, John Gwilym 153–4, 171, 227, 231, 243,
 245–7, 249, 318
 Ac Eto Nid Myfi 328
 Dwy Ystafell 328
 Rhyfedd y'n Gwnaed 265
 Swyddogaeth Beirniadaeth 278
 Un Briodas 209, 328

Jones, Lis 292
Jones, Lyn T. 327
Jones, Mei 281
Jones, Morris 192, 194, 195
Jones, Dr Pan 79
Jones, R. Emrys, Termau'r Theatr 245
Jones, R. Lloyd 107
Jones, Rhydderch 242
Jones, Stewart 250, 251, 254*
Jones, T. Gwynn 99, 106, 124, 143, 169, 182, 189
    Dafydd ap Gruffydd 103
    Gainc Olaf, Y 184, 191
    Macbeth 201
    Pobun 179
    Story of Bethlehem, The, cyfaddas. 184
Jones, T. James 244
Jones, T. O. (Gwynfor) 87, 101–03, 105*, 112*, 142, 157, 163, 179
    'Siarad' 158–9
Jones, Tywi 133–4
Jones, W. D. P., *Helynt a Heulwen* 117
Jones, W. S. (Wil Sam) 250–2, 253*
    Argae, Yr, cyf. 250
    'Bobi a Sami a Dynion Eraill' 336*
    Dalar Deg 250
    Dinas Barhaus 252
Jones, William David 254*

Kaufman, Moisés, *Gwaun Cwm Garw*, cyf. o *The Laramie Project* 282
Kenny, Sean 166, 236
    model o theatr deithiol 235*
Komisarzersky, Theodore 142, 177, 311

Ladd, Eddie 298
    Al Pacino 297*
Laker, Graham 187, 324
    'Cefnu ar baneidiau te a'r soffa gyfforddus', darlith 324–6
Lane, Carla 21
Lecoq, Jacques 301, 311
Lewis, David (Dewi Medi), *Lloffyn Dadleuon* 75
Lewis, Euros 259
Lewis, Geraint 299
    Y Cinio 287–8, 298
Lewis, Gwyneth 342
Lewis, Henry 121
Lewis, Lisa 319, 346–7
Lewis, Mary 215
Lewis, Saunders 140, 171, 221–6, 227, 231, 233, 243, 249, 318
    adolygiadau 140, 143

Amlyn ac Amig 192, 209, 222
ar waith D. T. Davies 119–20, 139
Blodeuwedd 141, 194, 209, 216, 222, 225, 293
Brad 223, 224
Buchedd Garmon 197, 221, 222
Cymru Fydd 224, 225, 263, 265
Doctor er ei Waethaf cyf. 184
Dramâu'r Parlwr 223
'Dramaydd a'i Gwmni, Y', darlith (1952) 220–1
Eisteddfod Bodran 194, 311
Esther 338
Gan Bwyll 194
Gwaed yr Uchelwyr 147
Gymerwch Chi Sigarét? 223, 224, 225–6, 264, 288
'The Present State of Welsh Drama' (1919) 146
Problemau Prifysgol 223, 225
Siwan 194, 209, 222, 223, 224, 226, 288, 307, 313, 341
sylwadau cyffredinol ar fyd y ddrama 134, 138, 145, 146–7, 152, 157, 161, 168–9, 189
Theatr Garthewin 194, 195
Lewis, William R. 122
    Ffrwd Ceinwen 325
'Little Mary's Song' 74
Livsey, J. C., *Llewelyn, the Last Prince of Wales* 74
Lloyd George, David 111, 121, 130–1
Lorca, Federica García
    cwmni 'la Barracca' 166
    Priodas Waed 242
Lyn, David 247, 288

Llanfair-ym-Muallt, theatr 257
Llawlyfr y Llais, D. W. Lewis 85
Llewelyn Hall, Abertawe 140
Llewelyn, Dafydd 310, 329–30, 340
Llundain
    cwmnïau drama 144
    Riverside Studios 331
Llwyfan (cylchgrawn Cwmni Theatr Cymru) 262
Llwyfan, Y (cylchgrawn Cynghrair y Ddrama Gymreig) 164, 165, 170
Llys Helyg 101, 135

Ma' Ifan 'Ma 329
Marchant, Tony, *Croeso Nôl* 298

Mari Lwyd 38, 39, 40*, 41–5, 55
Marlowe, Christopher 32
Masefield, John 126
Math fab Mathonwy 19–21
Matthews, Dan 119, 138, 139, 142, 143, 152
Matthews, Edward, Ewenni 68, 70
Maugham, W. S. 126
Mawr, y Bach a'r Llai Fyth, Y 301
McPherson, Connor, *Yr Argae*, cyf. Wil Sam 250, 338, 339
Methodistiaeth 40–1, 52, 60–1, 71–2, 87
Miles, Elisabeth 334*
Miles, Gareth 281, 299, 327, 332–3, 340, 346
    Hunllef yng Nghymru Fydd 287, 298
    Llanast, cyf. o *Art*, Yasmina Reza 342
Miller, Arthur, *Y Pair* 332
Mitchell, Ronald Elwy, *Bwci* 184
Molière 169, 170, 221, 265, 325, 332
    Claf Diglefyd, Y, cyf. Bruce Griffiths 210, 264, 266*
    Le Malade imaginaire 191
    Le Médecin malgré lui 184
    Tartwff 195
Morgan, Sharon 282
Morley, Martin 267
Morris, William 186
Morris-Jones, Syr Henry 211
Moses 101
Mwstwr yn y Clwstwr 268
mysterïau *gweler* dramâu: crefyddol

National Theatre of Wales 335
Nefydd *gweler* Roberts, William (Nefydd)
Nefydd, Jonathan 332
Neuadd y Dref, Conwy 257
Neuadd y Dref, Llangefni 257
Noa (1982) 267
Noah 141

Ogo Ogo Ogo 278
Ogwen, John 263, 278
    ei farn am John Gwilym Jones 243
    ei farn am Wilbert Lloyd Roberts 276–7
    sylwadau ar actio 305
Osborne, John 265
Owen, Daniel 96–101
    cyf. *Ten Nights in a Bar Room*, W. W. Pratt 74
    Dreflan, Y 96, 99; addas. J. M. Edwards 97, 100
    Enoc Huws 96, 99, 103, 110, 135, 324; addas. Thomas Howells 100, 128–30

Gwen Tomos 96, 99; addas. John M. Thomas 100
    Rhys Lewis, 66, 87, 101, 103, 110, 135
    Rhys Lewis, addas. Griffith Roberts 96
    Rhys Lewis, addas. J. M. Edwards 96–9, 100, 104
Owen, David (Brutus), *Wil Brydydd y Coed* 76
Owen, Fflur Medi 337*
Owen, Gruffudd 333
Owen, John Dyfnallt 186, 188
Owen, R. D. 87
Owen, Roger
    adolygiad o'r *Pair* 332
    Cwmni Troed-y-rhiw 341
    diffyg hyfforddiant i actorion 305–06
    dylanwad teledu ar y theatr gyfoes 330
    perthynas rhwng Cwmni Theatr Cymru a theatrau eraill 238
Owen, Wynford Ellis 313, 314, 315

Pandaemonium 296
Pantalone 56
pantomeim 28, 249, 256, 258–9, 265, 268, 278–9
Parry, Gwenlyn 247–50, 303, 311
    Ffin, Y 248, 267, 269*
    Panto 248–9
    Poen yn y Bol 247
    Saer Doliau 247, 263, 265, 303
    Sal 267
    Twr, Y 267, 324
    Tŷ ar y Tywod 265, 267, 328, 330, 331*
Parry, Gwyn 263
Parry, J. Eddie 157, 161
Parry, Joseph
    Blodwen 80
    'Dangos dy fod yn Gymro' 85–6
    'Hoff wlad fy ngenedigaeth' 86
Parry, R. Williams 117, 153
Parry, Thomas 154, 197
    Llywelyn Fawr 219
Parry-Williams, T. H.
    Elfennau Barddoniaeth 278
    Ymhél â Phrydyddu 278
Pasiant Llangollen (1929) 178
Pasiant Rhyfel a Heddwch (1930) 179
Pasiant y Newyddion (1929) 178
Pasiwn Atgyfodiad Crist 25
Patti, Madame Adelina 139
Pax 296
Pawen y Mwnci 202
Pearson, Mike 291, 292, 296, 298, 311, 323

'Special worlds, secret maps' 298
Pedair Cainc y Mabinogion 19–21, 22, 25, 228
'Penny Readings' 77
perfformio, safon 87, 136, 162, 201, 215, 272, 273, 330, 332
    1920au 139, 154–9
    1930au 174, 177–8, 179, 191, 197–9
    1950au 219–20
    1960au 225–6
    1990au 305–06, 313–15
    cyfarwyddiadau J. Ellis Williams 127–8
    cyfarwyddiadau T. a J. Howells 128–30
Phillips, Jane 228
Phillips, Morien 242
Phillips, Siân 224–5, 264
Phillips, T. O. 201
Pinero, Arthur Wing 107, 122, 125
Pinocio 274
Pinter, Harold 311
    Gofalwr, Y, cyf. Elis Gwyn 251, 252, 333
Pirandello, Luigi 249
    Fel y Tybiwch y Mae 195
Piscator, Erwin, *Rhyfel a Heddwch* 274
Plays of Aberpandy, The 188
Pobol y Cwm 315
Povey, Meic 250, 263, 288, 340
    Bonansa! 288, 298
    Cofiant y Cymro Olaf 267
    Diwedd y Byd 299
    Fel Anifail 287, 298
    Hen Blant, Yr 299
    Perthyn 289, 291
    Tair 298
    Wyneb yn Wyneb 287
    Yn Debyg Iawn i Ti a Fi 328
Pratt, W. W., *Ten Nights in a Bar Room* 74
Prawf Syr John Heidden 77
pregethwyr 68–72
Pres Mawr, Pennau Bach, addas. Emlyn Roberts 62
Price, Menna 309
Price, Syr William 144
Pritchard, Christine 288
Pritchard, Sion 336*
Pulchinella 56
'Pwerdy, Y' 322
Pwyllgor Difyrion Urddiad Tywysog Cymru 92

'quem quaeritis' 24

Raven, The 82
realaeth 106, 107, 145, 147, 271, 332

Rees, Gaynor Morgan 263, 266*
Rees, J. T. 84
Rees, Mair 186
Rees, S. G. 192
Reinhardt, Max 179, 311
Reza, Yasmina, *Llanast*, cyf. Gareth Miles 342
Roberts, Bob 303
Roberts, Cefin 304
    Y Brenin Arthur 274
    Theatr Genedlaethol Cymru 327, 332, 334
    Ysgol Glanaethwy 304
Roberts, Dyfan 281
Roberts, Ellis, *Ddau Gyfawd, Y* 53
Roberts, Guto 250, 251, 252, 254*
    fel 'Eifionydd' 253*
Roberts, Gwenan Mared 249–50, 284, 332
Roberts, Huw 231, 261–2, 273
Roberts, J. O. 201–02, 206, 210
Roberts, Judith 332
Roberts, K. E., *Tuag Adref* 140
Roberts, Kate 120, 147, 162, 191–2, 211
    actio yn *Cwm Glo* 186
    adolygiad o *Ephraim Harris* 119
    adolygiad o *Siwan* 226
Roberts, Robert, Clynnog 68
Roberts, Rhian 304
Roberts, Wilbert Lloyd 194, 198, 224, 236, 237, 263, 264, 267, 268, 272, 276–8, 280, 303, 326
    'O'r Llyfr i'r Llwyfan' 260–2
Roberts, Wiliam Owen, *Radio Cymru* 299
Roberts, William (Nefydd) 77
Roberts, William, Llannor 51
Robin ap Croeso 279
Rowlands, Ian 333
Russell, Willy 21

Rheolau Dysgyblaethol o Gyffes Ffydd (1824) 72
Rhondda Premier Dramatic Society 129
Rhufeiniaid 15, 17, 18
Rhydcymerau 296
Rhys, Maureen 246–7

Saxe-Meiningen, Dug 313
Schaffer, Peter, *Amadews* 324
Selway, Trefor 334*
sensoriaeth 180–1, 186
Serch Hudol 135
Sgidie Bach i Ddawnsio 329
Sgript Cymru 299, 321, 333
Shakespeare, William
    dylanwad 32, 34, 35, 36, 65, 71, 74, 81–3,

84, 89, 160, 161, 170, 211, 243
Hamlet 82, 195, 220, 274
Henry IV 81
Julius Caesar 81
King Lear 82
Macbeth 81, 189, 201
Marsiandïwr Fenis 195
Romeo a Juliet 274, 328, 329
Storm, Y, cyf. Gwyneth Lewis 342–3, 344*
'shaman' 15
Shaw, George Bernard 104, 107, 122, 126, 131–2, 243
Pygmalion 205
St Joan 141
Sherlock, Ceri 267, 306, 314, 315, 323, 329, 333
'Sherlyn Benchwiban' 34
Sioe Glybiau Bara Caws 62, 283–4
gweler hefyd cwmnïau theatr: Bara Caws
Siôn, Delwyn 274
Smith, Robert 210
'Society for the Suppression of Vice' 62
Soffocles, Oidipos Frenin 267
Stanislavski, Constantin 313
An Actor Prepares 198, 199
My Life in Art 198
Stephens, Elan Closs 248–9, 303
Stiwdio Emlyn Williams 256
Summers, Sian 299, 301, 302
Swejan a'r Smacyrs, Y 283
Synge, J. M. 170, 251

Taig, Thomas 188–9
Taliesin, cynhyrchiad Arad Goch 311
teledu, dylanwad 270
Tennouche, Enis 205
Thomas, D. Clydach 138
Thomas, Ebenezer (Eben Fardd)
Cleopiaid, Y 72, 79
Thomas, George 211
Thomas, Owen 70
Thomas, Rachel Howell 205–06
Thomas, Rhys Miles 310
Thorndike, Sybil 163–4, 174, 179
Tir Sir Gâr 343
'tragos' 16
Tri Brenin o Gwlên, Y 25–30
Troilus a Chresyd 32, 34–6
Trystan ac Esyllt 274
Tsiecof, Anton 122, 325
Gelli Geirios, Y 324
Tair Chwaer 267
Uncle Vanya 205

Turner, Jeremy 291
'I Glustiau Plant Bychain' 301–02
Twm o'r Nant 31, 49, 51–63, 73, 78, 115, 169, 259
Cain ac Abel 54
Farddoneg Fabilonaidd, Y 58
Gweledigaeth Cwrs y Byd 54
Meistr y Chwarae 62, 264
Pedair Colofn Gwladwriaeth 55, 56–7
Pedwar Pennaeth; sef Brenin, Ustus, Esgob a Hwsmon 54
Pleser a Gofid 54
Pres Mawr, Pennau Bach, Emlyn Roberts, addas. 62
Tri Chryfion Byd 54, 55, 58, 62, 192, 243
Ynghylch Cyfoeth a Thlodi 54
Twm Siôn Cati 279
'Tywysog Cymru', Owain Alaw 84

theatr (mathau)
arbrofol 285, 299–300, 310
mewn addysg 229, 275, 280, 283, 285, 287, 299–302
theatr Dlawd, y 300
theatr Elisabethaidd, y 32, 48–9
theatr Epig, y 300
theatr gymuned 259, 283, 325–6
theatr i blant 274, 285, 287, 302
theatr 'intimate' 282
theatr Seisnig symudol 48, 64–5, 73–5, 109
theatr stryd werinol 45
theatr y Darostyngedig, y 300
Theatr Ardudwy 255, 256, 317
Theatr Brycheiniog 331
Theatr Bypedau'r Caricature 228–9
Taith y Pererin 228
Theatr Clwyd 256–7, 273, 292, 321
Clwyd Theatre Company 257, 318
Theatr Dwy Fil 320
Theatr Ddu, Prague 228
Theatr Elli 273
Theatr Fach Aberdâr 172, 181, 202*
theatr fach, Abertawe (1775–86) 64
Theatr Fach Cricieth 251
Theatr Fach Llangefni 122, 123, 206–11, 207*, 209*, 211
Cymdeithas Ddrama Llangefni 206
Theatr Felin-fach 197, 257–60, 258*
actorion yn perffformio'r pantomeim blynyddol 261*
Theatr Garthewin 161, 188–9, 190*, 191–2, 194–5, 206, 220, 224, 226

Chwaraewyr Garthewin 194, 196*, 231
gweler hefyd Gŵyl Ddrama Genedlaethol
Garthewin
theatr genedlaethol, y syniad 109–11, 152, 159,
163, 164–5, 170, 182, 184–5, 231–40, 291,
317, 319, 342
Mesur Theatr Genedlaethol (1949) 211
model 232*
sefydlu Cwmni Theatr Cymru 260–7
syniadau Saunders Lewis 221, 223
teithiol 165–6, 236
gweler hefyd Cwmni Drama Cymreig
Cenedlaethol; Theatr Genedlaethol
Cymru
Theatr Genedlaethol Cymru 326–40
Theatr Genedlaethol yr Alban 334–5
Theatr Gwynedd 256, 273, 304
Theatr Hafren 273
Theatr Newydd, Caerdydd 130, 131, 133, 257
Theatr Tywysog Cymru, Bae Colwyn 257
Theatr y Gegin 251, 252, 253*, 275
Theatr y Grand, Abertawe 120, 139, 140, 255
Theatr y Gromlech 273, 331
Theatr y Lyric, Caerfyrddin 331
Theatr y Shaw, Llundain 205
Theatr y Sherman 256, 273, 342
Theatr y Stiwt, Rhos 331
Theatr y Torch 255
Theatr y Werin 244, 255–6, 273, 285

Undeb Cynghrair y Cenhedloedd 179
Undeb y Cymdeithasau Diwylliant Cymreig 144
Urdd Drama Cymru 244

Von Hofmannsthal, Hugo 179

Welsh Drama Company 256
Welsh Drama Series 127
'Welsh National Theatre Company' 237
Welsh National Theatre Limited, The *gweler*
Chwaraedy Cenedlaethol Cymreig (Welsh
National Theatre Limited)
Welsh Outlook Press, The 127
Welsh Theatre Company 237, 262
Wil Sam *gweler* Jones W. S. (Wil Sam)
Wiliam, Urien, *Miss Gwalia* 274
William, Lodwick 51
'Sherlyn Benchwiban' 34
Williams, Aled Jones 315
Iesu 332, 338
Pêl Goch 316
Sundance 316*–17, 329

Williams, Beryl 263
Williams, Edgar 183*
Williams, Edwin 242, 274
Williams, Gwyn, Trefenter 34, 35–6
Williams, Ieuan Rhys 205
Williams J. Ellis 125, 154, 166, 167, 203, 219,
244, 270
Deg o Ddramâu Byrion 127–8
Drama Tomos 160
Erodrom, Yr 192
Ffon Dafl, Y 140, 162
Harri y Seithfed 155
Inc yn fy Ngwaed 117, 151, 155, 159–60,
237
Pwyllgorddyn, Y (1931) 162, 172–4
Taith y Pererin (1934) 174–5
Williams, J. J. 125–6, 153–4, 160, 166, 181–2
Williams, J. Lloyd 135–6
Williams, John, Brynsiencyn 71, 121, 130, 138
Williams, John, Tal-y-sarn 68, 71
Williams, Leyshon 171
Williams, Lodwig 34, 51
Williams, Matthew 215
Williams, Meriel 183*, 184, 189, 191, 201
Williams, Prysor 201, 205
Williams, R. Bryn, *Cariad Creulon* 205, 209,
263
Williams, Richard Conway 117
Williams, Robert 183*, 184
Williams, Stephen J., *Pwerau'r Nos* 184
Williams T. J., *Hanes y Ddrama Gymreig* 108–
09, 135–6
Williams, Tennessee, *Pethau Brau* 267
Williams, Valerie 317
Williams, W. Llewelyn 121, 151
Williams, W. Matthew 171
Williams, Wenna 243
Williams Wynn, Syr Watkin, Wynnstay 65
Wrach, Y 141
Wynne, Ellis, *Gweledigaethau y Bardd Cwsg*
51, 52
Wynne, Robert, Garthewin 188, 192, 193*

Yeats, W. B. 141, 146
Ymddiddan rhwng yr Enaid a'r Corff 25, 29*,
30–1
ymddiddanion 66, 75–81, 111, 113, 114, 115, 123
Ymddiddanion, J. R. 76
Ymddiriedolaeth Theatr Dewi Sant 230*, 233–
5?
Ymfudwyr, Yr 296
Ysgol Glanaethwy 304

ysgolion drama 162–3, 201
     Chwaraedy Cenedlaethol 192
     Harlech 162, 192, 214
'Ystorm Tiberias', Tanymarian 80

Dramâu cyfoes a chyfrolau ar y Theatr Gymraeg o Wasg Carreg Gwalch

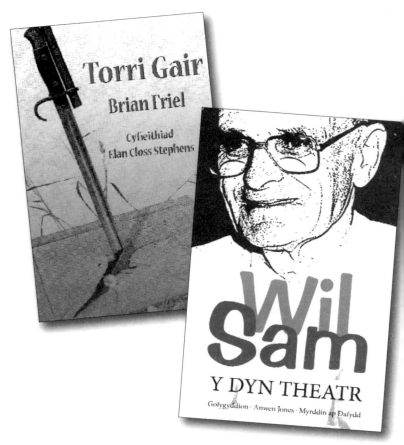

www.carreg-gwalch.com

Merched Eira
a Chwilys
Dwy ddrama gan
Aled Jones-Williams
YN DEBYG
IAWN I TI A FI
Meic Povey
I'R GOLAU
CYFRES DRAMÂU
DIWEDDAR
Nesa Peth
i Ddim
Hunangofiant
Meic Povey

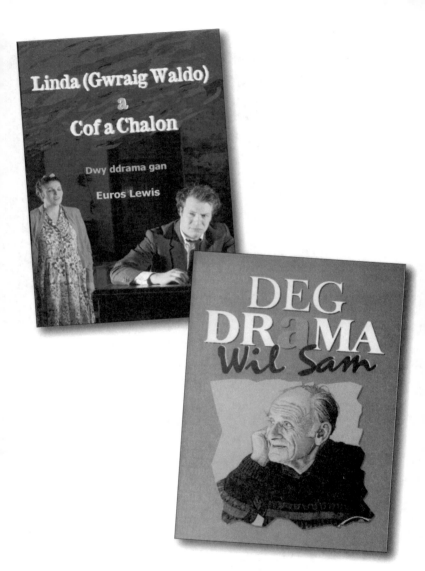

www.carreg-gwalch.com

www.carreg-gwalch.com